思想的・睿智的・獨見的

經典名著文庫

學術評議

丘為君　吳惠林　宋鎮照　林玉体　邱燮友
洪漢鼎　孫效智　秦夢群　高明士　高宣揚
張光宇　張炳陽　陳秀蓉　陳思賢　陳清秀
陳鼓應　曾永義　黃光國　黃光雄　黃昆輝
黃政傑　楊維哲　葉海煙　葉國良　廖達琪
劉滄龍　黎建球　盧美貴　薛化元　謝宗林
簡成熙　顏厥安（以姓氏筆畫排序）

策劃　楊榮川

五南圖書出版公司 印行

經典名著文庫

學術評議者簡介（依姓氏筆畫排序）

- 丘為君　美國俄亥俄州立大學歷史研究所博士
- 吳惠林　美國芝加哥大學經濟系訪問研究、臺灣大學經濟系博士
- 宋鎮照　美國佛羅里達大學社會學博士
- 林玉体　美國愛荷華大學哲學博士
- 邱燮友　國立臺灣師範大學國文研究所文學碩士
- 洪漢鼎　德國杜塞爾多夫大學榮譽博士
- 孫效智　德國慕尼黑哲學院哲學博士
- 秦夢群　美國麥迪遜威斯康辛大學博士
- 高明士　日本東京大學歷史學博士
- 高宣揚　巴黎第一大學哲學系博士
- 張光宇　美國加州大學柏克萊校區語言學博士
- 張炳陽　國立臺灣大學哲學研究所博士
- 陳秀蓉　國立臺灣大學理學院心理學研究所臨床心理學組博士
- 陳思賢　美國約翰霍普金斯大學政治學博士
- 陳清秀　美國喬治城大學訪問研究、臺灣大學法學博士
- 陳鼓應　國立臺灣大學哲學研究所
- 曾永義　國家文學博士、中央研究院院士
- 黃光國　美國夏威夷大學社會心理學博士
- 黃光雄　國家教育學博士
- 黃昆輝　美國北科羅拉多州立大學博士
- 黃政傑　美國麥迪遜威斯康辛大學博士
- 楊維哲　美國普林斯頓大學數學博士
- 葉海煙　私立輔仁大學哲學研究所博士
- 葉國良　國立臺灣大學中文所博士
- 廖達琪　美國密西根大學政治學博士
- 劉滄龍　德國柏林洪堡大學哲學博士
- 黎建球　私立輔仁大學哲學研究所博士
- 盧美貴　國立臺灣師範大學教育學博士
- 薛化元　國立臺灣大學歷史學系博士
- 謝宗林　美國聖路易華盛頓大學經濟研究所博士候選人
- 簡成熙　國立高雄師範大學教育研究所博士
- 顏厥安　德國慕尼黑大學法學博士

經典名著文庫 200

哲學史講演錄 第四卷

Vorlesungen über die Geschichte der Philosophie

Vier Band

黑格爾（Georg Wilhelm Friedrich Hegel）著

賀麟、王太慶等 譯

楊植勝 導讀

經典永恆・名著常在

五十週年的獻禮・「經典名著文庫」出版緣起

總策劃 楊榮川

閱讀好書就像與過去幾世紀的諸多傑出人物交談一樣——笛卡兒

五南，五十年了。半個世紀，人生旅程的一大半，我們走過來了。不敢說有多大成就，至少沒有凋零。

五南忝爲學術出版的一員，在大專教材、學術專著、知識讀本出版已逾壹萬參仟種之後，面對著當今圖書界媚俗的追逐、淺碟化的內容以及碎片化的資訊圖景當中，我們思索著：邁向百年的未來歷程裡，我們能爲知識界、文化學術界做些什麼？在速食文化的生態下，有什麼值得讓人雋永品味的？

歷代經典・當今名著，經過時間的洗禮，千錘百鍊，流傳至今，光芒耀人；不僅使我們能領悟前人的智慧，同時也增深加廣我們思考的深度與視野。十九世紀唯意志論開創者叔本華，在其〈論閱讀和書籍〉文中指出：「對任何時代所謂的暢銷書要持謹慎的態度。」他覺得讀書應該精挑細選，把時間用來閱讀那些「古今中外的偉大人物的著作」，閱讀那些「站在人類之巔的著作及享受不朽聲譽的人們的作品」。閱讀就要「讀原著」，是他的體悟。他甚至認為，閱讀經典原著，勝過於親炙教誨。他說：

「一個人的著作是這個人的思想菁華。所以，儘管一個人具有偉大的思想能力，但閱讀這個人的著作總會比與這個人的交往獲得更多的內容。就最重要的方面而言，閱讀這些著作的確可以取代，甚至遠遠超過與這個人的近身交往。」

為什麼？原因正在於這些著作正是他思想的完整呈現，是他所有的思考、研究和學習的結果；而與這個人的交往卻是片斷的、支離的、隨機的。何況，想與之交談，如今時空，只能徒呼負負，空留神往而已。

三十歲就當芝加哥大學校長、四十六歲榮任名譽校長的赫欽斯（Robert M. Hutchins, 1899-1977），是力倡人文教育的大師。「教育要教真理」，是其名言，強調「經典就是人文教育最佳的方式」。他認為：

「西方學術思想傳遞下來的永恆學識，即那些不因時代變遷而有所減損其價值的古代經典及現代名著，乃是眞正的文化菁華所在。」

這些經典在一定程度上代表西方文明發展的軌跡，故而他爲大學擬訂了從柏拉圖的《理想國》，以至愛因斯坦的《相對論》，構成著名的「大學百本經典名著課程」。成爲大學通識教育課程的典範。

歷代經典·當今名著，超越了時空，價值永恆。五南跟業界一樣，過去已偶有引進，但都未系統化的完整舖陳。我們決心投入巨資，有計劃的系統梳選，成立「經典名著文庫」，希望收入古今中外思想性的、充滿睿智與獨見的經典、名著，包括：

- 歷經千百年的時間洗禮，依然耀明的著作。遠溯二千三百年前，亞里斯多德的《尼各馬科倫理學》、柏拉圖的《理想國》，還有奧古斯丁的《懺悔錄》。
- 聲震寰宇、澤流遐裔的著作。西方哲學不用說，東方哲學中，我國的孔孟、老莊哲學，古印度毗耶娑（Vyāsa）的《薄伽梵歌》、日本鈴木大拙的《禪與心理分析》，都不缺漏。
- 成就一家之言，獨領風騷之名著。諸如伽森狄（Pierre Gassendi）與笛卡兒論戰的《對笛卡兒沉思錄的詰難》、達爾文（Darwin）的《物種起源》、米塞斯（Mises）的《人的行爲》，以至當今印度獲得諾貝爾經濟學獎阿馬蒂亞・森（Amartya Sen）的《貧困與饑荒》，及法國當代的哲學家及漢學家朱利安（François Jullien）的《功效論》。

梳選的書目已超過七百種，初期計劃首爲三百種。先從思想性的經典開始，漸次及於專業性的論著。「江山代有才人出，各領風騷數百年」，這是一項理想性的、永續性的巨大出版工程。不在意讀者的眾寡，只考慮它的學術價值，力求完整展現先哲思想的軌跡。雖然不符合商業經營模式的考量，但只要能爲知識界開啓一片智慧之窗，營造一座百花綻放的世界文明公園，任君遨遊、取菁吸蜜、嘉惠學子，於願足矣！

最後，要感謝學界的支持與熱心參與。擔任「學術評議」的專家，義務的提供建言；各書「導讀」的撰寫者，不計代價地導引讀者進入堂奧；而著譯者日以繼夜，伏案疾書，更是辛苦，感謝你們。也期待熱心文化傳承的智者參與耕耘，共同經營這座「世界文明公園」。如能得到廣大讀者的共鳴與滋潤，那麼經典永恆，名著常在。就不是夢想了！

二〇一七年八月一日　於

五南圖書出版公司

目次

第三篇　最近德國哲學

第三部
近代哲學

〔引言〕[1]

[1] 本篇「引言」內容爲譯者據英譯本（米希勒本第二版）增補。此外，原著中無，但翻譯過程爲使讀者更易理解，譯者自行於內文增補的文字，以〔　〕呈現；若爲據英譯本增補、說明的文字，則加注腳[1]、[2]……說明。（後同）——譯者

眞正說來，從宗教改革開始，我們就進入了**第三個時期**；至於布魯諾、梵尼尼和拉梅可 265
以撇開不管，因爲他們雖生活在較晚的年代，卻仍然屬於中世紀。〔歷史〕已經踏上了一個
轉捩點。過去，基督教會把它絕對至上的內容放到人們的心裡，所以這個內容是封閉的，其
中心是個人的；它是作爲神聖的、超感性的內容，與世界隔絕的。在宗教生活的對面，矗
立著一個外部世界，即自然界，人的心情、欲望和人性的世界，這個世界之所以有價値，
〔在基督教看來，〕就僅僅在於它是被克服的障礙物。這種兩個世界的各不相涉和分離隔
絕，是在中世紀的產物；中世紀在這種對立中糾纏掙扎，最後終於克服了對立。但是這一克
服所採取的方式卻是教會的腐化，宗教生活的世俗化。由於人與神聖生活的聯繫是存在於
塵世上的，神聖生活就被人的各種欲望弄得世俗化了（肉欲的腐化作用）。在這種情況下，
永恆的眞理也被誤放到枯燥的、形式的理智之中；因此可以說，彼岸與此岸的統一，是自在
地、自發地實現的。可是這種結合方式未免太腐敗，因而激起了人們高尙的心思，覺得非起
來反對它不可。這樣，就產生了宗教改革運動，這是與天主教教會的分裂，同時也是天主教 266
教會內部的改革。有人認爲宗教改革僅僅是與天主教教會分裂，那是一種偏見，路德也大大
地改革了天主教教會。我們從路德的文章裡，從皇帝和帝國給教皇的報告裡，看到了教會的
腐化；〔如果還需要進一步的證據的話，〕[2]可以看一看天主教的主教和神父們在康士坦斯

---

[2] 據英譯本第一五八頁增補。（以下注腳所列頁碼，均表示出自英譯本）

大公會議上、巴塞爾宗教會議上對天主教僧侶和羅馬教廷的情況所做的陳述。

另一個自發地完成的項目是此岸與彼岸的和解。自我意識的分裂已經自發地消失，這就有了和解的可能。精神的內在和解原則本來是基督教的宗旨，可是現在又被人們背棄了，成了僅僅是外在的事物，實際上是破裂，並不是什麼和解。我們看到，世界精神克服這種外在性的過程是很迂緩的。它挖掉內部的事物，仍然保留著外表、外形；等到最後這外形成了一個空殼，新的形態才迸發出來。在這以前，精神的發展一直牛步，進而又退，迂迴曲折，到這時才宛如穿上七里神靴，大步邁進。人獲得了自信，信任自己的那種作爲思維的思維、信任自己的感覺、信任自身以外的感性自然和自身以內的感性本性；人在技術中、自然中發現了從事發明的興趣和樂趣。理智在現世的事物中繁榮滋長；人意識到了自己的意志和成就，在自己棲身的地上、自己從事的行業中得到了樂趣，因爲其中就有道理、有意義。隨著火藥的發明，個人私鬥的怒火消失了。徒逞一時意氣的浪漫衝動讓位於另外一種冒險，這冒險並不是憤怒和報復的冒險，也不是所謂路見不平、拔刀相助的冒險，而是一種比較無害的冒險，如發現新大陸，發現通往東印度群島的航道。人發現了美洲，發現了那裡的寶藏和人民，也就是發現了自然和自己。航海是較高級的商業浪漫活動。現實的世界又重新出現了，成爲值得精神關注的對象；思維的精神又可以有所作爲了。這時候就必然要出現路德的宗教改革，人們向 sensus communis〔良知〕呼籲，而不再訴諸教父和亞里斯多德，訴諸權威；鼓舞著、激勵著人們的，是內在的、自己的精神，而不再是功德[3]。這樣一來，教會就失去了支配精神的權力，因爲精神本身已經包含著教會的原則，不再有所欠缺了。有限的、現實的事物得到了精神的尊重；這是自我意識與現實的眞正和解。從這種尊重中，就產生出各種科學的努力。

因此我們看到，有限的事物、內在的和外部的現實被人們用經驗加以把握，並且透過理智提升到了普遍性。人們要求認識各種規律和力量，也就是說，要求把感覺中的個別的事物轉化爲普遍的形式。現世的事物要受到現世的裁判，裁判官就是思維的理智。另一方面，那永恆的事物，即自在自爲的眞理，也透過純粹的心靈本身爲人們所認識、所理解；個人的精神獨立地使永恆的事物成爲己有。這就是路德派的信仰，是不用任何別的附加物（即人們所謂功德）的。任何事物之所以具有價值，都僅僅在於它在心靈中被把握，並不在於它是物。內容不再是一件客觀性的事物；因此神僅僅在精神之中，並不在彼岸，而是個人內心深處所固有的。純粹的思維也是一種內在的事物；它也接近那自在自爲的存在者[4]，並且發現自己有權利去把握那自在自爲的存在者。

近代哲學的出發點，是古代哲學最後所達到的那個原則，即現實自我意識的立場；總

---

[3] 指外在的宗教活動、施捨等。

[4] 指神。

之，它是以呈現在自己面前的精神爲原則的。中世紀的觀點認爲思想中的事物與實存的宇宙有**差異**，近代哲學則把這個差異發展成爲對立，並且以消除這一對立作爲自己的任務。因此主要的興趣並不在於如實地思維各個對象，而在於思維那個對於這些對象的思維和理解，即思維這個統一本身；這個統一，就是某一假定客體的進入意識。〔我們在近代哲學中所看到的一般觀點大體如下：〕[5]

第一：我們在這裡應當考察近代哲學的具體形式，即自爲思維的出現。這種思維的出現，主要是隨同著人們對自在存在的反思，是一種主觀的事物，因此它一般地與存在有一種對立。所以全部興趣僅僅在於和解這一對立，把握住最高度的和解，也就是說，把握住最抽象的兩極之間的和解。這種最高的分裂，就是**思維與存在**的對立，一種最抽象的對立；要掌握的就是思維與存在的和解。從這時起，一切哲學都對這個統一發生興趣。因此思想是比較自由的。所以我們現在把思維與神學的統一拋開。思維與神學分開了，有如過去它在希臘人那裡與神話、與民間宗教分開，最後到了亞歷山大里亞學派的時候，才重新找出那樣一些形式，用思想的形式充實神話觀念。因此哲學與神學的聯繫始終存在，不過這種聯繫完全是潛在的。因爲神學徹頭徹尾無非就是哲學，哲學恰恰就是對於神學的思維。神學不應當攻擊哲學，聲稱根本不願意理會哲學，一遇到哲學理論就掉頭不顧。那樣做是沒有好處的。神學

[5] 第一六〇頁。

應當時刻與思想打交道，它是與思想分不開的。它那些主觀的觀念、思想，它那種一家專用的、私有的形上學，乃是一些當時流行的想法和意見。這些事物每每是一種完全無教養的看法，一種非批判的思想；它們雖然與某種特殊的主觀信念結合在一起，而且這種信念據說足以確證〔基督教的內容〕[6]有其獨特的正確性，可是這些提出判斷、標準和論斷的思想和觀念，這些一般的觀念，卻只不過是一些街談巷議，一些浮在時代表面上的事物。當思維獨立地出現的時候，我們就與神學分開了；不過儘管如此，我們還會看到一種神學與哲學依然統一的現象，這就是雅各·波墨。

精神現在是在它自己的領域中活動，它的領域一方面是自然界、有限世界，另一方面是內心世界，這首先就是基督徒的信仰。首先要考察的是精神，是在具體世界這一專有領域中活動的精神，同時也是具體的認識方法。

眞正說來，〔力求掌握〕[7]眞理本身的哲學，是在十六、十七世紀才重新出現的。在這以前，那種外鶩的精神一方面要對宗教發生影響，另一方面又要對世俗生活發生影響，在一般看法、流俗思想和所謂通俗哲學中，我們就可以見到那種精神。哲學的眞正出現，在於在思維中自由地把握自己和自然，從而思維和理解那合理的現實，即本質，亦即普遍規律

[6] 第一六一頁。

[7] 第一六一頁。

本身。因爲這是我們的事物，是主觀性。主觀性自由地、獨立地思維著，是不承認任何權威的。排除那種形式的邏輯理智體系，以及其中所包含的大量材料，要比擴充這種材料更有必要。埋頭鑽研學問，是要掉進汪洋大海，陷入惡性無限的。因此，近代哲學的原則並不是淳樸的思維，而是面對著思維與自然的對立。精神與自然，思維與存在，乃是理念的兩個無限的方面。當我們把這兩個方面抽象地、總括地分別把握住的時候，理念才能眞正出現。柏拉圖把理念了解爲聯繫、界限和無限者，了解爲一和多、了解爲單純者和殊異者，卻沒有把它了解成思維和存在。近代哲學並不是淳樸的，也就是說，它意識到了思維與存在的對立。必須透過思維去克服這一對立，這就意味著把握住統一。

這是近代哲學意識的一般觀點，然而揭示、思維、理解這個統一的途徑卻有兩條。這一時期的流派有二：第一派是經驗派，第二派是從思維、從內心出發的哲學。因此哲學在消除對立的做法上分爲兩種主要形式：一種是實在論的哲學論證，一種是唯心論的哲學論證；也就是說，一派認爲思想的客觀性和內容產生於感覺，另一派則從思維的獨立性出發尋求眞理。

1.〔經驗構成這兩種方法的第一種，即實在論。〕[8]這種哲學理論把自我思維和當前的事物當作它的主要規定，認爲眞理就在經驗中，可以透過經驗去認識；凡是含有思辨意義的

[8] 第一六二頁。

事物，都被再三刨平磨光，降低到經驗的水準。這當前的事物就是現存的外部自然界，以及表現爲政治風格、主觀活動的精神活動。通往眞理的道路應當從這個假定開端，但是不能停留在這個假定上，死守著外在的、孤立的現實，而應當把它引導到共相上去。

(1)這第一個派別的觀察，最初是應用於物理自然界，從對自然的觀察中引導出共相、規律，在這個基礎上建立自己的學識。這條透過經驗、觀察的途徑過去曾被稱爲哲學，現在也還有人稱之爲哲學。這就是各門有限科學所採用的那種透過觀察和推斷的方法，現在〔法國人〕還把這類科學稱爲sciences exactes〔精確科學〕。這種個人的理智是與宗教虔誠對立的，因此在這個意義下，哲學又被稱爲世間智慧。在這裡，被當作對象的、被認識的並不是具有無限性的理念本身，而是特定的內容；這內容被提高到了共相、規律——那種得自觀察的具有理智規定的共相（如克卜勒定律）。自然科學是僅僅達到反思階段的。這類有限科學有時也被稱爲哲學，如牛頓的Principia philosophiae naturalis〔《自然哲學原理》〕。觀察物理學，實驗物理學，都統統被稱爲philosophia naturalis〔自然哲學〕。在經院哲學中則恰恰相反，是把人的眼睛挖掉了的〔根本不觀察〕，在那個時候，凡屬關於自然界的爭論，都是從一些莫名其妙的假定出發的。

(2)其次，人們觀察了精神性的事物，因爲精神在它的現實化過程中造成了一個精神世界，它形成了各個國家。因此人們就根據經驗來研究個人對個人的權利，個人對君主的權利，以及國家對國家的權利。在過去，教皇冊立國王，是根據《舊約》中國王爲神所指派的教義；什一稅是《舊約》中規定徵收的；教皇禁止近親通婚的敕令，是採自摩西的法律；教皇指定國王有什麼權柄，可以做哪些事情，根據的是掃羅王和大衛王的歷史；他指出祭司的權利何在，根據的是《撒母耳記》——總之，《舊約》是一切政法原則的來源，就在今天，教皇的一切諭旨也還具有法律效力。我們很容易設想到，有多少荒唐無稽的謬論，就是像這樣釀成的。而現在，人們則在人自己身上、在人的歷史中尋求理由，說明在平時和戰時什麼是合法的。人們以這種方式編了許多書籍，這些書現在還在英國國會裡不斷地被引證著。人們還進而觀察了人應當在國家裡面得到滿足的各種欲望，以及國家如何能夠滿足這些欲望，以便從人自己身上，從過去的人和現在的人身上來認識權利。

2. 第二派一般地是從內心出發。第一派是實在論。第二派則是唯心論，認爲一切都在思維中，精神本身就是全部內容。這一派是把理念本身當作對象，也就是說，對理念進行思維，以理念爲出發點，然後推到特定的事物。前一派從經驗中抽取出來的事物，這一派則是從先天的思維中抽繹出來的。換句話說，它雖然也是對特定的事物進行理解，但是並非只把這種事物歸結到共相，而是把它們歸結到理念。這兩派也有碰頭之處，因爲經驗也要求從它的各種觀察中引導出普遍的規律，而另一方面，思維從抽象的普遍性出發，卻應當給自己提供一個特定的內容。經驗是從英國興起的，現在還受到最高度的重視。德國則從具體的理念；從充滿感情和精神的內心出發。在法國，抽象的普遍性受到更大的重視。

第二：近代哲學的問題是各種對立，這個時代所研究的內容如下：

1. 從思維推出神的存在。這一點我們在中世紀已經接觸到了。我們看到，一方面是神，即純粹的精神，另一方面則是神的存在；應當透過思維，把這兩個方面理解成爲自在自爲地存在著的統一。人們所關心的其他各種問題，也都聯繫到這兩個普遍的規定上，即：要認識到對立的統一，同時也要在知識〔與它〕的客觀對象〔的對立〕[9]中揭示出內在的和解。連最頑強的對立，也被理解爲結合在單一的統一之中。第一組對立是神的理念與存在的對立。

2. 第二組對立是善與惡的對立：一方面是正面的、普遍的事物，善；另一方面是惡，即意志中那種與普遍者相反的自爲存在。應當認識到惡的來源。神是全能的、智慧的、善的。惡則正好相反，是對神聖的神的否定。神同時也是絕對的權力，惡是與神的神聖性和權力相矛盾的。人們所追求的目標，就是和解這個矛盾。

3. 第三組對立是人的自由與必然性的對立。(1)人有自主權，是自己決定自己的，是決定的絕對開端。在我、自我之內，有一個絕對決定者，它並不是外來的，只是在自身內作決定的。這一點，與唯有神是絕對的決定者發生矛盾。人們把神的決定理解爲神的先知，即天意，雖然要發生的事情是在將來的。神所知道的事物，同時也是存在的；神的知識

[9] 第一六四頁。

並非僅僅是主觀的。此外，人的自由也與神是唯一的絕對決定者相對立。(2)其次是人的自由與作爲自然規定性的必然性相對立。(3)客觀上，這種對立就是目的因與動力因的對立，就是必然性的作用與自由的作用的對立。

4.第四，這種人的自由與自然必然性的對立（人以外的自然界和人內部的本性，就是與人的自由相對立的人的必然性，人是依賴於自然的），還有一種進一步的形式，就是靈魂與肉體的交感（commercium animi cum corpore）。靈魂是單純的、理念性的、自由的，肉體則是多方面的、有形體的、物質性的、必然的。

這些題材吸引了科學的興趣，這是與古代哲學的興趣完全不同的興趣。其區別在於：近代哲學意識到了這種對立，這對立雖然也包含在古代學者的科學對象中，卻沒有被他們所意識到。這種對於對立的意識，即墮落，本來是基督教觀念中的主要之點。把信仰中的這種和解也在思維中找出來，是科學上普遍關心的問題。這種和解的找出是自發的，因爲科學知識本來有能力在自身中認識到這種和解。所以說，各個哲學體系無非是那絕對合一性的不同表現方式，唯有這些對立的具體統一本身才是眞理。

第三：哲學進展的**階段**。我們首先要考察的兩種哲學學說，是培根和雅各．波墨；其次是笛卡兒和斯賓諾莎，以及馬勒伯朗士；再次是洛克、萊布尼茲和沃爾夫，我們還要附帶談一談蘇格蘭哲學和英格蘭哲學的進一步發展，以及法國哲學的發展；最後要講康德、費希特、耶可比和謝林。眞正說來，從笛卡兒開始，近代哲學才有了抽象的思維。我們有三個主要的區別標誌：

1. 首先是預告〔上述各種對立的〕[10]聯合。這是一個嘗試，採取的方式是獨特的，但是還不確定，還不純粹。在這裡我們講的是威魯蘭的培根和德國神智學家雅各．波墨。培根是從經驗和歸納出發的，波墨是從神出發的（三位一體的泛神論）。

2.〔第二是〕[11]形上學的聯合。在這裡才開始了眞正的近代哲學；它是從笛卡兒開始的。(1)這是形上學的觀點。思維的理智試圖找出這種聯合；它用自己的純粹思想範疇進行探索。我們應該對斯賓諾莎、洛克和萊布尼茲加以考察，他們完成了形而上學。笛卡兒和斯賓諾莎提出了思維和存在；洛克提出了經驗，提出了形上學的觀念，並且論述了對立本身。萊布尼茲的單子，是集這類世界觀之大成。(2)其次，我們要考察他們這種形上學的〔否定、〕[12]沒落。懷疑論是反對形上學本身的，同時也反對經驗論的共相。

3. 第三是那個應當找到的聯合本身進入意識，成爲研究對象。這個聯合是唯一的原則，也是唯一的興趣所在。這個作爲原則的聯合所採取的形式，是認識對內容的關係。思維如何與內容同一？又如何能夠同一？內在的事物，即那種形上學的基礎，被自覺地提了出

[10] 第一六六頁。
[11] 第一六六頁。
[12] 第一六六頁。

來，當作哲學的研究對象。這就把康德哲學和〔全部〕[13]近代哲學包括進去了。

第四：在哲學家們的外在的生平事蹟方面，我們將明顯地看到，從這時起，連這種生活方面的狀況，也顯得與古代哲學家完全不一樣。我們曾經看到，在古代，哲學家是一些特立獨行之士。人們要求一位哲學家必須身體力行，拳拳服膺自己的學說，蔑視世俗，不參與世俗的聯繫。這一點，古代哲學家們是做到了的。在那個時代，哲學決定了個人的地位。那時候容許有，而且經常有一些人過著哲學家的生活，他們的內在目的和精神生活也決定了外在的關係；他們是一些具有鮮明突出的個性的人。他們的認識的目標，是對宇宙進行思維的考察。對於外在的世俗聯繫，他們退避三舍；一種聯繫，如果他們很不贊成，他們就拒不參與，哪怕這種聯繫是不依個人為轉移的，是擁有支配個人的規矩和習慣性的，是人們爲達到個人目的、獲得榮譽、財富、威望、地位而不得不參與的。對於當前的現實，對於外在的生活關係，他們無動於衷，不感興趣；他們居留在理念之中。他們的思維所不感興趣的事物，他們是不加理睬的。作爲私人，他們有自己獨特的生活方式；我們可以把他們與僧侶相比，他們摒棄了世俗的福利。他們是獨往獨來，了無掛礙的。

在中世紀，研究哲學的，主要是教士們，神學博士們。在過渡時期，哲學家們是置身於鬥爭之中的，對內與自己鬥爭，對外與環境鬥爭；他們的生活是以粗獷的、動盪的方式度過的。

[13] 第一六六頁。

近代的情況則不同。我們再也看不到那種哲人，哲學家並不形成一個階層。〔這時所有的差異都不見了，哲學家並不是僧侶，因爲〕[14]我們發現他們全都是一舉一動無不與世界相聯繫，全都是在國家裡面與其他的人處在相同的地位上；他們並不是特立獨行的，並不是了無掛礙的。他們生活在公民關係中，也就是說，過著政治生活；換句話說，他們雖然也是私人，他們的生活卻並不與其他關係隔絕。〔他們是包括在當前的條件中的，是包括在世間的工作和進展中的。這樣，他們的哲學就僅僅是附帶的，是一種奢侈品、一種飾物了。〕[15]其所以有這種不同，原因就在於外在情況發生了改變。在近代，〔由於世俗原則與自身取得了和解，〕[16]外部世界安寧了、有秩序了；各個社會階層、各種生活方式確立了。我們看到了一種普遍的、理智的聯繫；這是世俗原則與自身取得和解的結果，這樣，各種世俗關係就以合乎自然的、合理的方式結成了。隨著內在世界、宗教的建成，以及外部世界與自身的和解，個性也獲得了另外一種性質；它不是古代哲學家的那種鮮明突出的個性了。這個普遍的、理智的聯繫有極大的勢力，使每個人都受它的支配，但同時也能爲自己建立一個內在世界。由於外在的事物與自身和解一致，內在的事物也就可以與外在的事物同時彼此獨立，

[14] 第一六七頁。

[15] 第一六七—一六八頁

[16] 第一六八頁。

互不依賴，而個人在這種情況之下，則可以把自己的外在方面交給外在秩序去管。與此相反，在那些古代的獨特人物身上，外在的事物是只能完全爲內在的事物所決定的。現在則相反，個人有了更高級的內在力量，就可以把外在的事情委之於偶然——如穿衣戴帽可以聽從時俗，不值得在這上頭多費心思。他可以不管外在的事情，聽任那個異物——所處環境中的秩序——去決定它。〔在眞正的意義下，生活環境乃是私人的事情，是由外在的情況決定的，並不包含任何值得我們注意的事物。現在生活變成了有教養的、大體一致的、普通平常的事；它與各種外加的關係相聯繫，並不能代表或表現一種僅僅屬於自己的形象。人不可獨樹一幟，賦予自己一個獨立的形象，在自己所創造的世界裡給自己規定一個地位。因爲外在關係的客觀勢力是其大無窮的，我無可奈何地被放進了這些關係，所以，不管採取哪種方式把我放進去，對於我來說都是無所謂的；個性和個人生活，一般說來也同樣是無所謂的。有人說，一個哲學家應當過著哲學家的生活，即置身於外在的世間關係之外，不爲世事分心和煩惱。可是，人是處在各種生活必需的事情包圍之中，特別是處在文化環境之中的，誰也不能自給自足，不假外求；他必須設法與別人聯繫起來活動。〕[17] 近代世界就是這樣一種基本的聯繫力量；它包含著這樣一層意思：個人絕對必須參與這個外在生活的聯繫。處在任何地

[17] 第一六八—一六九頁。

位的人，都只能採取一種共同的生活方式；﹝在這一方面，﹞[18]只有斯賓諾莎是一個﹝孤芳自賞的﹞[19]例外。所以，在過去，勇敢是個人的勇敢，近代人的勇敢則不在於人人以各自的方式行事，而在於信仰那個與別人的聯繫——就是這種聯繫使人們立下了全部功勛。哲學家並沒有像僧侶那樣組成一個階層。科學院士們是組成這樣一個階層的；但是，即便是這種院士地位——這種地位的取得，是外在條件所決定的——也沉沒在一般社會關係的汪洋大海裡了。最主要的事情是在於始終如一地忠於自己的目的﹝，而不在於生活上獨樹一幟﹞。[20]

[18] 第一六九頁。
[19] 第一六九頁。
[20] 第一六九頁。

第一篇　培根和波墨

培根和波墨代表兩種完全不同的人物和哲學體系。（但是兩人都同樣承認，精神把它所認識的內容或對象當作自己的領域，而且把這個領域看成具體的存在。在培根那裡，這個領域就是有限的自然界；在波墨那裡，這個領域就是內心的、神祕的、神聖的基督教生活和存在。因為前者從經驗和歸納法出發，後者從神和三位一體的泛神論出發。）[1]培根的哲學，一般說來，是指那種基於對外在自然界或對人的精神本性（表現為人的愛好、欲望、理性特點、正義特點）的經驗和觀察的哲學體系。它以經驗的觀察為基礎，從而做出推論，以這種方式找到這個領域[2]內的普遍觀念和規律。這種方式或方法首先出現在培根這裡，雖說他被稱為是這種方法的鼻祖和經驗哲學家的首領，不過還不很完善。

壹、培根

那遠在彼岸的內容，由於徒具形式，已經失掉了它的眞理資格，對於自我意識，對於意

[1] 第一七〇頁。

[2] 指經驗領域，或有限的自然界。

識的確認自己和確認現實，已經沒有什麼意義了。拋棄那種內容，在當時已是既成事實。我們看到，那位培根爵士、威魯蘭男爵、聖阿爾班伯爵就把這件事實有意識地宣布出來了。他是全部經驗哲學的首領，在我們這裡，人們現在還喜歡在著作中引用他的一些警句。培根在一五六一年生於倫敦；由於他的祖先和親戚擔任過政府要職，他本人也受了仕宦教育，一開頭就進入仕途，歷任顯要的官職。他的父親是伊莉莎白女王手下的掌璽大臣。培根早年就表現出巨大的才能，十九歲時，已經寫了一本關於歐洲狀況的書（*De statu Eurcpae*）。他在青年時就與伊莉莎白的寵臣艾塞克斯伯爵結交，由於伯爵的扶植，雖非家庭中長子（他的長兄承襲了父親的財產），卻很快就青雲直上，當了大官。但是由於當了大官，他竟對他的恩人犯了極端忘恩負義的罪過；人們責備他，說他受了伯爵的敵人的勾引，在伯爵下臺之後當眾控訴伯爵叛國。由於這種忘恩負義，培根玷辱了自己的名譽。[1]

詹姆斯一世在位時，培根獻上自己的著作 *De augmentis scientiarum*（《增進科學論》），藉以自薦，獲得了英國政府最顯要的官職。（詹姆斯一世是軟弱的人，他的兒子查理一世後來被斬首。）培根與富室結婚，但不久就散盡錢財，竟讓自己參加政治陰謀、做不正當的事。他結交白金漢，成為英國的掌璽大臣、大法官、威魯蘭男爵。但是他在當大法官

1　布勒，《近代哲學史》，第二卷，第二篇，第九五〇—九五二頁；布魯克爾，《批評的哲學史》，第四卷，第二部，第九十一—九十三頁。

時竟犯了最荒唐的貪汙罪。這樣一來，他就引起人民和貴族的反感，因而被控告，案件提到了國會。他被判處罰款四千鎊，姓名從上院貴族名單中勾銷，送倫敦塔監禁。他在審判過程中，以及在監獄的時候，表現出極其軟弱的性格。雖說他後來獲釋出獄，免予起訴，那是由於人們對白金漢內閣和國王有更大的憤恨，培根是在白金漢執政時擔任那些官職的，似乎當了犧牲品，因爲他倒臺較早，是被他的同僚白金漢拋棄了、定了罪的；那些把他搞垮的人當了權，也同樣地遭到了人們憤恨，主要是由於這種情況，而不是由於他無罪，人們對他的憤怒和怨恨才減輕了一些。但是他前此的劣跡已經使他身敗名裂，他再也不能恢復自己的自尊心，也不能重新贏得別人對他的尊敬了。於是他退隱了，過著貧困的生活，不得不懇求國王補助，以餘生研究科學，一六二六年去世。[2]

在希臘人和羅馬人那裡，哲學家們是在一種與他們的學問相適應的外在環境中過著獨立的生活。現在這種與世隔絕的生活沒有了，哲學家並不是僧侶，而是擔任著公職的人，與當前的實況、與世界和世界進程糾纏在一起；所以說，哲學是附帶研究的，當作一件奢侈品，一件額外的事物。

培根一直被讚揚爲指出知識的眞正來源是經驗的人，被安放在經驗主義認識論的頂峰。

---

2 布勒，《近代哲學史》，第二卷，第二篇，第九五二—九五四頁；布魯克爾，《批評的哲學史》，第四卷，第二部，第九十三—九十五頁。

事實上，他確實是英國所謂哲學的首領和代表，英國人至今還沒有越出那種哲學一步。因爲英國人在歐洲似乎是一個局限於現實理智的民族，就像國內小商販和手工業者階層那樣，註定老是沉陷在物質生活之中，以現實爲對象，卻不以理性爲對象。人們把很大的功勛歸給培根，因爲他指出了外界和內心的自然現象如何應當受重視。其實他的名聲大於可以直接歸給他的功績。從事實出發，並依據事實下判斷，當時已經成爲時代的趨勢，成爲英國人說理的趨勢。由於他把這個方向表達出來了，人們就歸功於他，好像全然是他把這個方向給予了認識似的。

有很多有教養的人，對人們所關注的種種對象，如國事、人情、心靈、外界自然等等，曾經根據經驗，根據一種有教養的閱歷，發表過言論，進行過思考。培根也就是這樣一個有教養的、閱世甚深的人，他見過世面、處理過國務、親手對付過現實問題，觀察過各種人物、各種環境、各種關係，曾經影響過那些有教養的、深思的甚至研究哲學的人。在政治生涯結束之後，現在他也以同樣的態度轉向科學活動，因而以同樣的方式，從實用出發，根據具體的經驗和見解，對各種科學進行實際的考察和研究。這就是對當前的實況進行考察，尊重現象、承認現象；睜開眼睛觀看存在的事物，並且尊重和承認這種直觀。這就是理性以思維的態度對待自然、在自然中尋找出眞理時，對自己信任、對自然信任，因爲理性和自然本來是和諧的。培根完全拋棄了、拒絕了經院哲學的方法，即根據一些極其遙遠的抽象概念進行推理、做出論斷、建立哲學理論，而對擺在眼前的事物視而不見。這就是以有教養的人所見到的、所思索的那種感性現象爲立足點，以實用等等爲立足點，以尊重感性現象、承認感性現象爲原則，把有限的、世間的事物當作一種有限的事物，就是說，從感性的角度來對待它。

培根以實踐的方式研究科學，透過思考蒐集現象，把現象當作第一手的事物加以考慮。他同時也對科學進行方法上的考察；他並不是僅僅提出一些意見、發表一些感想，也不是僅僅對科學大放厥詞，像貴族老爺似的發作一通，而是力求嚴密，並且提出了一種科學認識上的方法。他之所以值得我們注意，只是由於他所開創的這種考察方法，也只是由於這一點，我們才必須把他寫進科學史和哲學史；憑著這種認識方法上的原則，他也給他的時代帶來了重大的影響，因爲他促使他的時代注意到當時的科學既缺乏方法，也缺乏內容。培根被認爲是經驗哲學的首領；在這個意義上，他是萬古留名的。他曾經提出了經驗認識中普遍的方法原理。

依據經驗的知識，依據經驗的推理，是與依據概念、依據思辨的知識對立的。可是人們把這種對立似乎理解得太尖銳，以致依據概念的知識不齒於依據經驗的知識，依據經驗的知識又反對透過概念得來的知識。我們可以藉用西塞羅形容蘇格拉底的話來形容培根：他把哲學理論（從天上）帶到了世間的事物裡、帶到了人們的家裡。[3]就這個意思說，那種依據概念、依據絕對的知識，可以高於經驗知識；可是對於理念來說，內容的特殊性是必定要發

3 參看本書第二卷，第47頁（請注意，這是作者注，此處指本版的原書頁碼，即邊碼，下同。——譯者）。

揮出來的。概念是重要的一面，但是概念本身的有限性也同樣重要。精神化爲現實，化爲外在的存在；認識這個存在、認識世界的實況、認識這現實的宇宙，即具有顯現的、感性的廣延的宇宙，這是一個方面。另一方面則是與理念的聯繫。自在自爲的抽象概念必須得到規定，必須特殊化。理念是具體的、是自己規定自己的、是有發展的；完善的知識永遠是進一步發展了的知識。要認識，從理念的角度看來，僅僅意味著發展得還不那麼充分，我們要研究的就是這個發展。爲了研究這個發展、從理念出發對特殊加以規定，爲了使關於宇宙、關於自然的知識得到發展，是有必要認識特殊事物的。這種特殊性是一定要自覺地加以發展的；我們必須去認識經驗的自然，即物理的自然和人的本性。近代的功績就在於促進了或提供了這種認識；古代人雖然也曾從經驗出發去求知識，但那是遠遠不夠的。經驗並不是單純的看、聽、摸等等，並非只是對於個別事物的知覺，主要是由此出發，找出類、共相、規律來。經驗找出了這些事物，就碰到了概念的領域；它搞出了那樣一種事物，那種事物是屬於理念、概念領域的；它爲概念準備下經驗材料，然後概念才能安安穩穩地採用這份材料。

當科學臻於完備時，理念就必定從自身出發，科學就不再從經驗材料開始了；但是爲了使科學臻於完備、取得存在，必須經往來個別到一般、從特殊到普遍的過程，必須採取主動的行動，反作用於經驗的事物、給予的材料，對它進行加工改造。（先天知識好像是理念自己構造出來的，其實同宗教感情一樣，需要加工改造。）沒有經驗科學的自覺發展，哲學就不能前進一步，勝過古代人。理念本身的全體，是完備的科學；完備科學的開端和發生進程，則是另一個事物。科學的這個發生進程之不同於科學本身（完備的科學）的進程，正如

284 283

哲學的歷史進程不同於哲學本身的進程一樣。在任何一門科學裡，都是從公理開始的，這些公理當初都是特殊事物的結果；等到科學完備了，就從公理開始了。哲學上的情形也是一樣；經驗方面的發展是理念的很重要的條件，隨著經驗的發展，理念才能得到發展，得到規定。例如，近代哲學史之所以能夠存在，是靠整體的哲學史、靠幾千年的哲學進程；精神必須走過這一漫長的道路，才能產生近代哲學。後來這種哲學在意識中採取過河拆橋的態度；它顯得只是自由地沉潛在它自己的那種元氣中，毫無阻力地在這種介質中發展著，沒有什麼反作用；可是，要贏得這種元氣、贏得這種在元氣中的發展，卻是另外一回事。我們不應該忽視，如果沒有這個進程，哲學是不會取得存在的；精神在本質上就是對另外一種事物的加工。這就是培根哲學的精神。

1. 培根把經驗當作認識的唯一眞正來源，然後用思維對經驗加以整理。培根以兩部著作馳名。他的功績首先在於他在《增進科學論》裡提出了一部有系統的科學百科全書，這是一個提綱，這提綱在當時人中間無疑地引起了重視。在大家眼前擺出這樣一幅人們沒有想到的有條有理的全圖，是很重要的。這部百科全書列出了一個各門科學的總分類；分類的原則是根據不同的精神能力制定的。他根據記憶、想像、理性來劃分科學：(1)記憶的事情；(2)想像的事情；(3)理性的事情。於是他把歷史安排給記憶，把詩（藝術）安排給想像，最後把哲學安排給理性。[4]然後他按照流行的分類法，進一步把這三類再劃分爲子目，列入其餘的學科，這種分法是無法令人滿意的。屬於歷史的，有關於神的著作：神聖的歷史、先知的歷史、教會的歷史；以及關於人的著作：歷史、文學史；然後是關於自然的著作等等。[5]他又採取當時風行的手法，對這些項目一一加以評述，那種手法的一個主要方面，就是舉例說明，例如舉出《聖經》上的例子，把一件事說得似乎有理。[6]當談到國王、教皇等等的時候，就一定要舉出亞哈、所羅門等名王。正如當時法律上、婚姻法上通行猶太慣例一樣，在哲學上也還是有那一類的事物存在。在這本書裡也出現了神學，並且出現了魔術。[7]〔但主要內容〕是知識和科學的一般方法論。

科學的分類是《增進科學論》這部著作中最不重要的部分。書中有價值的、產生影響的部分是他的批判和很多有教益的言論，像這樣內容，在當時的各類知識和學科中是根本沒有的，這主要是由於前此的研究方法有缺點，不合乎目的，把理智編織出來的經院亞里斯

4 《增進科學論》，第二篇，第一章（萊頓一六五二年十二月版），第一〇八－一一〇頁（《全集》，萊比錫一六九四年版，第四十三－四十四頁）。

5 《增進科學論》，第二篇，第二章，第一一一頁（《全集》，第四十四頁）；第四章，第一二三－一二四頁（《全集》，第四十九頁）；第十一章，第一四五－一四七頁（《全集》，第五十七－五十八頁）。

6 參看下文第二九〇頁。

7 參看下文第二八九頁。

多德概念當成實在的事物。這種分類法，正如它在經院哲學家和古代哲學家手裡慣用的那樣，現在仍然在各門科學裡流行著，對知識的本性一無所知。這本書裡預先假定了科學的概念，然後賦予這個概念毫不相干的原則作爲分類的原則，按照記憶、想像、理性的分別加以劃分；其實眞正的分別在於概念自身的一分爲二，自行分化。認識中確實有自我意識這一環節，眞實的自我意識也確實包括著記憶、想像、理性這三個環節，但是自我意識的這種分別並不是從自我意識的概念中取得的，而是從經驗中取得的，是經驗發現自我意識具有這三種能力的。

2. 培根的**另一個**顯著的方面，就是他在第二部著作《新工具》中力求詳盡地宣揚一種新的認識方法。在這一方面，他的名字更是常常受到人們讚揚。《新工具》這部書的要旨，是駁斥以往經院哲學所用的那種透過推論求知的方法，駁斥三段論法的格式。他把這種方法稱爲 anticipationes naturae〔對自然的預想〕。人們從一些前提、定義、假定的概念開始，從一種抽象概念、一種經院哲學的抽象概念開始，由此做出進一步的推理，卻不顧實際存在的事實。例如人們就摘取一些關於神、關於神如何在世界上顯靈、關於魔鬼等等的《聖經》詞句（如「太陽停著不動」），從其中推出某些命題，某些形上學命題，然後再從這些命題做出進一步的推論。培根的駁斥就是針對這種先天的搞法的；他反對這一類對自然的預想，建議大家對自然做出說明、解釋。[8] 總的說來，他是反對推論的。事實上，那種亞里斯

8《新工具》，第一篇，箴言十一—三十四（《全集》，第二八〇—二八二頁）。

多德式的推論，也並不是一種透過〔概念〕自身、依據〔概念〕內容的認識；它需要一種外來的共相作爲根據。可以說，正因爲這樣，這種推論在形式方面乃是偶然性的事物。內容與形式並不統一，所以這種形式本身就是偶然的。這種推理，從它本身看來，是在一個外來的內容上進行的推理。大前提是獨立存在的內容，小前提也同樣是並非透過〔概念〕自身的內容，是鑽牛角尖的，也就是說，它所具有的形式是並不在它自身之內的；形式並不是內容。透過推論，總是可以同樣地推出相反的命題來；因爲對於這種形式來說，以哪種內容爲根據是無所謂的。「辯證法無助於各種技藝的發明；許多技藝都是偶然發明的。」[9]

其實培根並不是一般地反對這種推論，也就是說，他並不反對推論的概念（因爲他並沒有這個概念），他所反對的是當時流行的推論，即以某一假定內容（概念）爲根據的經院哲學推論。他所宣導的，是以經驗的內容爲根據，進行歸納，因爲他要求以對自然的觀察和實驗爲根據，並且曾經指出某些對象，認爲研究那些對象對人類社會的利益是非常重要的。由此出發，後來他就得出一種透過歸納和類比的推論。[10]事實上，培根不知不覺地迫切要求的，其實只是那種內容變換；因爲眞正說來，當他排斥一般的推論，只承認那種透過歸納的

9 《增進科學論》，第五篇，第二章，第三二〇—三二二頁（《全集》，第一二二—一二三頁）。

10 《新工具》，第一篇，箴言一〇五、三一三；《增進科學論》，第五篇，第二章，第三二六—三二七頁（《全集》，第一二四—一二五頁）。

推論時，他自己就是在不自覺地的推論了。（他把歸納法與三段論式對立起來；但是這種對立只是形式上的，任何歸納也都是一種推論，這一點是亞里斯多德早就知道的。從一批事物可推導出一個普遍的命題來：第一個命題是『這些物體具有這些屬性』，第二個命題是『這些物體全都屬於一個類』，因此第三步就得出『這個類具有這些屬性』。這是一個完全的推論。）而且，培根以後的那些經驗主義人物全都遵照著培根的要求進行工作，滿以爲根據觀察、試驗和經驗就可以不折不扣地掌握事物的眞相，其實他們既不能脫離推論，也不能脫離概念，卻自以爲用不著什麼概念，因而只是胡亂理解，胡亂推論，根本不能擺脫推論，達到內在的眞知識。

前面已經提到過，把知識引導到現實的內容、當前的內容上去，是非常重要的，因爲理性知識一定要有客觀的眞理性。精神同世界的和解，自然和現實的聖化，絕不能是在彼岸的，而是必須在此時此地得到實現。此時此地這一環節，就是這一件事進入自我意識的必經之路。但是，經驗、試驗和觀察並不知道自己眞正在做什麼，並不知道自己考察事物的唯一目的恰恰在於理性的內在的、不自覺的確認，確認它在現實中發現了它自己。觀察和試驗如果得到正確的處理，就正好證明只有概念才是客觀的事物。感性的個別事物，只要我們對它一試驗，就立刻消逝，化爲普遍的事物了。最熟悉的例子就是陽電和陰電，因爲電既是陽電，又是陰電。一切經驗主義者所共具的另一個典型缺點，就是他們只相信經驗，墨守經驗，始終沒有意識到自己採納這些知覺的時候就在作形上學的思考。人並不是停留在個別的事物上的，也不能那樣做。他尋求共相；共相就是思想，雖然不是概念。最明顯的一個思想形式就是力；有電力、磁力、重力等。力是普遍的事物，並不是可以知覺到的事物；經驗主義者們就是完全無批判地、不自覺地接受這樣一些規定的。歸納法的意義就在於從事觀察，進行試驗，重視經驗，從個別的事物引導出普遍的規定。

3. 培根列舉了哲學主要應當研究的對象。這些對象與我們得自知覺和經驗的事物相比，有很大的不同。「在培根提出的主要哲學研究對象總綱中，有下列對象，我們現在挑選出他的著作中特別強調的那一些來談談。」在這些科學當中，他還列入了「延年益壽的辦法、在一定程度上恢復青春的辦法、延緩衰老的辦法、改變身長的辦法、改變容貌的辦法、使某些物體化爲其他物體的辦法、創造新物種的辦法，制服大氣、激起風雨的辦法，增進感官快樂的辦法。」他談到煉金術。對這樣一些對象他自己也從事研究，並且敦促人們注意能不能有辦法達到這些目的；有了這樣一些力量，就可以大大進步了。「他抱怨這類研究被某些人所忽視，把那些人稱爲ignavi regionum exploratores〔探索者領域內的懦夫〕。他在《自然史》中正式開列了煉金術和許多奇蹟的完成術。」[11]培根還沒有採取考察自然的理智觀點，他的觀點還帶有十分粗陋的迷信和虛妄的魔術之類。

培根的這種看法，總的說來，是以理智的方式陳述的；他還保持著當時的流行觀念。

11《評論季刊》，第十六卷，一八一七年四月號，第五十一—五十二頁；培根，《林中林或自然史》，第四部，第三二六至三二七節（《全集》，第八二二—八二三頁）。

「把白銀、水銀或某種別的金屬轉化爲黃金，是一件很難令人相信的事情。但是，一個人如果知道了重量、黃色、延展性、固態、揮發性的本性，並且曾用心思索金屬的原始種子及其溶劑，經過大量聰明的努力之後，是很可能製造出黃金來的，不過憑著幾滴點金液卻不能把其他金屬化爲黃金。所以，一個人如果知道了純化、同化、營養的本性，就能透過飲食、沐浴等等延長壽命，或者在某種程度上恢復青春力量。」[12]這些話並不那麼刺耳。在醫學方面，他談到了malacissatio per exterius〔外力軟化法〕[13]在Cosmetica〔美容術〕方面，他談到脂粉時說：「我覺得很奇怪，塗脂抹粉的惡習（pravam consuetudinem fucandi）居然沒有被民法和教會法注意到；我們在《聖經》裡明明看到，〔蕩婦〕耶洗別雖然施過脂粉，〔賢後〕以斯帖和〔女傑〕尤迪特卻沒有用過。」[14]這裡並沒有什麼嚴密的、科學的考察，只不過是一般有閱歷的人發出的外在議論罷了。

培根的一個主要特點是注重考察的形式，「他說，自然哲學分兩個部分：第一部分包括原因的考察；第二部分包括結果的產生。他把要研究的原因區分爲目的因和形式因，以

---

12 《增進科學論》，第三篇，第五章，第二四五—二四六頁（《全集》，第九十五頁）。〔黑格爾的譯文比較簡略，按培根原文整理。——譯者〕

13 《增進科學論》，第四篇，第二章，第二九三頁（《全集》，第一一二頁）。

14 《增進科學論》，第四篇，第二章，第二九四—二九五頁（《全集》，第一一三頁）。

及質料因和作用因；前兩種屬於形上學，後兩種屬於物理學。他把物理學看成哲學的一個分支，其地位和重要遠遜於形上學。促進形上學的研究，就是他的《新工具》一書的目的。」[15]

〔另〕一個要點是培根反對對自然作目的論的考察、反對按照目的因來考察自然。〔他認爲〕探索目的因是無用的、沒有益處的；[16]從 causae efficientes〔作用因〕來考察才是主要的事情。按照目的因來考察的例子是：「我們之所以長睫毛，原因在於保護眼睛；動物之所以長厚皮，是爲了防寒暑；樹木之所以長葉子，是爲了使果實不受日曬風吹」；[17]頭上長頭髮，是爲了保暖；雷電是神的懲罰，或者是爲了使土地長育萬物的；土撥鼠冬眠，是因爲找不到事物吃；蝸牛有殼，蜜蜂有刺，是爲了防侵害。人們按照這個意思做了數不清的發揮。消極的、外在的實用方面被人們擺了出來，〔例如就有人說〕，如果太陽或月亮晝夜不斷地照耀，警察局就可以省下一大筆錢，給人們吃喝整整幾個月。培根反對這類看法是很

15 《評論季刊》，第十六卷，一八一七年四月，第五十二—五十三頁；《增進科學論》，第三篇，第三至四章，第二〇〇—二〇六頁（《全集》，第七十八—八十頁）。《新工具》，第二篇，箴言二：「可以正確地肯定：眞正的知識是透過原因獲得的知識。原因又可以適當地分爲四種，即質料因、形式因、作用因和目的因。」

16 《新工具》，第二篇，箴言二：「除了與人的行爲有關的目的以外，目的因是敗壞了科學的，而不是推進了科學。」《評論季刊》，第十六卷，一八一七年四月，第五十二頁。

17 《增進科學論》，第三篇，第四章，第二三七頁（《全集》，第九十二頁）。

正確的，因爲這裡的目的是外在的事物。他把這種按照目的的考察排除出物理學之外，只有對原因的考察才屬於物理學。他說，這兩種考察可以並存。[18]按照目的因的考察涉及的是外在的合目的性，這一分別康德已經很好地指出了。事實上，內在目的與外在目的相反，乃是事物本身的內在概念，這一點我們在亞里斯多德那裡早就看到了。有機體是目的，具有內在的合目的性，所以各個肢體也是外在地彼此合乎目的的。那些外在的目的則與內在目的不一樣，與我們所考察的對象並沒有聯繫。

然而，說自然的概念就在自然本身，卻不能說因此目的就在自然本身；合目的性的概念是與自然不相干的事物。說自然本身就是目的，並不是說，自然就像個人那樣本身是目的，所以我們要像尊重個人那樣去尊重自然。應當尊重個人，這話只是對個人來說的，並不是對普遍者來說的。一個以普遍者的名義、以國家的名義行動的人，例如一位將軍，就並不需要尊重個人；個人本身雖然是目的，卻仍然是相對的。將軍並不是互相排斥的、彼此對立的個人，而是目的本身，因爲他的本質是概念、是普遍性。個體動物本身是**它的**自保；但它的眞正目的本身卻是種。保種不是自保；保存個體自己是保種的反面，放棄個體自己才有種的繁衍。培根把普遍者、把原則與作用因分開，從物理學中排除出來，趕進了形上學。換句話說，他把概念並不視爲自然中的普遍者，卻只看作必然性，就是說，〔他沒有〕認識到諸

18《增進科學論》，第三篇，第四章，第二三九頁（《全集》，第九十二頁）。

環節的對立中所表現的共相，沒有把諸環節結合成一個統一體，〔只是〕從另外一個特定的事物來把握一個特定的事物，〔從第二個把握第一個，再從第三個把握第二個，〕以至於無窮，而不是從兩者的概念去把握兩者。

培根比較普遍地進行了作用因的探索，這一考察產生了很大的作用。他這個觀點抗擊了輕率的迷信，在日耳曼各民族中，迷信的可怕程度和荒謬程度是遠遠超過古代世界的；在這一方面，它的功勞不亞於伊比鳩魯哲學反對迷信的斯多噶學派、反對一般迷信的功勞。迷信把任何一個想像中的事物都當成原因（認爲一個彼岸的事物可以以感性的方式存在，並且可以起原因的作用），甚至認爲兩個毫無關係的感性事物在互相影響。培根這種對鬼怪、占星術、魔術等等的攻擊，[19]與他的其他思想一樣，雖然不能認爲是哲學，但至少對於文化是一項功績。

〔培根認爲〕我們應當把注意力放在形式因上，放在事物的形式上。[20]「但是要揭明他所謂形式因究竟是指什麼而言，那是很困難的。這些形式因到底是什麼，培根自己並沒有弄明白。」[21]人們可以以爲他是把事物的內在規定性或規律了解成形式因。他把這些普遍的規

19　《增進科學論》，第一篇，第四十六頁（《全集》，第十九頁）；第三篇，第四章，第二一一—二一三頁（《全集》，第八十二—八十三頁）；《新工具》，第一篇，箴言八十五，第三〇四頁。

20　《增進科學論》，第三篇，第四章，第二三一—二三四頁（《全集》，第八十九—九十頁）。

21　《評論季刊》，第十六卷，一八一七年四月號，第五十二頁。

定性稱爲formas〔形式〕，敦促人們去發現和認識這些形式；這些形式無非就是普遍的規定性、種、規律。[22]他說：「形式因的發現，是令人失望的。作用因和質料因（因爲人們把這兩種原因當作遙遠的原因來追索和接受，不管它們通向形式因的潛伏過程），又是微不足道的、膚淺的、對眞正的、積極的科學簡直沒有什麼貢獻。雖然在自然中眞正存在的只是那些做出純屬個別動作的個別物體，它們的動作卻是按照規律的，在科學中，這種規律以及對規律的研究、發現和說明，乃是認識的基礎，同時也是行動的基礎。我們所說的形式，就是指這種規律及其陳述。[23]「……哲學與科學的眞正區分是這樣來的：……研究這些永恆不變的形式（即自然規律）的，就是形上學；研究作用因、物質以及物質的潛在過程和潛在結構的，就是物理學。」[24]「誰認識了形式，就在形形色色的物質中掌握了自然的統一性。」[25]他對此做了詳細的討論，並且舉了許多例子，譬如他以熱爲例。「精神必須從差別上升到類。太陽的熱與火的熱是不一樣的（heterogenei）。我們看到葡萄在太陽熱曝曬下成熟了。爲了弄清太陽熱是不是特殊的，我們又去觀察別的熱，發現葡萄在溫室中也成熟了；這就證

22 《新工具》，第二篇，箴言十七，第三四五—三四六頁。

23 《新工具》，第二篇，箴言二，第三二五—三二六頁（《哲學史》，第十卷，第三十五—三十六頁）。〔黑格爾的譯文比較簡略，按培根原文整理。——譯者〕

24 《新工具》，第二篇，箴言三、九，第三二六頁；箴言三十五，第三六六頁。

25 同注24。

明太陽熱並不是特殊的。」[26]

「〔培根說：〕『物理學引導（directs）我們走狹窄崎嶇的小徑，因爲它是模仿一般自然界的途徑的。然而，誰理解了一個形式，就知道了使這個自然本性再現在（upon）各種對象上的最終可能性。』這就是說，像他解釋的那樣，把黃金的本性引進白銀的本性」，也就是從黃金裡造出白銀來，「做出煉金術士們聲稱要做出的那一切奇蹟。他們的錯誤僅僅在於希望以神話的、幻想的方式做到這一點」；現實的方式則是認識這些形式。「弄清形式因和邏輯規則，乃是 *Instauratio magna*〔《偉大的復興》〕和 *Novum Organum*〔《新工具》〕的主題。」[27]這裡有一些很好的規則，不過並不能達到他那個目的。

培根曾經置身於重大的社會關係之中，因而受到了掌握國家大權的人的那種腐化。儘管人格腐化，他仍然是一個有才智的人，看得很清楚；但是他缺乏依據普遍的思想、概念進行推理的能力。他擁有高度的閱歷，「豐富的想像、有力的機智、透澈的智慧，他把這種智慧用在一切對象中最有趣的那個對象，即一般所謂人世上。在我們看來，這是培根的特色。他對人的研究要比對物的研究多得多；他研究哲學家的錯誤，要比研究哲學的錯誤多得

---

26 同注24。

27 《評論季刊》，第十六卷，一八一七年四月號，第五十二頁；《增進科學論》，第三篇，第四章，第二三六頁（《全集》，第九十一頁）。

多。事實上，他並不喜愛抽象的推理」；抽象推理這種屬於哲學思考的事物，我們在他那裡很少見到。「他的著作雖然充滿著最美妙、最聰明的言論，但是要理解其中的智慧，通常只需要付出一點的理性努力。」因此他的話常常被人拿來當作格言。但是「他的判斷大都是 ex cathedra〔從講壇上〕發出的，他試圖加以解釋的時候，多半是透過一些比喻、實例（illustration）和聰明的觀察，很少透過直接的、恰當的論證。普遍的推理是哲學思考的一個主要特點；缺乏這種推理，在培根的哲學著作中是很顯明的。」[28]他的實踐著作特別有趣味，但是找不出人們所期望的那種偉大的程度。

我們需要用一個名字、一個人物作爲首領、權威和鼻祖，來稱呼一種作風，所以我們就用培根的名字來代表那種實驗的哲學思考，這是當時的一般趨向。[29]

這就是我們所要講的培根思想。關於英國人的這種經驗方法，在洛克那裡還有更多的要談。

28《評論季刊》，第十六卷，一八一七年四月號，第五十三頁。

29《增進科學論》，第五篇，第四章，第三五八頁（《全集》，第一三七頁）：「人們用同一種心靈活動對一件事物從事研究和發現，並且做出判斷。這件事並不是間接完成的，而是在感覺中直接地以同一方式完成的。因爲感官在它的直接對象上既攝取對象的現象，同時又承認對象的眞實性。」（里克斯納，《哲學史手冊》，第三卷，第十頁）

貳、雅各．波墨

另一個極端是 theosophus teutonicus〔條頓神智學家〕**波墨**，[30]他正處在〔與培根〕相對立的地位。philosophia teutonica〔條頓哲學〕——早期的〔德國〕神祕主義就已經有這樣的稱號。[31]現在我們要從那位英國大法官、外部感性哲學的領袖進到這位號稱條頓哲學家、出生於勞西茨的德國鞋匠。[32]我們不應當爲他感到羞愧。這位雅各．波墨久已被遺忘了，並且被斥爲虔誠的夢想家，直到近代才恢復了名譽；萊布尼茲很尊重他。由於啟蒙運動的影響，他的讀者人數很有限；在近代，他的思想深刻性重新得到了承認。他確實不應當受到啟蒙時期的那種輕視，但是另一方面，他也不應該享受人們給予他的那種崇高榮譽。給他貼上一張夢想家的標籤，並不能說明什麼問題。因爲只要我們願意，我們可以給每一位哲學家都貼上這樣的標籤，甚至對伊比鳩魯和培根也可以如此；因爲他們也都認爲人除了飲

30《雅各．波墨的生平和著作》（據《全集》，漢堡一七一五年第四版），第五號，第二節，第五十四頁；並參看扉頁。

31《雅各．波墨的生平和著作》，第一號，第五十七節，第二十七—二十八頁。

32《雅各．波墨的生平和著作》，第一號，第十八節，第十一—十二頁。

食、砍柴、縫衣、做買賣或其他公私事務以外，還以某種別的事物作為他的眞理。波墨之所以享有很高的榮譽，主要是由於他的哲學採取了直覺和感情的形式；因為直覺和內心感情、祈禱和仰慕、思想的形象性和寓言等等，在一定程度上被他當成了哲學的主要形式。但是只有在概念中，在思維中，才能達到哲學的眞理，才能把絕對表達出來，絕對才像它本來那樣**存在著**。從這方面看，波墨卻是一個十足的粗人；一個在粗糙的表述中具有著一顆具體的、深刻的心的人。因為他的表述沒有方法，沒有條理，所以他的哲學是很難介紹的。

雅各．波墨於一五七五年生於上勞西茨地區戈爾利茨城附近的舊賽登貝格村，家庭貧窮，少年時在農村中當過牧童。[33]他的著作集（阿姆斯特丹和漢堡出版）篇首載有一篇**傳記**，是一位與他很熟的教士根據他的口述寫成的。他的著作特別受到荷蘭人的注意，因此大部分是在荷蘭出版的，後來才在漢堡重印。[34]我們發現其中大量敘述了他如何獲得深刻認識的過程。他是在路德教會中教養出來的，終身留在路德教會裡。他一生中經歷過許多次激動。他談到自己當牧童的時候就見到過奇異的景象。第一次奇異的覺醒是他放牧時得到的；那時他就已經在灌木叢中看到了一個洞穴和一大桶黃金。他為這種燦爛的景象所震

---

33 《雅各．波墨的生平和著作》，第一號，第二至三節，第三頁。

34 《雅各．波墨的生平和著作》，第四號，第二至六節，第八十一—八十五頁。

驚，心靈就從陰暗的魯鈍狀態裡覺醒了；這種景象他以後不再看到。[35]後來他跟一個鞋匠學手藝。在遊走四方縫鞋的旅途中，「他想到《聖經》上的一句話（〈路加福音〉，第十一章，第十三節）：『天父將把聖靈賜給那些向他祈求的人，』心中受到莫大的鼓舞，因此爲了認識眞理，他就專心致志，熱忱地不斷祈禱、探索和叩問，終於在一次伴同師傅遊走四方的旅途中，憑著聖父在聖子身上的指引，隨著聖靈進入神聖的安息，靈魂得到愉快的寧靜，他的祈求獲准了；那時（根據他的自白）他爲神聖的光明所圍繞，處在至高無上的神聖靜觀和歡樂之中，達七天之久。」他的師傅把他打發走了，說是「不能與這樣的家庭先知」在一起。以後他住在戈爾利茨，一五九四年當了師傅、結了婚。後來，「在一六〇〇年他二十五歲的時候」，光明「再度」降臨到他身上，他第二次看到這類景象。他說他看見一個擦得雪亮的錫器在房間裡，「由於」這種金屬的「令人喜悅的可愛形象突然出現在眼前」，他的心靈就閃閃發光，靜觀一切，進入禪悅境界，「洞察到神祕本性的中心」，神聖實體的光輝。「他走出大門跑到郊外，想把這種幻覺趕出頭腦」，可是心裡「仍舊感覺到原來看到的那種景象，而且愈來愈清楚；因此他憑藉心中形成的那些徵象或形象、線條和色調，彷彿可以洞見一切創造物的核心和內在本性（在他所著的 *De signatura rerum*〔《論萬物的徵象》〕一書中，就充分推崇和描述了這種印在他心中的根據），這樣，他就充滿極大的喜悅，感謝上帝，安

35《雅各·波墨的生平和著作》，第一號，第四節，第三—四頁。

安靜靜地操持他的家務了。」[36]後來他寫了好幾部著作。他在戈爾利茨從事他的手工業，一直當鞋匠，一六二四年在那裡以鞋匠師傅的身分去世。[37]

他的第一部著作叫*Aurora*，即《曙光》，後來又寫了多種著作；《論三個原則》和另一部《論人的三重生活》是他最值得注意的作品，此外還有幾部別的著作。他平生讀過哪些書，我們不清楚。但他的著作中有許多地方足以表明他讀過很多書，特別是顯然讀過神祕主義的、神智學的、煉金術的書籍，其中有一部分無疑是霍亨海姆的特奧弗拉斯特·帕拉切爾斯·波姆巴斯特的著作；帕拉切爾斯是一個與波墨同類型的哲學家，但是思想比較亂，沒有波墨那樣深邃的心靈。波墨著作中所用的術語，如神聖的硝石、水銀等等，說明他的表達方式是粗糙的。他經常讀《聖經》。他曾經受到僧侶們的多方迫害，[38]在德國反倒不如在荷蘭和英國受人重視，他的著作曾在荷蘭和英國多次出版。[39]人們稱他為philosophus teutonicus〔條頓哲學家〕；[40]事實上也是由於有了他，德國才出現了具有獨特風格的哲學。我們讀他的著作時感到驚訝；一定要熟悉他的理念，才能在這種極其混亂的表達方式中發現

36 《雅各·波墨的生平和著作》，第一號，第六至七節，第五頁。
37 《雅各·波墨的生平和著作》，第一號，第七至十一節，第七—八頁。
38 《雅各·波墨的生平和著作》，第一號，第十二至十七節，第八—十一頁。
39 《雅各·波墨的生平和著作》，第一號，第六號，第七至八節，第八十五—八十七頁。
40 《雅各·波墨的生平和著作》，第一號，第十八節，第十一—十二頁。

眞實的內容。

雅各·波墨是第一個德國哲學家；他的哲學思想的內容是眞正德國氣派的。波墨哲學中優秀的、值得注意的事物，就是上述的新教原則，即把靈明世界納入自己固有的心靈，在自己的自我意識裡直觀、認識、感覺過去被放在彼岸的一切。波墨的一般思想表明：一方面，它是深刻的、有根據的；但是另一方面，他在發揮他那些對於宇宙的神聖直觀時，儘管用盡全部力量尋求規定和區別，卻仍然沒有做到清楚明白、有條有理。他的著作沒有系統聯繫，在做出區別的時候弄得極其混亂，甚至在舉出一、二、三列成表格時，[41] 也是如此：

一

那在世界和創造物以外的神

二

分離性：Mysterium magnum 第一原理：

愛中之神〔偉大的神祕〕怒中之神

三

愛和怒中之神

41《神智學通信集》，第四十七封（《全集》，漢堡一七一五年第四版），第三八七九頁。

這並不是什麼確定的劃分，只是一種努力；有時這樣分，有時又那樣分；分開了又混在一起。

他的這種表達方式應該說是粗糙的。波墨把生命、絕對本體的運動放進了心靈，也同樣把各種概念看成實物；也就是說，把實物當成概念使用，不用概念的規定，硬要用一些自然物和感性特質來表達他的理念。例如硫磺、水銀，波墨就不是指我們所說的硫磺和水銀，而是那些東西的本質；也就是說，概念採取了這種實物的形式。他對理念深感興趣，爲掌握理念反復鬥爭。他要想宣講的那種思辨眞理，本質上是需要用思想和思想的形式去掌握的。只有在思想中，才能掌握這種以他的精神爲中心的統一；而思想的形式恰好是他所缺乏的。他所用的那些形式並不是思想的規定。一則，那些形式都是感性的規定，如酸、甜、苦、辣等性質，愛、嗔等感情，以及色彩、閃電、香精、硝石、水銀等等。這些感性規定在他那裡並沒有原來的感性意義；他利用它們來代替思想規定。一眼就可看出，這種表達方式當然顯得十分牽強，因爲只有思想才能表達統一性。因此我們讀到神的苦楚、震盪、閃電等等時感到莫名其妙；一定要先有理念在心裡，才能猜出它們是什麼意思。

此外，波墨又把基督教的形式當作理念的形式使用；把感性的方式和表象宗教的方式、感性的形象和表象混合在一起。這種辦法，一方面是很粗糙的，另一方面也具有當下直接性，是從萬物的實際、從自己的心靈來談一切；把天上發生的事情放在自己的心靈中，讓它在心中迴旋。漢斯・薩克斯曾經以他自己的獨特風格把上帝、基督、聖靈與天使、長老一概表象成他自己那樣的小市民，並不看成過去的、歷史上的人物；波墨也是這樣做的。

對於信仰來說，精神是有眞理的，不過精神的眞理中卻缺乏自我確認這一環節。我們曾經看到，基督教的對象就是眞理和精神；對於信仰來說，眞理是直接的眞理。信仰擁有眞理，但卻是無意識地擁有，並不認識，不知道眞理就是它的自我意識；因爲思維、概念本質上是在自我意識裡，即布魯諾所講的對立面的統一，所以信仰所缺乏的主要就是這種統一。信仰的諸環節，特別是最高的環節，分裂爲一些特殊形態，如善和惡、神和魔之類。神存在，魔鬼也存在，彼此各自獨立。神是絕對的本體。可是，這個不包含任何現實性，尤其不包含惡的本體，又是什麼樣的絕對本體呢？波墨的目標，一方面是把人的靈魂引導到生命上，使靈魂自身中產生出神聖的生命，直觀靈魂自身中的衝突和鬥爭，把衝突鬥爭當成靈魂的辛勤勞動；然後是針對這個內容，力求解決如何在善中把握惡、如何從神來把握魔鬼的問題。這是當代的一個問題。但由於波墨並無概念，這（對立面的統一）就被表象爲可怕的、痛苦的鬥爭，給人一種掙扎之感。這是一種粗糙的表達形式，是他的心靈、意識與語言之間的鬥爭；鬥爭的內容是最深刻的理念，最深刻的理念才能把最絕對的對立面統一起來。（對於他來說，最接近的形態是基督和三位一體，然後是水銀、硝、硫磺、澀、酸等化學形式。）我們在他那裡看到艱苦的掙扎，竭力使這些對立物合而爲一，把它們聯結起來，但並不是爲了思維的理性；這是一種極其粗野的內心努力，要把形態上彼此極不相干的事物捆綁在一起。他以堅強的精神把對立的雙方面結合起來，並在這種精神中打破全部對立的意義，即雙方所具有的現實性形態。但同時，由於他是在自身內、在內心中把握這一運動、把握精神的這一本質的，他對那些環節所作的規定也比較接近於自我意識的形式，即無形態的概念。總括起來說，就是他曾經努力在神的內部把握那消極方面的惡和魔鬼。

從一方面看，他這種表達方式是非常粗野的，令人無法卒讀，抓不住他的思想（各式各樣的性質、精氣、天使令人頭昏腦脹），而他那直率的心靈卻確實有一股蠻勁，硬要把實物當作概念使用。但是骨子裡是有思辨、思想的，只不過沒有得到恰當的表述。我們絕不能指望在他那裡看到系統的陳述，也不能指望他做出眞正的詳盡發揮。他也並不是停留在一種形式上，而是徘徊於多種形式之間，因爲感性的形式也好，宗教的形式也好，都不能使他滿意。他那種通俗的、直率的表象方式完全是信口而出，使人感到太淺薄。他與魔鬼打很多交道；他常常向魔鬼喊話：「來！你這壞蛋！你打算幹什麼？我有辦法對付你。」[42]莎士比亞劇本《暴風雨》裡的主角普洛斯佩羅恫嚇精靈愛麗兒，說要劈開一棵盤根錯節的橡樹，把他塞進去夾上一千年。[43]波墨的偉大精神就是這樣，是禁錮在感性事物這棵堅硬多節的橡樹裡，禁閉在多節的、堅硬的表象疙瘩裡的。他無法做到對理念做出自由的表述。把消極的事物也放在神的理念中來把握，把神理解成絕對的，這就是他那看來如此可怕的鬥爭，因爲他在思想教養方面還十分落後。一方面是生硬粗糙的表達，另一方面我們也認識到那深刻的德

42《關於四種性態的慰安書》，第四十三至六十三節，第一六〇二—一六〇七頁。

43 第一幕，第二場，第二十七—二十八頁（希雷格爾譯，柏林一八一八年版）。〔按：莎士比亞原文只說把他夾上十二個冬天，黑格爾隨意說成了一千年。——譯者〕

國心靈，它在與最內在的事物交往，在那裡發揮它的威力、它的力量。

我要先把波墨的主要思想扼要地講一講，然後把他反復使用的那些個別說法和形式講一講。他老是把同一個意思翻來覆去地說，而他的主要看法在不同的地方又採取著很不相同的形式，所以，我們如果想要給他的看法做出一番首尾一貫的陳述和發揮，是會弄錯的，尤其在進一步加以引申的時候，錯誤更是在所難免。不採取波墨的表達方式、不採取他的形式，對他的思想就說不出多少話；因爲不如此就無法把它表達出來，雖然形式根本不是概念。

他的根本思想，是努力使一切事物保持在一個絕對的統一體中，這就是絕對的神聖的統一，一切對立在神中的聯合。他的主要思想，甚至可以說，他的貫穿一切的唯一思想，就是在共相中把握神聖的三重性，在一切中把握神聖的三位一體，把萬物看成神聖三位一體的顯現和表露；這樣，三位一體就是包羅一切、產生一切的原則；這樣，萬物就只是包含著這種三位一體，這並不是一種想像的三位一體，而是實在的三位一體——絕對理念。一切都被看成這種三位一體；存**在著的**一切都只是這種三位一體；這種三位一體乃是一切。[44]他的表述有時很模糊、有時也比較清楚。他進一步講的，是對三位一體的解釋；他使用了一些不同的形式來表示三位一體中出現的差別。

44《論關於神聖洗禮的基督遺言》，第二篇，第一章，第四至五節，第二六五三—二六五四頁。

在《曙光》(又名《哲學、星象學和神學的根本或母親》)一書中，他提出了一種分類法，排列這三門科學。

「(1)哲學所研究的，是神聖的力量，神的本質，自然、星辰和Elementa〔四大元素〕如何在神的本質中形成，萬物從何而來？天地的構造如何？還有天使、人和魔鬼，天堂地獄，以及一切創造物，還有自然中的、得自正確根據的精神認識中的、神的意欲和激動中的兩種性質。」[45]

「(2)星象學所研究的，是自然、星辰和四大元素的力量，一切創造物如何來自這些力量，善和惡如何透過這些力量對人和禽獸產生作用。」[46]這並不是什麼明白的規定，不過是〔從哲學到神學的〕一個過渡而已。

「(3)神學所研究的，是基督的國度，這個國度的狀況，以及它如何與地獄國度相反，還有它如何在自然中與地獄國度作鬥爭。」[47]

波墨有一個主要的思想，認為宇宙是唯一的神聖生命，是神在萬物中的顯示；確切地說，就是從神的唯一本質中，從一切力量和性質的總和中，永恆地降生出聖子，聖子在那些

45 《曙光》，〈序〉，第八十四節，第十八頁。

46 《曙光》，〈序〉，第八十五、八十八節，第十八頁。

47 《曙光》，〈序〉，第八十五、八十八節，第十八頁。

力量中照耀著。這個光明與各種力量的實體的內在統一，就是精神。

1. **第一位**是**聖父**。這第一位同時又區分爲二，是二者的統一。波墨說：「神是一切，他是黑暗和光明、愛和恨、火和光；但人們卻單從光明和愛的一面稱他爲唯一的神。黑暗與光明之間有一種永恆的Contrarium〔對立〕：這一方並不包括那一方，那一方並不是這一方，雙方都只是一個**單一的事物**，但是爲Qual〔痛苦〕所區分」（Qual〔痛苦〕就是Quelle〔源泉〕、Qualität〔性質〕；他用Qual這個字來表示所謂絕對否定性，即自己否定自己的否定者，因而也就是絕對的肯定），「也爲意志所區分，但並不是可以割裂的事物。唯一的劃分原則是：一方在對方中是**無**，卻又是**有**；但這是按照一方的潛在特質說的，不是指它的明顯特質。」[48] 波墨的全部努力都集中到一點，就是絕對殊異者的統一。概念的原則在波墨那裡是十分生動的，只不過他無法用思想的形式表述出來罷了。他說那單一的事物爲Qual〔痛苦〕所區分，意思就是說，Qual〔痛苦〕正是那個被意識到、被感覺到的否定性。關鍵就在於把否定物想成單純的，因爲否定物同時又是一個對立物。所以，Qual〔痛苦〕就是那種內在的分裂；但它又是單純的事物。他由此就推出了Quelle〔源泉〕的意思，眞是十足的文字遊戲。Qual〔痛苦〕這一否定性進展到了生動性、能動性，於是他也把它與Qualität〔性質〕

48 《論眞正的平靜》，第二章，第九至十節，第一六七三頁。

聯繫起來，從而得出Qualität〔湧流性〕。[49]差別的絕對同一性在波墨那裡是貫徹始終的。

(1)由此可見，波墨並不把神看成空洞的統一，而是看成對立物的那種分化統一，所以聖父是第一位。但是我們別指望在那裡找到明確規定的差別。第一位或太一同時也具有一種非常自然的形態，即自然物的形態。因此他談到單純的本體，說神是單純的本體，就像普羅克洛所說的那樣。他把這單純的本體稱爲潛藏者，又叫Temperamentum〔調和者〕、殊異者的統一，一切都在其中得到調和。[50]我們看到他也把它叫做偉大的硝（Salitter），有時叫神聖的硝，有時叫自然的硝，還叫硝鹽（Salniter）。[51]他大談這偉大的硝時，就像談一種大家熟知的東西一樣，我們實在不能立刻知道所指的該是什麼東西。其實這是皮匠行業裡讀的別字，把salnitri〔硝鹽〕讀成了salniter或Saliter（現在奧地利語還把硝叫salniter），指的就是中性的東西，實際上就是普遍的東西。這是一個神聖的大觀園：在神中有一個壯麗的自然界，有樹木、有花草等等。「在這神聖的大觀園裡，主要看兩樣東西：一樣是硝

49《論神聖實體的三個原則》，第十章，第四十二節，第四七〇頁。

50《論天命》，第一章，第三至十節，第二四〇八—二四一〇頁；第二章，第九節，第二四一八頁；第十九至二十節，第二四二〇頁；《對一些最主要的論點和字句的詮釋》，第二節，第三六六八頁；第一四五至一四六節，第三六九六—三六九七頁。

51《曙光》，第四章，第九至十一節，第四十九—五十頁；第十一章，第四十七節，第一二二六—一二二七頁等處。

或神聖的力量，它產生出所有的果實；另外一樣是水銀或聲音」，——[52]性質、熱、聲。這偉大的硝就是那個潛藏的、沒有顯示出來本體，有如新柏拉圖學派的那個不自知的統一體一樣，那統一體也同樣是潛藏的、未知的。

(2)這實體就是聖父，就是那最初的統一；它包含著尚未分開的一切力量和性質。然後這硝又顯現爲神的肉身，這肉身包含著一切性質和力量。「所以，人們考察星辰的全部Curriculum〔行程〕或全部運轉，就立刻發現，這硝是萬物之母或化生萬物的自然，萬物都存在和生存於其中，一切都爲它所推動；萬物都由相同的力量造成，並且永遠存留在那些力量之中。」[53]所以人們說，神是一切實在中的實在。波墨說：「但是你必須在聖靈中大大提高你的心智，必須看到，整個自然，以及自然中的一切力量，廣度、深度、高度、天、地，地上的一切和天上的一切，都是神的肉身；星辰的各種力量，乃是這個世界裡神的自然肉身上的根本血脈。」[54]

「你絕不要以爲，整個恢弘的神聖三位一體，即聖父、聖子和聖靈，就在星辰的Corpus〔團體〕裡。但是卻不能把這個意思理解爲神根本不在星辰的Corpus〔團體〕和這

---

52 《曙光》，第四章，第十二至二十一節，第五十—五十一頁。

53 《曙光》，第二章，第十五節，第三十頁。

54 《曙光》，第二章，第十六章，第三十—三十一頁。

個世界裡。」[55]這整體就是全部普遍的力量；這力量作爲唯一的統一體聖父存在著，在創造物中則作爲全體星辰存在著。是整個神在如此眾多的事物中把自己造成了創造物；在蘊蓄一切的聖父裡，各種力量是聚合爲一的。「現在問題是：天是從哪裡取得那樣大的力量，因而在自然中造成那樣大的運動性的呢？在這裡，你必須超出自然、在自然以外洞察到那光明神聖、雄壯恢弘的神力，洞察到那不變的、神聖的三位一體，這是一個恢弘的、苦惱的、運動的本體，一切力量都在其中，**如同在自然中那樣**，由這個本體形成了天、地、星辰、四大元素、魔鬼、天使、人、獸等等一切，都成立於其中。所以，我們舉出天、地、星辰、四大元素以及其中的一切和超出諸天之外的一切，也就舉出了整個神，神在上述的這些」數不清的「事物中，在由他自身發出的力量裡，**就把自己造成了創造物**」。[56]

「苦這種性質也在神中，但不是像膽汁在人體中那樣，而是一種永遠持續的力量，一種高超的、恢弘的愉快源泉。」

波墨談到聖父時說：「我們考察整個自然及其屬性時，就看到了聖父；我們仰視蒼天和星辰時，就看到了聖父的**永恆的力量和智慧**。所以說，天上有多少星辰——星辰是不可勝數的——，聖父就有多少力量和智慧。每一顆星都有它特有的性質。你不要以爲聖父那裡的每

---

55 《曙光》，第二章，第十七至十八節，第三十一頁。

56 《曙光》，第二章，第三十一至三十三節，第三十三—三十四頁；第三十八至四十節，第三十四—三十五頁。

310

一種力量都在聖父的某一特殊部分或處所，就像星辰在天上那樣。不是的！正好相反。聖靈昭示我們，一切力量在聖父那裡都是互相滲透的，有如一個力量。」他說：「你」卻「不要以爲神站立或遨遊在天上和天外，如同一種毫無理性和知識的力量和性質似的，如同太陽那樣循著軌道運行，放射出熱和光，給大地或眾生既帶來害處，也帶來利益。不是的！聖父不是那樣，他是一個全知全能的、具有全部智慧的、無所不見的、無所不聞的、嗅到一切、觸到一切的神，他自身是溫和的、友善的、仁愛的、慈祥的、充滿歡樂的，甚至是歡樂本身。」[57]這就是把神區分爲各種性質。他要想對這些性質做出規定，這是晦澀的表述。

(3)他的一個主要概念是性質。他在《曙光》中從性質講起。波墨的第一個範疇，性質範疇，就是煩擾、痛苦、源泉。他在《曙光》中說：「性質就是一件事物的運動、洶湧（源泉）或推動。」後來他又把推動與痛苦連到一起。[58]「例如熱焚燒、吞噬和推動一切變熱的、不熱的東西。熱又照亮和烤熱一切冷的、溼的、陰暗的東西，把軟的東西燒硬。熱還包含著光明和猛烈這兩種 Species（屬性）。光，這熱的精髓，乃是一個可愛的、令人喜悅的景象，一種生命力，天上歡樂國的一個片段或源泉；因爲它在這個世界上使一切事物生動活潑。這

57《曙光》，第三章，第二、八至十一節，第三十六—三十八頁（里克斯納，《哲學史手冊》，第二卷，附錄，第一〇六頁，第六節）。

58 參看上文邊碼第 306-307 頁。

個世界上的一切動物、樹木和花草都靠著光的力量生長，都在光和善中獲得其生命。熱又有猛烈性」（否定性），「它焚燒、吞噬和毀滅；就是這種猛烈性在光裡面湧出、推進、上升，使光運動：光在它的雙重源泉中掙扎著，鬥爭著。光在神裡是沒有熱的，但在自然中則不是如此；因爲在自然中一切性質是互相滲透的，而神則是一切。神」（聖父）「是自然的心，」在別處他又說聖子是神的心，[59]還把聖靈稱爲自然的心臟[60]——「或自然的源頭；一切都出於神。在自然界的一切力量中，是熱起著支配作用，它溫暖一切，是一切的源泉。光則在熱中把力量給予一切性質，使一切變得可愛、變得充滿歡樂。」[61]

波墨列舉了一系列的性質：冷、熱、苦、甜、辣、澀、硬、粗、軟以及聲音等等。[62]「一切創造物全都由這些性質造成，全都來自這些性質，全都生存於其中，如同生存於母親懷裡似的。」[63]「星辰的各種力量就是自然。——這個世界上的一切，全都起源於星辰。我要給你證明這一點，這樣，你就不是一個傻子，就有一點理性了。」[64]

59 《論人的三重生活》，第四章，第六十八節，第八八一頁。
60 《曙光》，第二章，第十三節，第二十九頁。
61 《曙光》，第一章，第三至七、九節，第二十三—二十四頁。
62 《曙光》，第一章，第十至二十四節，第二十四—二十七頁。
63 《曙光》，第二章，第一節，第二十八頁。
64 《曙光》，第十四節，第三十頁；第八節，第二十九頁。

他還把聖父稱爲一切力量——一切力量都在聖父中，「互相滲透，有如一個力量」——，[65]並且把這些力量再分爲七個根本元精。[66]但是分得很混亂，沒有確切的區別，說不出何以正好是七個，沒有思想的規定；像這樣的確定性在他那裡是找不到的。這七種性質也是在神的偉大的硝中運行的七個行星：「那七個行星意味著神的七個元精，管轄眾天使的七個王侯。」[67]然而它們是一個統一體；這統一體本身就是一個源泉，一個酵母。「所有的元精都在神中歡騰著，有如一個元精，每一個元精都永遠在撫愛著另一個元精，除了純粹的愉快和歡樂之外別無他物。」[68]在神中，各種分別是合一的。「沒有一個元精處在另一個元精之外，如同天上的星辰那樣羅列著；這七個元精是互相滲透的，有如一個元精。」[69]「在神的七個元精當中，每一個元精都孕育著神的所有七個元精；所有的元精全都互相滲透，有如一個元精」，所以，神本身中每一個元精都是全體。「每一個都在自身中透過自

65《曙光》，第四章，第五至六節，第四十八頁。
66《曙光》，第八章，第十五節，第七十八頁。
67《曙光》，第十一章，第四十六節，第一二六頁；第三章，第十八節，第四十頁。
68《曙光》，第十章，第五十四節，第一一五頁。
69《曙光》，第十章，第四十節，第一一三頁。

身產生著另一個」，[70]這就是所有各種性質所發出的生命閃光。[71]所以他就力求在善中把握惡，在神中把握魔鬼。這一鬥爭是他的各種著作的全部特點，也是他的精神上的Qual〔痛苦〕。

2. 既然第一位是一切力量、一切性質的源泉和胚胎，那麼，第二位就是發揚。在波墨那裡，**第二位**原理是一個主要概念，表現爲很多的形態和形式，如聖言、分離者、痛苦、啟示等等，總之就是個性，即一切分離、意志和自在存在的源泉；這個原理存在於自然物的各種力量內，當光在其中升起時，就把它引回到靜止狀態。

(1) 作爲單純的絕對本體的神，並不是絕對的神；在神裡面是什麼都認識不到的。我們認識到的是某種別的事物；這別的事物正是包含在神本身之內的事物，就是神的直觀和認識。波墨談到第二位原理時說，必須有一個分離出現在這種調和中。他是這樣說的：因爲「如果沒有**阻擋**，一件事物就不能向它自己顯示出來；因爲那樣它就沒有事物與它對抗，就一味獨自往外跑，不再返回到自己身上了。它不再返回到自己身上，不再返回到它的原初出發點，也就對它的**原初狀態**一無所知了。」他用原初狀態來表示實體；可惜這個術語和其他許多中肯的術語我們是不能用的。「如果沒有阻擋，生命就沒有敏感性，沒有意欲、沒有作

70 《曙光》，第十章，第三十九節。

71 《曙光》，第十章，第十一章，第七至十二節，第一一九—一二〇頁。

用，就既沒有理智、也沒有科學了。如果那潛藏的神，即唯一的本體和意志，並沒有以他的意志從他自身展開，從 Temperamento（調和）中的永恆知識展開，進入意志的離異性，並把這離異性導入一種圈定性」（同一性），「形成一種自然的、被創物的生活，而生活中的這種離異性並不是處在爭鬥之中，那麼，那唯一的神的意志又如何能向生活顯示出來呢？那唯一的意志裡又怎樣可以有對它自己的認識呢？」[72]我們看到，波墨要比那種對最高本體的空洞抽象看法不知高明多少倍。

(2) 他說：「萬有的開端是聖言，[3]即神的噓氣，神從來就是永恆的太一，也永遠是永恆的太一。聖言是永恆的開端，並且萬古如斯；因爲聖言是永恆太一的啟示，它使神聖的力量進入對某物的唯一知識。我們把聖言理解爲顯示出來的神意，而把神字理解爲潛藏的神，即永恆地湧出聖言的源泉。聖言」（即聖子）「是神聖太一的流溢，卻也是作爲神的啟示的神自身。」（Λόγος 這個希臘字比德文的 Wort 更確切。它有很好的雙重意義，既有道理的意思，又有語言的意思。因爲語言是純粹的精神存在物，這事物一被聽到就返回到精神本身。）「那流出物就是智慧，即一切力量、顏色、德行、特質的開端和原因。」[73]

---

72 《論神聖的觀照》，第一章，第八至十節，第一七三九頁。

[3] 「聖言」（Wort）就是「道」或「邏各斯」（λόγος）。

73 《論神聖的觀照》，第一章，第一至三節，第一七五五－一七五六頁。

宇宙不是別的，正是被創造過的神的本質性。[74]因此，「當你觀看高空、星辰、四大元素、大地」以及它們所產生的事物時，「你用你的眼睛掌握的」當然「並不是明朗清晰的神性，雖說神性」也「潛伏在其中。」你看見的只是它們被創造的表現。「可是，如果你提高你的思想、思維……那神聖地主宰這一切的神，你就衝出了天中之天，掌握到神的神聖核心了。」[75]——「天的各種力量經常在種種形象、草木、顏色中起作用，以顯示那神聖的神，使我們在萬物中認識神。」[76]

(3)這就是聖子。他說：「聖子是」屬於聖父並「在聖父之內的，是聖父的心或光；聖父從永恆到永恆，永遠不斷地在產生聖子。」依此看來，「聖子」雖說「是異於聖父的另一位，卻不是另一個神」，而是「與聖父爲一體」，是聖父的映象。[77]「聖子是聖父內的心臟」和脈搏。「聖父內的一切力量都是屬於聖父的事物。聖子是一切力量中的中心或核心；

74 里克斯納，《哲學史手冊》，第二卷，附錄，第一〇八頁，第五節（據波墨，《曙光》，第二章，第十六節，第三十—三十一頁；第三十三節，第三十四頁）。

75 《曙光》，第二十三章，第十一至十二節，第三〇七—三〇八頁（里克斯納，《哲學史手冊》，第二卷，附錄，第一〇八頁，第五節）。

76 《神智學通信集》，第一卷，第五節，第三七一〇頁。

77 《曙光》，第三章，第三十三至三十五節，第四十四頁（里克斯納，《哲學史手冊》，第二卷，附錄，第一〇六頁，第七節）；第十五節，第三十九頁。

他是整個聖父中一切力量湧現歡樂的原因。」（第一位是硝鹽、中和劑。）「從聖子升起永恆的天樂，湧現在天父的一切力量中，」[78]——「就像太陽是眾星的中心一樣。太陽恰好意味著聖子；太陽照耀著天宇、星辰和籠罩大地的蒼穹，對這個世界上的萬物起著作用。（星辰的運行意味著天父的眾多力量。）太陽給予一切星辰以光和力，對它們的力量加以調和。（金星[4]是七大元精之一。）神的聖子從他的聖父的一切力量中永恆地產生出來，正如太陽從星辰中產生出來一樣，他不斷地被產生出來，並不是被製造出來的，他是一切力量的中心，也是一切力量發出的光輝。他在聖父的一切力量中照耀著，他的力量是聖父的一切力量當中發揮推動作用的、湧流不息的歡樂；他在整個聖父內照耀著，正如太陽在整個世界裡照耀著一樣。因爲聖子如果不在聖父內照耀，聖父就是一個黑暗的幽谷了；因爲聖父的力量如果不永恆不息地升起，神聖的本體就不能存在了。」[79]聖子的這種生動活潑性，是主要之點。關於聖子的出現和顯現，波墨也提出了極其重要的規定。

(4)「永恆太一的意志是在各種力量的顯示中觀照它自己的；從這樣一種顯示裡，就流出了對於Ichts〔某物〕的知識，因爲永恆的意志在Ichts〔某物〕中直觀到了它自己。」（波

---

78 同注77。

[4] Lucifer，又當「魔鬼」講。

79《曙光》，第三章，第十八至二十二節，第四十—四十一頁。

墨在這裡玩了一個文字遊戲，從Nichts〔無物〕造出Ichts〔某物〕這個詞來，因爲Ichts正是否定物，但同時又是Nichts的反面，其中包含著自我意識的我〔Ich〕。）聖子、某物就是我、意識、自我意識；那抽象的中和者就是神，那自我集中到自爲存在點上的就是神。神的對方就是神的肖像。這種肖似是Mysterium magnum〔偉大的神祕〕，創造了萬事萬物、一切創造物；因爲它在意志的流出過程中把全體分離開來，使永恆太一的意志可以分離，意志的離異性是產生各種力量和特性的根源。」[80]這個Separator〔分離者〕被他「奉爲自然的長官，永恆的意志就是憑著它來支配、製造、構成、形成一切事物的。」[81]這分離者就是作用者、自我區分者；他又把它——這個Ichts〔某物〕——稱爲Lucifer〔金星或魔鬼〕，神的初生聖子，即在創造過程中最初出生的天使。[82]但是這個Lucifer隕落了，[83]基督代替了

---

80 《論神聖的觀照》，第一章，第四至五節，第一七五六頁；第十二節，第一七五八頁。

81 同注80。

82 《曙光》，第十二章，第一〇一至一〇七節，第一四九—一五〇頁；第三章，第九十二至一〇四節，第一六六—一六八頁；《論神聖本體的三個原則》，第四章，第六十九節，第四〇六頁。《曙光》，第十二章，第一〇〇節，第一四九頁；第十三章，第三十一至五十一節，第一五七—一六〇頁；《論神聖本體的三個原則》，第十五章，第五節，第五四三—五四四頁。《曙光》，第十二章，第九十九節，第一四九頁；第十三章，第五十二節，第一六〇頁；第十四章，第三十六節，第一七八頁。

83 同注82。

它的地位。[84]

這就是魔鬼與神的聯繫。這是殊異的存在，又是自爲的存在，爲太一的存在，亦即異於太一的他物。這是神中之惡的來源，出於神的惡的來源。雅各．波墨思想的最深處就在於此。這魔星隕落了。因爲那 Ichts〔某物〕——即自己知道自己，即 Ichheit〔我性〕（這是在波墨那裡出現的一個詞）——就是把自己建立在自己裡面，把自己想像到自己裡面，就是自爲的存在，吞噬一切的火焰。這是分離者裡面的否定環節，Qual〔痛苦〕，也就是神的震怒。這神的震怒是地獄和把自己想像到自己裡面的魔鬼。這個想法非常勇敢，非常有思辨意義；所以波墨就力圖從神自身去理解神的震怒。意志、Ichts〔某物〕也是自身性；它是 Ichts〔某物〕（即 Ichheit〔我性〕）向 Nichts〔無物〕的過渡，是把自己想像到自己裡面。[85]他說：「天堂和地獄的距離，正如白天和黑夜、某物和無物的距離一樣。」[86]事實上，波墨在這裡攀登到了神聖本體的全部深刻內容。惡，物質，不管它叫什麼名字，就是我＝

---

84 同注82。

85 《曙光》，第十三章，第五十三至六十四節，第一六〇—一六二頁。《關於靈魂的十四個問題》，第十二章，第四節，第一二〇一頁；《論六個神智學論點》，五，第七、三節，第一五三七頁；《論眞正的寧靜》，第一章，第一至七節，第一六六一—一六六三頁；《論神聖的觀照》，第一章，第二十三至二十六節，第一七四二—一七四三頁；《論萬有的誕生和表證》，第十六章，第四十九節，第一六九六頁。

86 《論超感性的生活》，第四十二節，第一六九六頁。

我，就是自爲的存在，也就是眞正的否定性。在此以前，這是 nonens〔非有〕，是黑暗；非有本身是肯定性的；眞正的否定性是我。惡並不因爲叫做惡就是壞事物；我們只有在精神中去把握惡的本來面目。波墨又把惡稱爲自身性。例如他就說：「如果神的意志在一物中意欲著，神就顯示在那裡；在這樣的顯示中也住著天使。如果神在一物中不是以該物的意志來意欲，神在那裡就是自在的，並不是顯示的，只是住在他自身中，沒有得到該物的合作；」那樣，「在該物中就含著神自己的意志，並且住著魔鬼，以及神以外的一切。」[87]

(5) 波墨以他自己的那種方式，對這一開展過程的詳情形象地陳述道：這個「分離者」現在「從它自身發揮出各種特質，形成無窮的多樣性，從而使永恆的太一成爲可以感覺到的（成了爲他物）」，「它所依據的並不是統一性，而是統一性的流出」。把自爲存在與多樣性絕對對立起來的概念，波墨是沒有的，他把自爲存在當作爲他存在的另一面，也把爲他存在當作自爲存在的另一面。他反復地陷入顯明的矛盾，不知道怎樣辦才好。「這一流出發展下去，直到登峰造極的地步，直到產生火的階段」——無光的暗火、黑暗、潛藏的事物、自身性——[88]，而「在那個產生火的階段」，由於那種火得到提高、達到頂點，「那永恆的太

87 《論超感性的生活》，第四十一節，第一六九六頁。

88 《論耶穌基督化爲人身》，第一部，第五章，第十四節，第一三二三頁；《論神聖本體的三個原則》，第十章，第四十三節，第四七〇頁。

一就變得莊嚴宏大，成爲光明了」。於是光明出現了；這光明是另一原則所達到的形式。這是復歸於太一。「這樣一來」（即透過火），「那永恆的力量就變得具有欲望、發生作用了」，（火）「是有感覺的」（即有感情的）「生命的原初狀態」（本質），「因爲在力量這個語詞裡就埋下了一個永恆的、有感覺的生命的根苗。生命如果沒有感覺力，也就沒有意志和作爲了；唯有痛苦」——即苦惱、Qual——才「使它」（全部生命）「有作爲、有意志。火所燃起的光使生命充滿歡樂；因爲光是使痛苦神聖化的香膏」。[89]

波墨以多種形式反復重申這個說法，來說明那 Ichts（某物），即分離者，說明它如何從天父那裡「崛起」。[90] 各種性質是在那偉大的硝裡興起的，它們運動著、活躍著，互相「斥責著」。波墨認爲聖父中有酸的性質，然後把 Ichts（某物）的產生設想爲一種變辣的作用、收斂的作用，設想爲電光一閃。這種光就是 Luzifer（金星或魔鬼）。波墨把自爲存在、自我覺察稱爲收斂到一個點上。這就是酸、辣、刺、猛；神的震怒就是這個。這裡頭有惡，他在此處把神的對方包括到神自身裡面了。「這個根源可以被那種偉大的斥責和活躍所點燃。透過收斂，就形成了被創造的事物，天的 Corpus（形體）也就」順理成章地「構成了。如果它」（酸）「爲活躍所點燃（這件事只有那些用硝造成的創造物才能作），那它就

89 《論神聖的觀照》，第三章，第十一節，第一七五七頁。

90 參看下文邊碼第 323 頁。

是神的震怒的燃燒本源了。」[91]它在這裡就是迸發的閃電。「閃電是光明之母，因爲閃電誕育出光明；閃電也是兇猛之父，因爲猛烈存留在閃電中，有如父親身上的一個精子。這閃電又誕育出聲音或音響。」[92]總之，閃電是絕對的誕育者。閃電還與痛苦相聯繫；光明是使人理解自己的事物。神聖的誕生[93]就是閃電的出現，就是一切性質的進入生命。[94]這些思想就是《曙光》一書中的全部內容。

(6)後來他在 *Quaestionibus theosophicis*〔《神智學問題》〕一書中，又使用了是與否的形式代替 Separator〔分離者〕，代替這種對立。他說：「讀者應當知道，一切事物都包含著是與否兩面，不管它是神聖的、邪惡的、凡俗的，還是什麼可以說得出的事物。太一，作爲『是』，就是純粹的力量和生命，就是神的眞理或神自身。如果沒有『否』，神本身就會是不可知的，其中就會沒有歡樂或高尚之處，也沒有感覺力」（生命）。「『否』是對『是』或眞理的一種反擊」（這種否定性是全部認識和理解的原則）：「有了『否』，眞理才顯示出來，才有某物，其中才有一個 Contrarium〔對立〕，其中才有永恆的愛在發揮作用、在感

---

91 《曙光》，第八章，第十五至二十節，第七八—七九頁。

92 《曙光》，第十章，第三十八節，第一一二頁；第十三章，第六十九至九十一節，第一六二—一六六頁；第十一章，第五至十三節，第一一九—一二〇頁。

93 同注92。

94 同注92。

覺、在意欲，並且有它所愛的事物。但是卻不能說，『是』與『否』是割裂開的，是兩個並立的事物；它們只是一個事物，但是分爲兩端，造成兩個 Centra〔中心〕，各有各的作用、各有各的意願。沒有這經常在衝突的兩面，萬物就成了虛無，就靜止不動了。如果那永恆的意志不向外流出，使自己可以被接受，那就沒有形象，無法分別，一切力量就只是一個力量了。那樣也就不會有什麼理解，因爲理解的根苗」（即實質）「就在於有多種特質可以分別開，某一特質看見、證明、意欲另一特質。那流出的意志要求有不同性，好把自己與等同性分別開，使自己成爲特有的某物，成爲看到和感覺到那永恆的觀看的某物。從特有的意志裡就產生出『否』，因爲它帶有獨特性、帶有可接受性。它要求成爲某物，與統一性不同，因爲統一性是一個向外流的『是』，那個『是』永遠在自己的氣息中，是感覺不到的事物。統一性沒有什麼事物使它可以感覺到它自己，只有在不同意志的可接受性中，只有在『否』中，在那個對『是』的反擊中，『是』才會顯示出來，才會得到它可以意欲的事物。」[95]

「『否』之所以叫做『否』，就在於它是轉而向內的欲望，包含著否定價值。那向外流出的有所欲求的意志，是向內牽引的，它自己把握自己；由此就產生了這樣幾種形象和特質：(1)辣；(2)動；(3)感覺；(4)第四個特質是火，即發光的閃電；火發端於偉大可怕的辣與統一性相聚合。這聚合引起一種震盪，在震盪中激起了統一，統一變成了閃電或光輝，這是

95《關於神聖啟示的一百七十七個問題》，第三章，第二至五節，第三五九一—三五九二頁。

一種高尙的歡樂。」這就是統一的激發。「因爲這樣一來，就在黑暗中開始有了光明；因爲統一變成了一種光，那欲求的意志納入各種特質，就變成了一種精神的火，精神的火是以嚴酷的、冰冷的辣爲來源的。因此神是一個震怒的、嫉妒的神」，這裡頭就有惡。「（一）第一個向內牽引的特質是『否』；（二）辣；（三）硬；（四）感覺；（五）火的來源，即地獄或深淵、潛藏性。(5)第五個特質，即愛，它在火裡，即在痛苦裡，造成另一個Principium〔原則〕，即偉大的愛火。」[96]這就是第二個原則的主要規定。波墨反復掙扎，達到了這個深度，因爲他缺乏概念，只有一些宗教形式和化學形式；他勉強應用這些形式來表達他的思想，因此晦澀難懂，而且用語粗糙。

(7)「從感覺力的這一永恆作用裡，產生出可見的世界。世界就是那向外流出的、引入各種特質的聖言，因爲獨特的意志是在各種特質裡產生出來的。那Separator〔分離者〕就是以這樣的形式使聖言變成了獨特的意志。」[97]

3.最後，第三位就是那三重性的形式，即光、分離者和力的統一。這就是聖靈。這個第三位，即聖靈，已經部分地包含在前面的環節裡。「所有的星辰都意味著聖父的力，太陽是來自星辰的」（星辰形成了對於統一的反擊）。「從一切星辰中發出每一星辰的力；

96《曙光》，第三章，第十至十六節，第三五九三—三五九五頁。

97《論神聖的觀照》，第三章，第十二、十四節，第一七五七、一七五八頁。

太陽的力、熱、光輝也返回到那深處」，返回到眾星辰，返回到〔聖父的〕[5]力。「在那深處，一切星辰的力與太陽的光輝和熱是同一個東西」（光是使痛苦的東西神聖化的香膏，歡樂是痛苦的事物的可愛之處）；這是「一種運動著的沸騰，類似精神的激昂。現在，在聖子以外、在聖父的整個深處，除了聖父的多不可測的力和聖子的光以外，沒有別的東西；這聖父深處的聖子之光，是一個生動活潑的、無所不能的、無所不知的、無所不聞的、無所不見的、無所不嗅的、無所不嘗的、無所不觸的聖靈，在這個聖靈中，如同在聖父和聖子中一樣，有全部力量、光輝和智慧。」[98]這就是來自光明、來自聖子的一切力量中最柔和的力量，就是愛。我們看到，這是非常感性的說法。

波墨的主要看法是：「所以，神的本質」（出自永恆深處的世界）「並不是什麼占有特殊地點或場所的杳遠的事物；因爲自然和創造物的」本質或「淵藪就是神本身。」[99]「你不要以爲天上有一個 Corpus〔形體〕」，不要以爲七大元精誕育出這個 Corpus〔形體〕，這個心，[100]「對於其他一切事物來說，這就叫神。不是這樣，正好相反，全部神力本身就是

[5] 第二二二頁。

98《曙光》，第三章，第二十九至三十節，第四十三頁。

99《論神聖的觀照》，第三章，第十三節，第一七五八頁。

100《曙光》，第十三章，第四節，第一一八頁。

天，就是天中之天，是誕生出來的，稱爲聖父，從聖父永恆地誕生出神的一切天使，也誕生出人的精神。無論在天上還是在這個世界上，你都不能指出一個地方，說那裡沒有神聖的誕生。神聖三重性的誕生也出現在你的心裡；聖父、聖子和聖靈這三位都是在你的心裡誕生的。在神力中，到處都是神聖誕生的源泉；那裡已經有神的全部七個元精，你畫出一個空間性的、被創造的圓圈時，其中就有神性。」[101]任何精神裡都包含著一切。

這個三位一體，波墨認爲就是普遍的生命，就是每一事物、每一個體中的全部普遍生命；這生命是絕對的實體。他說：「這個世界上的一切事物，都是按照這個三位一體的肖像生成的。你們這些盲目的猶太人、土耳其人和異教徒啊！睜開靈眼吧！我要向你們指出，在你們的身體和一切自然物上、在人、動物、鳥、蟲以及木、石、花草上，都有神的神聖三位一體的肖像。你們說，神只有一個唯一的本質，神是沒有兒子的。你們睜開眼睛看看自己吧！人是按照三位一體的神的肖像由神力造成的。看一看你的內在的人，你就會清楚明白地看到這一點，就不是傻子和無理性的動物了。這樣，你就覺察到，你的心臟、血管和腦子裡有你的精神；你的生命寄託在心臟、血管和腦子上，其中活動的一切力量都體現著聖父。從這力量裡迸出了（誕生了）你的光，你就憑著這個力量看到、理解到、認識到你應該做的事情；因爲這光在你的整個身體裡閃爍，整個身體憑著力量和認識而活動；這就是你心

101《曙光》，第十章，第五十五、六十、五十八節，第一一五、一一六頁。

中誕生的聖子。這光、這看、這理解是第二個規定，這就是自己與自己的關係。從你的光中，憑著同樣的力量，產生出理性、理智、才能、智慧，來管理整個身體，並分別身體以外的一切。身體和體外之物在你的心靈管理下是一個東西，即你的精神；這就體現著神，體現著聖靈。神發出的聖靈統率著你身上的這個精神，你是光明的產兒、不是黑暗的產兒。」[102]「請注意：在一塊木頭、石頭或一棵草裡有三樣東西，這三樣東西在一件事物中只要缺少一樣，就不能有什麼誕生或成長。頭一樣是使一個形體得以生成的力，不管這形體是木頭，石頭，還是草。第二樣是該」物「中的一種液汁，這種液汁是一件事物的核心。第三樣是其中的一股源源不竭的力量、氣味或味道，這就是一件事物賴以生長和增長的精神。這三樣東西缺少了一樣，事物就不能存在。」[103]所以，波墨是把一切都看成了這種三位一體。

我們看到，波墨進而談到個別情節時，就開始說得含糊。從他的特殊說明裡是得不到多少東西的。例如（這一點說明了他對自然物的理解方式）他在進一步追索自然的存在，認爲是一種對神聖知識的反擊時，[104]就把我們稱爲事物的事物當作概念使用。他就說，被創

102《曙光》，第三章，第三十六至三十八節，第四十四—四十五頁；第四十七節，第四十六頁。

103 同上注。

104《論神聖的觀照》，第一章，第三十三節，第一七四五頁；第二章，第二十九節，第一七五四頁；第三章，第十五節，第一七五八頁。

造的事物具有著「三種力，即處於同一Corpore〔物體〕中不同Centris〔中心〕的Spiritus〔精氣〕。(1)第一種外在的精氣是粗糙的硫磺、鹽和Mercurius〔水銀〕，這是四大元素」（火、水、土、氣）「或星辰的本質。這種外在的精氣按照星座的布局，或者按照行星的特質，以及正在燃燒的元素的特質，本著Spiritus mundi〔宇宙精氣〕的最大的力量，構成可以看見的Corpus〔形體〕。那Separator〔分離者〕則造成徵象或標誌」，即自我性。「鹽和硝大體上是中和者；水銀（Merk或Mark）是對營養起攪擾作用的事物；這種粗糙的硫磺，乃是否定的統一體。(2)另外一種Spiritus〔精氣〕是在硫磺油裡，這是第五種香精，是四大元素的根子。這是粗糙的、痛苦的硫磺的柔和化，也是它的歡樂，是發榮滋長的生命的眞正原因，是自然的一種歡樂，有如太陽在四大元素中那樣」，[105]是直接的生命原則。「在那種粗糙硫磺的根據裡，我們看到一個十分清晰的Corpus〔形體〕，其中顯示著想像的自然之光，一種來自神聖流出的光。」[106]那外在的Separator〔分離者〕給攝入的事物打上的標記，是吸收粗糙養料的植物所具有的結構和形式。[107]「(3)第三種精氣是酒精，一種精神

105 《論神聖的觀照》，第三章，第十三至二十一節，第一七五九—一七六〇頁；第二十七節，第一七六一頁；第二十四節，第一七六〇—一七六一頁。

106 《論神聖的觀照》，第三章，第十三至二十一節，第一七五九—一七六〇頁；第二十七節，第一七六一頁；第二十四節，第一七六〇—一七六一頁。

107 同注106。

性的火和光。這是最高的根據，它使這個世界的本質中的各種特性發生最初的分化，」——
Fiat〔遵行〕是每一件東西的聖言，108「分化永遠是事物本身的特性。它的根源是神的神聖
力量。」109——「氣味就是這種酒精發出的可以感覺到的性質。」110——「四大元素只不過
是內在力量的寓所，對內在力量的反擊，酒精運動的原因。」111——〔在波墨的這些說法裡 326
面，〕[6]感性事物完全失掉了這種感性概念的力量，並不把它們當作感性事物，〔而把它們
當作思維規定來用。〕[7]這是波墨的表達方式的生硬粗糙之處，不過同時也表明了與無限本
體的現實性、當下性的統一。

〔波墨〕把創世過程中的對立描述如下：[8]既然自然界是Separator〔分離者〕的最初

108《論神聖本體的三個原則》，第八章，第五節，第四三三頁；《偉大的神祕，或摩西第一經〔即《創世記》〕解說》，第十九章，第二十八節，第二八三〇—二八三一頁。

109 同注108。

110《論神聖的觀照》，第三章，第二十二至二十三節，第一七六〇頁；第二十九節，第一七六一頁；第二十七節，第一七六二頁。

111 同注110。

[6] 第二一五頁。

[7] 第二一五頁。

[8] 第二一五頁。

流出物，那就應當在對神聖本體的反擊裡理解到兩種生命：除了那暫時的生命之外，還有一種永恆的、具有神聖理智的生命，存在於永恆精神世界的根據裡，存在於神聖反擊（我性）的 Mysterium magnum〔偉大神祕〕裡，這是神聖意志的寓所，神聖意志透過它顯現其自身，並不顯現爲特殊意志的特殊性。人正是在這個中心上一身兼有兩種生命，他既是暫時的，又有永恆性。[112] (1)他在「那唯一的善良意志的永恆理智中，那唯一的善良意志是一個調和者」——普遍者——；(2)他又是「自然界的最初意志，自然界是可以圈定眾多 Centra〔中心〕的，其中的每一個 Centrum〔中心〕都分別封閉在一處，成爲我性和自我意志，成爲一個獨特的 Mysterium〔神祕〕或心靈。(1)前一種意志只要求一個對它的肖像的反擊；(2)後一種意志，即處在帶有陰暗印象的我性之中的自發意志、自然意志，還要求一個肖像，作爲它自己的圈定性的反擊；由於這種圈定，它所要求的無非只是它的形體性，只是一種自然性的根據。」[113]——這個自我，這陰暗物、Qual〔痛苦〕、火、神的震怒、自在存在、自我圈

---

112 《論神聖的觀照》，第一章，第二十八至三十一節，第一七四三—一七四四頁；第二十三節，第一七四二頁。第二章，第一至三節，第一七四七—一七四八頁；第十五至二十一節，第一七五一—一七五二頁；第二十八至二十九節，第一七五一頁。第一章，第二十五至二十七節，第一七四三頁；第二十四節，第一七四二頁；第三十二至三十九節，第一七四四—一七四六頁。第二章，第四至十三節，第一七四八—一七五〇頁；第二十二至三十節，第一七五二—一七五四頁。

113 同注112。

定、艱苦等等，現在在再生過程中被打破了；自我被打得粉碎，痛苦帶來了眞正的安寧，正如陰暗的火放出光明一樣。[114]

這些就是波墨的主要思想。波墨的深刻思想是：(1)光明、聖子從各種性質裡產生出來，這是最生動的辯證法。(2)神的自身離異。他的表述的粗糙是不可否認的，爲了把思想用語言表達出來，他勉強使用了一些感性的表象，如硝、酒精、香精、痛苦、震盪等等。但同樣不可否認的是他摸索到了最大的深度，使最絕對的對立得到了統一；他以最生硬、最粗糙的方式理解到各種對立，但他並未因爲這些對立的頑強而不去設定它們的統一。這種深刻思想生硬粗糙、缺乏概念，是一種頓悟，一種發自內心的說法，在內心中掌握一切，認知一切。此外還應當提到他的虔誠眞摯，一字一句無不發自肺腑。這是最高度的深刻，最高度的推心置腹。只要通曉了他那些形式，就會發現這種深刻、這種推心置腹。不過這是一種使人們無法諒解的形式，它不容許人們對細節得到確定的觀念。這個人懷著一種對於思辨內容的極其深刻的要求，則是大家不會否認的。

114　同注112。

第二篇　思維理智時期

我們現在才眞正講到了新世界的哲學，這種哲學是從笛卡兒開始的。從笛卡兒開始，我們踏進了一種獨立的哲學。這種哲學明白：它自己是獨立地從理性而來的，自我意識是眞理的主要環節。〔哲學在它自己的土地上與哲理神學分了家，按照它自己的原則，把神學撇到完全另外的一邊。〕[1]在這裡，我們可以說到了自己的家園，可以像一個在驚濤駭浪中長期漂泊之後的船夫一樣，高呼「陸地」。笛卡兒是那些將一切從頭做起的人們中間的一個；近代的文化，近代哲學的思維，是從他開始的。（長期以來，人們一直是在走老路。德國人有一個特點，在這方面愈恭順，在那方面就愈放肆；謹小愼微和飛揚跋扈、別出心裁，可說是魔鬼派出的使者，拳打腳踢，把我們揍得好苦。）

在這個新的時期，哲學的原則是從自身出發的思維，是內在性，這種內在性一般地表現在基督教裡，是新教的原則。現在的一般原則是堅持內在性本身，拋棄僵死的外在性和權威，認爲站不住腳。按照這個內在性原則，思維，獨立的思維，最內在的事物，最純粹的內在頂峰，就是現在自覺地提出的這種內在性。這個原則是從笛卡兒開始的。那獨立自由的思維應當發揮作用，應當得到承認。這一點，只有透過我的自由思索，才能在我心中證實，才能向我證實。也就是說，這種思維是全世界每一個人的共同事業、共同原則；凡是應當在世界上發揮作用的、得到確認的事物，人一定要透過自己的思想去洞察；凡是應當被認爲確

[1] 第二一七頁。

實可靠的事物，一定要透過思維去證實。〔這樣，哲學就成了大家普遍關心的事物，人人都可以在這方面獨立地做出判斷，因爲每一個人都生來就是思維者。〕[2]

自從新柏拉圖學派以及一切與之相聯繫的學派以來，我們現在才步入眞正的哲學；這是哲學的重新開始。所以，我們在十七世紀所寫的那些舊哲學史裡，也只看到希臘人和羅馬人的哲學，寫到基督教就結束了；可見哲學在基督教時期，在那個時期開始以來，就已經不復存在，因爲已經不需要了，例如在斯坦利的哲學史裡就是如此。中世紀的哲理神學並沒有把從自身出發的思維當作原則；這種思維現在卻是原則了。但是這時我們還不能指望發現一種按照一定方法從思想中推演出來的哲學原則。思維是原則；我們應當承認的事物，只是透過思維得到承認的。有一種古老的成見，認爲人只有透過反思才能達到眞理；反思當然是基本條件。但這還不是從思維推演出萬象，推演出世界觀，還不是指出神的規定、現象世界的規定必然從思維中派生出來。我們所具有的只是思維，只是關於那種透過表象、觀察、經驗獲得的內容的思維。

一方面是一種形上學，另一方面是各種特殊科學；一方面是抽象思維本身，另一方面是來自經驗的思維內容。這兩條路線抽象地對立著，但劃分得還不那麼鮮明。我們確實將會遇到一種對立：一方面是先天的思維，認爲各種應當得到思維承認的規定都應當取自思維

[2] 第二一八頁。

自身；另一方面則是這樣一個規定，認爲我們必須從經驗開始，從經驗去推演，從經驗去思維等等。這就是理性主義與經驗主義的對立，不過這是一種次等的對立，因爲即便那種只肯承認內在思想可靠的哲學理論，也並沒有取得按一定方法從思維的必然性中推演出來的事物，而是仍舊從內在的或外在的經驗中取得其內容（然後透過反省和沉思使之抽象化）[3]；形上學的方面也同樣採取經驗主義的做法。透過思維**首先**產生出來的哲學派別是形上學的派別，**思維理智的派別**；第二個哲學派別則是既反對形上學本身，也反對一般經驗主義的**懷疑主義和批判主義**。第一個時期，即形上學時期，主要的代表人物是笛卡兒、斯賓諾莎、洛克、萊布尼茲等人，還有法國唯物論者們。另外一方面則是對這種形上學的批判、否定，對認識本身進行考察的嘗試，認爲各種規定是從認識本身中派生出來的，要考察從認識中發展出哪一些規定。〔我們在這裡要談到蘇格蘭哲學、德國哲學和法國哲學的代表人物們；至於法國唯物論者則是重新回到了形上學。〕[4]

[3] 第二一九頁。

[4] 第二一九頁。

第一章　理智的形上學時期

在形上學本身中，我們看到實體性與個體性的對立。首先是樸素的、非批判的形上學，笛卡兒的 ideae innatae〔天賦觀念〕；主要的事物是一貫性、方法。其次是洛克的思想起源說，他對此做了論證，還沒有提出思想是否絕對眞實的問題。實體說是自然主義、斯賓諾莎主義；斯賓諾莎的實體說是與法國唯物論平行的。在這裡，實體這個範疇是理智從經驗主義出發進行抽象的結果；我們在斯賓諾莎那裡看到了這個範疇。法國形上學也是與德國沃爾夫派形上學平行的。總的說來，有共同之處，都是先天的事物與後天的事物混在一起；後天的事物透過反思被抽象化了。形上學傾向於實體說，它堅持唯一的思維、唯一的統一，反對二元論，正如古代哲學家堅持存在一樣。哲學站在它自己的固有立場上，根據原則，把神學完全拋棄了。哲學宣稱思維的原則就是世界的原則，世界上的一切都受思維的制約。新教的原則是：在基督教裡，大家普遍地意識到內在的事物是思維，是人人有份的事物；思維確實是每一個人的義務，一切都以思維爲基礎。哲學是大家的共同事業，人人都能對它做出判斷；每一個人都是生來就能思維的。〔第三是萊布尼茲的單子說——把世界看成一個總和。〕[1]

[1] 第二二〇頁。

壹、第一階段

〔我們在這裡首先遇到的是笛卡兒的天賦觀念說。其次是與笛卡兒哲學相聯繫的斯賓諾莎哲學，後者只是前者的必然發展；方法是它的一個重要部分。第三，有一種方法與斯賓諾莎主義並行，也同樣是笛卡兒主義的進一步發展，這就是馬勒伯朗士所代表的那種哲學。〕[2]

一、笛卡兒

勒內·笛卡兒事實上是近代哲學眞正的創始人，因爲近代哲學是以思維爲原則的。獨立的思維在這裡與進行哲學論證的神學分開了，把它放到另外的一邊去了。思維是一個新的基礎。這個人對他的時代以及對近代的影響，我們絕不能以爲已經得到了充分的發揮。他是一個澈底從頭做起、帶頭重建哲學的基礎的英雄人物，哲學在奔波了一千年之後，現在才回到這個基礎上面。笛卡兒對他的時代以及整個哲學文化所產生的作用，主要在於他以一種自由、簡捷而又通俗方式，撇開一切假定，從通俗的思想本身出發，從一些十分簡單的命題開

[2] 第二二〇頁。

始，把內容引到思想和廣延（即存在）上，給思想樹立了它的這個對立面。他曾經抛開一切假定，毅然從思維開始；這種思維帶著明白確定的理智的形式，是不能稱爲思辨的思維、思辨的理性的。他用來當做出發點的是一些確定不移的規定，但這些規定只是思想的規定；這是他的時代的方式。法國人所謂精確科學，即確定理智的科學，是從這個時候開始的。當時哲學與精確科學不分，後來兩者才分開。

他的**生平**：笛卡兒一五九六年生於都棱省的拉．愛伊，出身舊貴族家庭。他在一所耶穌會學校裡受了普通教育，成績優異、天資穎悟，而且好學不倦、涉獵頗廣，博覽各種學說，除了古代典籍以外，還研習了哲學、數學、化學、物理學、天文學等等。但是，他早年在耶穌會學校中的學習，以及後來的進一步學習，在他努力研究各種科學之後，促使他對書本的學習發生了強烈的反感；他離開了這所學校。他感到困惑，懷著得不到滿足的渴望；但是這只有使他對科學的熱忱變得愈來愈強烈。[1]

在十八歲的時候，青年的笛卡兒到了巴黎，生活在大世界裡。但他在這裡也沒有得到滿足，不久就離開了社交界，又重新研究學問。他 incognito〔隱姓埋名〕退居巴黎郊區，在那裡避開世務，專心研究數學，不讓任何以前的熟人知道他在哪裡，直到兩年之後，才終

1 布魯克爾，《批評的哲學史》，第四冊，第二部，第二〇三—二〇七頁；笛卡兒，《方法談》，第一部（阿姆斯特丹一六七二年四月版），第二—四頁（古桑本《笛卡兒全集》，第一冊，第一二五—一三〇頁）。

於被老友們發現，被拉了出來，重進大世界。這時他又完全拋棄了書本，投入世界，投入現實。後來他到荷蘭參加了軍隊；以後不久，在一六一九年，即三十年戰爭的第一年，他以志願兵身分加入巴伐利亞軍，在蒂利將軍的部隊裡參加了好多次戰役。（他感到科學有很多不能令人滿意之處，於是投筆從戎，但這並不是因爲他覺得科學太少，而是由於他感到科學太多、太高深了。）他隨軍住在冬季駐地時，曾經下過一番鑽研的苦功，例如在烏爾姆他就結識了一位精通數學的市民。他在多瑙河邊的諾易堡冬季駐地下的鑽研工夫更深，再次感到迫切要求在哲學上開拓一條新路，來澈底改造哲學。他向聖母許願，如果聖母允許他完成這一計畫，如果他終於達到了心安理得的地步，他將前往洛勒托聖地去朝拜。在布拉格戰役中，他也是這樣專心地在從事鑽研；選帝侯腓特烈就是在這次戰役中失去波希米亞王位的。笛卡兒目擊這次野蠻的廝殺，心裡更加不安；一六二一年他辭去軍職，在日耳曼的其他地區做了很多次旅行，後來又到過波蘭、普魯士、瑞士、義大利、法國。[2]

他後來鑒於荷蘭比較自由，於是退居荷蘭，在那裡實行他的計畫。他在荷蘭安安靜靜地從一六二九年住到一六四四年，在這個時期他專心著述，發表了他的大多數著作，並且爲這

---

2 布魯克爾，《批評的哲學史》，第四冊，第二部，第二〇七—二一七頁；笛卡兒，《方法談》，第一、二部，第六—七頁（《全集》，第一冊，第一三〇—一三三頁）；湯瑪斯，《笛卡兒贊》的注釋（古桑本《笛卡兒全集》，第一冊），第八十三頁以下。

些著作進行辯護，反擊了各色各樣的攻訐，特別是僧侶的攻訐。最後，瑞典女王克莉絲汀娜把他召請到斯德哥爾摩的宮廷裡，這是當時最著名的學者雲集的地方；一六五〇年他在斯德哥爾摩去世。3

笛卡兒不但對哲學有新發展，對數學也有新發展。他發明了許多重要的方法，在這些方法的基礎上，後來建立了高等數學上各種最光輝的成就。直到今天，他的方法還是數學上一個重要的基礎。笛卡兒是解析幾何學的發明者，因此也是在這一方面爲近世數學指出道路的人。他對物理學、光學、天文學也有研究，並且在這些方面有極大的發現。不過我們所要講的不是這些方面。〔他也曾把形上學應用到教會事務和清規上，對這一點我們也同樣地沒有興趣。〕〔巴黎的古桑教授編輯出版了一部新版《笛卡兒全集》，八開本十一巨冊。這個版本裡大部分是關於自然現象的文章。〕[3]

1. 在**哲學**上，笛卡兒開創了一個全新的方向：從他起，開始了哲學上的新時代；從此哲學文化改弦更張，可以在思想中以普遍性的形式把握它的高級精神原則，就像波墨在直觀中以感性形式把握這個原則那樣。笛卡兒的哲學著作，尤其是那些陳述**基本原理**的作品，寫得非常通俗、平易近人，使初學的人很容易掌握。他的文章開門見山，十分坦率，把他的思

---

3 坦納曼，《哲學史》，第十冊，第二一〇—二一六頁。

[3] 第二二三頁。

想過程一一敘述出來。笛卡兒的出發點是：必須拋開一切假設，思想應當從它自己開始；以往的一切哲學理論，特別是從教會權威出發的理論，都被他拋開了。但是眞正說來，他還只是把思維理解成抽象的理智，因此確定的觀念、內容並不是他從理智中推演出來的，而是以經驗的方式取得的。我們要分清笛卡兒哲學中哪些事物對我們有普遍的意義，哪些事物沒有這種意義。在他的哲學中，我們也必須把他的思想本身的過程與他用來推演和證明這些思想的方式區別開來。爲了公平對待笛卡兒的思想，我們必須認識和承認這些思想的出現有其必然性。至於他用來建立這些思想、推出這些思想的那種方法，對於我們是沒有什麼特殊意義的。整個說來，這種方法並不能說明他的哲學。

(1)他首先從思維本身開始，這是一個絕對的開端。他認爲我們必須從思維開始，因而聲稱我們必須懷疑一切。笛卡兒主張哲學的第一要義是必須**懷疑一切**，即拋棄一切假設。De omnibus dubitandum est〔懷疑一切〕，拋棄一切假設和規定，是笛卡兒的**第一個命題**。但這個命題並沒有懷疑論的意義；懷疑論是爲懷疑而懷疑，以懷疑爲目的，認爲人的精神應當始終不做決定，認爲精神的自由就在於此。與此相反，笛卡兒的命題卻包含著這樣的意思：我們必須拋開一切成見，即一切被直接認爲眞實的假設，而從思維開始，才能從思維出發達到確實可靠的事物，得到一個純潔的開端。在懷疑論者那裡情形並非如此，他們是以懷疑爲結局的。[4]笛卡兒的懷疑，他的不做任何假定，是因爲沒有一件事物確實可靠；他的懷疑並不是爲了自由本身，認爲自由之外別無有價値的事物，認爲假設和外物的性質、形式虛妄無實。我可以對一切進行抽象，也就是說，我能思維，就這一點而論，一切都是不可靠的；對一切進行抽象，恰恰就是純粹的思維。事實上，自由的要求是基礎，在意識中發揮支配作用的，卻是達到可靠的、客觀的事物這一目的，這是客觀的環節，不是主觀的環節，並不是我所設定、我所認識、我所證明的事物；而我的興趣所貫注的卻是客觀的事物，（主觀的事物是伴隨客觀的事物到來的，）[4]因爲我要從我的思維出發達到客觀的事物。我們絕不能把笛卡兒的論證過程看成證明方法上首尾一貫；這是深刻的、內在的進程，雖然表現得很樸素。笛卡兒哲學的精神是認識，是思想，是思維與存在的統一。

因此，第一件事是不要作任何假定；這是一項偉大的、極其重要的原則。笛卡兒以他自己的方式建立了這條原則的根據；在他所提出的那些命題裡面，他有一套樸素的、經驗的理論。這就是：

「因爲我們生下來的時候是兒童，早在能夠充分運用理性之前，已經對感性事物做了各色各樣的判斷，所以有許多成見在那裡作梗，使我們不能認識眞理。看來我們只有一種辦法

4　斯賓諾莎，《笛卡兒哲學原理》（《斯賓諾莎全集》，保盧斯編，耶拿一八〇二年版，第一冊），第二頁。

[4]　第二二五頁。

擺脫這些成見，就是在一生中有那麼一次把我們稍稍感到可疑的事物一律加以懷疑。」

「的確，如果把我們所懷疑的事物統統認爲虛假，那也不無益處，因爲這樣一來，我們就可以更加明白地發現那種最可靠、最明瞭的事物了。」

不過這種懷疑只能用來考察眞理。因爲在 usus vitae〔日常生活〕方面，每每在我們解除懷疑之前，行動的機會就錯過了，所以我們不得不選擇或然性較大的事物。」

「然而，我們現在從事的只是尋求眞理，所以我們首先就要懷疑感性的事物和想像的事物是否存在。這首先是因爲我們發現感官常常欺騙我們，對曾經騙過我們一次的事物不加信任，是合乎審愼之道的。其次是因爲我們每天都在夢中自以爲感覺到或想像到無數的事物，而那些事物根本就不存在；對於懷疑的人來說，是沒有什麼標誌可以使他把睡眠與清醒分清的。」

「因此我們也可以懷疑其他的一切，甚至懷疑數學命題。這一則是因爲我們見到過有些人在我們認爲最確實可靠的事情上也犯錯誤，把我們覺得虛假的事物認爲眞實；一則是因爲我們聽說過有一位神存在，他創造了我們，他是全能的，因此他也許是把我們創造得會犯錯誤。如果我們把自己的存在想像成並非來自神，而是來自某種別的事物，來自我們自己，那就越發顯得我們是很不完善的，非犯錯誤不可了。」

「我們有豐富的經驗證明，我們擁有一種自由，永遠可以把那些並非十分確實、並無充分根據的事物放棄掉。」[5]

笛卡兒的這些理由從根本上提出了一個要求：思維應當從它自己開始。因爲假設的事物並不是思維所設定的，而是一種異於思維的事物，思維並不能在其中伸展自如。近代的所謂當下直觀和內心啟示也屬於思維，是應當從思維開始的。自由是根本，凡被認爲眞實的事物，都應當以包含我們的自由爲條件、以我們的思維爲條件。不過在笛卡兒這裡的說法中，並沒有提出自由原則本身，而是說出了一些比較通俗的理由：因爲我們可以犯錯誤等等，所以我們不應當做出任何假定。

(2)**確定的事物**。笛卡兒所尋求的是本身既確定又眞實的事物。這種事物與信仰的對象不同，並不是僅僅眞實而無從認識的事物，同時也不是僅僅具有感性的、可疑的確定性而無眞實性可言的事物。以往的全部哲學都不免把某種事物假定爲眞實，有時像新柏拉圖學派哲學那樣，不把科學的形式給予科學的實質，有時則不把這種實質的各個環節區別開來。〔可是在笛卡兒看來，〕[5]凡屬眞實的事物，都一定要在意識中得到內在的明證，或者明

5 《哲學原理》，第一部，第一至六節（阿姆斯特丹一六七二年第四版），第一—二頁（《全集》，第三冊，第六十三—六十六頁）；參看《關於第一哲學的沉思》，第一篇（阿姆斯特丹一六八五年第四版），第五—八頁（《全集》，第一冊，第二三五—二四五頁）；笛卡兒，《方法談》，第四篇，第二十頁（《全集》，第一冊，第一五六—一五八頁）。

[5] 第二二七、二二八頁。

白確鑿地爲理性所認識，絕對不可能懷疑。因此他的哲學的**第二個**命題就是思維的直接確認。我們必須尋求確定的事物；確定的事物就是確認，就是一貫的、純粹的認識本身。這就是思維；然後那笨拙的理智就按照思維的要求向前推進。從笛卡兒起，哲學一下轉入了一個完全不同的範圍，一個完全不同的觀點，也就是轉入主觀性的領域，轉入確定的事物。宗教所假定的事物被拋棄了，人們尋求的只是證明，不是內容。這是無限的抽象主觀性；絕對的內容不見了。〔在笛卡兒那裡，〕[6]也同樣有一種欲望，要從強烈的感情、從一般的眼光來說話，正如布魯諾和其他人一樣，每個人都以個人身分用各自的方式發表自己獨特的世界觀。

「既然我們像這樣拋棄了我們可以稍加懷疑的一切，或者把它們說成虛假的，那我們就很容易做出一種假定，認爲既沒有神、也沒有天、也沒有形體，但是我們並不能就此說進行這項思維的我們不存在。因爲設想思維的事物不存在，是矛盾的」（repugnat，悖謬的）。「因此，『**我思維，所以我存在**』這一認識，是第一號最確定的認識，任何一個有條有理地進行哲學推理的人都會明白見到的。」6

因此笛卡兒與費希特一樣，出發點是絕對確定的「我」；我知道這個「我」呈現在我心中。於是哲學得到了一個完全不同的基地。考察內容本身並不是第一件事；只有「我」是

[6] 第二二七、二二八頁。

6 《哲學原理》，第一部，第七節，第二頁（《全集》，第六十六—六十七頁）。

確定的、直接的。我可以把我的一切觀念都抽掉，〔但是抽不掉「我」〕。[7]思維是第一件事；隨之而來的下一個規定是與思維直接聯繫著的，即存在的規定。我思維，這個思維就直接包含著我的存在；他說，這是一切哲學的絕對基礎。存在的規定是在我的『我』中；這個結合本身是第一要義。作爲存在的思維，以及作爲思維的存在，就是我的確認，就是「我」。這就是著名的Cogito, ergo sum〔我思故我在〕；思維和存在在這裡不可分割地結合在一起。有人從一方面把這個命題看成推論：從思維推出存在。康德特別反對這種看法，認爲思維中並不包含存在，存在是異於思維的。這一點很重要，然而它們是不可分的，也就是說，它們構成了一種同一性；不可分的事物還是不同的，但這種不同並不妨礙同一性，它們是統一的。然而，這個關於純粹抽象確定性的論斷，這種包羅一切的普遍總體性，卻是不能加以證明的；7 我們絕不能把這個命題化爲一個推論，「這根本不是什麼推論。因爲推論必須有一個大前提：凡思維者均存在」，然後根據小前提「現在我思維」[8]做出推論。這樣一

[7] 第二二八頁。

7 笛卡兒，《方法談》，第四篇，第二十一頁（《全集》，第一五九頁）；《書信》，第一冊，第一一八封（阿姆斯特丹一六八二年第四版），第三七九頁（《全集》，第九冊，第四四二—四四三頁）。

[8] 按內容校改。原文作“im Untersatze: Nun aber bin ich”〔小前提：現在我存在〕，英譯本也譯作“in the minor promise ‘now I am’”，都是明顯的錯誤。小前提不應當是「我存在」，應當是「Nun aber denke ich」〔現在我思維〕。「我存在」應當是結論。

來，這個命題所包含的直接性就沒有了。「可是那個大前提」根本就沒有先提出來，而「反倒是從『我思故我在』這個命題裡引申出來的一個命題」。[8]一個推論需要三項，這裡要有一個第三項，作爲思維與存在的中介；可是並沒有這麼一項，「我思維，所以我存在」並不是推論。這裡的「所以」並不是推論的「所以」；這只是思維與存在的直接聯繫。〔這種確定性是在先的；〕[9]其他的命題都在後。作爲主體的思維就是思維者，這就是「我」；思維就是內在地與我在一起，直接與我在一起，也就是單純的認識本身。而這個直接的事物恰恰就是所謂存在。〔這種同一性是一目了然的。〕[9]笛卡兒當然沒有像這樣論證，他僅僅訴諸意識。後來費希特又重新從這個絕對確定性、從『我』開始，但他更進一步，由這個頂點發展出一切規定。所以說，這種確定性是prius〔在先的〕。我們雖然可以思維這件和那件事物，但是，我們可以把這件和那件事物抽掉，卻不能把「我」抽掉。有人說，我們之所以思維這件和那件事物，是因爲事物存在；這種說法是慣常的狡辯，其實文不對題；殊不知說有某種內容存在這話正是值得懷疑的，其實並沒有什麼可靠的事物。

「這是認識心靈的本性及其與身體的區別的最好方法。因爲當我們追問我們自己究竟

8 《對第二組非難的答覆》，《關於第一哲學的沉思》，附錄，第七十四頁（《全集》，第四二七頁）；斯賓諾莎，《笛卡兒哲學原理》，第四—五頁。

[9] 第二二九頁。

是什麼的時候，我們既然可以把一切與我們有區別的事物都認爲不眞實，那就很明白地看出，涉及我們的本性的，並不是廣延，也不是形狀，也不是位置的移動，也不是什麼屬於身體的事物，而僅僅是思維；因此我們認識思維要比認識任何有形體的事物更在先（prius），更確定。」[9]

人們提出了另外一些命題來反對笛卡兒。伽桑狄[10]就反駁說，那樣就也可以說 **Ludificor, ergo sum**：我受了意識的愚弄，所以我存在；其實應當是：所以我受了愚弄。笛卡兒本人也知道這個反駁頗有分量，但是他在這裡又駁斥了這個反駁，因爲應當抓住的只是「我」，並不是別的內容。存在只是與純粹的思維同一，不管內容如何；「我」就等於思維。他說：「我把思維了解爲出現在我們意識中的一切，了解爲我們所意識到的事物；因此意志、想像（表象）、感覺也都是思維，」這一切都包括在思維中。「因爲當我說『我看』，或者『我散步』，『所以我存在』，並且把用身體來完成的看和走了解爲思維的時候，結論就不是絕對確定的」（因爲我所說的是具體的我），「因爲我在夢中就常常可以自以爲在看、在走，雖然我並沒有睜開眼，並沒有移動位置，說不定我即便沒有身體，也仍然可以這樣想。可是，當我把思維了解爲對於看或走的」（主觀）「感覺或意識本身時，因爲

9　《哲學原理》，第一部，第八節，第二頁（《全集》，第六十七頁）。

10　《沉思》的附錄，《對第五組反駁的答覆》，第四頁（《全集》，第二冊，第九十二—九十三頁）。

它」（感覺和意識）「那時與心靈（mentem）相連，只有心靈才能感覺到或思維到自己在看或走，這個結論也就完全確定了。」[11]

「在夢中」是經驗的推理方式；不能僅僅說這是「因爲我能抽象」，而應當說因爲「『我』正是這個單純的、自身同一的事物」。我看、我走等等，是因爲看、走等規定中有「我」；而我在其中也是思維的。在要、看、聽等等裡面雖然也有思維，但是如果以爲靈魂專門有一個口袋裝著思維，而在另一些口袋中裝著看、要等等，那卻是荒謬的。當我說『我』看、『我』走時，其中一方面有我的意識，有『我』，因而有思維，但另一方面也有要、看、聽、走在其中，因而還有一種進一步的內容變相。（思維是在先者，是完全普遍者；思維就是『我』，作爲思維者的思維就是『我』；『我』是普遍者，它也在要、感覺、走等等裡面。）由於有這種（內容的）變相，我就不能說：『我走路，所以我存在』；因爲我可以把這一變相抽掉，它就不再是普遍的思維了。因此我們應當僅僅著眼於包含在這個具體的『我』中的純粹意識。只有當我強調指出我在其中思維的時候，其中才包含著純粹的存在；存在僅僅與普遍的事物相結合。這種同一性是顯而易見的。思維是完全普遍的事物，並不是特殊的事物；在一切特殊的事物裡面也有普遍的事物。思維是自身聯繫，是普遍者，是純粹的自身聯繫，是純粹的自身同一。現在問題是：存在是什麼？我們不能把它設想成具有

11《哲學原理》，第一部，第九節，第二—三頁（《全集》，第六十七—六十八頁）。

某種具體內容的事物。因此存在無非就是單純的直接性，純粹的自身聯繫、自身同一；所以存在就是直接性，直接性也就是思維。思維就是這種直接性，但同時也是自身的中介，這個中介又否定其自身，因而也是直接性。直接性是一個片面的規定；思維包含直接性，但並非只包含直接性，它還包含自身中介這一規定，由於中介同時就是中介的揚棄，所以思維是直接性。因此思維中有存在；存在是一個貧乏的規定，是一個抽掉了具體思維內容的事物。

笛卡兒說：「這就意味著思維（mens）對於我來說要比形體更確定。根據我摸到或看到的，我就做出判斷說地存在，其實我更應當根據這個判斷做出判斷說：我的思維（mens）存在。因爲縱然地實際上不存在，我還是有可能做出判斷說地存在；然而我既然做出了這個判斷，做出這個判斷的我的心靈（mens）就不能不存在。」[12]這就是說，凡是對我顯現的事物，我都可以認定它不存在；可是當我認定我自己不存在的時候，我卻認定了我自己，換句話說，這就是我的判斷。因爲我不能否認我在做判斷，雖然我可以把我所判斷的內容抽掉。這樣，哲學就恢復了它的固有基地，即：思維的出發點是確認自己的思維，並不是什麼外在的事物，給予的事物，某一個權威；它是澈底從「我思維」中包含的這種自由出發的。

我可以懷疑其他的一切、懷疑有形體的事物的存在、懷疑我自己的身體；也就是說，這種確定性並不包含直接性。因爲「我」正是確定性本身，對其他的一切來說確定性則是

12《哲學原理》，第一部，第十一節，第三頁（《全集》，第六十九—七十頁）。

謂語；我的身體雖然的確屬於我，卻並不是這種確定性本身。[13]爲了說明具有身體這件事並無確定性，笛卡兒舉出一種經驗現象說，我們常常聽到有人感到他早已失去的肢體疼痛。[14]凡是實在的事物，就是一種實體，靈魂是思維著的實體；[15]它是自爲的，是與一切外在的物質性事物不同的，獨立的。[16]它是思維的，這一點是自明的；即使沒有任何物質性的事物存在，它仍然會思維和存在。因此靈魂可以比它的身體更容易認識到。[17]

其餘一切我們可以認爲眞實的事物，都是以這種確定性爲根據的；要有明確性，才能被認爲眞實。凡是沒有意識中的內在明確性的，都不是眞實的。「一切事物的明確性就在於我們清楚明白地見到它，如同見到那種確定性一樣，同時它也完全依靠這個原則，與這個原則完全吻合，以至於我們如果想懷疑它，就必須也要懷疑這個原則」（懷疑我們的

13 《對第二組反駁的答覆：以幾何學方式提出的一些推理》，公設，第八十六頁（《全集》，第四五四—四五五頁）；斯賓諾莎，《笛卡兒哲學原理》，第十三頁。

14 《哲學原理》，第四部，第一九六節，第二一五—二一六頁（《全集》，第五〇七—五〇九頁）；《沉思》，第六篇，第三十八頁（《全集》，第三二九—三三〇頁）；斯賓諾莎，《笛卡兒哲學原理》，第二—三頁。

15 《對第二組反駁的答覆：以幾何學方式提出的一些推理》，公理五至六，第八十六頁（《全集》，第四五三頁）。

16 《對第一組反駁的答覆：以幾何學方式提出的一些推理》，命題四，第九十一頁（《全集》，第四六四—四六五頁）。

17 《沉思》，第二篇，第九—十四頁（《全集》，第二四六—二六二頁）。

「我」）。[18]

(3)第三是這種確定性過渡到眞理，過渡到規定了的事物；笛卡兒是以樸素的方式完成這一過渡的。這種知識本身是十分明確、十分確定的，然而還不就是眞理；如果我們把那個存在當作眞理，那就是一種空洞的內容，內容是我們所要研究的。現在首先要考察笛卡兒的形上學。在笛卡兒的形上學中，存在與思維的統一是第一要義，他在那裡把思維看成純粹的思維。但是笛卡兒並沒有給這個命題做出證明。思維和存在是不同的規定，必須指出它們的不同來；對於它們的同一性，笛卡兒並沒有做出證明。這一問題現在提了日程，這就是近代最感興趣的那個觀念問題，笛卡兒第一個提出了它。意識是自身確定的；我思維，這樣也就設定了存在。現在進了一步，產生了一種興趣，要求說明這種抽象統一的進一步情況；這件工作笛卡兒是以一種外在的、反省的方式進行的。「意識原來只確知自己存在，現在則設法擴大自己的知識，發現自己具有許多事物的觀念；它只要不肯定或否定在它以外有某種相似的事物與這些觀念相符合，它是不會在這些觀念上欺騙自己的。」只有聯繫到外界的存在上，我們的觀念才有欺騙我們的問題。「意識也發現了一些普遍的概念，並且從其做出了一些明顯的證明。例如，三角形的三內角之和等於兩直角，這個幾何學命題，就是從其他觀

18 笛卡兒，《方法談》，第四篇，第二十一頁（《全集》，第一五八—一五九頁）；斯賓諾莎，《笛卡兒哲學原理》，第十四頁。

念中毫無衝突地推出的一個觀念。可是只要一考慮到實際上有沒有這樣的事物，就產生懷疑了。」[19]有沒有三角形，的確是並不確定的。

廣延是並不包含在對我自己的直接確定認識之內的。[20]靈魂可以沒有形體，形體也可以沒有靈魂；它們實際上是不同的，是可以分別加以思維的。[21]靈魂思維和認識別的事物，並不像認識它自己的確定性那樣明白。[22]這種對他物的認識的眞理性，要以對神的存在的證明爲基礎。靈魂是一種不完滿的實體，但是它包含著完滿性的觀念，一個絕對完滿的本體的觀念；這個觀念並不是在靈魂自身中產生出來的，因爲靈魂是不完滿的實體，所以，這個觀念是天賦的。[23]對這一點的意識，在笛卡兒那裡是這樣表達的：只要我們還沒有證明和看清

346

19 《哲學原理》，第一部，第十三節，第三—四頁（《全集》，第七十一—七十二頁）。

20 參看《對第三組反駁的答覆：以幾何學方式做出的一些推理》，定義二，第八十五頁（《全集》，第四五一—四五二頁）。

21 《對第三組反駁的答覆：以幾何學方式做出的一些推理》，命題四，第九十一頁（《全集》，第四六四—四六五頁）。

22 《沉思》，第三篇，第十五—十七頁（《全集》，第二六三—二六八頁）。

23 《哲學原理》，第一部，第二十節，第六頁（《全集》，第七十六—七十七頁）；《沉思》，第三篇，第十七—二十五頁（《全集》，第二六八—二九二頁）；笛卡兒，《方法談》，第四篇，第二十一—二十二頁（《全集》，第一五九—一六二頁）。

神的存在，我們就仍然有欺騙自己的可能性，因爲我們無法知道自己是不是具有一種會弄錯的本性。[24]這個說法有點偏頗，它僅僅表達出自我意識與對他物的意識、對客觀事物的意識的對立；而應當研究的是這兩者的統一，思維中的事物是否也有客觀性。這個統一是在神裡面，或者就是神本身。

我現在用笛卡兒的方式來講一講這個意思。「在我們所具有的那些不同的觀念當中，也有關於一個全知全能、絕對完滿的本體的觀念；這是一切觀念中最完美的觀念」，包羅一切的、普遍的觀念。①有一些觀念，它們是否存在是不確定的；②有一個觀念是完善的，其中並沒有這種不確定性。它的特點就是：「我們在這個觀念中，並不像在其他我們清楚地感覺到的觀念裡那樣，把存在認作一種僅屬可能的、偶然的存在，而是認作一個絕對必然的、永恆的規定。例如，心靈見到三角形概念中包含著三內角之和等於二直角，因此三角形有兩個直角；同樣情形，由於心靈見到最完滿的本體的概念中必然地、永恆地包含著存在，它就不能不由此做出結論說，最完滿的本體是存在的。」[25]因爲存在這個規定也屬於完滿性；因爲關於一個不存在的事物的觀念是比較不完滿的。這樣，就得到了思維與存在的統一，得到了對神的存在的本體論證明；這個證明我們以前已經在安瑟莫那裡見到過了。[26]安瑟莫是這樣

24　斯賓諾莎，《笛卡兒哲學原理》，第十頁；參看上文邊碼第 337 頁。

25　《哲學原理》，第一部，第十四節，第四頁（《全集》，第七十二—七十三頁）；第一六四頁以下。

26　《哲學原理》，第一部，第十四節，第四頁（《全集》，第七十二—七十三頁）；第一六四頁以下。

說的：我們稱爲神的普遍者是最完滿的。這就發生一個問題；最完滿者也在存在中嗎？最完滿者的觀念也包含存在這一規定，否則它就不是最完滿者了。

笛卡兒朝這個方向更進了一步。他提出了這樣的公理：

①「有不同程度的實在性或實有性：因爲實體具有的實在性多於偶性或樣式所具有的，無限實體具有的又比有限實體更多。」[27]這是笛卡兒的一條公理，一種直接的確定性；但是這些區別並不在「我思維」裡面，這是以經驗命題的方式提出來的。

②「在一件事物的概念中就包含著存在，可以是僅屬可能的存在，也可以是必然的存在」，[28]這是他物、對立物的直接確定性，這就是一個「非我」與「我」相對立，在「我思維」（概念）中就包含著存在。

③「任何一件事物，或者一件事物的任何一種現實地（actu）存在著的完滿性，都不能以『無』爲它的存在的原因。」[29]這是與「我思維」同樣明顯的。「因爲如果『無』可以作爲某物的賓詞，那它就同樣可以作爲思維的賓詞；那麼我就可以說：我是『無』，因爲我思

27 《對第二組反駁的答覆》，公理六，第八十八頁（《全集》，第四五九頁）。

28 斯賓諾莎，《笛卡兒哲學原理》，公理六，第十六頁；參看笛卡兒，《對第二組反駁的答覆》，公理十，第八十九頁（《全集》，第四六〇頁）。

29 《對第二組反駁的答覆》，公理三，第七十八頁（《全集》，第四五八頁）。

維。」[30]直接的認識、感性的確定性是沒有任何必然性的。在這裡，笛卡兒轉入了一個分界線，轉入了一種未知的關係；這裡加上了原因概念，這個概念雖然是一種思維，卻是一種特定的思維。斯賓諾莎在他的詮釋中說：「其所以各種表象都或多或少地包含著實在性，而且那些環節都具有與思維本身同樣多的明確性，那是因爲它們不僅說明了我們在思維，而且說明了我們**怎麼**思維。」[31]可是需要證明：這些特定的方式正是思維的單純性中的差異。斯賓諾莎又對這個轉折做出補充說：「我們在各種觀念裡覺察到不同程度的實在性。這些觀念的實在性程度有所不同，並不是僅僅由於我們把這些觀念看成不同的思維方式，而是因爲其中的一個表象著一個實體，另一個僅僅表象著實體的一種樣式，換句話說，是由於我們把它們看成不同的事物的表象。」[32]

④「概念的客觀實在性」（即所表象的事物在概念中的實有性）「要求有一個原因」（事物本身），「在這個原因裡面，不僅客觀地」（意即在概念中），「而且形式地或eminenter〔卓越地〕包含著這種實在性。」——形式地，就是同樣完滿的意思；卓越地，就

30　斯賓諾莎，《笛卡兒哲學原理》，第十五頁。

31　斯賓諾莎，《笛卡兒哲學原理》，第十五頁。

32　斯賓諾莎，《笛卡兒哲學原理》，第十四、十七頁。

是更加完滿的意思。因爲它在原因裡必須與在結果裡一樣多。[33]

⑤「神的存在是直接」──先天地──「從考察神的本性認識到的。說一件事物的本性或概念中包含著某某，就等於說某某是眞的。存在是直接包含在神的概念中的，所以，說神有一種必然的存在，就等於說它是眞的。」[34]「在每一件事物的概念中，都是或者包含著一種可能的存在，或者包含著一種必然的存在；在神這一絕對完滿的本體的概念中，就包含著一種必然的存在，因爲否則就把神理解成不完滿的了。」[35]

笛卡兒又轉了這樣一個彎：「命題六。後天地根據我們心中的單純概念證明神的存在。一個概念的客觀實在性要求有一個原因，在這個原因裡面不僅客觀地」（即在有限物中）、「而且形式地」（自由地，純粹自爲地，在我們以外）「或卓越地」（並且原始地）「包含著這種實在性。」（公理八：「實在性形式地或卓越地在原因本身中。」）「而我們有一個關於神的概念，其客觀實在性既不是形式地，也不是卓越地包含在我們心中，因此只

33 《對第二組反駁的答覆》，公理四至五，第八十八頁（《全集》，第四五八—四五九頁）。

34 《對第二組反駁的答覆》，命題一，第八十九頁（《全集》，第四六〇—四六一頁）。

35 斯賓諾莎，《笛卡兒哲學原理》，公理六，第十六頁；命題六，第二十頁，以及公理八，第十六頁；笛卡兒，《對第二組反駁的答覆》，命題二，第八十九頁（《全集》，第四六〇—四六一頁），以及公理五，第八十八頁（《全集》，第四五八頁）。

能在神本身中。」[36]

我們看到，神的觀念是一個設定的前提。現在有人說：我們在自己心裡發現了神的觀念；有這麼一個觀念，這是最高的觀念。這就設定了前提。如果我們問這個觀念是否存在，說的就恰好是這個觀念，這一問也就肯定了這個觀念的存在。假如有人說這個觀念僅僅是表象，這話就與該表象的內容發生矛盾了。可是，這種說法是無法令人滿意的。它根據我們具有關於神的表象，就把這個表象拿來當作前提；而且也並沒有根據這個表象的內容指出：這個內容必定具有思維與存在的統一性。這裡的這個採取神的形式的表象，是同 **Cogito, ergo sum**〔我思故我在〕中的表象一樣的，存在與思維不可分地結合在一起；這裡說我們具有一個表象，其實這就是我心裡的表象。這個表象的全部內容，如全知、全能等等，是後來才加上去的賓詞；內容本身是觀念的內容，與存在、與實在結合在一起。因此我們看到，思維與存在這兩個規定，是以一種經驗的、並非哲學證明的方式互相推出來的，在一般的先天形上學中，是以表象爲前提，對表象進行思維，如同經驗研究中以觀察、經驗爲前提一樣。

然後笛卡兒說：「心靈對這一點是十分相信的，」對這個統一是堅信不疑的，「因爲它注意到，它在自身中發現的其他事物的表象，都不是必然包含著存在。它將由此見到，那個

36 同注35。

關於最高本體的觀念並不是它自己捏造出來的，也不是什麼幻想的事物，而是眞實不變的天理，是無法不存在的，因爲其中包含著必然存在。我們的成見使我們不容易抓住這一點，因爲我們習慣於在其他的一切事物裡把本質」（即概念）「與存在分開。」[37]人們認爲思維與存在並不是不可分的，有句老話說：「如果心裡想的事物都存在，那就要天翻地覆了。」可是人們這樣說的時候卻沒有考慮到，那種事物永遠是某一特殊內容，其中包含的正是事物的有限性的本質，概念和存在是可以分開的。我們怎麼能從有限的事物推出無限者呢？

笛卡兒又接著說：「而且這個概念並不是我們造的。」我們在自己心裡發現了這個表象；這是一個永恆的表象，一個永恆的眞理，這就等於說，這是啟示於我們心中的。「我們並沒有在自身中發現這個表象中的那些完滿性。因此我們確知：有一個包含一切完滿性的原因，即實際存在的神，把這個表象給予了我們；因爲我們確知無中是不能生有的」（按照波墨的說法，是神從自身取得了世界的質料），「完滿的事物不可能是不完滿的事物所產生的結果。」[38]笛卡兒是根據神的觀念證明神的存在的：因爲這個概念包含著存在，所以這種存在是眞的。「在眞正的科學中，我們必須從神的存在引導出一切創造物。」[39]

37 《哲學原理》，第一部，第十五至十六節，第四—五頁（《全集》，第七十三—七十四頁）。

38 《哲學原理》，第一部，第十八節，第五頁（《全集》，第七十四—七十五頁）。

39 同注38。

352

有了對於神的存在的證明，同時也就有了根據說明一切眞理的來源和有效性。作爲原因的神是自爲的實在，這個實在並不是思維中的那種實有、存在。這樣一種存在，即原因（不是一般事物），是在非我的概念裡，並不屬於任何特定的概念，因爲特定的存在都是否定，而僅僅屬於純粹的存在或完滿的原因。它是各種觀念的眞理性的原因，因爲它正是各種觀念的存在方面。

(4)現在講到第四方面。笛卡兒說：「凡是神啟示我們的，我們就必須相信，不管我們是不是理解。這並沒有什麼奇怪，因爲我們是有限的，神的本性中的那種不可思議的無限內容是超出我們的理解能力的。」妄想理解它，是吃了一種習慣看法的虧。「因爲這個緣故，我們不能把氣力耗費在對無限者的研究上；因爲我們既然是有限的，那就不配對無限者做出某種規定。」[40]例如意志自由和神的預知就是這樣，兩者都是我們確認的；笛卡兒並不躊躇兩者怎麼能統一起來。[41]這一點我們現在放過不談。波墨就說過，三位一體的神祕永遠是誕生在我們心裡的。[42]

---

40 《哲學原理》，第一部，第二十四至二十六節，第七頁（《全集》，第七十九—八十頁）；第三十九至四十一節，第十—十一頁（《全集》，第八十六—八十八頁）。

41 同注40。

42 參看上文邊碼第 323 頁。

「神的第一個屬性」，即包含這種統一的屬性，「就是：神是眞實的，是一切光明的授予者；說神欺騙我們，那是違背神的本性的。因此，神授予我們的自然光明或認識能力不可能接觸到不眞實的對象，因爲對象是它（認識能力）所接觸到的，也就是說，是它清楚明白地洞察到的。」我們把眞實性歸之於神。於是笛卡兒由此推出了認識與我們所認識的事物的眞實性、客觀性之間的**紐帶**。認識有對象、有一個被認識的內容；這種聯繫就叫眞理。神的眞實性正是這種聯繫、正是被思維者與存在者的統一。這樣，就消除了那種以爲我們十分明顯地見到的事物可能不眞實的疑慮。於是我們對於數學眞理就不必再質疑了。同樣地，我們如果十分小心地對我們醒時或夢中的感性對象進行清楚明白的分辨，那就很容易在每一件事物中認識到其中的眞事物了。」[43]

「確實，由於有神的眞實性的緣故，我們的知覺能力，以及那種透過意志表示同意（assentiendi）的能力，如果只用在明白地知覺到的事物上面，就不可能陷入錯誤（tendere in falsum）。雖然這是完全不能證明的，但是人人都自然而然地肯定，凡是我們清楚地知覺到某物的時候，我們都是自發地（sponte）對它表示同意的，根本不可能懷疑它是假

43《哲學原理》，第一部，第二十九至三十節，第八頁（《全集》，第八十一—八十三頁）；《沉思》，第四篇，第二十五頁（《全集》，第二九三—二九四頁）

的。」[44]這一切都是十分天眞淳樸地說出來的，但是不確定；這些話仍然是形式的，沒有深度，就是這樣〔說不出所以然〕[10]。神的眞實性是我們明白洞察的事物與外界實在之間的絕對紐帶。在笛卡兒那裡，認識過程就是清明理智的認識過程。確定性是第一位的；從確定性並不能必然地推出內容，既不能推出一般的內容，也不能推出那種異於「我」的內容的主觀性的客觀性。可是他卻說，我們在自己心中發現了最完滿者的觀念；在這裡，他是把心裡發現的表象設定為前提。他拿那種關於神的單純表象、即不包含存在的表象來與此比較，發現沒有存在的觀念就是不完滿的。神本身、神的觀念與神的存在的統一性，當然是眞實性；根據這種眞實性，我們也同樣有理由把那種我們覺得與我們自身的眞理性同樣確定的事物當作眞的。

我們正確而明白地思維到的，就是眞的。因此他宣布：人透過思維，經驗到實際存在於事物中的事物。錯誤的來源是在我們本性的有限性中。[45]在進一步的發揮中，笛卡兒依據的是一般被思維的事物，這只是因為它是一個被思維的事物、普遍的事物，具有眞理性。

---

44 《哲學原理》，第一部，第四十三節，第十一頁（《全集》，第八十九頁）。

[10] 第二四〇頁。

45 《哲學原理》，第一部，第三十五至三十六節，第九－十頁（《全集》，第八十四－八十五、八十六頁）；《沉思》，第四篇，第二十五－二十六頁（《全集》，第二九五－二九七頁）。

這樣，神的眞實性就被設定爲絕對認識與被絕對認識者的實在性之間的絕對紐帶。有一個馬勒伯朗士，如果可以的話，我們也把他稱爲笛卡兒主義者，我們在這裡馬上就要講他；[11]我們將會看到，他在他的 Recherche de la vérité〔《眞理的探求》〕中，更加確定地表明瞭神的這個第一種屬性是清楚明白的主觀思維與客觀性之間的紐帶，講得更加緊湊集中。我們在這裡見到了這一對立，即主觀認識與客觀實在的對立。笛卡兒在一處說，這二者不可分地結合在一起，思維就是存在。在另一處他又把它們看成不同的；於是就產生了溝通它們的必要。對這一統一的證明，是建立在溝通的中介上面的。他提出我們的認識，而把實在放在另一方面，把神的眞實性設定爲溝通的中介。神的這種眞實性或眞理性就是：神的觀念中包含著實在性；概念加上實在性就叫眞理。基本規定就是這些。

這種形上學裡的基本思想是：①從自身的確定性進到眞理性，在思維的概念中認識存在。在「我思維」的那個思維中，我是個人；思維作爲一種主觀的事物浮現出來，在思維這一概念本身中並未顯示出存在，進而達到的是一般的兩者分離。②存在這一否定面也同樣在自我意識面前浮現出來，這個與肯定的「我」結合在一起的否定面，被設定爲自在地結合在一個第三者神裡面。在神裡面思維與存在是統一的；正是在這個否定面中，在概念中，被思維的存在就是存在。

[11] 在一八二九－一八三〇年度的講演中，馬勒伯朗士的哲學是馬上安排在這裡講的。

①有一種已經很古老的反駁，也是康德派的反駁，認爲從最完滿的本體的概念只能推出：存在與最完滿的本體是結合在思想裡面，而不是結合在思想外面。可是存在的概念恰恰是自我意識的否定面，並不在思想外面，而是對於思想外面的事物的思想。②神——前此是可能性，不是矛盾——對自我意識具有對象的形式，是全部實在，因爲實在是肯定的，也就是說，實在就是存在，就是思維與存在的統一，就是最完滿的本體。笛卡兒是以完全肯定的意義了解存在的，並沒有理解到存在恰恰是自我意識的否定面。

2. 笛卡兒是把單純的存在設定爲自我意識的否定面，這就是**廣延**；因此他否認神有廣延，[46]他始終停留在這種分離上，在這個意義下把宇宙、物質與神結合起來，即認爲神是創世主，是宇宙的原因。[47]他有一個正確的思想，認爲保存是一種繼續創造，[48]因爲他把創造活動設定爲分離的：但他並未以眞實的方式把廣延歸結到思維。

神是宇宙的原因。物質——即廣延實體——與單純的思維實體相對立。宇宙既然是神創

46 《哲學原理》，第一部，第二十三節，第六—七頁（《全集》，第七十八頁）；斯賓諾莎，《笛卡兒哲學原理》，命題十六，第三十六—三十七頁；命題二十一，第三十八頁。

47 《哲學原理》，第一部，第二十一節，第六頁（《全集》，第七十七—七十八頁）；斯賓諾莎，《笛卡兒哲學原理》，繹理二，第三十—三十一頁。

48 《對第四組反駁的答覆》，第一三三頁（《全集》，第七十頁）；斯賓諾莎，《笛卡兒哲學原理》，繹理一，第三十頁。

造的，那就不能像它的原因那樣完滿。（結果不如原因完滿，是被建立的存在，如果固守著原因的理智概念的話；廣延雖然是比較不完滿的事物，卻並不是推演出來的。）廣延實體既然不完滿，那就不能憑著它們自身或它們的概念而存在；因此它們時時刻刻需要神說明它們保存下去，沒有神的幫助，它們立刻就會重新化爲烏有。保存就是不斷的再造。[49]

笛卡兒接著提出了一些進一步的規定，他這樣說：「我們把進入我們意識的事物要麼看成事物或事物的特性，要麼看成並不存在於我們思維以外的永恆眞理。」[50]這些永恆眞理是並不屬於這個或那個時間、這個或那個地點的。他把它們稱爲我們天賦的事物，那些天賦的事物並不是我們自己造出來的，並不是得自感覺的，[51]乃是精神自身的永恆概念，精神的自由規定、自發規定。由此就產生了一個問題：觀念究竟是不是天賦的（innatae ideae）？西塞羅就說，自然把觀念種植在我們心裡。永恆眞理這個名詞直到現代還十分流行。永恆眞理是普遍的規定，十分普遍的規定、十分普遍的聯繫，笛卡兒就此想到它們是我們天賦的。天賦是一個不好的名詞，因爲它表示一種自然的方式；這個名詞對精神不適合，因爲它意味著自然的出生。我們也可以說，這是植根於我們精神的本性、本質中的。精神是主動的，

49 布勒，《近代哲學史》，第三冊，第一篇，第十七—十八頁。

50 《哲學原理》，第一部，第四十八節，第十二頁（《全集》，第九十二頁）。

51 《沉思》，第三篇，第十七頁（《全集》，第二六八—二六九頁）。

它的活動是以特定的方式進行的；這種方式不能有別的基礎，只能以精神的自由爲基礎。要說明這種情形，還不只是說說的事；必須推演出這是精神的必然產物。這些永恆眞理是自爲的。例如「無中不能生有」、「一物不能同時既存在又不存在」等邏輯規律就是如此。[52]這都是意識的事實，也都是道德原則。笛卡兒立刻把這些又拋開了；它們只是在思維中作爲主觀的事物，他還沒有追問它們的內容。

笛卡兒進而考察的那些事物，即這些永恆眞理的反面，就是事物的各種普遍規定，如實體、綿延、秩序等等。[53]他給這些規定下了定義。他拿這些定義當作基礎，我們不能再做任何假定；他把他進而討論的這些表象當作一種在我們意識中發現的事物而採納下來。他給它們下定義；他與亞里斯多德一樣，搜尋各種普遍的思想、範疇。他給實體下的定義是：「我們把實體理解爲一種不需要任何別的事物作依靠而存在的事物（rem）；這樣一種不需要別的事物的實體，我們只能看到唯一的一個，就是神。」這就是斯賓諾莎所說的話；我們可以說，這也是一個眞實的定義，即觀念與實在的統一。這樣的實體就是神；其他被我們稱爲實體的事物並不是自爲地存在的，它們的存在並不在概念本身中。「其他的一切」（事物）都只能靠一種 Concursus Dei〔神的協助〕「而存在」。靈魂與肉體的結合是神造成的。我們把

52《哲學原理》，第一部，第四十九節，第十三頁（《全集》，第九十三頁）。

53《哲學原理》，第一部，第四十八節，第十二頁（《全集》，第九十二頁）。

這種說法稱爲神助說。神是概念與實在的絕對結合者；其他各種有界限、有依賴的有限物則需要另外一種事物；神就是普遍的結合。「因此，如果我們把其他事物也叫實體，這個名詞是不能像經院中所說的那樣，univoce〔一致地〕適合於那些事物和神的；也就是說，不能表達出這個詞的特定含義，即神與創造物所共有的那種意義。」[54]

「而我只承認兩類事物，即：一類是思維的事物，另一類是與廣延相聯繫的事物。」[55]於是我們就看到他把思維與有廣延的、空間性的事物分開。思維、概念、精神性的事物、有自我意識的事物是自在的，與非自在的存在者、有廣延的事物、不自由的事物相對立。這兩種實體的實在區別（distinctio realis）就是：「一種實體可以不依靠另一種實體而明白確定地得到理解（intelligi）。」[56]「因此有形體的和思維的被創造實體都可以包括在這個共同的概念之下，因爲它們都需要依靠神的concursus〔協助〕而存在。」[57]它們是比較普遍的；另一些有限事物則需要依靠另外一些事物、條件而存在。但是有廣延的實體即自然界與精神實體卻互不需要。[58]我們可以把它們都稱爲實體，因爲這兩種實體是各有完整的範圍，自成

54《哲學原理》，第一部，第五十一節，第十四頁（《全集》，第九十五頁）。
55《哲學原理》，第一部，第四十八節，第十二—十三頁（《全集》，第九十二頁）。
56《哲學原理》，第一部，第六十節，第十六頁（《全集》，第一〇一頁）。
57《哲學原理》，第一部，第五十二節，第十四頁（《全集》，第九十五頁）。
58《對第二組反駁的答覆》，命題十，第八十六頁（《全集》，第四五四頁）。

一個總體的；兩種中間的每一種，每一個方面的全體，都可以不依靠另一種而得到理解。這兩種實體都只需要神的協助；也就是說，思維界是一個自在的總體，自然界也同樣是一個完整的體系。因此，它們也是（據斯賓諾莎的推論）自在地同一的，與神這一絕對實體絕對同一的；對於思維的精神來說，這個自在者就是神，換句話說，它們的區別是觀念上的。笛卡兒是從神的概念進到創造物、思維和廣延，再由此進到特殊事物。

「這兩種實體有若干屬性，沒有這些屬性，它們是不能得到理解的，」——這就是它們的規定性；「每一種實體都有那樣一種特點構成它的本性和本質，」——這是單純的、普遍的規定性，「其他一切性質都聯繫在這上面。因此思維構成了精神的絕對屬性，」思維是精神的性質；「廣延是」形體性的基本規定，只有廣延才是「形體的眞正本性。其他的一切都只是一種樣式，如廣延物中的形狀、運動，思維物中的想像力、感覺、意志。[59] 神是非創造的思維實體。」[60]

現在笛卡兒進而論述個別事物。在廣延方面又有兩個規定：物質和運動。他追究有廣延的事物，達到了物質、靜止、運動。笛卡兒的一個主要思想是關於物質的；他把形體的本質只理解爲廣延。按照笛卡兒的說法，形體的本性是由它的廣延性完成的；形體之所以是

59 《哲學原理》，第一部，第五十三節，第十四頁（《全集》，第九十六—九十七頁）。

60 《哲學原理》，第一部，第五十四節，第十四頁（《全集》，第九十七頁）。

形體，是由於它有廣延，而不是由於它具有別的性質。其他一切被我們認爲是形體的性質的，只不過是第二位的性質，只不過是樣式之類；它們是可以除去的，可以透過思維去掉的。我們說：形體也產生阻力，具有氣味、滋味、顏色；沒有這些也就沒有形體。物質、形體性、廣延對於思想來說（按照笛卡兒的說法）完全是一回事。形體世界可以被思維，而它只有廣延這一點可以被思維所採納；這個對思維存在的事物就是形體世界的本質。廣延物的各種進一步規定都保持在這個範圍內：廣延的量、靜止、運動、慣性。形體的這些其他特性都是純粹感性的事物，笛卡兒一一指出這些事物，如同懷疑論者早已指出的一樣。[61]

廣延當然是抽象的概念，也可以說是純粹的本質；但是否定性、差異性恰恰必然屬於形體，或者必然歸入純粹的本質。笛卡兒指出廣延是形體的本質，認爲形體的一切規定（除廣延外），如顏色、透明、硬度等等，都是不能成爲形體的絕對賓詞的；物質與廣延則是同一的。他用下列理由來支持這個說法：我們透過一個物體對我們觸覺產生反作用的阻力推知物質具有體積、硬度（自爲的存在），並且依靠觸覺以求判定形體的位置。而我們認爲，物質當我們摸它的時候總是和空間一樣往後躲，所以我們沒有理由說它有體積。氣味、顏色、滋味都只是感性的特性；只有我們清楚地洞察到的事物才是眞的。一個形體裂成碎片的時候也

360

61《哲學原理》，第一部，第六十六至七十四節，第十九—二十二頁（《全集》，第一〇七—一一七頁）。

變軟，卻並不失去它的本性；因此阻力並不是本質的。[62]然而這種自爲的存在只不過是爲量較小的阻力；阻力始終是存在的。笛卡兒卻只要思維；對於阻力、顏色等等他並不思維，認爲只是感性的。他說，必須把這一切都歸結到廣延，作爲廣延的特殊變相。笛卡兒僅僅把被思維者當作眞的，這種看法給笛卡兒增光。的確，思維的否定運動正是那種揚棄；形體的本質是受這個思維制約的，也就是說，它並不是眞正的本質。

笛卡兒從廣延概念進而討論運動規律，認爲運動規律就是對於有形體的事物的自在本質的普遍認識：①Vakuum〔眞空〕是**沒有**的，一個沒有有形實體的廣延，就是沒有形體的形體；[63]②沒有原子（沒有自爲的存在、個體性），根據同樣理由，形體的本質就是廣延；[64]③而且，他還認爲形體孤立地保持著靜止狀態，被它以外的事物所推動，在運動狀態中也同樣要被另一個在它以外的事物拉向靜止（慣性）。[65]這是一些什麼都沒有說明的命題，恰恰是一種抓住簡單的靜止和運動的對立不放的抽象看法。

廣延和運動是機械論物理學的基本概念；它們是形體世界的眞理。觀念性在笛卡兒面前

62《哲學原理》，第二部，第四節，第二十五頁（《全集》，第一二三－一二四頁）。
63《哲學原理》，第二部，第十六節，第二十九－三十頁（《全集》，第一三三－一三四頁）。
64《哲學原理》，第二部，第二十節，第三十一頁（《全集》，第一三七－一三八頁）。
65《哲學原理》，第二部，第三十七至三十八節，第三十八－三十九頁（《全集》，第一五二－一五四頁）。

362

浮現出來了；他大大超過了感性特性的實在性，但是沒有進入這種觀念性的詳情。因此他仍然停留在道地的機械論中。笛卡兒以機械論的口吻說：如果你給我物質（廣延物）和運動，我就給你建造世界。[66]他認爲空間和時間是物質宇宙的唯一規定。這裡就包含著考察自然的機械論方法，也就是說，笛卡兒的自然哲學純粹是機械論的；[67]所以他把一切關係都歸結到靜止和運動，把顏色、滋味等一切物質差異性都歸結到機械作用，即微粒子的運動。因此，物質的變化僅僅是運動；因此他必須把一切形體特性和動物現象統統歸結到機械作用。在生物身上，消化等等都是這樣的機械作用，其原則就是靜止和運動。所以說，我們在這裡見到了機械論哲學的根據和起源；機械論是由笛卡兒發展起來的。可是有一種更進一步的見解認爲機械論無法令人滿意，物質和運動是不足以說明生物的。重大的關鍵則在於：思維向它的各種規定繼續深入，使這些思想規定成爲自然的眞理。

笛卡兒由此轉而論述機械學；他考察了世界體系、天體運動。他講述了運動和靜止、地球、太陽等等，[68]並由此進而論述他那種關於天體做旋渦式循環運動的看法，論述那些關

---

66 布勒，《近代哲學史》，第三冊，第一篇，第十九頁；參看《哲學原理》，第三部，第四十六至四十七節，第六十五頁（《全集》，第二一〇—二一二頁）。

67 參看《哲學原理》，第二部，第六十四節，第四十九頁（《全集》，第一七八—一七九頁）。

68 《哲學原理》，第三部，第五至四十二節，第五十一—六十三頁（《全集》，第一八三—二〇八頁）；第四十六節以下，第六十五頁以下（《全集》，第二一〇頁以下）；第四部，第一節以下，第一三七頁以下（《全

於微粒子在孔隙中流出流入、穿過和互撞的思考和形上學假設，[69]最後還論述了硝石和火藥。[70]首先應當使我們感興趣的，是那些普遍的思想；其次值得注意的，是他發揮到特殊事物時的思想。往後他就進而論述特定的事物。他在一種物理學裡講到了這種特定的、物理的事物，這種物理學是觀察和經驗的結果。在進一步的發揮中，笛卡兒完全是以理智的方式進行的。笛卡兒把很多的觀察與這種形上學攪混在一起；因此在我們看來是模模糊糊的。巴黎的古桑教授曾經出版了新版笛卡兒全集，八開本，共十一冊；絕大部分是由討論物理學問題的書信組成的。

在這種哲學裡，主要是以思維的方式論述經驗的事物；這個時代的研究就是以這種方式進行的。哲學在笛卡兒等人那裡還具有著比較不確定的意義，即透過思維、反思、推理進行認識。思辨的認識，根據概念的推演，概念的自由獨立的發展，是由費希特創始的。所以，我們今天所謂的哲學認識，在笛卡兒那裡是與當時所謂的科學認識沒有分開的。因此當時把人類的全部科學都視爲哲學；在笛卡兒的形上學裡，我們看到開始以最淳樸的方式根據

集》，第三三〇頁以下）；第四部，第六十九、一〇九至一一五節，第一六六、一七八—一八〇頁（《全集》，第三八八、四二〇—四二五頁）。

69 同注68。

70 同注68。

原因、經驗、事實、現象進行十足的經驗推理。在那時，科學的認識就是比較密切地、比較嚴格地採取幾何學中早已使用的那種證明方法，採取形式邏輯推論的一般形式。

因此就出現了那種集各種科學之大成的哲學體系，從邏輯和形上學開始，然後第二部分是一種一般的物理學、數學，當然是與形上學思辨混在一起的，第三部分則是倫理學，研究人的本性、人的義務、國家和公民。笛卡兒就是這樣。*Principia philosophiæ*〔《哲學原理》〕的第一部分講 De principiis cognitionis humanae〔人類認識的原理〕，第二部分講 De principiis rerum materialium〔物質事物的原理〕。[71]而這種研究廣延的哲學（自然哲學）無非就是當時的一種十分流行的物理學、機械學，並且還完全是假設性的。我們現在是把經驗物理學與自然哲學嚴格分開，前者也是思維式的；在英國人那裡，自然哲學的意思始終與我們所謂的物理學（牛頓的）是一回事。

3. 此外是**精神哲學**，一部分是形上學的，但其餘的也是經驗的。笛卡兒特別發展了物理學。他沒有進展到第三部分，即倫理學部分；他並沒有大講**倫理學**，只寫了一部 *De passionibus*〔《論心靈的感情》〕。斯賓諾莎則相反，他的主要哲學著作是《倫理學》。這部著作裡第一部分也是一般的形上學；第二部分，即自然哲學，他根本沒有講，講的只是一種倫理學，即精神哲學。至於認識問題、靈明的精神，是放在第一部分人類認識的原理裡講

71　參看《哲學原理》的索引。

的。霍布斯也是先講邏輯，然後講一種十分流行的物理學：Sectio I, *De corpore*〔第一組，《論形體》〕：Pars I, Logica s.Computatio〔第一部分，邏輯或計算〕：Pars II,Philosophia prima〔第二部分，第一哲學〕，本體論，形上學；Pars III〔第三部分〕，機械學，物理學，人的器官。Sectio II〔第二組〕該講人的本性，即倫理學；他沒有對精神性的事物做出完備的發揮，只寫了一本 *De cive*〔《論公民》〕。笛卡兒的形上學裡，使人感到完全是淳樸的，根本不是思辨的。笛卡兒的原則雖然是思維，但這種思維還是抽象的、單純的思維；具體的事物仍然在彼岸，這種思維首先是從經驗取得具體內容的。他還沒有感到需要從思維中發展出特定的事物。

笛卡兒也討論到思維的另一方面；他談了人的自由。他這樣證明自由：靈魂是思維的，意志是不受限制的，這就構成了人的完滿性。[72]這是完全正確的。在自由這個方面，他遇到了一個困難：人既是自由的，就可以去做並非神預先安排的事，這就與神的全知全能發生衝突；但如果一切都是神安排的，那又取消了人的自由。[73]這兩個規定互相矛盾，解決不了：「人的精神是有限的，神的能力和預先規定是無限的；我們不能判明人類靈魂的自由與神的

---

72 《哲學原理》，第一部，第三十七、三十九節，第十頁（《全集》，第八十五—八十七頁）；第四十節，第十一頁（《全集》，第八十七頁）。

73 《哲學原理》，第一部，第四十節，第十一頁（《全集》，第八十七頁）。

全知全能之間究竟是什麼關係；但是我們在自我意識中卻確定地見到自由是一件事實。而我們只能堅持確定的事物。[74]此外，他似乎覺得有很多事物無法說明；我們看到他固執、任性，在最好的情況下也只是停頓不進。笛卡兒所提出的認識方法也具有理智推理的形態，所以沒有什麼特殊趣味。

笛卡兒哲學體系的主要環節就是這些。我們還要舉出幾個特別使他聞名的論斷，一些特殊的形式，這些形式過去是在形上學裡考察的，在沃爾夫的形上學裡也考察了。例如我們就可以指出：

(1)笛卡兒把有機體、動物看成機器，認爲它們是被別的事物推動的，並不包含主動的思維原則，[75]這是一種機械生理學，一種特定的理智思想，毫無傑出之處。在思維與廣延的尖銳對立中，他並不把思維看成感覺，所以他可以把廣延孤立起來。有機體既然是形體，就必須把它歸結到廣延。其他的說法都是依這些基本規定爲轉移的。

(2)他把永恆眞理稱爲天賦觀念；洛克和萊布尼茲在這個問題上發生了爭執。這是一個粗糙的名詞，並不像柏拉圖和以後各種哲學裡所說的觀念那樣是普遍的，而是帶有明確性、帶有直接確定性的；眾多的思想，雜多的概念，帶著存在的形態，同感情一樣，自然地

74 《哲學原理》，第一部，第四十一節，第十一頁（《全集》，第八十七—八十八頁）。

75 笛卡兒，《方法談》，第五篇，第三十五—三十六頁（《全集》，第一八五—一八九頁）。

牢牢種植在心裡，一種建立在思維本身中的直接眾多性。

(3)靈魂與形體（〔思想〕[12]建立其自身於他物中、物質中）之間的關係，現在是主要問題，對象返回自身的問題。形上學中有許多體系討論這個問題。有一種 influxus physicus〔肉體影響〕的說法，認爲精神是以肉體的方式起作用的，對象對精神發生關係，就像形體與形體發生關係一樣。這種看法很粗糙。——笛卡兒是怎樣理解靈魂與肉體的統一呢？靈魂屬於思維，肉體屬於廣延，二者都是實體，哪一個都不需要另一個的概念，因此是彼此獨立的。它們並不能直接相互影響。靈魂只有在需要肉體的情況下才發生影響、發生作用，肉體只有在需要靈魂的情況下才發生影響、發生作用；就是說，它們只有在彼此有本質聯繫的情況下才互相影響。可是，它們既然各自成爲一個總體，那就哪一個都不需要另一個，彼此之間也沒有什麼實在的聯繫。因此笛卡兒澈底否定了靈魂與肉體之間的肉體影響；這是二者的機械聯繫。笛卡兒緊緊抓住精神性的事物、靈明的事物。在他的 cogito〔我思故我在〕裡，我首先確知的只是我自己，我可以抽掉一切。他是把自爲精神的存在建立在這上面的。現在要提出一個中介物，即抽象的事物與外在的、個別的事物的聯繫。他是怎樣辦的：在兩者之間放一個構成它們各種變化的根據的事物，以神作爲聯繫的中間環節。[76]它們的各種變化是

[12] 第二五〇頁。

76 笛卡兒，《方法談》，第五篇，第二十九頁（《全集》，第一七三—一七四頁）。

彼此相應的：我有欲望、意圖的時候，這意圖就變成肉體的事物；這種相應是神造成的。（人們把這種說法稱爲 systema assistentiae（神助說），這是超神論的，神是它們相互變化的形上學根據，在靈魂不能憑自己的自由來實現的事情上，神就向靈魂提供幫助。後來馬勒伯朗士更加發展了這一點。這裡有取得一個中介物的需要；神就被當成了這樣的中介物。）因爲我們在前面[77]已經看到，笛卡兒談到神，神正是表象的眞理。只要我的思想正確、不矛盾，就有實物與它相應，它們的聯繫是神。神是兩個對立物的完滿同一，因爲他是觀念、概念與實物的統一。（後來在斯賓諾莎的理念裡還提出了這一點的更進一步的環節。）這是正確的；在有限事物裡，這種同一是不完滿的。可是在笛卡兒那裡這種形式並不適合：（甲）因爲有兩樣事物，思維（靈魂）和形體；（乙）神顯得是第三樣事物，在兩者之外，並不是統一的概念，那兩個環節本身也不是概念。但是我們不要忘記，笛卡兒說，前面那兩樣事物是被創造的實體。這種說法是屬於表象的；創造並不是確定的思想。這件歸結到思想的工作後來由斯賓諾莎做了。

二、斯賓諾莎

笛卡兒的哲學採取了很多非思辨的說法；斯賓諾莎緊接著笛卡兒，做到了澈底的一貫 368

77 參看上文邊碼第 352-353 頁。

性。他深入地鑽研了笛卡兒的哲學，用笛卡兒的術語講哲學。斯賓諾莎的第一部著作就是《笛卡兒哲學原理》。斯賓諾莎哲學與笛卡兒哲學的關係，僅僅在於斯賓諾莎一貫地、澈底地發揮了笛卡兒的原則。在他那裡，靈魂與肉體、思維與存在不再是特殊的事物，不再是任何一種自爲地存在著的事物。斯賓諾莎作爲一個猶太人，完全拋棄了存在於笛卡兒體系中的二元論。他的哲學在歐洲說出了這種深刻的統一性。這種統一性，精神，無限者與有限者在神中合一，而並不把神看成一個第三者，乃是東方的流風餘韻。東方的絕對同一觀被他採取和納入了歐洲的思想方式，特別是歐洲的哲學，尤其是直接納入了笛卡兒哲學。

首先還是要講一講斯賓諾莎的生平。他出身於一個葡萄牙猶太家庭，一六三二年生於阿姆斯特丹，名字叫巴魯赫，他自己卻把巴魯赫改成了本尼迪克特。他青年時期受學於猶太教士。但是他很早就與自己所屬的猶太寺院的教士們發生爭執；教士們大爲頭疼，因爲他公然反對猶太教法典中的那些夢囈。他的言行常常越出猶太教會的範圍。教士們害怕別人會以他爲榜樣，產生不良後果，於是答應每年送他金幣一千盾，要他安分守己地和他們在一起。他拒絕了。因此教士們對他大肆迫害，甚至考慮到用暗殺手段把他除掉；他幾乎難逃他們向他拔出的利刃。於是他正式退出了猶太人的團體，但是並未改信基督教。這時他專心學習拉丁語，研究笛卡兒，並且寫了一部闡述笛卡兒體系的書，是「按照幾何學方法證明」的。後來他又寫了他的 *Tractatus theologico-politicus*〔《神學政治論》〕，並由於這部書獲得盛名。[78]這部書裡包含著靈感說，對摩西五經之類的書做了批判的處理，特別是認爲摩西的法律僅僅局限於猶太人，這是它的基本觀點。關於這個問題，後來的基督教神學家們寫過許多評論文章，通常總是指出，這幾卷書編成於較晚的時代，有一部分要晚於「巴比倫的囚禁」，新教神學家認爲最主要的一章；新出經書與舊有的相比，以這一章最出色，有許多華麗的辭藻，這一切在斯賓諾莎的這部書裡已經有了。

後來斯賓諾莎到了來頓附近的萊茵堡，受到許多朋友的尊敬，過著平靜的生活；從一六六四年起，他先住在海牙附近的一個小村福爾堡，後來住在海牙，他從事光學研究，以磨製光學鏡片爲生，生活很困難；他有朋友，也有有勢力的保護人；他多次地謝絕了有錢的朋友（還有將軍）送給他的大筆饋贈。西蒙·德弗里斯打算指定他爲財產繼承人，他謝絕了，只收了他一筆三百弗洛林的年金；他把父親的遺產讓給了他的姊妹們。有一位並無當時的偏見的最高級貴族巴拉丁選帝侯卡爾·路德維希，也曾敦請他到海德堡大學去當教授，允許他自由講學、自由著述，因爲「侯爵相信他不會濫用這種自由去觸犯大家所信奉的宗教」。但是斯賓諾莎（在他那些已經刊印出來的信裡）懷著很有理由的顧慮謝絕了這項邀請，因爲「他不知道應當把那種哲學自由限制到多大的限度之內，才不至於被認爲觸犯大家

78《斯賓諾莎生平事蹟集錄》（《全集》，附錄，保盧斯編，耶拿一八〇二—一八〇三年版，第二冊），第五九三—六〇四、六三二—六四〇頁。

所信奉的宗教」。[79]他留在荷蘭，這是一個對一般文化最感興趣的國家，在歐洲最先做出了普遍寬容的榜樣，爲許多個人提供了思想自由的庇護所。雖然當地的神學家們也曾對貝克爾[80]這樣的人深惡痛絕，伏愛特就大罵過笛卡兒的哲學，[81]但是這並沒有產生一個別的國家所會產生的後果。

斯賓諾莎一六七七年二月二十一日死於肺結核宿疾，享年四十四歲，[82]像他的學說所主張的那樣：一切特殊性和個別性都歸於唯一的實體。他的主要著作《倫理學》，在他死後才由一位醫生路德維希．邁爾出版，邁爾是斯賓諾莎的摯友。這部書分爲五部：第一部討論神（De Deo）；第二部討論精神的本性和起源（De natura et origine mentis）。他並不討論自然，即廣延和運動，而是從神立刻過渡到精神，進到倫理學方面。第三部討論感情和情緒（De origine et natura affectuum）；第四部討論感情的力量或人的束縛（De servitute humana sive de affectuum viribus）；最後第五部討論理智的力量、思維或人的自由（De

79 《事蹟集錄》，第六一二—六二八頁；《斯賓諾莎書信》第五十三、五十四封（保盧斯編《全集》，第一冊），第六三八—六四〇頁。

80 布魯克爾，《批評的哲學史》，第四冊，第二部，第七一九—七二〇頁。

81 參看笛卡兒的《沉思》，附錄，給吉斯貝特．伏愛特的信（第十一卷，第三頁以下）。

82 《事蹟集錄》，第六六五頁。

potentia intellectus sive de libertate humana）。[83]教會顧問保盧斯教授在耶拿出版了他的全集；我現在也採用這個版本，參照法文翻譯本。斯賓諾莎引起了猶太教士們很大的仇恨，基督教神學家們對他的仇恨更大，尤其是新教的神學家；這首先是他的《神學政治論》一書引起的，但主要是他的哲學引起的，我們現在要詳細地考察他的哲學。有一個新教教士柯勒魯斯寫了一本斯賓諾莎的傳記；他雖然非常恨斯賓諾莎，卻對斯賓諾莎的情況做了非常確切的、善意的報導：例如他只留下銀幣二百塔勒，是爲了還債的。在清理財產的時候，理髮匠還要求償還「好心的」斯賓諾莎先生欠下的帳。這位教士對這件事大爲憤慨，給它下了一條按語：「要是理髮匠知道斯賓諾莎是什麼樣的人，他一定不會稱他爲好心的人。」[84]這位教士在斯賓諾莎的畫像下面題道：Signum reprobationis in vultu gerens〔面帶愁容的受譴責的形象〕；[85]這是一位深刻的思想家的憂鬱相貌，而且溫和、善良；他誠然reprobationis〔受譴責〕，但並不是受一種消極的非難，而是受輿論的積極非難，這種非難是出於人們的錯誤和毫無頭腦的激情。

83《斯賓諾莎全集》，第二冊，第一頁，注3；《事蹟集錄》，第六四〇—六四一頁。

84《事蹟集錄》，第六四二—六六五頁。

85布勒，《近代哲學史》，第三冊，第二部，第五一五頁注（參看保盧斯編《斯賓諾莎全集》，第二冊，序，第十六頁）。

至於他的學說體系，那是很簡單的，大體上是很容易掌握的。唯一的困難部分在於方法，在於他用來表達思想的那種錯綜複雜的方法，在於他對主要觀點、主要問題每每只是一瞥即過，講得不夠充分。

斯賓諾莎的**哲學**，是笛卡兒哲學的客觀化，採取著絕對眞理的形式。斯賓諾莎主義的唯心論的簡單思想就是：只有唯一的實體是眞的，實體的屬性是思維和廣延（自然）；只有這個絕對的統一是實在的，是實在性，只有它是神。這就是笛卡兒那裡的思維與存在的統一，也就是那種本身包含著自己的存在的概念的事物。笛卡兒的實體、觀念雖然在它的概念中也具有存在本身，但這種存在只是作爲抽象存在的存在，並不是作爲實際存在或廣延的存在，而是形體性，是與實體不同的事物，並不是實體的樣式。在笛卡兒那裡，自我、思維者本身也同樣是一種獨立的事物。斯賓諾莎主義揚棄了兩個極端的這種獨立性，兩個極端都變成了唯一的絕對本質的環節。我們看到，這個意思可以用一句話來表示：把存在理解爲對立面的統一。主要的興趣在於不拋棄對立；再不能把對立放在一邊了，主要的事情是調和對立，解除對立。對立並不是在有限者與無限者、界限與無界限者的抽象中建立的，而是思維與廣延。我們不說「存在」，因爲這是抽象，抽象只是在思維中。思維是返回自身，是簡單的自身同一；然而這是一般的存在，因此指出它們的統一並不困難。確切地說來，存在就是廣延。

對斯賓諾莎哲學的**評判**。1.人們斥責斯賓諾莎主義，說它是無神論：神與自然（世界）是一回事，不把兩者分開；他把自然當作現實的神，或者把神當成自然，於是神就不

372

373

見了，只有自然被肯定下來。斯賓諾莎倒是並沒有把神與自然對立，而是把思維與廣延對立；神是統一，是絕對的實體，世界、自然倒是沒入、消失於神之中的。斯賓諾莎的反對者們做得好像自己是爲了神似的，好像就該他們爲神說話似的。但是那些反對斯賓諾莎的人並不是爲了神，倒是爲了有限的事物，爲了他們自己。關於神和有限事物（我們），是有三種看法的：(1)有限的事物存在，也只有我們存在，神不存在；這是無神論。這是把有限的事物看成絕對的，有限的事物是實體性的事物，神並不是。(2)只有神存在，有限的事物不眞實，只是現象、假象。(3)神存在，我們也存在；這是惡劣的綜合拼湊，是廉價的對比。每一個方面都和另一個方面同樣是實體性的，這是表象的方式：神有光榮，高高在上；有限的事物也同樣有存在。理性不能停留在這種「也」上，停留在這種皀白不分上。因此哲學的要求是掌握各種區別的統一，使區別不是被拋在一邊不問，而是永遠不斷地從實體中產生出來，而又不被僵化成爲二元論。斯賓諾莎超出了這種二元論，宗教也可以超出二元論，如果我們把表象變成思想的話。在前兩種看法中間，第一種是無神論，如果人們把意志的任性、自己的虛榮和有限的自然物當成最後的事物的話，這不是斯賓諾莎的觀點。只有神是唯一的實體；自然、世界用斯賓諾莎的話來說只不過是實體的變相、樣式，並不是實體性的事物。因此斯賓諾莎主義是無世界論。世界、有限本質、宇宙、有限性並不是實體性的事物，只有神才是。那些說他是無神論、申斥他是無神論的人所說的話的反面倒是眞的；他那裡大大地有神。「如果神是精神與自然的統一，自然、個人就是神了。」完全正確！可是他們忘記了自己正是在神中揚棄了的；可不能忘記自己是虛無的呀。因此，那些給斯賓諾莎抹黑的人並不是願意維護神，而是企圖維護有限的事物、世界；他們不樂意斯賓諾莎說不能把有限的事物看成實體；實際上，他們是不樂意他們自己作爲有限事物會遭到毀滅。

2. 證明的方法。這種方法屬於理智認識的方式。這是幾何學的方法，它包含公理、說明、定理、定義。在近代，有人（耶可比）提出說，一切證明、科學認識都引導到斯賓諾莎主義，唯有斯賓諾莎主義是一貫的思維方式；由於一切證明必定引導到斯賓諾莎主義，因此證明是根本不中用的，只有直接的知識才可靠。耶可比也認爲斯賓諾莎主義是無神論，因爲他著眼於不把神與世界分開這一點。[86]如果這麼說，世界就永遠在表象中了；可是在斯賓諾莎那裡並沒有把世界永恆化。如果把證明只了解爲理智認識的方式，我們是可以承認證明引導到斯賓諾莎主義的。斯賓諾莎是近代哲學的重點：要麼是斯賓諾莎主義，要麼不是哲學。斯賓諾莎有一個偉大的命題：一切規定都是一種否定。[87]確定的事物就是有限的事物：對於任何事物，包括思維（與廣延相對立）在內，都可以說，這是一個確定的事物，所以自身中包含著否定；它的本質是建立在否定上的。因爲只有神是積極的、肯定的，所以，其他的一切都只是變相，並不是自在自爲的存在者；所以，只有神是實體。所以，耶可比說得不錯。簡單的決定、規定或否定屬於形式，是不同於絕對的規定性、否定性、形式的。眞正的

86 《耶可比全集》，第四冊，第一部，第五十五、九十、二一六—二二三頁。

87 《斯賓諾莎書信》，第五十封（第一卷），第六三四頁。

肯定是對形式的否定；這是絕對的形式。斯賓諾莎的進程是正確的，但是個別的命題卻是錯誤的，因爲它只表達了否定的一個方面。從另一方面說，否定就是否定的否定，因而是肯定。

3. 在斯賓諾莎主義裡並沒有主觀性、個體性、個性的原則，因爲它只是片面地理解否定的。一般的意識、宗教對此頗有反感。萊布尼茲的個體化原則（在單子中）成全了斯賓諾莎。理智具有一些並不自相矛盾的規定。否定是簡單的規定性。否定的否定是矛盾，它否定了否定；因此它是肯定，但也同樣是一般的否定。理智不能容忍這種矛盾；這種矛盾是理性的事物。斯賓諾莎缺乏這一點；這是他的缺點。斯賓諾莎的體系是提高到思想中的絕對泛神論和一神論。斯賓諾莎的絕對實體根本不是有限的事物，不是自然世界。這個思想、這個觀點是最後的根據，是廣延與思想的同一。我們面前有兩種規定，一是普遍者、自在自爲的存在者，一是特殊者和個別者的規定、個體性。至於特殊的、個別的事物，我們不難指出，它總是受限制的事物，它的概念總要依賴他物，它是有待的，不是眞正獨立存在的，因而不是眞正實在的。因此斯賓諾莎從確定的事物著眼，提出了 Omnis determinatio est negatio（一切規定都是否定）這個命題；因此只有未特殊化的、普遍的事物是眞正實在的，只有它是實體性的。靈魂、精神是個別的事物，本身是有限制的；使精神成爲個別的事物的，是一個否定，所以精神並沒有眞正的實在性。斯賓諾莎把思維在自身中的單純統一說成了絕對的實體。

大體而言，這就是斯賓諾莎主義的理念。這與伊利亞學派的 ὄν〔有〕是一回事。[88]這是東方的觀點，隨著斯賓諾莎第一次在歐洲被說了出來。一般地應當指出，必須把思維放在斯賓諾莎主義的觀點上；這是一切哲學研究的重要開端。[89]要開始研究哲學，就必須首先做一個斯賓諾莎主義者。靈魂必須在唯一實體的這種元氣裡洗個澡，一切被認爲眞實的事物都是沉沒在這個實體之中的。這種對一切特殊物的否定，是每一個哲學家都必須達到的；這是精神的解放，也是它的絕對基礎。與伊利亞學派哲學不同的只是：透過基督教，在近代世界裡，精神裡面澈底出現了具體的個體性。但是在這個追求完全具體的事物的無限過程中，現在卻並沒有把實體規定爲自身具體的。因爲具體的事物並不在實體的內容中，所以它只是落在反思的思維中；只有從思維的無限對立中才能產生出那種統一。關於實體本身，再不能說什麼話；所能講的只是對實體的哲學論證，以及在實體中揚棄了的那些對立。區別僅僅在於其中所揚棄的那些對立屬於哪一類。這一點斯賓諾莎證明得很不夠，遠不如古代哲學家們曾經努力做過的那麼多。

應當承認斯賓諾莎主義的這個理念是眞實的、有根據的。絕對的實體是眞的事物，但還不是完全眞的事物；還必須把它了解成自身活動的、活生生的，並從而把它規定爲精神。斯

88 參看本書第一卷邊碼第 324、336 頁。

89 同上，第一八一頁。

賓諾莎主義的實體是普遍的實體，因而是抽象的規定；我們可以說，這是精神的基礎，但並不是絕對地常存在底下的根據，而是抽象的統一，這種統一就是在自身之內的精神。如果老是停留在這種實體那裡，那就達不到任何發展、任何精神性、能動性了。他的哲學講的只是死板的實體，還不是精神；我們在其中並不感到自如。神在這裡並不是精神，因爲他不是三位一體的神。實體仍然處在死板的、僵化的狀態中，缺少波墨的源泉。理智規定式的個別規定並不是波墨的那些源源不竭的元精，那些元精是互相作用、互相轉化的。[90]事物和意識的一切差別和規定全都只是回到唯一的實體裡面，所以可以說，在斯賓諾莎的體系裡，一切都只是被投進了這個毀滅的深淵。但是沒有任何事物跑出來；他所說的特殊的事物只是從表象裡找出來、撿起來的，並沒有得到論證。如果得到論證的話，斯賓諾莎就必須把它從他的實體中推演、引申出來；實體並不能展開自身，那是生命、精神的事。這種特殊的事物只是被他視爲絕對實體的變相，本身並沒有什麼實在的事物；對它做出的事情只是剝掉它的規定和特殊性，把它拋回唯一的實體裡面去。這是斯賓諾莎令人不滿意的地方。區別是外在地擺在那裡，始終是外在的，人們不能對它有任何理解。在萊布尼茲那裡，我們將看到把相反的一面、個體性當成了原則；所以說，斯賓諾莎的體系是被萊布尼茲以如此外在的方式成全了。斯賓諾莎的思想的偉大之處，在於能夠捨棄一切確定的、特殊的事物，僅僅以唯一的

90 參看本書邊碼第 311-312 頁。

實體爲歸依，僅僅崇尚唯一的實體；這是一種宏大的思想，但只能是一切眞正的見解的基礎。因爲這是一種死板的、沒有運動的看法，其唯一的活動只是把一切投入實體的深淵，一切都萎謝於實體之中、一切生命都凋零於自身之內；斯賓諾莎本人就死於癆病。——這是普遍的〔命運〕。

我們還要講一講若干進一步的規定。斯賓諾莎用來表達他的哲學的方法，與笛卡兒一樣，是幾何學方法、歐幾里得的方法。由於數學具有明確性，所以人們把這種方法視爲非常美妙的方法，但是這種方法並不適用於思辨的內容，只有在有限的理智科學中才能運用自如。這一點看起來好像是外在形式方面的缺點，但卻是主要的缺點。斯賓諾莎的數學證明方法從定義出發，定義是涉及一般規定的。而這些定義又是直接提出、直接假定的，並不是推演出來的；他並不知道自己怎樣得到了這些定義。在定義所設定的事物裡面已經包括了他的體系的各個主要環節，一切進一步的證明都只不過是回溯到定義。可是那些在這裡作爲定義出現的範疇又是從哪裡來的呢？是我們在自己心裡、在科學教養中發現的。因此並不是從無限的實體中發揮，得出結論說有理智、意志、廣延，而是在這些規定中直接說出來的。這是十分自然的事；因爲這是唯一的實體，一切都投入其中，在其中消失不見，而沒有任何事物從其中跑出來。

1. 斯賓諾莎從**定義**開始；下面的幾條就是從定義裡取出來的：

(1) 斯賓諾莎的**第一條定義是自因**。他說：「我把自因（causam sui）理解爲這樣的事物：它的本質」（即概念）「就包含著存在，也就是說，只能把它設想爲存在著。」[91]

思想與存在的統一是一開頭就立刻提出來了（本質是普遍的，是思想）；這個統一永遠是最重要的中心。Causa sui（自因）是一個重要的名詞。結果與原因對立。自因是產生作用、分離出一個他物的原因；而它所產生出來的事物就是它自身。在產生當中它同時揚棄了差別；它把自身設定爲一個他物，這是一種墮落，而同時又是對這種損失的否定。這是一個完全具有思辨性的概念。我們的表象總以爲原因產生出某種事物，結果是一種與原因不同的事物。這裡正好相反，外因直接被揚棄了，自因只是產生出自身；這是一切思辨概念中的一個根本概念。這是無限的原因，在無限的原因裡面原因與結果合一了。如果斯賓諾莎進一步發展了causa sui（自因）裡面所包含的事物，他的實體就不是死板的事物了。

(2)第二條定義是有限者的定義。「有限者就是受一個與它同類的他物限制的事物。」因爲它以他物爲終點，它不在那裡；在那裡的是一個他物。但是這個他物必須與它同類。因爲兩個要想互相限制的事物必須彼此間有一個界限，因而有接觸、有聯繫，亦即屬於同一個類，建立在同樣的基礎上，具有一個共同的領域，才能互相限制。這是界限的肯定方面。「因此思想」只「被另一個思想所限制，形體則被另一個形體所限制；然而思想」卻「不被

91《倫理學》，第一部，定義一（第二冊），第三十五頁。

形體所限制，」反過來，「形體也不被思想所限制。」[92]這一點我們在笛卡兒那裡已經看到了：思想是獨立的總體，廣延也是一樣，它們彼此毫不相涉；它們並不互相限制，每一個都是封閉在自身之內的。界限就是與他物的聯繫。

(3)第三條定義是實體的定義。「實體就是在自身內並透過自身而被理解的事物，也就是說，要領會它的概念（a quo formari debeat），是不需要藉助他物的概念的，」[93]並不需要另一個事物；否則它就是有限的、偶然的。需要有另一個事物才能被理解到的事物，就不是獨立的，而是依賴這個他物的。

(4)第四條定義。實體的下面是屬性；屬性屬於實體。「我所謂屬性，就是理智認爲構成實體的本質的那種事物」，[94]只有這句話在斯賓諾莎那裡是眞的。這是偉大的規定；屬性雖然是規定性，卻是總體。他只有兩個屬性，即思維和廣延。理智認爲它們是實體的本質；本質並不高於實體，然而實體在理智看來只是本質。這是在實體以外看的；對實體可以用兩種方式去看；或者把它視爲廣延，或者把它視爲思維。這兩者當中，每一個都是總體，都是實體的整個內容，但只是在一種方式下看到的；正因爲如此，這兩個方面是自在地

92 《倫理學》，第一部，定義二，第三十五頁。
93 《倫理學》，第一部，定義三。
94 《倫理學》，第一部，定義四。

同一的、無限的。這是眞正的完成。理智在屬性中看到整個實體。但是實體在何處過渡到屬性，他並沒有說。

(5)第五條定義。第三是樣式。「我所謂樣式，就是實體的變相，也就是那種在他物內並透過他物而被理解的事物。」[95]因此實體是憑自身而被理解的；屬性不是憑自身而形成的，而是與理解的理智有一種聯繫，但是理智卻在屬性中理解到本質；樣式是有限的，並不被理解爲本質，而是憑藉他物並在他物中的。上面這三個規定特別重要；它們相應於我們以更確定的方式做出的那種區別，即普遍者、特殊者和個別者。但是我們不能把它們當成形式的，必須從它們的具體的、眞正的意義去了解它們。具體的普遍者是實體；具體的特殊者是具體的種。聖父和聖子是特殊的，但他們各自包含著神的整個本性（只是在一個特殊形式下）。樣式是個別者，是與他物發生外在聯繫的有限者本身。因此斯賓諾莎是往下降的；樣式是乾癟的事物。斯賓諾莎的缺點就在於把第三個只理解爲樣式，理解爲惡劣的個別性。眞正的個別性、個體性、眞正的主觀性並非只是遠離普遍性的絕對特定者，而是絕對特定的自爲存在者，是僅僅由自己規定自己的。所以主觀的事物也同樣是返回到普遍者；個別的事物是在自身內的存在者，因而是普遍者。這個返回的意思就是說，個別者本身就是普遍者；斯賓諾莎沒有進而達到這種返回。在他那裡，最後的事物是死板的實體性，並不是無限的形

95 《倫理學》，第一部，定義五，第三十五頁。

式；他不知道這種形式。他那裡始終是這個看不到規定性的思維。

(6)第六，無限者的定義也還是很重要的。無限者有歧義性，不管把它當作無限多的事物，還是當作自在自爲的無限者。「那種僅在本類中無限（in suo genere infinitum）的事物，我們可以否定它具有無限個屬性。絕對無限者的本質則具有一切表現一種本質而不包含任何否定的事物。」[96]神是絕對無限者；無限者是對自身的肯定。

然後斯賓諾莎把想像的無限者（infinitum imaginationis）與思維的無限者（infinitum intellectus,infinitum actu）分開。大多數人只達到了前者；當人們說「如此以至無窮」時，這就是惡劣的無限性，例如被人們看得很崇高的星辰之間的空間的無限性就是如此，時間方面的無限性也是一樣。數學上的無窮系列，即數的系列，也是這種惡劣的無限。有一種分數被稱爲十進位分數，就是惡劣的無限；1/7是眞正的無限者、是沒有缺點的。無窮的系列是不完滿的；內容總是有限制的。這種無限性是一種常見的無限性，當人們說到無限性時，心目中就是指這種無限性；這種無限性儘管可以被人們看得很崇高，卻不是現實的事物，它總是往否定的方面跑，並不是actu〔現實的〕。哲學上的無限性，即現實的無限者，是對自身的肯定；斯賓諾莎把理智的無限者稱爲絕對的肯定。完全正確！不過可以更好地表達成：「這是否定的否定。」斯賓諾莎在這裡還舉出幾何學的例子來說明無限性的概念；例如，

96《倫理學》，第一部，定義六，說明，第三十六頁。

在他的《遺著》裡，就舉一個圖形爲例來表示這種無限性（還在他的《倫理學》之前）。[13] 他說有兩個圓，互相重疊，但是並不同心。這兩個圓之間的面積是無法確定的，不能用一種確定的比例來表示的，是不可通約的；如果我要想確定它，我就必須一直走到無窮，這是一個無窮系列。這是往外跑的做法，始終是有缺點的，帶著否定的；可是這種惡劣的無限者也是有限制的，即肯定的，現實存在於這塊面積中的。所以肯定的事物是否定的否定；duplex negatio affirmat（雙重否定即肯定），這是大家都知道的語法規則。這兩個圓之間的空間是一個完備的空間，它是實在的，不是片面的；但是這個空間的規定卻不能用數目精確地表示出來。規定不能窮盡這個空間本身，可是這個空間卻是現實存在的。我們也可以舉一條線爲例，一條有窮的線是由無窮多的點組成的，可是它卻是現實存在的、確定的。[97] 我們應當把無限者看成現實存在的事物。自因這個概念就是眞正的無限性。只要原因一與他物相對，即與結果相對，就立刻出現了有限性；但是在這裡這個他物消失了，它就是原因自身。

---

[13] 這個例子見斯賓諾莎的《笛卡兒哲學原理》第二部命題九的補題。那裡說的是半圓，但情形是一樣的。附圖如下。

97 《倫理學》，第一頁；《書信》，第二十九封，第五二六—五三二頁；《倫理學》，第一部，定義六，第三十五頁。

(7)**第七條**定義。所以，「**神**是絕對無限的本體或由無限個屬性構成的實體，其中每一個屬性都表現著一種永恆無限的本質（essentiam）。」[98]無限者是無定者、無窮多者、數目無定者；這以後在斯賓諾莎那裡只講兩個屬性。

全部斯賓諾莎哲學就包含在這些定義裡面；這些定義是普遍的規定，所以整個是形式的。缺點就在於他從定義出發。在數學裡，我們可以承認定義是前提，把點、線當作前提。在哲學裡則應當認爲內容是自在自爲的眞理。我們可以暫時承認這種字面上的定義是正確的，使「實體」這個詞與定義中所表達的那個觀念相應。至於這個內容是不是自在自爲地眞實，那是另外一回事。在幾何學命題裡，人們根本不提出這樣的問題。但是在哲學考察中這卻是主要的事情。這件事斯賓諾莎沒有做。他提出了一些定義，在定義裡對這些簡單的思想做出說明，把它們說成具體的事物。但是需要做的事情卻是研究這種內容是否眞實。他只是表面上做出了字面的說明，而重要的卻是其中所包含的內容。只有把其他一切內容都歸結到這個內容，才是證明了這個內容。根本內容是其他一切內容所依靠的事物（亞里斯多德所說的 ἐξήρτηται）。「屬性就是理智認爲屬於神的事物。」這樣看的理智又是從哪裡（神以外）來的呢？所以，一切都只是往裡走，並不是往外走的；各種規定並不是從實體發展出來的，實體並不化爲這些屬性。

98《倫理學》，第一頁；《書信》，第二十九封，第五二六—五三二頁；《倫理學》，第一部，定義六，第三十五頁。

2.在這些定義以後，進一步推出來的是定理、命題。他做了許多證明。主要是斯賓諾莎根據這些概念指出，只有一個實體，就是神。這是簡單的過程，非常形式的證明。

(1)「第五條命題：不能有兩個或多個具有相同的本性或屬性的實體。」這個意思已經見於定義中了。他的證明是很麻煩的，無用的麻煩。「如果有多個」（具有同樣屬性的實體），「它們之所以相異，就必定或者是由於屬性不同，或者是由於變相」（樣式）「不同」。因爲①屬性正是被理智理解爲本質的事物；這個屬性的概念正是一種本質。「如果它們的差異是由於屬性不同，那就是承認只有一個具有相同屬性的實體。」因爲實體正是這個屬性的本質、概念，是在自身內的，不是他物所決定的。②「如果它們的差異是由於樣式不同，那麼，既然實體在本性上先於（prior est natura）它的變相，我們撇開它的變相（depositis ergo affectionibus），考察它自身，即眞正地考察它（in se,h.e.vere considerata），那就無法看出它有什麼差異了（non poterit concipi ab alia distingui）。」[99]

(2)「第八條命題：每個（omnis）實體都必然是無限的。否則它就必定爲另一個具有相同本性的實體所限制，這樣就會有兩個具有相同屬性的實體了，這是違背第五條命題

99《倫理學》，第一部，命題五，第三十七—三十八頁。

的。」[100]

「每一個屬性都必定是憑自身被理解的，」這是返回自身的規定性。「因爲屬性就是理智從實體上理解到是構成實體的本質的事物；所以它必定是憑自身被理解的。」因爲實體是憑自身被理解的事物（參看第三條定義）。「因此我們不能根據屬性是多數的，推論出實體是多數的；因爲每一個屬性都是憑自身而被理解的，並不過渡到另一個，」[101]並不爲另一個所限制。

(3)「實體是不可分的。①如果部分保持著實體的本性，那就會有幾個具有同樣本性的實體；這是違背第五個命題的。②如果不是如此，無限的實體就不能存在；這是荒謬的。」[102]

(4)「第十四條命題：除了神以外，不能有任何實體，也不能設想任何實體。既然神是絕對無限的本體，其中的任何一個表現實體的本質的屬性都是不能被否定的，並且神是必然存在的，那麼，如果在神以外有某個實體，這個實體就應當是憑神的某個屬性而得到說明」（理解）「的」。因此這個實體並沒有它自己的本質性，而是具有著神的本質性，所以它就不是實體。如果它竟是實體，「那就會有兩個具有相同屬性的實體存在了；按照命題五，這

---

100 《倫理學》，第一部，命題八，第三十八—三十九頁。

101 《倫理學》，第一部，命題十，以及附釋，第四十一—四十二頁。命題十三，第四十五頁。

102 同注101。

是荒謬的。由此可以推出，廣延的事物（res extensa）和思維的事物（res cogitans）」並不是實體，而是「神的屬性或神的屬性的變相。」[103]這一類的證明是沒有多大用處的。

「第十五條命題：一切存在的事物，都存在於神之內，沒有神就不能有任何事物存在，也不能理解任何事物。」[104]

「第十六條命題：從神的本性的必然性必定可以用無限多的方式推出無限多的事物，即一切能夠被無限的理智所認識的事物。所以神是一切的原因。」[105]這些都已經包含在定義裡了。只要有了這個基礎，就必然推出那一切。在斯賓諾莎那裡，最困難的是在他所做出的那些區別中、在確定的事物中抓住這種確定的事物與神的聯繫，使它可以保持下去。[106]

他說，神、實體是由無限屬性構成的。這是主要之點。說到這種方法，人們可以把神的無限屬性首先理解成無限多的。但是並非如此；斯賓諾莎所認識的、所講到的倒是只有兩個屬性。「絕對無限」，按照斯賓諾莎的說法就是積極的，正如一個圓包含著完備的、

387

103 《倫理學》，第一部，命題十四，以及繹理二，第四十六頁；命題十五，第四十六頁；命題十六，以及繹理一，第五十一頁。〔按：繹理一斯賓諾莎的原文應譯爲「神是一切能夠被無限的理智所認識的事物的動力因」。——譯者〕

104 同注 103。

105 同注 103。

106 參看下文邊碼第 391 頁以下。

現實的無限性那樣。思維和廣延就是神所具有的這兩個屬性：「神是一個思維的事物（res cogitans），因爲一切個別的思想都是以一種特定的、一定的方式表現神的本性的樣式。所以神具有這樣一個屬性，一切個別的思想都包含著這個屬性的概念，都是憑這個屬性而得到理解的。由於同樣的理由，神也是一個廣延的事物。」[107]

斯賓諾莎卻沒有指出這兩個屬性是如何從唯一的實體中產生出來的，他也沒有證明爲什麼只能有兩個。這兩個屬性和笛卡兒一樣，就是思維和廣延。他還表明這兩個屬性中的每一個都單獨成爲完整的總體，所以兩個屬性所包含的是同樣的事物，只不過一次採取著思維的形式，又一次採取著廣延的形式。理智把這兩個屬性理解爲兩個總體；它們是理智據以理解神的兩種形式。廣延和思維只是外表上分開，卻並不是眞正分開的，因爲它們都是整體。屬性就是理智在實體的本質上理解到的事物；但是斯賓諾莎卻把理智僅僅列入變相。[108]這兩個名詞本身已經包含著整個本質；它們的區別僅僅出現在理智中，作爲樣式的理智是沒有眞理性的。——只有一個實體，這個意思已經包含在實體的定義中了；那些證明只不過是一些形式的麻煩話，只能使我們難以理解斯賓諾莎。

關於思維和存在的關係，他是這樣說的：這是同一個內容，一次採取著思維的形式，

107《倫理學》，第二部，命題一至二，第七十八—七十九頁。

108《倫理學》，第一部，命題三十一，證明，第八十二頁。

又一次採取著存在的形式。每一個都表現著同一個內容，只不過採取著理智所帶來的、屬於理智的形式；本質是神，這兩個屬性是同一個總體。也就是說，同一個實體，從思維屬性去看，就是靈明世界，從廣延屬性去看，則是自然；自然和思維，兩者都表現著神的同一本質。這也就像他所說的那樣：「自然事物的秩序或體系（ordo rerum）是與思想的秩序（idearum）相同的。」[109]它們並不互相決定，都是有限的：形體並不決定思想，思想也不決定形體。思維實體和廣延實體只是同一個實體，有時在這個賓詞下被理解，有時在那個賓詞下被理解；這是同一個體系。「例如，一個存在於自然界的圓形，與也在神之內的這一存在著的圓形的觀念，就是同一的事物」（是同一內容），只不過是「從不同的屬性去說明的（explicatur）。因此，我們不管在廣延屬性下，還是在思維屬性下，還是在某個別的屬性下去認識自然，都會發現同樣的因果聯繫，即同樣的事物系列。圓形觀念的形式存在，只有憑藉另一個作爲最近因的思想樣式，才能被認知，而這個思想樣式又只能憑藉另外一個思想樣式才能被認知，如此以至於無窮；所以，[14]我們必須僅僅從思想屬性去說明整個自然界的秩序或因果聯繫；如果把事物看成廣延的樣式，就必須僅僅從廣延屬性去說明整個自然界的

109《倫理學》，第二部，命題七，第八十二頁。

[14] 黑格爾在此處刪去了一句話，依原文應譯作：「在把事物看成思想的樣式時」。

秩序了，這話也同樣適用於其他原因。」[110]這是實體的唯一絕對的發展，一次表現爲自然，然後又以思維的形式表現。

他又以下面的說法重提了這個意思：思維的世界和形體的世界本來是同一的，只是採取著不同的形式。但是現在要問：理智是如何跑來把這些形式應用到絕對實體上的呢？這兩種形式又是從哪裡來的呢？因此他在這裡設定了存在與思維的統一，以及存在與廣延的統一，於是思維的宇宙本身就是整個絕對的神聖總體，而形體的宇宙也同樣是這個總體。所以我們有兩個總體；這兩個總體本來是同一的，其區別僅僅是不同的屬性或不同的理智規定。這就是他的總看法：屬性並不是自在的事物、並不是自在的區別。我們站在更高處說：自然和精神都是理性的；理性並不是一句空話，而是在自身內發展的總體。

思維和廣延只不過是這個唯一實體上的兩種屬性。根據思維與存在本來同一這一點，有人打算立刻引導出無神論；既然精神性的事物與有形體的事物沒有分別，神就被貶低爲自然了。但是斯賓諾莎根本沒有說神與自然同一，而是說思維與自然同一。而神正是思維與存在的統一；神是統一本身，並不是兩者之一。在這個統一中，思維的主觀性的局限性和自然性的局限性都消失了；只有神存在，一切世間的事物都沒有眞理性。因此我們可以把他的學說

110 《倫理學》，第二部，命題七，附釋，第八十二—八十三頁。〔按：最後一句話斯賓諾莎的原文應譯作：「對於其他的屬性我也是這樣理解的。」——譯者〕

體系稱爲無世界論，這樣更合適一些。

沒有神就什麼都不能存在。斯賓諾莎宣布神具有自由和必然性，他說：「神是絕對自由的原因，是不爲任何他物所決定的；因爲神只是由於祂的本性的必然性而存在。除了神的本性的完滿性以外，根本沒有任何外部或內部的原因驅使祂行動。神的那種出於祂的本性的規律的威力是必然的、永恆的；凡是出於神的本性、出於神的屬性的事物都是永恆的，正如從三角形的本性永遠可以推出三角形的三內角之和等於兩直角一樣。」神的本質就是神的絕對權力；現實與潛能、思維與存在，都是同一的。神沒有祂所不能創造的其他思想。「神的本質和神的存在是同一的，都是眞理。」他始終守著這所有的看法：神是不爲目的所決定的；各種特殊的目的、思想都在存在物之類的事物〔按：指實體〕前面消失了。[111]「意志並不是自由的原因，而只是一種必然的原因，只是一種樣式；所以它爲另一個事物所決定。」[112]「神並不按照任何目的因（sub ratione boni）行動。那些主張神按照目的因行動的人，似乎是在神以外設定了一個不依靠神的、神在行動時必須加以注意的事物作爲目的。如

111 《倫理學》，第一部，命題十七，繹理一—二，以及附釋，第五十一—五十四頁；命題二十，以及繹理一，第五十五—五十六頁；命題二十一，第五十六—五十七頁；命題三十二，第六十三頁。命題三十三，附釋二，第六十七—六十八頁。

112 同注111。

果這樣說，神就不是自由的原因，而是服從命運的了。同樣不能容許的是認爲一切都服從武斷，即神的一種漠不關心的意志。」[113]神只爲他的本性所決定。所以神的威力就是神的力量（potentia），這就是必然性。神是絕對的力量，與智慧相對立，智慧是決定目的的，因而也是設定限制的。斯賓諾莎說，每一個規定都是一個否定；我們應當指出，這句話是非常獨特的。如果神是世界的原因，那就是說，神也是有限的事物，因爲在這裡是把世界設定爲神以外的他物了。

「神是內在的原因，不是暫時的（transiens）原因」，[114]即外因。「一個被決定去做某事的東西，是由神必然地這樣決定了的，因爲神是原因；這件東西被這樣決定了，就無法使自己變成不被決定的。」[115]「自然中根本沒有偶然的事物。」[116]

(5) 斯賓諾莎進而論述個別事物，特別是論述自我意識、「我」的自由。他沒有根據絕對實體的概念做出任何證明。關於個體，斯賓諾莎是這樣講的，他把一切事物和局限性都

113　同注111。

114　《倫理學》，第一部，命題十八，第五十四頁；命題二十六、二十七，第五十九頁；命題二十九，第六十一頁。

115　《倫理學》，第一部，命題十八，第五十四頁；命題二十六、二十七，第五十九頁；命題二十九，第六十一頁。

116　同注115。

歸結到實體，而不只是緊緊抓住個別的東西，那是否定性。屬性不是自爲的，而只是理智理解實體的不同方式。第三是樣式或變相。事物的**差異**僅僅在於Modos〔樣式〕。關於這些樣式，斯賓諾莎說：每一個屬性各有兩個樣式；廣延中的樣式是**靜止和運動**，思維中的樣式是**理智和意志**（intellectus et voluntas）。[117] 個別的事物本身就繫於這些樣式；是這些樣式把我們所謂個別的事物區別開來。這只是一些變相；與這種區別相聯繫，因而被特別設定的這種事物，並不是自在的事物。任何變相都只是對我們的，在神以外的；它並不是自在自爲的。

最後的這種事物，即樣式、變相，斯賓諾莎是把它們包括在natura naturata〔被動的自然〕項下的。「natura naturans〔能動的自然〕是從自由原因這個角度看的神，因爲神是在自身內並憑自身而被理解的；同時也是實體的那些表現無限、永恆的本質性（essentiam）的屬性。我把natura naturata〔被動的自然〕理解爲一切出於神的本性的必然性的，或者出於神的任何一個屬性的事物，即神的屬性的一切樣式，這是就樣式被看成事物而言，事物是在神中、沒有神就既不能存在，也不能被理解的。」[118] 並沒有什麼事物出於神，而是一切事

117《倫理學》，第一部，命題三十二，證明與繹理二，第六十三頁。

118《倫理學》，第一部，命題二十九，附釋，第六十一—六十二頁；命題三十一—三十二，第六十二—六十三頁；第三部，定義三，第一三二頁；命題十一，附釋，第一四一頁。

物都僅僅返回到神，如果從事物出發的話。

這些就是斯賓諾莎的一般形式、主要理念。我們還要講幾個比較特殊的形式。他給樣式、理智、意志、[119]情感、[120]快樂、憂愁[121]下了字面的定義。我們看到他對意識做了詳細的考察。他的過程是極其簡單的，簡直可以說根本沒有過程；他是徑直從 mens〔心靈〕開始的。

「人的本質是由神的屬性的某些樣式構成的（essentia hominis constituitur）。」這些樣式是與我們的理智相聯繫的事物。「所以，當我們說人的心靈覺察到這個或那個事物的時候，意思無非是說，神具有這個或那個觀念，這並不是就神是無限的而言，而是就神透過人的心靈的觀念而表現出來而言[15]。當我們說，神具有這個或那個觀念，這不僅是就神構成人的心靈的觀念[16]而言，而是就神與人的心靈同時具有另外一件事物的觀念而言，那時我們就

119 同注118。

120 同注118。

121 同注118。

[15] 斯賓諾莎原文多一句：「或者就神構成人的心靈的本質而言。」

[16] 黑格爾把原文 naturam（本性）譯成了 Idee（觀念）。

是說，人的心靈是部分地或不恰當地覺察到這件事物。」[122] 眞理是恰當的事物。[123] 當內容以人的心靈之形式確立起來時，這個內容就是人的知覺，人的知覺是神的變相；凡是被我們視爲存在、加以區別的事物，都只是樣式。一切特殊的事物都是外在理智所理解的事物。貝爾嘲笑這一點，由此推出土耳其人是神的變相，奧地利人打內戰也是神的變相。[124]

「凡在構成人心靈的觀念以之爲對象的事物裡發生（contingit）的事情，都必定被人的心靈覺察到，也就是說，在心靈裡面必然有一個關於這件事情的觀念。換句話說，如果構成人心靈的觀念以之爲對象的事物是一個形體，這個形體中就不能發生任何不被心靈覺察到的事情。」[125]

他在人的意識中是這樣考察思維與廣延的關係的：「構成人心靈的觀念以之爲對象的事物」——說得更清楚一點就是客觀的事物——「是形體，或廣延的一種特殊存在方式（certus modus）。否則，那些關於形體的感受的觀念就不因爲神構成我們的心靈而在神之內，而是另外一種事物的觀念了；這樣，關於我們身體的各種感受的觀念就也不在我們的

122《倫理學》，第二部，命題十一，證明和繹理，第八十六—八十七頁；定義四，第七十七—七十八頁。

123 同注122。

124《歷史的和批判的詞典》（一七四〇年版，第四冊），「斯賓諾莎」條，第二六一頁，注N，第四。

125《倫理學》，第二部，命題十二，第九十七—九十八頁。

心靈中了。」[126]使我們難以理解斯賓諾莎學說的混亂之處就在於：(1)思維與存在的絕對同一；(2)它們彼此之間絕對不相干，因爲它們各自表現神的整個本質。形體與意識的統一是這樣一種統一，即它們是同一個實體；作爲個人，乃是一種特殊的存在樣式。實體是絕對的實體；個人是實體的一個樣式，個人的意識是對形體的各種規定的表象，正如身體爲外物所激動一樣。「心靈只有憑著知覺到關於身體的各種感受的觀念，才能認識自己，」它所擁有的只是關於其身體的各種感受的觀念；這觀念就是那種結合，這一點我們馬上就會看到。「無論關於神的各種屬性的觀念，還是關於個別事物的觀念，都不承認被表象的事物本身或事物是它們的動力因，而承認作爲思維者的神本身是它們的動力因。」[127]「廣延是與思維不可分地結合在一起；所以，凡是出現在廣延中的事物，必定也出現在意識中。」[128]我們在這裡看到了一種分辨；單純的同一，即絕對中的毫無區別，是他所不能滿意的。

關於**個體**，即個別性本身，斯賓諾莎是這樣規定的，他認爲個體是這樣一回事：「如果有一些形體」——規定就是否定——，「具有同樣的或不同的大小，受到了限制」（或壓

126 《倫理學》，第二部，命題十三，第八十八頁。

127 《倫理學》，第二部，附釋，第八十九頁；以及命題十四，第九十五頁；命題二十三，第一〇二頁；命題五，第八十—八十一頁。〔按：斯賓諾莎的原文，「或事物」應爲「或被知覺的事物」。——譯者〕

128 布勒，《近代哲學史》，第三冊，第二篇，第五二四頁。

制），「因而互相擠在一起，或者是它們以同樣的或不同的速度運動，因而以某種方式把它們的運動互相傳遞，那我們就說，那些形體彼此合而爲一了，全都合起來構成一個形體或個體了，透過若干形體的這一結合，這個個體就與其餘的個體區別開來了。」[129]

在這裡，我們已經到了斯賓諾莎學說的邊界上；他的缺點在這裡向我們顯示了出來。個體化，單一，是一個單純的結合，是波墨的我性（Ichts）的反面：[130]只是普遍性、思維，不是自我意識。如果我們在從全體去考察以前，先從另一個方面，即理智那一方面去看，那麼，全部區別就落在理智中，並不是推演出來的，而是本來如此。所以像我們已經看到的那樣，「現實的理智（intellectus actu），也和意志、欲望、愛一樣，是屬於被動的自然，並不屬於能動的自然的。因爲不消說，我們並不把理智理解爲絕對的思維，而是只把它理解爲思維的一種特定方式，即一個樣式，這個樣式與其他的樣式如欲望、愛等等是有區別的，因此必定要憑藉絕對的思維才能被理解，亦即必定要憑藉神的一個屬性，這個屬性是表現一種永恆、無限的思維本質性（essentiam）的；所以，理智是不能憑自身存在、也不能憑自身

129 《倫理學》，第二部，定義，第九十二頁。〔按：斯賓諾莎的原文譯出應爲：「定義七：我把個體事物理解爲有限的、並且具有一種特定的存在的事物。如果有若干個體協同做出一個動作，因而同時都是同一個結果的原因，那麼，從這一點來看，我就把這些個體合起來看成一個個體事物。」——譯者〕

130 參看上文編碼第 315-317 頁。

被理解的，思維的其他各種樣式也是一樣」，[131]如意志、欲望等等。斯賓諾莎不知道有一種形式的無限性，與僵硬的實體的無限性不同。需要的是把神認作本質的本質，認作普遍的實體、同一，而又把差異維持住。

所以理智是一個樣式。他接著說：「構成人的心靈的（mentis humanae）現實（actuale）存在的事物，無非是一個現實地存在著的個別」（個體）「事物的觀念」；[132]並不是一個無限的事物的觀念。「人的本質並不包含必然的存在；也就是說，按照自然的秩序，這個人或那個人是可以存在，也同樣可以不存在的。」[133]人的意識是一個樣式，並不是屬性，並不屬於本質，而且是思維屬性的一個樣式。[134]這個樣式從廣延的方面來看，就是一個個別的形體，它是個體，也就是說，是由許多事物結合起來的。這兩者是同一個同一性。但是，形體並不是意識的原因，意識也不是形體的原因，在這裡，有限的原因只是同類的事物之間的聯

131 《倫理學》，第一部，命題三十一，第六十二—六十三頁；第二部，命題十一，第八十六頁。〔按：斯賓諾莎的原文譯出應爲：「構成人的心靈的現實存在的最初成分……」——譯者〕

132 同注131。

133 《倫理學》，第二部，公理一，第七十八頁。

134 《倫理學》，第二部，命題十一，證明，第八十六—八十七頁；命題十，第八十五頁；命題六，第八十一頁；第三部，命題二，第一三三—一三四頁。

繫；形體爲形體所決定，觀念爲觀念所決定。[135]凡在意識中的事物，也在廣延（形體）中；凡在廣延中的事物，也在意識中。「身體既不能決定心靈去思維，心靈也不能決定身體去運動、靜止或做別的事情。因爲思維的一切樣式都以神爲原因，這是就神是一個 res cogitans（思維的事物）而言，並不是就神透過另一個屬性工作表現出來而言。因此，決定心靈去思維的事物是思維的一個樣式，並不是廣延的一個樣式。形體的運動和靜止必定是來自另外一個形體的。」[136]

布勒給斯賓諾莎的觀點做了摘要：「靈魂在肉體中感知一切它發覺在它的肉體以外的他物；它只有透過肉體對他物感到的那些性質的概念，才能發覺他物。因此，肉體所不能感知的事物的性質，也是靈魂所不能發覺的。另一方面，靈魂也不能發覺它自己的肉體；它不知道肉體存在，它也不能以別的方式認識它自己，只能憑藉肉體所感知的身外物的性質，並憑藉這些性質的概念。因爲肉體是一個以某種方式被規定的個別事物，這個事物只能跟隨著、伴同著、依附著另一些個別事物而達到存在，也只能跟隨著、伴同著、依附著這些事物而保持其存在」，永無止境，並不能憑自身而被理解。

135 《倫理學》，第二部，命題十一，證明，第八十六－八十七頁；命題十，第八十五頁；命題六，第八十一頁；第三部，命題二，第一三三－一三四頁。

136 同注135。

「靈魂的意識表現著一個概念的」（ideae）「某一特定形式」（modus），「正如概念本身表現著一個個別事物的一種特定形式一樣。而個別事物及其概念以及這個概念的概念完完全全是同一個ens〔存在物〕，只是從不同的屬性來看的。」

「因爲靈魂無非是肉體的直接概念，與肉體是同一個事物，所以靈魂的優越性絕不能是別的優越性，只能是肉體的優越性。理智的各種能力無非是身體的表象能力，意志的決定也同樣無非是身體的規定。」

「個別事物是以一種永恆的、無限的」方式——同時而且一次地——，「而不是以一種暫時的、有限的、臨時的方式從神中發生的。它們只是此由彼生、彼由此生，因爲它們是互相產生、互相消滅的；它們在永恆的存在中，始終不變地堅持著。」

「一切個別事物都是互爲前提的，這一個沒有那一個就不能被思維到；也就是說，它們合起來構成一個不可分割的整體；它們是在一個絕對不可分的、無限的事物裡，而且不以任何其他方式共同存在於那裡。」[137]

斯賓諾莎從普遍者實體往下降，透過特殊者、思維和廣延，達到個別者（modificatio〔變相〕）。他有三個環節，也就是說，這三個環節對於他來說是基本環節。但是他並不把個別性所寄託的樣式看成本質的事物，他的樣式在本質中並不是本質本身的一環；而是消失

137 布勒，《近代哲學史》，第三冊，第二篇，第五二五—五二八頁。

在本質中了，也就是說，他並沒有把樣式提高到概念。思維只有普遍者的意義，沒有自我意識的意義。他在本質中去掉了自我意識這一環節。這一個缺點，一方面，引起了人們對斯賓諾莎體系的激烈反對，因爲它取消了人的自我意識的自爲存在，即所謂自由，也就是說，正好取消了自爲存在這一空洞的抽象物，這樣一來，也就把與自然和人的意識相區別的神取消了，把自在的、處在絕對狀態中的神取消了；但另一方面，在哲學上也有不能令人滿足之處，這就是說，斯賓諾莎正好沒有眞正認識到否定的事物。思維是絕對抽象的事物，正因爲如此，乃是絕對否定的事物；它本來是這樣的，但是斯賓諾莎卻沒有把它當成絕對否定的事物。

在現代，人們也是把區別放在絕對本質以外。有人說「這樣來看的、從這個方面來看的絕對」；這就是把「方面」放在絕對以外了。只從某個方面來看，不看自在的事物，這也是反思的觀點。這個缺點看來是這樣的：從有差別的各個方面來看，否定的事物乃是必然性；概念本來是否定的，乃是它的統一性的否定面，它的一分爲二。這樣，從單純的普遍者就認識到了實在的事物，即分裂爲二的事物、對立的事物本身；然而在斯賓諾莎那裡正好找不到這個必然性。斯賓諾莎是把絕對實體、屬性、樣式當作一個跟著一個的定義，把它們當作現成的事物，而不是讓屬性從實體裡產生出來，樣式從屬性裡產生出來。特別是在屬性方面沒有必然性，屬性恰恰就是思維和廣延。我們已經指出過，斯賓諾莎是把屬性當作現成的事物；實體具有無限的屬性。是無限多嗎？「形體的觀念裡只包含這兩個屬性，並不表現其他的屬性。它所表象的形體是在廣延屬性下被考察的；這個觀念本身就是 modus cogitandi

〔思維的樣式〕。」[138]我們看到這兩個屬性現成地擺在那裡。

斯賓諾莎在無限者中詳細地描述了概念的概念，比別處更詳細。他認爲無限者並不是這個設定，也不是越出這個設定，即感性的無限性，而是絕對無限性，是肯定的事物，它當下此刻就在自身中完成了一種絕對的眾多性。例如線由無窮多的點構成；它是無限的，它又是一條長度有限的線，是肯定的、在這裡的，沒有彼岸的、現實的。無窮多的點是沒有完成的、有彼岸的，那彼岸在這條線裡完成了；它被召回到統一裡了。他的那些定義裡也同樣包含著無限者，例如「自因」就被定義爲「在它的概念中包含著存在的事物」。概念和存在是彼此互爲對方；但是自因、這個「包含」卻正好把這一對方納回到統一裡。又如：「實體就是在自身內並且憑自身而被理解的事物」，情形也是一樣。概念和存在是在統一中；它既在自身內，又在自身內具有自己的概念：它的概念就是它的存在，它的存在就是它的概念。這是眞正的無限性；無限性就出現在這裡。但是斯賓諾莎並沒有意識到這一點，並沒有把這個概念看成絕對概念，並沒有宣布它是本質本身的一個環節，而是把它放在本質以外，放到關於本質的思維裡。

於是這個概念就被當成關於本質的認識；它被放進哲學的主體；據說這就是斯賓諾莎哲學的獨特方法。這種方法也就是證明的方法；笛卡兒的出發點已經是：哲學命題必須以數

---

138 《書信》，第六十六封，第六七三頁。

學的方式加以處理和證明，必須具有像數學命題那樣的明確性。誠然，數學這種獨立的、重新蓬勃生長的知識首先以這種方式使人心悅誠服，哲學在這種方法上看到了十分光輝的榜樣，然而，在哲學中卻完全誤解了這種知識的本性和對象，數學的認識和方法是純粹抽象的認識，是對哲學根本不適合的。數學認識對存在著的對象本身提出證明，它的對象根本不是概念性的事物；數學根本沒有概念，而哲學的內容卻是概念和概念性的事物。關於這種證明的方式，我們已經看到了一些例子：(1)他從一系列的定義開始，如自因、有限者、實體、屬性、樣式等等，和數學裡一樣，例如幾何學裡就是從線、三角形等等開始的，而並不證明這些個別規定的必然性。(2)然後是一些公理。「存在的事物是要麼在自身內，要麼在他物內。」[139] ①「在自身內」和「在他物內」這兩個規定的必然性，他並沒有指出來；②他也同樣沒有指出這個選言判斷的必然性，而只是把它假定了下來。(3)他那些命題，作為命題，是具有著一個不相等的主項和賓項的。如果賓項為主項所證明，必然與主項相結合，這就保持著不相等的情況，因為把一個普遍的事物聯繫到另一個特殊的事物；所以，儘管對這個聯繫、結合做出了證明，卻同時也存在著次要的聯繫。數學在關於一個整體的眞命題中，輔之以對命題的反證，從而排除命題的特定性，因為它給予每個部分兩個命題：①眞命題可以當作定義看待；②反命題則是習慣說法的證明。

139 《倫理學》，第一部，公理一。

然而這種輔助辦法眞正說來哲學是不能使用的，因爲哲學上證明爲某物的那個主項本身只是概念或普遍者，所以命題的形式完全是多餘的，因而是不妥的。具有主項形式的事物，是以一個存在者的形式與普遍者（即命題的內容）對立的。存在者具有表象的意義，我們對於日常生活中的用語具有一種無概念的表象。一個反命題無非意味著：概念是這種表象的事物，也就是說，名稱是對的、習慣的說法表明，我們在日常生活中對此是這樣了解的。這並沒有什麼哲學意義。如果命題不是一個這樣的命題，而是一句普通的話，賓項不是概念，而是某個一般的普遍者，是主項的一個賓項，那麼，下面這樣的命題眞正說來就不是哲學命題，例如：實體是一個、並非多個，而僅僅是實體性與唯一性統一的事物。這就是說，提出這兩個環節統一的那個證明，所要證明的恰恰就是這個統一；這個統一是概念、本質。因爲命題裡包括了這個概念，所以這個概念必定是從一個先行的命題裡拿來的；因此我們看到，一般的證明都是從某處取來一個中介概念、一種聯繫，就像進行分類時要從某處取來一個劃分的根據那樣。所以看似命題是主要的事物、是眞理似的。我們必須追問這個命題是不是眞的；在證明中，只是從別處尋求根據。

如果在這種所謂命題裡面，主項和賓項由於一個是個別者，另一個是普遍者，實際上是不相等的，那麼，它們的聯繫就是本質的，就是它們合而爲一的根據。(1)證明有一個錯誤的提法，好像那主項是自在的似的，主項和賓項本身是消融在根據裡的環節；在「神是唯一的」這個判斷中主項本身是普遍的，那個主項消融在唯一性中了。(2)有了這個錯誤提法，證明就是從別處取來根據，就像數學上從一個先行的命題取來根據那樣，命題就不是憑自身而被理解的；它彷彿是次等的事物似的。作爲命題的結論應當是眞理，然而只是認識。

(3)作爲證明的認識活動被放在應當是眞理的命題以外。

這個否定的自我意識的環節——即在這個被思維的事物上進行的認識活動——是這個內容所沒有的事物，是內容以外的事物，是在自我意識範圍內的。換句話說，這個內容是思想，但不是自我意識到的思想、概念；這內容雖具有著思維的意義，但這種思維是純粹的、抽象的自我意識，是脫離個別者的、沒有理性的認識；它並沒有自我的意義，所以情形和數學一樣；斯賓諾莎雖然對此做出證明，人們不得不信服，但是人們並不理解其實質。這種證明的必然性裡缺少自我意識的環節，是一種凝固的必然性；自我消失了，在證明中完全放棄了自身，耗盡了自身，正如斯賓諾莎本人在證明中耗盡了精力而死於癆病一樣。

3. 我們現在還應當談談斯賓諾莎的道德學；掌握倫理的事物，是一件主要的事情。他的主要著作叫《倫理學》；其中有一部分論述倫理和道德。（他從關於神的命題開始，並不像笛卡兒那樣接著講自然，而是立刻過渡到人和倫理。）道德的原則無非就是：有限的精神在道德中擁有自己的眞理，因而只要它的認識和意願以神爲歸依，只要它獲得了眞觀念，他就是道德的，因爲唯有眞觀念才是神的知識。我們可以說，沒有比這更崇高的道德學了，因爲唯有這種道德學要求對神具有一個明晰的觀念。

他談到了各種情感。理智和意志是樣式，是有限的東西。「關於自由的看法，是建立在這樣的基礎上，即人們並不認識那些決定自己的行爲的原因。」[140]「意志（volitio）的規定和觀念是同一的東西。」[141]「任何東西都努力保持自己的存在。這種努力就是存在本身；它只表現在一段不確定的時間裡。」[142]「〔這種努力如果單獨與心靈相聯繫，就是意志；〕[17]這種努力如果同時與心靈和身體相聯繫，就是 appetitus〔欲望〕。」[143]「情感是一個混淆的觀念；因此我們越認識情感，也就越能克制情感。」[144]情感是混淆的、局限的（不正確的）觀念，它對人的行爲的影響造成了人的**被奴役狀態**；[145]被動的情感中最主要的就是**快樂**和**憂**

140《倫理學》，第一部，附錄，第六十九頁；第三部，命題二，附釋，第一三六頁；第二部，命題四十九，第一二三頁；第三部，命題六—八，第一三九—一四〇頁。

141 同注142。

142《倫理學》，第一部，附錄，第六十九頁；第三部，命題二，附釋，第一三六頁；第二部，命題四十九，第一二三頁；第三部，命題六—八，第一三九—一四〇頁。

[17] 第二七五頁。

143《倫理學》，第三部，命題九，附釋，第一四〇頁；第五部，命題三，以及繹理，第二七二—二七三頁；布勒，《近代哲學史》，第三冊，第二篇，第五五三頁。

144 同注143。

145《倫理學》，第三部，命題一，第一三二頁；命題三，第一三八頁；第四部，序，第一九九頁；第三部，命題十一，附釋，第一四一—一四二頁；第四部，命題二，第二〇五頁；第三部，命題三，附釋，第一三八頁。〔「自然的」三字據斯賓諾莎《倫理學》原文增補。——譯者〕

愁。[146]只要我們自己是〔自然的〕一部分，我們就處在煩惱和不自由的狀態中。[147]

「我們的幸福和自由寄託在一種對於神的持久的、永恆的愛上；」[148]「它出於心靈的本性，因爲心靈的本性是透過神的本性而被看成永恆眞理的。」[149]「人愈是認識神的本質，愈是愛神，就越不受惡劣情感的困擾，越不怕死。」[150]斯賓諾莎爲此要求人們採用眞正的認識方式，sub specie aeterni〔在永恆的形式下〕、以絕對正確的概念亦即在神中去思維一切。人應當把一切歸結到神，神是一切中的一；所以斯賓諾莎主義是無世界論。沒有比斯賓諾莎的道德學更純潔、更崇高的了；人在自己的行爲中只是以永恆的眞理爲目的。「心靈可以使自己把身體的一切感受和關於事物的一切表象都歸結到神」；[151]因爲「一切存在的事物，都存在於神中，沒有神就什麼都無法存在，也無法被認識」。[152]「心靈只要把萬物都看成必然

404

146 同注145。

147 同注145。

148 《倫理學》，第五部，命題三十六，附釋，第二九三頁；命題三十七，證明，第二九四頁。

149 同注148。

150 《倫理學》，第五部，命題三十八，以及附釋，第二九四—二九五頁；命題十四，第二八〇頁。

151 《倫理學》，第五部，命題三十八，以及附釋，第二九四—二九五頁；命題十四，第二八〇頁。

152 《倫理學》，第一部，命題十五，第四十六頁；第五部，命題六，第二七五頁。

的，就有了克制情感的更大力量」，[153]情感是任意的、偶然的。這就是心靈返回到神；這就是人的自由。「一切觀念，只要與神相聯繫，就是眞的。」[154]

有三種認識方式：「(1)透過感官以一種支離破碎、毫無條理的方式從個別事物取得的認識，以及從符號、表象、回憶獲得的認識，就是意見和想像；(2)普遍的概念和對於事物特性的正確觀念；(3) scientia intuitiva〔直觀認識〕，從關於神的某些屬性的形式本質的正確觀念進而達到對事物本質的正確認識。」[155]「理性的本性就在於把事物並不看成偶然的，而看成必然的，也就是說，sub specie aeterni〔在永恆的形式下〕考察事物。因爲事物的必然性就是神的永恆本性的必然性。」[156]「一個個別事物的每一個觀念都必然包含著神的永恆無限的本質。因爲個別事物是神的一個屬性的樣式，所以它們必定包含著神的永恆本質。」[157]只有神的永恆本質存在；心靈並沒有自由，因爲它是樣式，是他物所決定的。

「從第三種認識方式中產生出心靈的寧靜；精神的至善就是認識神，這就是它的最高美

153 同注152。

154 《倫理學》，第二部，命題三十二，第一〇七頁。

155 《倫理學》，第二部，命題四十，附釋二，第一一三—一一四頁；命題四十四，以及繹理二，第一一七—一一八頁；命題四十五，第一一九頁。

156 同注155。

157 同注155。

德」，[158]它的目的。「我們的心靈在永恆的形式下認識自己和形體的時候，必然具有著對神的認識，並且知道自己是在神中，是憑藉神而被理解的。」[159]這並不是哲學知識；這只是對於一個眞實的事物的認識。「從這種認識裡必然產生出對於神的理智的愛；因爲伴隨著原因或神的觀念必然產生一種愉悅之感，這就是對於神的理智的愛。」[160]「神以一種無限的理智的愛愛他自身。」[161]因爲神只能以自身爲目的、爲原因；主觀精神的使命就是嚮往神。這是最高的道德學，也是普遍的道德學。

斯賓諾莎在第三十六封信裡談論惡。有人主張，神既然是一和一切的創造者，就也是惡的創造者，甚至是惡的；在這個同一中，一切是一，善與惡本來是同一的，在神的實體中善惡的區別消失了。斯賓諾莎說，「我斷言，神絕對是、眞正是（作爲自因）一切包含一種本質（即積極的實在性）的、肯定的事物的原因，他願意是什麼，就可以是什麼。如果你能夠向我證明，惡、錯誤、罪等等是表現一種本質的事物，我願意向你完全承認，神是罪、惡、錯誤等等的創造者。可是我已經充分指出過，惡的形式並不能存在於表現一種本

158《倫理學》，第五部，命題二十七，第二八七－二八八頁；命題三十，第二八九頁；命題三十二，繹理，第二九一頁；命題三十五，第二九二頁。

159 同注158。

160 同注158。

161 同注158。

質的事物裡面，因此不能說，神是惡的原因。」惡只是否定、欠缺、局限、有限性、樣式，並不是本身眞實的實在物。「尼祿弒母這件事，就其包含某種積極性來說，並不是犯罪。因爲俄雷斯特曾經做出過同樣的外在行爲，同時抱著同樣的意圖弒母，卻並沒有被控」。尼祿的意志、觀點、行爲是肯定的事物。「那麼尼祿的罪行何在呢？無非在於他被證實爲忘恩負義、殘酷無情、桀驁不馴。可是這一切確實並不表現任何本質，所以神並不是這些事情的原因，雖然他是尼祿的那種行爲和意圖的原因。」[162]那是積極的事物，並不造成犯罪行爲；那種消極的事物（殘酷無情等等）則造成犯罪行爲。

惡之類的事物只是欠缺性的事物。「我們知道，每件事物，就它本身來看，不顧及他物，都包含著一種完滿性，一件事物的完滿性有多大，這件事物的本質就有多大；因爲本質即完滿性，並非他物。」[163]「因爲神並不抽象地考察事物、也不抽象地制定普遍的定義」（即事物應當是什麼），「神授予事物的實在性，並不多於神的理智和力量已經授予和實際授予事物的，由此可見，這樣一種欠缺的存在完全只是就我們的理智來說，而不是就神來說的」；[164]因爲神是絕對實在的。這話雖然說得很好，卻不能使人滿足。這樣，神和我們的理

162《書信》，第三十六封，第五八一—五八二頁；第三十二封，第五四四頁；第三十二封，第五四三頁。

163 同注162。

164 同注162。

智就是不同的。它們的統一在哪裡？如何理解這個統一？

斯賓諾莎的普遍實體違背了主體的自由的觀念；因為「我」是主體、精神等等，而斯賓諾莎認為特定的事物只不過是樣式。這種違背包含在斯賓諾莎體系的內部，引起了人們對這個體系的不滿；因為人意識到自己是自由的，是作為肉體的否定物的精神性的事物，是與自己所固有的肉體本來處在對立狀態中的。這一點曾經為神學和常識所堅持；這種對立首先就在於像人們所說那樣，自由是實在的，罪惡是存在的。但是不能把罪惡解釋成樣式；因為否定性的環節是這個凝固的唯一實體所缺乏、所欠缺的。因此這種對立就在於像人們所說那樣，與肉體有區別的精神是實體性的、實在的、存在的，並非僅僅是否定；自由也是一樣，它並非僅僅是欠缺性的事物。人們用這種現實性來對抗斯賓諾莎主義；這一點在形式的思維中是正確的。這種現實性，從一方面說，是以感情為基礎，但是更進一步說，卻在於理念本質上就包含著運動、活躍，即自由的原則，因而包含著精神活動的原則，一方面，斯賓諾莎的缺點被理解為不符合現實，但是另一方面，卻應當用更高的方式來理解它，看清斯賓諾莎的實體只是完全抽象的觀念，並不是生動活潑的。我可以再從斯賓諾莎那裡舉出許多特殊的命題來；這些命題是非常形式的，老是重複著同樣的事物，缺乏無限的形式、精神性和自由。我在前面[165]已經指出過，魯路斯和布魯諾曾經企圖建立一個形式的體系，來說明那個

165　參看第三卷第三七八頁邊碼197—第三八〇頁邊碼198、第四二一頁邊碼235—第四三三頁邊碼244。

把自己組織成宇宙的唯一實體；斯賓諾莎放棄了這個意圖。

有人說，斯賓諾莎主義是無神論。從一個方面說，這是正確的，因為斯賓諾莎不把神與世界、自然分開，因為他說，神就是自然、世界、人的精神，個體就是神以特殊方式的顯現。因此可以說它是無神論；人們這樣說，是就他不把神與有限物分開這一點來說的。我們曾經指出過，斯賓諾莎的實體的確沒有滿足神的概念的要求，因為神是應當理解為精神的。如果有人僅僅因為斯賓諾莎主義不把神與世界分開，就願意把它稱為無神論，那是很愚蠢的，我們倒是也同樣可以把他稱為無世界論者。斯賓諾莎主張，我們所謂的世界是根本沒有的；世界只不過是神的一個形式而已，並不是自在自為的事物。世界並沒有眞正的實在性，而是一切都被投進了唯一的同一性這個深淵。所以並沒有什麼事物具有著有限的實在性，有限的實在性是沒有眞理性的；在斯賓諾莎看來，只有神才是存在的事物。斯賓諾莎主義是與一般意義下的無神論相去甚遠的，但是在不把神理解為精神這個意義下，它卻是無神論。然而，有許多神學家也是無神論者，他們只把神稱為全能的、最高的本體等等，卻不肯認識神，而承認有限的事物是眞實的；這種人更壞。

「雖然正直的人（即具有一個明晰的神的觀念、一切行為和思想都朝著神的觀念的人）所做的事情，和惡人（即沒有神的觀念、只有世俗事物的觀念」——即個別的、個人的興趣和意見——「行為和思想朝著這些觀念的人）所做的事情，以及一切存在的事物，全都是由神的永恆法則和意旨必然產生出來的，並且都繼續依靠神來維持，但是這些事物彼此之間的差別卻不是程度上的，而是本質上的；例如，小老鼠、天使、憂愁、快樂全都依靠神，但是小老鼠卻不能與天使和憂愁是一類」，[166]它們是在本質上不同的。

有人譴責斯賓諾莎的哲學扼殺了道德，這是無稽之談；我們確實從這種哲學裡得到了一個崇高的結論，即一切感性的事物都只是限制，只有唯一的眞實實體是存在的，人的自由就在於嚮往這個唯一的實體，並在思想和意願方面以這個永恆的太一爲歸依。不過，這種哲學只把神看成實體，而不看成精神、不看成具體的，倒是確實應當受到責備。因爲這樣一來也就否定了人的靈魂的獨立性，而基督教卻認爲每一個個人都是註定要享天福的。與此相反，在斯賓諾莎的哲學裡，精神性的個體卻只是一個樣式、一種偶性，而不是一個實體性的東西。另一個形式方面的缺點前面已經指出了。

否定和欠缺是與實體不同的；因爲斯賓諾莎雖然設定了個別的規定，卻並不是把它們從實體推演出來。否定的東西是：(1)作爲虛無而出現（絕對中並無樣式）；哲學是在永恆的形式下考察它，也就是說，是眞實地、in se（在本身中）、在實體中考察它；這就是說，在實體中根本沒有它，只有它的消解、它的返回，並沒有它的運動、變化和存在。(2)否定的東西正是被理解爲消逝的東西，並非自在的東西，只是被理解爲個別的自我意識，並不是被理解爲波墨的 Separator（分離者）。[167]自我意識只是從這個汪洋大海裡誕生的，從這個大海往

166《書信》，第三十六封，第五八二頁。

167 參看上文第三一五—三一七頁。

下滴，也就是說，絕不能達到我性；心、自爲的存在被滴穿了——缺少的是火。（斯賓諾莎的純粹思維並不是柏拉圖的素樸的共相，而是與概念和存在的絕對對立一同爲大家所知悉的。）

這個缺少的東西必須補上。它就是自我意識的環節：(1)作爲意識，它有一個對方，即實在；(2)自爲的存在。它有這兩個方面：(1)客觀的方面，絕對本質在自身內保有著一種意識對象的方式，也就是說，被斯賓諾莎理解爲樣式的存在物本身，上升爲客觀實在而作爲絕對自身的絕對環節；(2)自我意識，個別性，自爲的存在。前者落入一個英國人手裡，後者落入一個德國人萊布尼茲手裡，那個英國人並沒有把前者看成環節，萊布尼茲也沒有把後者看成絕對概念；那個英國人就是約翰．洛克。我們看到，這個特殊者在洛克和萊布尼茲那裡出頭露面，大顯身手。斯賓諾莎只考察這些表象，這些表象的頂峰就是沒入唯一的實體之中，洛克則研究這些表象的發生。反之，萊布尼茲則與斯賓諾莎相反，提出了個體的無限眾多，雖然那些單子都是以一個太上單子爲根本[17]的。因此他們兩人都是以與斯賓諾莎的上述片面性對立的姿態出現的。

[17] Grundwesen (the basis of their Being.)

三、馬勒伯朗士

斯賓諾莎主義是笛卡兒主義的完成。馬勒伯朗士介紹笛卡兒哲學時所採取的形式，是一種與斯賓諾莎主義站在一邊的形式，也是笛卡兒哲學的一種完備的發展；這是另外一種虔誠的神學形式的斯賓諾莎主義。由於採取了這種形式，他的哲學並沒碰到斯賓諾莎所遭受的那種攻擊；因此馬勒伯朗士也沒有被斥爲無神論。

尼古拉．馬勒伯朗士一六三八年生於巴黎。他體弱多病、發育不良，因此受教育時是嬌生慣養的。他生性畏怯，喜愛孤獨；二十二歲時參加一個僧團，叫做 congrégation de l'oratoire〔講壇會〕，獻身於科學。他在經過一家書店的時候，偶然看到了笛卡兒的著作 *De homine*〔《論人》〕；他讀了這本書，很感興趣，讀時心跳不已，不得不中止閱讀。這件事產生了決定性的作用；在他的心裡喚起了對於哲學最堅決的喜愛。他是一個具有最高尚、最溫和的性格和最純潔、最堅定的信仰的人。一七一五年他死於巴黎，享年七十七歲。[168]

他的主要著作題爲 *De la recherche de la vérité*〔《眞理的探求》〕。這部書中有一部分完全是形上學的；更大的部分卻完全是經驗的，例如他就從邏輯和心理學的角度討論了視

168 布勒，《近代哲學史》，第三冊，第二篇，第四三〇－四三一頁。

覺、聽覺、想像力和理智中的各種錯誤；[169]最重要的是他關於我們知識起源的看法。

他說：「靈魂的本質在思維中，就像物質的本質在廣延中一樣。其餘的事物，如感覺、想像和意志，都是思維的變相。」[170]他從這兩個面向開始，並且在兩個面向之間設立一個絕對鴻溝。他把笛卡兒關於神在**認識**中進行說明的觀念加以細緻的發揮。他的主要思想是：「靈魂不能從外界的事物得到它的各種表象和概念。」因爲只要自我和事物一旦絕對彼此獨立，沒有任何共同之點，它們就絕不能彼此發生關係，因而也就不能是彼此互爲對象。「形體是不可入的；它們的各種形象在形成器官的過程中會互相摧毀。」[171]思維是如何與有廣延的事物結合到一起的呢？這永遠是一個主要問題。有廣延的、多數的事物既然是單純的精神的對立物，是與精神互相外在的，又是怎麼到精神裡的呢？但是此外「靈魂也不能由自身產生出觀念」，[172]「觀念也不能是天賦的；」[173]「奧古斯丁說過：『勿說你們自身就是自己

169《眞理的探求》（巴黎一七三六年版），第一—三卷；第二冊，第三卷，第一部，第一章，第四—六頁；第一冊，第一卷，第一章，第六—七頁。

170 同注169。

171《眞理的探求》，第二冊，第三卷，第二部，第二章，第六十六—六十八頁。

172《眞理的探求》，第二冊，第三卷，第二部，第三章，第七十二頁。

173《眞理的探求》，第二冊，第三卷，第二部，第四章，第八十四頁。

的明燈。』」[174]

　　而他的結論則是我們僅僅在神中認識一切外物：「我們在神中看一切事物」，神本身是我們與事物之間的聯繫；神是事物與思維的統一。「神對一切具有觀念，因爲他創造了一切。神透過他的全在與眾多的精神極其緊密地結合在一起。所以神是眾多精神的所在地」，是精神的普遍者，「正如空間」是普遍者、「是形體的所在地一樣。因此靈魂是在神中認識到在神裡面的事物」，即形體，「這是就神創造了」（即表象了）「創造物而言，因爲這個一切是精神性的、靈明的、呈現在靈魂面前的」。[175]在神中事物是靈明的、精神性的，而我們也是靈明的；因此我們是在神中直觀事物，因爲事物是在神中作爲靈明的事物而存在的。如果進一步的分析這一點，就可以看出，這與斯賓諾莎主義並沒有分別。馬勒伯朗士以通俗的方式讓靈魂和事物也作爲獨立的事物存在著。但是如果我們進一步抓住他的基本原則，這種獨立的事物就煙消雲散了。「神是全在的」；如果我們把這個全在加以發展，那它就要走上斯賓諾莎主義，而神學家們卻是反對同一哲學的。

　　此外還應當指出，馬勒伯朗士也把普遍者、一般思維當成本質的事物。(1)普遍者先於特殊者。「靈魂具有無限者和普遍者的概念；靈魂只是透過它對無限者所具有的觀念才能

174 《眞理的探求》，第二冊，第三卷，第二部，第五章，第九十二頁。

175 《眞理的探求》，第二冊，第三卷，第二部，第六章，第九十五—九十六頁。

有所認識。因此這個觀念必須先行」；普遍者是第一位的。「普遍者並非只是一個混亂的表象，並不是許多個別觀念混合在一起。」[176]在洛克那裡，個別者是第一位的，普遍者是由個別者形成的；在馬勒伯朗士那裡，普遍者是人心中的第一個觀念。「當我們要想到某件特殊的事物的時候，我們就預先想到普遍者」；普遍者是特殊者的基礎，就像空間之於事物那樣。一切本質的事物都先於我們的特殊表象，這種本質的事物是第一位的。「一切本質」（essences）「都先於我們的表象；只有因爲神照臨於精神之中，本質才能先於我們的表象；精神就是在其單純的本性中包羅萬物的神。如果精神不是在那包羅一切的唯一者中看萬物，看來它是不能表象種和屬這些概念的。」普遍者是自在自爲的，並不是由特殊者產生出來的。「因爲每個存在著的事物都是一個特殊者，所以我們不能說，我們看到一個普遍的三角形的時候，是看到了某種創造物。」[177]

(2)我們是透過神、透過這一眾多精神的所在地來看這個普遍者的；在這一點上，神學家們對泛神論大肆叫囂。「除了透過神的照臨，我們是不能說明精神如何認識抽象的、一般的眞理的；神能夠以無限的方式照亮精神」，神是自在自爲的普遍者。「我們對於神」這個最普遍者「有一個明晰的觀念」。「我們只有透過與神的結合，才能有這個觀念；因爲

176《眞理的探求》，第二冊，第三卷，第二部，第六章，第一〇一—一〇二、一〇〇—一〇一頁。

177《眞理的探求》，第二冊，第三卷，第二部，第六章，第一〇一—一〇二、一〇〇—一〇一頁。

這個觀念並不是創造物」，它是自在自爲的。這同斯賓諾莎的說法一樣：唯一的普遍者是神，它在被規定的範圍內則是特殊者；我們只是在普遍者中看到這個特殊者，就像在空間裡看形體一樣。「當我們設想存在的時候，不管這個存在是有限的還是無限的，我們都已經設想了無限的存在。爲了認識一個有限的事物，我們必須對無限者加以限制；因此這個無限者必須先行。所以精神是在無限者中認識一切的；如果以爲無限者是許多特殊事物的一個混亂表象，那是大錯特錯，毋寧說一切特殊表象都只是分有著無限者的普遍觀念，正如神並不是從『有限的』創造物取得他的存在，而是『正好相反』，一切創造物都只是由於神而存在那樣。」[178]所以有限者並不是第一位的，無限者並不是從有限的事物得到它的存在；無限者是prius〔第一位的〕，我們要思維某個特殊的事物的時候，必須有無限者先行。

(3)靈魂嚮往著神。他所說的也與斯賓諾莎在倫理方面所說過的一樣。「神除了他自身以外，不可能有其他目的（《聖經》使我們對這一點深信不疑）」；神的意志只能以善、以絕對普遍者爲目的。「因此不僅我們自然的愛這種由神在我們精神中引起的運動必然追求著神」——「一般意志就是對神的愛」——，「而且神給予我們精神的知識和靈明也不可能使我們認識在神以外的別的事物；因爲」思維只存在於與神的統一裡。「如果神造了一個精神，並且給予它以太陽作爲它認識的觀念或直接對象，那麼，神造這個精神和這個精神的觀

178《眞理的探求》，第二冊，第三卷，第二部，第六章，第一〇一—一〇二頁。

念是爲了太陽，並不是爲了精神本身的。」一切自然的愛，還有對眞理的認識和要求，都是以神爲目的的。「意志的一切爲創造物而進行的活動，都只不過是那種爲創世主而進行的活動的各種規定而已。」[179]

他引證奧古斯丁的話說：「我們有生以來（dès cette vie）就憑著我們對於永恆眞理所具有的知識來看神。眞理是非創造的、不變的、無量的、永遠超過一切事物的。它是由於它自身而眞的。它並不從任何事物取得它的完滿性。它使創造物更加臻於完滿，一切精神都自然而然地企圖認識它。除了神以外，任何事物都沒有這些完滿性。所以眞理就是神。我們直觀這些不變的永恆眞理；所以我們直觀神。」[180]「神雖然看見，但是並不感覺到感性事物。當我們看到某個感性事物的時候，我們的意識中就有感覺和純粹的思想。感覺是我們精神的一種變相。神造成了這種變相，因爲他知道我們的靈魂是能夠承受這種變相的。與感覺相結合的觀念是在神中；我們看到觀念……」[181]

「我們的精神與Verbe de Dieu〔神的聖言〕的這種聯繫，我們的意志與對神的愛的這

179 《眞理的探求》，第二冊，第三卷，第二部，第六章，第一〇三—一〇五頁。

180 《眞理的探求》，第二冊，第三卷，第二部，第六章，第一〇六—一〇七、一〇九頁。

181 同注180。

種結合，就在於我們是仿照神的肖像和模樣造出來的。」[182] 因此對神的愛就在於把自己的情感和神的觀念聯繫起來；誰認識自己，並且清晰地思維著自己的情感，誰就是在愛神。可見在這個高尚的靈魂裡有與斯賓諾莎完全一樣的內容，只不過採取著一種更虔誠的形式。此外還有另一些關於神的冗長廢話，一種爲八歲兒童寫的關於善、正義、全在、道德世界秩序的教理問答；神學家是不能超出他們的全部生活的。

以上所講的是馬勒伯朗士的主要思想；其餘的有一部分是形式邏輯，有一部分是經驗心理學。馬勒伯朗士進而討論各種錯誤，論述錯誤是怎樣產生的，感官、想像力和理智是怎樣欺騙我們的，以及我們必須怎樣辦，才能解救理智。然後馬勒伯朗士接著講各種認識眞理的規則和法則。[183] 這就是形式邏輯和心理學；在這裡，這已經是根據形式邏輯和外部事實對特殊對象進行反省的辦法。有人就把這個叫做哲學。

182 《眞理的探求》，第二冊，第三卷，第二部，第六章，第一一〇—一一一頁。

183 《眞理的探求》，第三冊，第四卷，第一部，第一章，第一—三頁。

貳、第二階段

一、洛克

洛克對於整個經驗主義思維方式做了系統的表述，因為他曾經對培根的思想加以進一步的發揮。如果說培根指出了感性存在是眞理，那麼洛克就證明了共相、思想一般地包含在感性存在之內，或者說，他表明了我們是從經驗獲得共相、眞理的。這種看法的意思是指概念對意識說來具有客觀實在性。經驗誠然是全體中的一個必要的環節。但是這一思想在洛克那裡顯得只意味著我們從經驗、感性存在或知覺裡取得眞理或者抽出眞理，這就是最淺薄、最錯誤的思想，因為這樣就不把經驗視為全體中的一個環節，而是把它視為眞理的本質了。

當時有一種要求，反對認為理念（der Idee）具有內在直接性的假定，反對用定義和公則來闡述理念的方法，反對絕對的實體，而主張把觀念（die Ideén）表述為結果，並且維護個體性和自我意識的權利。這些要求或需要在洛克和萊布尼茲哲學裡被表達出來了，雖然表達得不很完全。因此，這個原則出現在哲學裡與〔斯賓諾莎的實體的〕[18]那種無差別的同

[18] 第二九六頁。

一性正相反，洛克甚至認為直接的現實是實在和眞理，他否定了哲學的興趣在於認識自在自為的眞理，而僅僅從事於描寫思想以什麼方式接受被給予的材料。

洛克與萊布尼茲兩人是彼此獨立、互相反對的哲學家。他們兩人的共同之點，在於與斯賓諾莎和馬勒伯朗士相對立，而認特殊的事物、有限的規定性和個別的事物為原則。在洛克那裡，特別著重的是認識共相、普遍觀念、一般表象是什麼，以及它們的本源是什麼。在斯賓諾莎和馬勒伯朗士那裡，實體或共相被認為是眞理、自在自為的、沒有本源的、永恆的事物，而把特殊的事物只認為是實體的變形。與此相反，洛克認為有限的事物和有限的認識、意識是第一位的事物，而共相乃是從它們那裡派生出來的。萊布尼茲同樣把單子、個別、個體，即在斯賓諾莎看來只是一種變滅的形式的事物，當作原則；就是從這一點來看，我才把他們兩人相提並論。

洛克形成了與斯賓諾莎相對立的一種特殊形式。在後者那裡，實體是絕對、唯一眞實存在的事物、永恆的事物；任何事物，只有與實體相聯繫，只有透過實體而得到理解，才是某種事物。洛克形成了斯賓諾莎的對立面，他提出了一個相反的觀點。與斯賓諾莎的實體的凝固統一性相反，洛克堅持著意識的差別：一方面，他堅持意識自身，把意識看成本身自由的事物，以與存在——自然、神——相對立，以便把存在規定為意識的對象；另一方面，從這個對立出發去產生出統一，並把意識提高到這種統一。肯定對立、區別，並且在對立或區別裡和從對立或區別裡去認識統一，這是〔當時的〕普遍的趨勢。但是代表這種趨勢的人們自己還不很了解這個趨勢所取的道路，他們還沒有意識到這個趨勢的任務，也還沒有意識到實現這個任務和要求的方法。首先，在洛克那裡，那另一方面，即有限制的、有限的、感性的、直接存在著的、否定的一面是主要的事情；**這就**是那外部的和內部的可感知的事物。斯賓諾莎對於否定的一面太忽視了；因此否定的一面沒有得到任何內在的規定，一切被規定的事物都趨於毀滅。在洛克那裡，有限的事物是第一位的、是根本；從有限的事物可以過渡到上帝。洛克完全停留在通常意識的階段，認爲對象是在我們之外，從對象導向主體，並且把知覺中的個別事物提高到共相。這是一種從個別中推演出普遍概念的嘗試；他放棄了人們過去所採用的那種從定義開始的道路。在別的場合在洛克那裡，普遍概念，自身同一的事物，例如實體，是從對象裡主觀地產生出來的。有限的事物並沒有被理解爲帶有無限性的絕對否定性；這一點我們在**第三節**裡談萊布尼茲時就可以看到。萊布尼茲在較高的意義下，把個體、差別設定爲獨立存在著的，雖說是無對象的，卻是眞實的存在，這就是說，他把個體或差別只設定爲全體，不是作爲有限的事物，而是作爲有差別的事物，所以每一事物本身即是一全體。

洛克完全不把自在自爲的眞理放在眼裡。他的興趣已不在於認識自在自爲的眞理；反之，其興趣只是主觀的、想要知道在我們的認識過程裡知識是如何形成的？我們是如何得到這些表象的？特別是要知道如何獲得我們的普遍表象或洛克所謂的觀念。他直接預先假定了那些規定就是眞的；在他那裡，實在具有很不好的意義，被看成某種存在於我們外面的事物。洛克描述了普遍思想如何出現在意識內的道路，這是一個現象的道路。因此，從現在起，或者從他這一方面來說，哲學研究的觀點整個改變了；興趣只限於客觀過渡到主觀的形式，或者感覺過渡到表象的形式。在斯賓諾莎和馬勒伯朗士那裡，我們都曾看見，主要的規定是認識思維與廣延的聯繫，這就是說，認識外在思維與廣延關係中、處在相對關係中的事物，他們也提出了這個問題：思維與廣延兩者是如何聯繫起來的？但是，他們是在這樣的意義下理解並答覆這個問題的，即這種聯繫本身只是構成主要的興趣，並且認爲這種聯繫本身就是同一性、眞理、上帝。作爲絕對實體（而不是處於聯繫中的事物），興趣不是落在相聯繫的事物上；存在、前提和堅實長存的事物不是相聯繫的事物，相聯繫的事物只是偶然的。在〔洛克〕這裡，相聯繫的事物——事物和主體是有效準的，是被假定爲有效準的。

看來〔洛克的〕這種興趣與表現在馬勒伯朗士的《眞理的探求》中的興趣正相同。在馬勒伯朗士那裡，也摻有心理學；不過只是較晚期才這樣。絕對統一性是主要的興趣；它被當作基礎。馬勒伯朗士問：我們的表象是怎麼得來的？他的答覆是：第一，我們在上帝中看見一切；第二，因此共相、無限者全然是認識個別事物的第一位的事物和前提。洛克則從個別的知覺開始。我們是怎麼得到普遍表象的？洛克答道：「我們是從個別知覺中抽象出它們的」，這就是說，個別知覺是第一位的東西，共相是後起的，是我們造成的，只是屬於思維的主觀的東西。雙方都把片面性的東西當成有效準、能長存。眞正講來，這只是一種心理學的興趣，企圖考察個別感覺變成普遍表象的道路。無疑地，感覺是精神的最低級的屬於動物性的一種方式；思維著的精神想要按照它自己的方式去改變感覺。康德很明確地斥責了洛克：「普遍觀念的源泉，不是個別的東西，而是知性。」但是主要的事情乃是內容本身的性質。不論你說這內容是起源於知性或者是起源於經驗，都沒有多少幫助；問題在於這個內容本身是不是眞實的。在洛克那裡，眞理的意義只在於我們的觀念與事物的一致；這裡所談的只是關係，內容乃是一個客觀事物或觀念的內容。但對於內容本身加以研究乃是另外一回事。我們用不著對於觀念的來源大事爭論。在洛克的觀點裡，對於自在自爲的內容的興趣完全消失了。

從洛克出發，產生一個廣泛的文化，這個文化採取了另外一些形式，但就原則來說，完全是一樣的。這個文化已經成爲一個普遍的觀念形態，並且也被當作是哲學，雖說其中並未談及哲學的對象。

洛克的**生活情況**眞可以說全然是一些私人事情，是爲外部情況所決定的；沒有包含什麼值得注意的事物。他的生活是博學的、單調的、平常的，是與外部給予的環境相聯繫的，是不能當作一種特殊的形態來稱道的。環境的力量已經成爲無限的重大，因爲有更合理的客觀性和現實性出現了；個人和個人的生活相較就比較無足輕重了。人們說，一個哲學家也應該像哲學家那樣生活，亦即獨立於世間的外部環境，不要忙於事務、太爲世物操心。但是像這樣自身封閉，脫離一切需要，特別是脫離文化教養，沒有人會獲得生活手段；反之，他必須在同他人的聯繫中尋求生活手段。正因爲如此，我生活於其中的外部環境和方式是必要的，但對我也是無足輕重的。我們不應把自己的品格建立在外部環境上面，也不應表示自己是獨立於環境之外的形象，而必須爲自己在世界中找到一個由自己創造出來的地位。

約翰·洛克一六三二年生於英國的威靈頓村。他在牛津大學學習時，自學了笛卡兒哲學；他對於當時還在學校講授的經院哲學不予理會。他專門研究醫學，不過由於健康不佳，實際上從來沒有開業行醫。一六六四年，他隨一位英國大使到柏林住了一年。回到英國之後，他認識了當時富於才智的沙夫堡伯里伯爵，並擔任他的醫藥顧問，他住在伯爵家裡，無須開業行醫。沙夫堡伯里後來當了英國大法官，洛克從他那裡獲得一個官職；但是由於政局發生變化，沙夫堡伯里下臺，洛克很快也就失掉了職位。由於憂慮自己的肺結核病，他於一六七五年移居蒙特貝里爾，以求恢復健康。當沙夫堡伯里再度任大臣時，雖說他也再度獲得了職位，但後來由於這位大臣又垮臺，他又再度丢掉了職位，並且被迫逃離英國，去了荷蘭。當時荷蘭這個國家，所有因受到壓迫，無論政治上的或者宗教上的壓迫，而必須逃亡的人都可以得到保護，並且當時許多最著名的、最有自由思想的人都聚集在那裡。他是被牛津大學驅逐出去的。[184]宮廷派迫害了他；根據國王的命令，要逮捕他，押解回英。因此他不得不躲在朋友家裡。爾後，由於一六八八年革命的勝利，奧蘭治的威廉登上王位，他才隨著新王又返回到英國。他被任命為商業和殖民事務委員，發表了他的名著《人類理解論》，最後由於健康不佳，辭去公職，退居英國貴族的鄉村別墅；他於一七〇四年十月

[184] 《評論季刊》，一八一七年四月，第七十一七十一頁：「把洛克從牛津大學驅逐出去的法令」（他在牛津擔任什麼職務沒有說明），「並不是出於牛津大學當局，而是出於詹姆斯二世，由於他的公開命令和以基督教會監督的身分發出的書面詔令的專斷權威，洛克的被驅逐才得到執行。從他的通信中顯示，大學當局違反自己意志，屈從於這個措施，他不能抗拒命令而不損害到大學成員們的和平和安寧」。——參看《約翰·洛克著作集》，倫敦，一八一二年，第一卷，《著者生平》，第XXVI—XXVIII頁。

二十八日逝世，享年七十三歲。[185]

洛克的哲學是很受重視的，整體而言，它現在還是英國人和法國人的哲學，並且在一定意義下，也還是德國人的哲學。洛克的哲學思想簡單講來是這樣的：

（一）他認爲眞理、知識建立在經驗上。一方面，經驗和觀察；另一方面從其中分析出普遍規定被預定爲尋求知識的進程；這是一種形上學化的經驗主義，這也是一般科學所採取的途徑。就方法看來，洛克採取的道路與斯賓諾莎正相反。後者首先提出許多界說；而洛克竭力指出，普遍的觀念出於經驗。在斯賓諾莎和笛卡兒的方法裡，我們找不到關於觀念的起源的陳述，普遍的觀念，例如實體、無限等等一開始就被肯定了。不過還需要指出這些觀念、思想是從哪裡來的，它們的根據是什麼，它們的眞理性如何得到證實。所以當洛克努力去指出這些普遍觀念的起源和根據時，他是在力求滿足一種眞實的需要。但是，他只是在經驗的起源方面去尋找根據，這就是說，只是在我們的意識，於發展其自身時，採取什麼樣的途徑方面去尋找根據。每個人都知道，他是從經驗、感覺、十分具體的情況開始，而按照時間來說是後來才有普遍觀念的；普遍觀念與感覺的具體事物是有聯繫的，普遍觀念是包含在感覺的具體事物之中的。譬如說，空間之進入意識是後於空間性的事物，類後於個別事

185 布勒，《近代哲學史》，第四卷，第一篇，第二三八—二四一頁；《約翰．洛克著作集》，第一卷，《著者的生平》，第XIX—XXXIX頁。

物；並且那只是由於我的意識的活動，才把普遍觀念從表象、感覺等等特殊事物區分開的。

（二）所以洛克所採取的進程是完全正確的，但並不是辯證的，而只是從經驗的具體事物中分析出普遍。對於經驗的辯證考察是完全被他拋棄的，一般而言，這也就拋棄了眞理。另一個問題是：這些普遍的規定本身是不是眞的？它們是從哪裡來的？它們不只是從我的意志、我的知性中來，而乃是從事物本身來的嗎？空間、原因、結果等等都是範疇。這些範疇是怎麼進入特殊事物的？普遍的空間是如何被規定爲普遍的？這種觀點，對於無限、實體等等規定本身是否眞的這一問題，他完全沒有看見。柏拉圖研究了無限、存在、有限和規定等範疇，認爲沒有一個方面本身就是眞的；不論內容的眞理性是從哪裡來的，只有當兩者被設定爲同一時才是眞理。但是，洛克卻完全抹殺了自在自爲的眞理。

（三）既然思維始終是具體的，思維或共相與廣延或有形體的事物是同一的，那麼提出思維與廣延兩者的關係問題就是沒有意義、不可理解的，因爲這兩者都是思維設定的並由思維分開的。思維如何去克服它自己所引起的困難呢？在洛克這裡，任何困難絲毫沒有產生和引起。在統一或和解的需要得到滿足以前，必須激動起分裂（Entzweiung）的痛苦。

說到洛克進一步的思想，那是非常簡單的。洛克考察了知性如何只是意識，並只就知性是某種在意識內的事物這一點來考察知性，同時他也就自在之物在意識內這一點來認識自在之物。

（一）洛克的哲學特別是針鋒相對地反對笛卡兒；後者提出了天賦觀念的說法。而洛克駁斥了所謂天賦觀念、駁斥了理論方面的和實踐方面的天賦觀念；這就是說，一種普遍的、自在自爲的觀念，這些觀念被視爲以天然的方式屬於心靈本身。洛克理解到所謂天賦觀念並不是人的本質規定，而乃是出現並存在於我們心內的概念，就像我們有手和腳、人人都有飲食的本能，同樣，意識就具有觀念，而這就是說，觀念是在意識本身之內。因此，在洛克那裡，心靈被看成一塊沒有內容的白板（tabula rasa），這個白板以後逐漸爲我們所謂的經驗所填滿。[186]「天賦原則」這一名詞在當時是很流行的；不過關於天賦原則，有時人們未免說得太粗糙了。天賦原則的眞正意義在於它們是潛在的，是思維本性的本質環節、是還沒有取得存在的嫩芽的各種特質。從這方面看來，洛克的說法是包含著重要意義的；作爲不同的、本質的、特定的概念，這些天賦原則的合法性只在於被揭示出來，它們是包含在思維的本質中。但是，像那些當作公理而有效準的命題和在界說內直接受的特定的概念，它們無疑地具有當前的、天賦的觀念的形式。這樣看來，它們應該自在自爲地有效準；不過這只是一種單純的斷言。從另一方面看來，它們從哪裡來的這一問題是毫無意義的。無疑地，心靈是本身具有規定的，因爲它就是自身存在著的概念；心靈的發展即是進入意識的過程。心靈從它自身發揮出來的各種規定，是不能叫做天賦觀念的。這種發展是由一個外部的事物所引起的，心靈的活動首先是一種反作用；只有這樣，心靈才會意識到它自己的本質。

洛克對於天賦觀念的駁斥是從經驗出發的。他的理由可列舉如下：「人們依據道德情感

186《人類理解論》，第一篇，第三章，第二十二節，第五十一頁。

和邏輯命題方面的普遍一致，認為除了說它們是天賦的之外，沒有別的辦法可以解釋。但是事實上並找不到這種一致性。例如這個命題：凡是存在的，就是存在的，同一事物不可同時既存在又不存在，這些命題人們現在還可以當作是天賦的。」但是，這個問題對概念說來是沒有效準的，因為不論在天上或地上，沒有一件事物不是包含著存在和非存在的。洛克說：「有許多人，如兒童和智能不足，對於這些命題就沒有任何知識。人們不能斷言，有某種事物印在靈魂深處，從而使得靈魂具有知識。」[187]洛克繼續說：「於是人們通常答覆道，當人們開始運用理性時，他們就知道並一致同意這些原則。……但既然由於運用理性的幫助才發現這些原則，這正足以證明它們不是天賦的。理性據說是由已知的原則去推出未知的真理的活動，那麼為了發現那些假想的天賦原則，又有什麼必要去運用理性呢？」[188]這條反對的理由是很薄弱的；因為它假定，人們所理解的天賦觀念，是人在意識中立刻完全現成地具有的。但是，觀念在意識中的發展是不同於潛在於意識中的理性規定的；所以天賦觀念這一名詞無疑是不恰當的。「在兒童和沒有受過教育的人那裡，因為他們很少受到外來意見的影響，即使最清楚明晰的觀念，大部分還必須予以指明。」他還提出很多類似的理由，特別是關於實踐方面的理由，如道德判斷的多種多樣，惡人、殘忍的人沒有良心等等。洛克還討論

187 《人類理解論》，第一篇，第三章，第二十二節，第十三—十六頁。

188 《人類理解論》，第一篇，第三章，第六—九節，第十六—十七頁。

了「赫伯特勛爵在《論眞理》（*De veritate*）一書所提出的天賦印象（notiones communes in foro interiori descriptae）」他反對柏拉圖的理念，認爲普遍的概念是後起的（反之，在馬勒伯朗士那裡則認爲它們是先在的），是先由特殊的東西形成的。在《人類理解論》的第一篇裡，他接觸到這點。他認爲，我們先達到我們所謂觀念的東西。

（二）於是，洛克進一步在第二篇裡過渡到觀念的起源問題，並且力求指出觀念是由經驗形成的。他反對從內心出發來推出觀念，他的這個積極觀點，也同樣是錯誤的，因爲他從外面接受觀念，只是堅持爲他物的存在，完全忽視了自在的存在。他說：「既然每個人都自己意識到他在思維，並且在思維時，他的心靈所運用的是觀念；毫無疑問，人們在他們的心靈中具有各式各樣的觀念，有如這些名詞所表達的：白色、堅硬、柔軟、思維、運動、人、大象、軍隊、沉醉以及其他觀念。」這裡所謂觀念即是表象；我們所了解的觀念（即理念），意義與此不同。「於是我們首先必須探討：人是如何獲得這些觀念的？天賦觀念已被駁斥了。讓我們假定心靈爲一張白紙，空無一切特性、沒有任何觀念，那麼，它的內容是從哪裡來的？對於這個問題我只需要用一個名詞來答覆：即從經驗來的。我們一切知識都建築在經驗上。」[189]確實，人之獲得思想，是從經驗開始。一切都必須透過經驗，不僅是感性的事物，而且舉凡決定和鼓舞我的心靈的事物也必須透過經驗。這就是說，（我、我的意識無

189 《人類理解論》，第二篇，第一章，論一般觀念及其起源，第一－二節，第七十七頁。

疑地必須從經驗中獲得一切觀念。因此經驗意味著直接知識、知覺。〕[19] 我自己必定有某種事物，必定是某種事物，而對於我所有和所是的事物的意識，就是經驗。如果說，我知道某物，而這物又不在經驗中，這是荒謬的。例如，根據經驗，無疑地我知道人，我無須看見所有的人。因爲我是人，關於我的經驗和別人的經驗，我有了活動、意志和意識；這一切無疑地都是經驗。但是這只涉及對於心靈的心理學的考察。關於我們經驗內的事物是否眞的這個問題，乃完全是另外一回事。關於來源的考察並不能充分解答這個問題。

一切概念奠基在經驗上面，而知性（思維）只是對於經驗所接受的事物加以聯結、比較和區別。[190] 在洛克看來，思維本身並不是心靈的本質，只不過是心靈的力量和表現之一。他同樣堅持思維是存在於意識內的事物，是有意識的思維，因此他指出這樣的經驗，即我們並不總是在思維。經驗揭示，當人熟睡時，只是有睡眠而沒有夢。洛克舉出這樣一個人作爲例子，這人直到二十五歲時還記不起他曾做過任何夢。這正如席勒的諷刺短詩中所說：

> 我早已存在，但眞正講來，
> 我對於任何事物也沒有思考過。

---

[19] 第三〇三頁。

190 《人類理解論》，第二篇，第十二章，第一節，第一四三頁。

這就是說，我的對象並不是思想。但是，直觀、記憶就是思維，思維就是眞理。洛克的論證是很薄弱的；他只是堅持現象、堅持存在著事物，而抓不住眞的事物。他完全拋棄了哲學的目的和興趣。

他喜歡稱之爲觀念的那種事物，一方面具有表象的意義，一方面具有思想的意義，據他說，是起源於經驗：一部分起源於外在經驗，一部分起源於內心經驗，例如，視覺、顏色和光等等表象起源於外在經驗，信仰、疑惑、判斷、推理等等起源於內心經驗。這是很平常的列舉。洛克說，經驗首先是感覺；其次是對於感覺的反省。現在就頭一點關於感覺的內容實質本身來說，說來說去，還是一樣，即意識所具有的一切表象、概念無疑地都是出於經驗並在經驗內；這一切都只關涉到人們所了解的經驗。通常當人們這樣說時，所了解的與此很不相同。人們說到經驗，總是把它了解爲某些熟知的東西。但是，在洛克這裡，經驗不外是對象性的形式；經驗是某種在意識內的東西，這就是說，對意識說來，經驗具有對象性的形式，或者說，意識經驗到經驗，意識把經驗看成一種對象性的東西，一種直接的認識、知覺。這裡完全沒有涉及我們知道的是什麼、我們必定經驗到的是什麼樣的東西這一問題；而這是包含在內容實質的概念之內的。理性的東西存在著，這就是說，理性的東西對意識說來是一種存在著的東西，換言之，意識經驗到理性的東西；理性的東西作爲世界現象存在在那裡或者曾經存在在那裡，而世界現象是普遍的東西與客觀的東西的結合體，所以理性的東西必定是看得見、聽得到的。但這並不是唯一的形式；自在存在的形式同樣是絕對的和本質的，換言之，對經驗事物的把握、對〔理性東西之〕異在的假象的揚棄和透過內容自身對於內容或事情的必然性的認識才是主要的。對於這個內容實質，不論你把它當作某種經驗的東西，如果可以那樣說的話，當作一系列的經驗概念，或表象，或者把這同一系列當作一系列的思想、自在存在，這都是無關緊要的。

洛克的主要努力在於指出，形上學的概念如何起源於經驗，不過他做得並不完善並且只是經驗地對待這個問題：空間、不可入性、形狀、運動、靜止和類似的觀念出於外感覺；思維、意志等等出於內感覺；普遍的概念、存在、統一、能力等等觀念出於兩者的結合。

（三）因此洛克的出發點，即：一切都是經驗；我們就從這種經驗抽象出關於對象及其性質的普遍表象。於是洛克對於外在的性質做出一種區別，這種區別早已在亞里斯多德那裡出現過，而且我們也曾在笛卡兒那裡看見過。他區別開第一性質和第二性質：第一性質眞正地屬於對象本身；第二性質不是眞實的性質，而是基於感官的本性的事物。第一性質是機械的，如廣延、堅硬、形狀、運動、靜止；這是物體方面的性質，正如思維是精神的性質一樣。我們的特殊感覺和各種規定，如顏色、聲音、味道等等卻不是第一性質。這種區別在笛卡兒那裡也有，只不過形式不同。笛卡兒把第二性質規定爲不構成物體的本質的性質：洛克則認爲它們是與感覺相對的，或者是屬於爲意識而存在的性質；洛克誠然也把形狀等等算作物質的本質。與感覺相對的性質，按照亞里斯多德說來，是固體性；[191]但是，這種說

191 參看亞里斯多德，《論靈魂》，II, 11。

法，關於物體的本質一點也沒有搞清楚。在洛克這裡甚至也做出了自在存在和爲他存在的區別，按照這種區別，他宣稱爲他物而存在這一環節是非本質的，然而他卻看到，一切眞理只在於爲他物而存在。

（四）當他假定了經驗之後，他進一步指出，**知性**或理解力（intellectus）是發現和創造共相的能力。伍斯特的主教曾提出這樣的反駁說：「如果實體的觀念是依據清楚明晰的理由而來，則它就既不是出於感覺，也不是出於反省。」洛克答道：「普遍的觀念不是從感覺或反省進入心靈的，而是知性的**產物**或創造物。心靈是依據它從感覺和反省」（內心的意識或內心的規定），「所獲得的觀念而形成普遍觀念的」。知性的工作現在就在於，從這些所謂觀念裡，產生出一大堆新的觀念，透過加工、透過把許多簡單的觀念聯合爲一個觀念、透過比較和區別、最後透過分離或抽象，這樣一來**普遍**概念就起源了；像空間、時間、統一和雜多、原因和結果、力量、自由、必然就是這樣產生的。「所以知性是能動的」，不過「它的能動性」只在於對普遍觀念的「聯繫和結合」上面。洛克認爲知性的本質在於從知覺得來的簡單觀念透過比較和結合以形成新的規定的形式活動。他說道：「知性就它的簡單形態（modes）看來」——如力量、數、無限性等簡單規定——「完全是被動的，它從事物的存在和運行裡接受它們，像感覺把它們提供給它那樣，它並不能夠造成任何一個觀念。」知性是對包含在各個對象中的抽象感覺的把握。因此它也能做出**簡單形式與混合形式**的區別。因此，因果等觀念乃是一種混合的形態；試看他如何描述這個觀念的起源。

就指出複雜的觀念起源於簡單的觀念來看，洛克具有擺脫了單純的下定義的方法的優點。這個方法告訴人：實體是這樣、樣式是這樣、廣延是這樣等等，這樣就構成一整套連貫的命題。現在知性怎麼從具體的觀念裡獲得普遍的觀念的方法成爲主要的事情。洛克特別發揮了這種從經驗派生出普遍觀念的方式。不過，他進行這種推演的方法，卻完全沒有意義，只有形式，是一種空洞的同語反復；他的這種說明是非常瑣碎的、令人厭倦的，而且冗長之極，例如，我們透過視覺和觸覺，從對物體的距離的知覺中形成空間的普遍觀念。換言之，他的意思是說：我們感知到了一特定的空間、加以抽象，於是我們就有了一般的空間概念。對於距離的知覺提供我們關於空間的諸表象；這裡並沒有什麼推演，而乃只是排除掉一些其他規定。須知，距離本身即已是空間性；因此知性只是從空間性中形成空間性的規定。同樣，透過在清醒時刻中諸表象的不間斷的連續，我們得到時間的概念；這就是說，透過特定的時間，我們感知到普遍的時間。許多表象一個跟一個地相連續；我們只需要把特殊的表象排除，於是我們就獲得一般的時間觀念。

433

實體照洛克看來是一個複雜的觀念，它起源於我們常常感知許多簡單觀念（例如藍、重等等）彼此聯在一起。我們把這種聯在一起表象爲某種支持這些觀念的事物，並且認爲這些觀念都存在於這種事物之中。同樣，能力等等觀念也是這樣得來的。這是令人厭倦的。洛克並以同樣的方式推演出自由和必然、原因和結果等規定。「原因和結果。當我們的感官覺察到事物經常變化，我們不能不觀察到，不同的特殊事物，特質和實體兩方面」——在全然斯賓諾莎意義下——「開始存在；而且它們所以獲得這種存在是由於某些其他事物一定的作用和效果。從這種觀察，我們就獲得我們關於原因和結果的觀念；例如，蠟碰到火就會熔

434

化。」這也是令人厭倦的。洛克還繼續說道：「我想，每一個人在他自身內都發現有一種力量，能夠開始或中止、繼續或完結他自身內的各種動作。由於觀察心靈的力量對於人的動作的限度，就產生出自由和必然的觀念。」我們可以說，實在沒有比這種觀念的派生更爲膚淺的了。重要的是觀念的內容實質，他這裡完全沒有接觸到。洛克這種說法，只是突出地使人注意於包含在具體關係中的一個規定；因此知性只是〔一方面〕[20]在抽象，另一方面在下固定的結論。這種看法的基礎只包含在把特定的表象轉變成普遍性的形式。但是我們需要說明其所以然的，也正是這個根本性的本質。這裡，洛克自己也承認，例如對於空間，他是不知道其自在自爲的本質的。

洛克這種對於複雜的觀念的所謂分析以及對於這些觀念的所謂解釋，由於非常清楚明晰，曾受到普遍的歡迎。因爲，說「由於我們感知時間，所以我們具有時間的概念」，實在沒有比這更清楚的了。如果我們沒有眞正看見空間，怎麼會有空間概念？現在我們既有空間概念，故我們必定看見空間，這也再清楚不過了。所以法國人特別採納了這種說法，並加以進一步的發揮；他們所謂 Idéologie（觀念學）所包含的不外是這種事物。

（五）「共相本身、類概念的形成是由於我們把特殊的存在或特質從它們的時間、地點等等具體情況分離開。」現在人們所謂種或類，只不過是我們的知性的一種產物，這種產物

[20] 第三〇七頁。

是與外部客體相關聯的。照洛克看來，共相本身是我們心靈的產物；共相並不是客觀的事物，只是與客體有聯繫罷了。當然類表達了某種在對象內的事物；但類並不創造對象。因此洛克把本質區別爲眞實本質與唯名本質，兩者中前者表達出事物的眞本質；於是類便只是唯名本質了。「這些名稱有助於區別我們知識的種類；不過我們不知道自然的眞實本質。」對於類本身是空無、不在自然之內、不是絕對規定了的事物，洛克提出了一些很好的理由，他舉出畸形怪物作爲例子。假如類是絕對的，那就不會有畸形怪物了。但是，他忽視了，既然類本質上就是存在的；那麼，它裡面就可以包含別的規定。這些規定可以互相區別；在這個範圍內，個別事物互相影響，因而可以妨害類的存在（而形成畸形怪物）。洛克的說法無異於這樣的論證：善沒有自身存在，是因爲有了惡人；或者說，圓沒有自在自爲的本性，因爲譬如說一棵樹木的軀幹呈現出不規則的圓形，或者我畫出一個很糟的圓圈。自然本身是不能夠完全正確地符合於概念的；概念只是在精神中有其眞實的存在。再則，說類本身是空無，說共相不是自然的本質，自然的自在本性不是思維的對象，這無異於說，我們不認識眞實本質，這就令我憶起那一直經常重複、使人厭煩的禱詞：

> 自然的內在本性，沒有
> 任何被創造的心靈能夠認識。

這就會導致認爲爲他物而存在、知覺沒有自在存在的觀點，這種觀點還沒有達到認自在存在是共相那種積極的觀點。在認識的性質這個問題上，由於堅持爲他物而存在，洛克遠遠落後，至少落後於柏拉圖。

更值得注意的是：洛克從健全的理智出發，抨擊那些普遍的原則、公理，即A＝A，如果某物是A，則它就不能是B。這些原則是多餘的，至多只有很小的用處，或者根本就沒有用。誰也不曾在矛盾律的基礎上建立起一種科學。根據這些原則，既可以對眞的事物做出證明，也同樣可以對假的事物做出證明；它們乃是同語反復。

這就是洛克的哲學。洛克其他方面有關教育、容忍、自然法或者一般國家法所取得的成就不屬於這裡討論的範圍，而屬於文化教育領域。貝爾的哲學，表現在他的《辭典》裡面，一點玄思的氣味也沒有，洛克也同樣缺乏玄思。還有一個重點必須提到的，就是洛克要求對特定的對象加以論證和理性思考，主要是指，例如摩尼教信徒，用理性、用哲學家的名義，來攻擊神學和天啟的教義，這些攻擊的理由，曾被認爲是透過理性自身，無法反駁的。與此相反，前此的神學也斷言，它是完全符合理性的，並且認爲理性只有一種形式的任務，即對神學的內容，不經過自己的思考，加以論證，使之可以理解。〔這都是洛克要求自由的理性的思考所要反對的〕。

認識眞理是哲學的目的，在洛克這裡卻需用經驗的方法來達到這個目的。經驗方法有助於促使人注意到普遍的規定。但是這種哲學思想不僅只是一般意識的觀點，在一般意識看來，其思維的一切規定都是外面給予的，它謙遜到這種程度以致忘記了它自己的能動性；而且在這種經驗的推演和心理的起源裡，對於哲學的唯一責任，即探求這些思想和關係是否具有自在自爲的眞理性的觀點，一點也找不到。

洛克的哲學可以說是一種形上學；它研究普遍規定、普遍思想；而這種普遍卻是從經驗、從觀察派生出來的。洛克的哲學解釋了普遍觀念，由於它是把普遍從具體的知覺中抽象出來的。這種抽象的辦法是支離瑣碎的。人們可以（像沃爾夫所做的那樣）說，從具體的表象開始乃是武斷的做法。從藍的花、藍的天產生有同一性的藍的觀念。原因和結果也以同樣方式產生。我們也可以直接從普遍的觀念開始。我們在我們的意識內發現時間、原因的觀念；這些觀念乃是意識中較後起的事實。這個方法以推理作爲基礎，只是在這裡還必須區別成各種不同的表象，而這些表象必須看成主要的事物；在洛克那裡，完全沒有考慮到這種區別。另一方面，這是一個實踐的方法，這個方法以同樣的方式對待對象，即思想應用其自身於對象，或者說，從諸多對象裡抽引出它們的思想來，促使人注意到內在於對象中的本質上普遍的事物。我們具有公民社會、國家；這是一個很大的複合體：統治者的意志、臣民、他們的目的、個人福利。這裡，我們是投身在具體事物之中的。當我們擁有這些對象在我們前面時，則我們就能夠抽引出普遍的觀念。但是，我們必須區別開，哪一個觀念是主導的觀念，在這個觀念面前，別的觀念必須讓步。

洛克的哲學無疑是一種很易了解的、平凡的哲學，正因爲如此，也是一種通俗的哲學，對於這個哲學，整個英國的哲學直至今天還與它有著密切的聯繫。洛克哲學是一般所謂「哲學」的這種思維活動的一般方式。他的這種理論，也是從我們直接遇到的和接觸到的知覺和經驗出發；這些規定是基礎，是本質的事物。他的這種理論是從人們當前的心靈、從自己內心的和外部的經驗出發。這個形式是從當時產生的科學導引進來的。因此，牛頓在英國被公認爲卓越的哲學家。這種形上學化的經驗主義通常在英國和歐洲都認爲是最好的考察和認識的方式。整體而言，科學，特別是經驗科學，必須承認它們是起源於這種經驗的進程的。從觀察中引申出經驗，在他們那裡就叫做哲學。牛頓從經驗中抽引出他的理智的命題，也算是這樣一種哲學；但是，在物理學和顏色學方面，他有了糟糕的觀察，並且還做出糟糕的推論。他是從經驗達到普遍的觀點，又以普遍觀點爲基礎，從而構造成個別事物。這就是他的理論。觀察事物並認識事物的內在規律和內在共相成爲哲學的目的。人們拋棄了從原則、從定義出發的經院哲學方法。實踐的哲學、論辯思維的哲學現在已廣泛流行，這樣一來，心靈的地位就經歷了整個革命。共相是規律、力、普遍的物質；這些事物用定義、公理的方式表達出來。這比斯賓諾莎走遠了一步，斯賓諾莎也同樣從定義開始，這是被認爲不正確的。現在，共相是派生出來的，不再是神諭式地設定起來的。唯一重點是洛克提出的問題：那些觀念是從哪裡來的。因此經驗的分析是主要的事情。近代科學、自然科學、數學和英國人的國家學等等是從哪裡起源的。英國人首先提出了關於國家的思想，從這方面看來，必須舉出霍布斯作爲例證。

二、胡果．格老秀斯

胡果．格老秀斯曾經與洛克同時考察了各國的法律。前面所提到的方法也就是格老秀斯所運用的方法。他曾經片面地運用那個方法來考察物理的和政治法律的對象。他也認爲經驗是一切有效準的事物的基礎；這是當時文化的一個主要環節。

胡果．格老秀斯一五八三年生於荷蘭的代爾夫特，是一個法學家、辯護士和法律顧問。但在一六一九年，他卻牽連在巴恩威爾德案件中，被迫逃離本國，長時期居住在法國，一六三四年，他去瑞典，在瑞典女王克莉絲汀娜朝中任職。一六三五年他擔任瑞典駐巴黎的大使。一六四五年在從斯德哥爾摩往荷蘭的旅途中死在德國的羅斯托克。[192]

他的主要著作是《論戰時與平時的法律》，一六二五年；這書現在已經沒有人讀了，但它卻產生了很大的影響。格老秀斯曾經用歷史的方式，並且部分地根據《舊約》，陳述了各個國家在戰爭時期與和平時期的不同情況下彼此如何對待對方，亦即尋求在各個國家中都通行有效的事物。他完全陷於經驗的抽象推論和事實之堆在一起。把各個國家間相互的關係加以經驗地排列在一起，再兼之以經驗的抽象推論，譬如說：不應該殺害俘虜，因爲戰爭的目的是解除敵人武裝，這個目的既已達到，故應不爲已甚等等，[193]用這種經驗方式來綜論事實具有使普遍原則、理智的和合理的原則爲人所意識到、爲人所承認，並使其或多或少可以爲

192 布魯克爾，《批評的哲學史》，第四卷，第二部，第七三一—七三六、七四三—七四五頁。

193 參考《論戰時與平時的法律》，第三卷，第十一章，第十三—十六節（萊比錫，一七五八年八月格羅諾沃版），第九〇〇—九〇五頁；第四章，第十節，第七九二—七九三頁。

人所接受。我們看見，他列舉了許多例如關於辯護王權的普遍原則、規律；思維被應用了來考慮一切事情。我們是不能夠滿足於這類的證明和演繹的；但是我們不應該忽視這種做法所取得的成就：這就是建立普遍原則，這些原則以對象本身爲其最後的根據，並且在精神、思想中找到根據，得到證明。

三、湯瑪斯．霍布斯

國家內部政治法律的關係在英國特別得到發揮，因爲英國人的特殊法制足以引導人們對這個對象加以反思。霍布斯以見解的獨創性擅長、著名，曾任德旺郡伯爵的家庭教師。他於一五八八年生於瑪律麥斯伯利；死於一六七九年。他與克倫威爾同時代，他在時代的事變裡、在英國革命裡找到了機會對國家和法律的原則加以反思；事實上他在這些問題上充滿了自己獨到的見解。他寫了很多東西，也有關於一般哲學的著作：《哲學的要素》。這書的第一部分《論物體》，一六五五年在倫敦出版；在這一部分裡，他首先考察了邏輯學，其次論第一哲學，即本體論，再次論運動和體積的關係，這是一個力學的體系和通俗的物理學體系。第二部分是《論人》。第三部分是《論國家》。他在序言中說：「哥白尼開創了天文學，伽利略開創了物理學；以前在這兩門科學裡並沒有什麼確定的東西。哈威發揮出人體的科學，開普勒發展了天文學和普通物理學。」根據前面所講過的觀點來看，所有這些都算是哲學；因爲反思的理智都想要在它們裡面去認識普遍。他又說，「就關於國家和法律的哲學而論，沒有更早於他的《論國家》一書的」。[194]這書（巴黎，一六四二年）[195]以及他的《利維坦》都是遭到大聲反對的著作；後一種著作被禁止發行，因此極爲罕見。兩書均包含著關於社會和政府的本性的思想，這些思想較之許多現在流行的著作更爲健全。在他看來，社會、國家是至高無上的，社會、國家對於法律和傳統宗教以及它們外在活動具有絕對的決定力量；並且由於他把法律和宗教從屬於國家，所以人們當然視他的學說爲畏途。但是他的學說中也同樣沒有什麼玄思的東西、眞正哲學的東西，在格老秀斯思想中就更少了。

在此以前，人們提出了理想，或者尊崇《聖經》，或者崇奉傳統法律作爲權威。與此相反，霍布斯試圖把維繫國家統一的力量、國家權力的本性回溯到內在於我們自身的原則，亦即我們承認爲我們自己所有的原則。這樣就發生了兩個相反的原則：第一爲臣民對統治者的權威的被動服從；統治者的意志就是絕對法律，而且被抬高到超出一切別的法律之上。所有類似這樣的權威都被表明爲與宗教有密切的聯繫，並且從《舊約》舉一些例子，如掃羅和大衛的故事來證明。第二，在爲克倫威爾所利用的運動中，產生出一種宗教狂熱，這種狂熱情緒從《聖經》中得出了與前一種正相反對的原則，即財產平等一類的原則。按照前一種態度，刑法、婚姻法均遠從摩西法典襲取其規定；或者一般說來，這些法律都是從彼岸世

194 霍布斯，《致讀者書》（霍布斯哲學著作集，拉丁文本，阿姆斯特丹，一六六八年四月），第一—二頁。

195 參考布魯克爾，《批評的哲學史》，第四卷，第二、一五四頁。

界取得條款，並且被視為顯明的神聖命令所規定並保證其有效的。與此相反，出現了理智論證，遇事都要問出理由，這裡面包含著我們自己的規定；這個東西人們叫做健全理性。霍布斯也主張被動的服從，並擁護國王權力的絕對任意性。但同時他又試圖從普遍的規定推論出國家權力、君主權力等等原則。他的見解是膚淺的、經驗的；不過他論證這些見解的理由和命題是有獨創性的，它們是從自然的需要提出來的。

（一）霍布斯從這種**自然狀態**出發，即在這種狀態中，人人都有統治他人的衝動。他斷言：「一切公民社會都起源於一切成員間相互的畏懼」；所以這是一種意識內的現象。「每一個社會都是為了自己的利益或者名譽，亦即為了自私而結合起來的。」[196]這就是說，為了保證自己的生命、財產和享受；所有這些都不是彼岸世界的東西。

（二）「儘管人人極不平等，但都具有一種自然的**平等**」；他用一種特殊的理由來證明這點，他說因為「每一個人都能夠殺死他人」，這就是說，每一個人都擁有制伏他人的最後權力。「每一個人都是至高無上者。」[197]所以他們的平等不是出於最大的強力，也不是像最近時期那樣，奠基在精神的自由、同等的尊嚴、獨立自主上面，而是奠基在人人的同等軟弱上面；每一個人對另一個人來說都是一個弱者。

196《論國家》（哲學著作集，阿姆斯特丹，一六六八年），第一章，第二節，第三—四頁。

197《論國家》，第一章，第三節，第四頁。

（三）「在自然狀態中，所有的人都有傷害他人的意志」，都有對他人施行暴力的意志；因此每一個人都畏懼別的人。霍布斯所了解的自然狀態是就其眞實意義而言，他所指的，並不是關於一個什麼天眞善良的自然狀態的空談；這乃是動物的狀態，一種具有不屈不撓的自我意志的動物狀態。因此，所有的人都想要傷害他人，並且想要「保證自己不受他人的侵犯，自己獲得優勢和較大的權力。不同的意見、宗教、欲求引起爭鬥；強有力者在爭鬥中取得了勝利。」[198]

（四）「因此自然狀態是一個一切人不相信一切人的狀態；在自然狀態裡存在著一切人反對一切人的戰爭（bellum omnium in omnes）」，並且存在著人人競相勝過對方的企圖。自然這一名詞具有雙關意義，一方面人的本性（natur）指他的精神性、合理性而言；另一方面，他的自然狀態則指人按照他的自然性而行動的狀態而言。在自然狀態中，他按照他的欲望、嗜好等等而行動；人的理性的一面就是對他的自然性一面的直接征服。「在自然狀態裡，某種不可抗拒的力量賦予人權力去統治那些不能抗拒的人；說一個人會容許在他的暴力支配下的人恢復自由，並重新變成強大，那是荒謬的。」由此他現在就得出這樣的結論：「人必須超出自然狀態。」[199]這是很正確的。自然狀態並不是應然的狀態；它必須被拋棄掉。

---

198 《論國家》（同上，拉丁文本，一六六八年），第四—六節，第四—五頁。

199 《論國家》，第一章，第十二—十四節，第六—八頁；《利維坦》，第十三章（拉丁文本著作），第六十三—六十六頁。

（五）於是霍布斯進而討論足以保持和平的理性規律。這個規律要使私人意志從屬於普遍意志；自然的、特殊的意志必須從屬於普遍意志、理性規律。但是這種普遍意志並不是所有的個人的意志，而乃是統治者的意志，因此統治者的意志並不對個人負責，而毋寧是反對這種個人意志的；所有個人必須服從它。[200]這樣，問題的內容實質現在就完全放在另外一個觀點之下了。於是，從這樣一個正確的觀點，即普遍意志必須安置在唯一的、君主的意志之內的觀點出發，就出現了一個絕對統治、完全專政的狀態。但是這種法律的狀態並不是某種別的事物，而只是一個絕對法律的意志；因而這種普遍意志並不是獨裁，而乃是理性的意志，是用法律形式宣告出來並且系統地規定了的意志。

里克斯納說：「在霍布斯看來，法律無他，唯透過鐵的紀律從人類的原始惡性裡強迫壓制出來的和平的條件」，[201]也就是在「一切人反對一切人的戰爭」裡尋求和平的條件。在霍布斯的學說裡，至少存在著這個特點，即在人性、人的欲求、嗜好等等的基礎上設定了國家的本性和機體。英國人對這個被動服從的原則談論得很多，按照這個原則，他們說，國王的權力是出於神授。就一方面看來，這是很正確的；但是這不應該理解爲國王沒有責任，人民必須服從國王的盲目任意和單純的主觀意志。

200 《論國家》，第五章，第六—十二節，第三十七—三十八頁；第六章，第十二—十四節，第四十四—四十六頁。

201 里克斯納，《哲學史手冊》，第三卷，第三十頁。

四、庫得華斯

庫得華斯想要在英國復興柏拉圖，但是他採取了笛卡兒式的證明方式和一種繁瑣枯燥的理智形上學。他寫了一冊有名的著作《眞正理智的宇宙體系》；但是他有時以拙劣的形式表述柏拉圖的理念，並且夾雜一些關於上帝、天使的基督教觀念，把它們全部當作特殊的存在物。在柏拉圖那裡是神話式的東西，在他這裡成爲具有存在物形式的眞實東西；他對於神話的東西煞有介事的加以論證，就像我們對於一般事物加以推論那樣，例如推論法國軍隊企圖在英國登陸是否可能，如果可能，是否可以成功。基督教的理智的世界完全被降低成爲一般現實性，因而也就被他破壞了。

五、普芬多夫

爲了在國家本身內確立一個公正的關係，並奠定一個合法的制度的鬥爭中，反思的作用顯得重要，而且反思也對此最爲關切和感興趣。並且像在胡果．格老秀斯那裡所做的那樣，也同樣在普芬多夫這裡發生，即把人的藝術衝動、本能、社交衝動等等當作原則。在這裡，他雖說仍然承認國王的神聖權利，根據這種權力只有國王才對上帝負責，不過也有義務聽取教會的意見。但是現在他也考慮到人類所具有的衝動和需要。人的衝動和需要被看成私法和公法的基礎，並且又從其中派生出對於政府和統治者的義務，從而人的自由也隨之得到保證。

普芬多夫一六三二年生於德國的薩克森；在萊比錫和耶拿大學學習民法、哲學和數學；一六六一年任海德堡大學教授時，第一次創設自然法和國家法一科作爲學院學習的課程；一六六八年在瑞典任職，後來又改在布蘭登堡任職，一六九四年以樞密顧問之職卒於柏林。他寫了多種關於政治、法律和歷史的著作；特別值得注意的是他的著作：《論自然法和國家法》，共八卷，倫敦一六七二年；此外還有一本《論人的義務》的綱要，出版地同上，一六七三年八月，和《普遍法學要素》。[202]他認爲，國家的基礎是社會交往的本能：國家的最高目的在於透過把內在的良心義務轉化爲外在的強制義務來保證社會生活的和平和安全。[203]

---

202 布勒，《近代哲學史》，第四卷，第二篇，第五一九—五二三頁；里克斯納，《哲學史手冊》，第三卷，第二十九頁。

203 里克斯納，《哲學史手冊》，第三卷，第三十一頁；參看普芬多夫，《論自然法和國家法》，第二卷，第二章，第五—七節（美茵河畔法蘭克福一七〇六年四月），第一五七—一六一頁；第七卷，第一章，第九〇〇—九〇九頁。

六、牛頓

另一方面就是，思想同樣集中在對自然的研究上；在這方面，艾薩克．牛頓以他的數學上的發現和物理學上的貢獻而著名。他在一六四二年生於劍橋。他特別研究了數學，並且成爲劍橋大學的數學教授。後來他成爲倫敦皇家學會的主席，卒於一七二七年。

對於洛克哲學，或者一般英國哲學學風的傳播，並且特別把它應用在物理科學方面，牛頓無可爭辯地做出了最多的貢獻。「物理學，要謹防形上學」就是他的口號，[204]因此這無異於說，科學，謹防思維啊！他和當時的一切物理科學家一樣，直到今天，一直忠實遵守他的口號，不准自己對物理學的各種概念予以〔批判的〕考察或者對思想加以思維。可是物理學沒有思維就會一事無成；物理學只有透過思維才能獲得它的範疇和規律，沒有思維，它再也不能前進。不過牛頓的主要貢獻在把力的反思範疇導入物理學；他曾經把這門科學提到反思的觀點，提出力的規律以代替現象的規律。這樣一來，牛頓對於概念完全是一個陌生人，正如另外一位英國人對他所感到的那樣，這位英國人，當他得知他整個一生都說的是散文式的話時，感到無比驚喜，由於他從來沒有意識到他對散文有那樣高的成就；牛頓就沒有得知他

447

204 布勒，《近代哲學史》，第四卷，第一篇，第一一五頁；參看《牛頓光學》，第三部分（倫敦，一七〇六年四月），第三一四頁。

自己的情況，當他自以爲他是在和物理的事物打交道時，他沒有意識到他擁有概念，他是在與概念打交道；在這裡牛頓恰好形成了波墨的對立面，波墨把感性事物當成概念來對待，由於精神的力量，他完全掌握了它們（諸概念）的現實性，並且控制了它們；與此相反，牛頓把概念當成感性事物來對待，並且經常以像人們處理石頭和木頭的方式來處理概念。

甚至現在情形也還是這樣。在物理科學的開端，我們讀到，例如，慣性力、加速力、分子力、向心力、離心力就被看成固定的規定，因爲這裡有著這些規定；本來是反思的結果的事物，卻被表述爲最初的根據。人們試問這些科學所以沒有取得進步的原因，這答案只能是，因爲人們不知道，他們需和概念打交道，並且下定決心，不要帶著意義和知性去接受這些規定。因此，譬如，在牛頓的光學裡，就有許多從他的經驗派生出來的結論，是那樣地不可靠、那樣地缺乏概念，以致雖說這些結論是被提出作爲最良好的例證，以表明人們如何根據實驗和實驗的結論以便認識自然界，但又可以作爲例證而顯現，我們既不需實驗，也不需從實驗得出結論，而且一般講來，什麼也不能認識。經驗的這種貧困狀態爲自然自身所駁倒了或否定了；因爲自然較優於它表現在這種貧困經驗中的狀態，自然本身和向前進展的經驗駁倒了那原來的經驗。因此，即在牛頓的那些宏偉的光學發現中，最多餘不過的一項乃是把光分爲七色，因爲一方面，這達到了全體與部分的概念，另一方面，由於它閉著眼睛堅決不管對立的方面。

從這時以來，實驗科學在英國人那裡就叫做哲學；數學和物理學就叫做牛頓哲學。政治經濟學的規律，如有關自由貿易的一些一般原則，現在在他們那裡也叫做哲學原則，也叫做哲學。化學、物理學、理性國家學，建築在思維經驗上的普遍原則，以及在被表明為有必要的和有用的事物這個範圍內的任何知識，在英國人那裡，隨處都被叫做哲學。從哲學中的這種經驗方法——洛克就是這種經驗哲學的形上學——現在我們就過渡到萊布尼茲。

參、第三階段

一、萊布尼茲

第三是萊布尼茲和沃爾夫的哲學。萊布尼茲在其他方面是反對牛頓的，在哲學方面也堅決反對洛克及其經驗論，同時又反對斯賓諾莎。他主張思維，反對英國式的感覺，反對感性的存在，主張思維對象是眞理的本質，如同早先波墨主張自在的存在一樣。斯賓諾莎是主張普遍的唯一實體的。在洛克那裡，我們已經看到，是以有限的規定為基礎。萊布尼茲的基本原則卻是個體。他所重視的與斯賓諾莎相反，是個體性，是自為的存在，是單子，但他並沒有把思維對象看成「我」、看成絕對概念。這些互相對立的原則是背道而馳的，卻又是相輔相成的。

哥特佛萊德·威廉·萊布尼茲（男爵）一六四六年生於萊比錫，父親是萊比錫大學哲學教授。他原來專攻法學，後來按照當時的習慣，首先研究了哲學，而且下了很大的工夫。他首先在萊比錫大學獲得了非常廣博的知識，然後到耶拿大學跟隨數學家兼神智學家維格爾研究哲學和數學，並在萊比錫大學獲得哲學碩士學位。他也曾在萊比錫大學參加哲學博士學位考試，做了哲學論題答辯，其中有幾個論題現在還保存在他的全集裡。[205]他取得哲學博士學位的第一篇論文是 *De principio individui*〔《論個體原則》〕，這是他的全部哲學的抽象原則，與斯賓諾莎針鋒相對。他在獲得優異的學識之後，又想考法學博士學位。可是他遇到一件現今很難遇見的事情，就是萊比錫大學法學院說他年齡太小，取消了他的博士資格（儘管如此，他還是官居帝國朝廷參議，直到逝世）；這可能是由於他的哲學見解太多，人們看到他大力研究哲學，心裡很不舒坦。於是他離開萊比錫前往阿爾特多夫，在那裡順利地通過博士學位考試。以後不久，他在紐倫堡認識了一個煉金術士團體，被拉進團體擔任職務，做了一些煉金術著作的提要，深入地研究了這門難懂的學問。[206]

他的學術活動涉及歷史、外交、數學、哲學諸方面的研究。後來他在美茵茲任職，當了

---

205 《萊布尼茲全集》，杜騰版，第二冊，第一部分，第四〇〇頁。

206 若古爾爵士先生著，《萊布尼茲先生傳》（見《神正論》，阿姆斯特丹，一七四七年版，第一冊），第一—二十五頁；布魯克爾，《批評的哲學史》，第四冊，第二部分，第三三五—三四三頁。

法院參議。一六七二年他受聘擔任美茵茲選帝侯相國博因堡男爵的兒子的教師，曾經陪同這個年輕人旅居巴黎。他在巴黎住了四年，與大數學家惠更斯結識，經惠更斯介紹，開始進入數學界。在弟子學業結束、東家博因堡男爵逝世後，他獨自前往倫敦，認識了牛頓和另外一些學者；他們的首領是奧爾登堡，斯賓諾莎也與此人有聯繫。美茵茲選帝侯逝世後，萊布尼茲失去俸祿。於是他離開英國，返回法國，後來受布倫瑞克—呂訥堡公爵聘請，擔任公爵府參議和漢諾威圖書館館長，得到特許，可以無限期的住在外國，因此他又在法國、英國、荷蘭僑居了一個時期。一六七七年他定居在漢諾威，忙於政務，特別是研究歷史問題。他曾經在哈茲山安裝機械，排除危害礦山的洪水。就在一六七七年，他在百忙之中發明了微分學；他與牛頓在這件事情上發生了爭執，這是牛頓和倫敦科學會十分卑鄙地挑起的。[207]那些英國人把一切都歸給自己，不以公道對待別人，宣稱牛頓是微分學的眞正發明人。其實牛頓的*Principia*〔《原理》〕問世較晚，該書的第一版裡還有一個注讚揚萊布尼茲，這個注後來不見了。

他從漢諾威出發，多次旅行德國各地，而且受公爵委派，專程前往義大利，蒐集艾斯特家族的史料，以便進一步證明這個世家與布倫瑞克—呂訥堡公室的血統關係。他在歷史方面

207 《萊布尼茲先生傳》，第二十五—二十八、四十五、五十九—六十二、六十六—七十一頁；布魯克爾，《批評的哲學史》，第四冊，第二部分，第三四三—三五三頁。

做了很多工作。由於他與普魯士王腓特烈一世的夫人漢諾威郡主索菲婭．夏洛特稔熟，他也在柏林住了很久，促成了柏林科學院的建立。在維也納他又結識了歐根親王，因此他最後當了帝國宮廷參議。他這番旅行的結果，是發表了一些非常重要的歷史著作。一七一六年他死於漢諾威，享壽七十歲。[208]

萊布尼茲不僅在哲學方面，而且在很多科學部門做了大量工作，精心鑽研，並且開闢了道路，特別是在數學方面；他是微積分方法的發明人。他在數學和物理學方面的偉大貢獻，現在不去討論這些，在這裡我們只考察他的哲學。我們可以把他的作品看成他的哲學的完備體系。他那部在人類理智問題方面反對洛克的著作（*Nouveaux essais sur l'entendement humain*〔《人類理智新論》〕）篇幅較大，〔但〕這部書只是他對別人的駁斥。因此他的哲學完全分散在一些小冊子、書信和答辯中；我們根本找不到任何他所寫出的完整系統著作。他的 *Théodicée*〔《神正論》〕在讀者中間最著名，看起來好像是完整的系統著作，其實是一部通俗著作，是他爲索菲婭．夏洛特王后寫的，目的在於反對貝爾，他在這部書裡是竭力不用思辨的方式論述問題的。有一個武騰堡的神學家僧侶名叫普法夫

---

208 《萊布尼茲全集》，第二冊，第一部分，第四十五—四十六頁；《萊布尼茲先生傳》，第七十七—八十、八十七—九十二、一一〇—一一六、一四八—一五一頁；布魯克爾，《批評的哲學史》，第三五三—三六八頁。

（Pfaff）者，和另一些與萊布尼茲有通信關係、並且很懂得他的哲學的人，曾經指出這一點責問萊布尼茲，萊布尼茲坦率地承認了，說這部書本來是用通俗的方式寫的。[209]後來他們又取笑沃爾夫，因爲沃爾夫認爲這部書寫得十分嚴肅認眞，他認爲，萊布尼茲即使不是以這種意義下的嚴肅態度寫《神正論》的，卻也不知不覺地在其中寫下了他的最好的思想。貝爾是一個敏銳的辯證法家，他在所有的地方都採取了我們在瓦尼尼[210]那裡提到過的那種態度；因爲他反對宗教教條，他說，教條是不能用理性來證明的，我們無法透過理性認識教條是眞理，服從教條的是信仰。萊布尼茲的《神正論》對於我們來說已經不再是完全可以接受的了；這是一種在塵世的罪惡方面爲神所作的辯護。其結論是一種以偏頗的思想爲依據的樂觀主義，認爲神要使一個世界產生的時候，就在許多可能的世界裡面挑選了盡可能最好的——最完滿的世界，因爲這個世界在它所包含的有限物方面可以是完滿的。[211]這話雖然一般地可以說，但是這種完滿性並不是確定的思想；有限物的本性並不是確定的。

正如我們說過的那樣，萊布尼茲的哲學分散在許多爲了不同的目的而寫的文章、書信裡

---

209 《萊布尼茲先生傳》，第一三四—一四三頁；布魯克爾，《批評的哲學史》，第四冊，第二部分，第三八五、三八九頁；《哲學史》，第十一冊，第一八一—一八二頁。

210 參看第三卷第四三五頁邊碼 246、第四三八頁邊碼 248。

211 《神正論》，第一冊，第一部，第七—八節，第八十三—八十五頁；《自然的原理和神恩的原理》（《全集》，第二冊，第一部分），第十節，第三十六頁。

面，這些事物是由於要答覆別人的反駁，必須對一些個別的方面進一步發揮而寫出的。所以他是個別進行答覆；眞正說來，他既沒有對自己的哲學做過全盤的概觀，也沒有把它全盤地闡述出來。他的眞正的哲學思想的大部分集中講述在一篇關於神恩的原理的論文中，即 *Principes de la Nature et de la Grâce*〔《自然的原理和神恩的原理》〕，[212] 特別是講述在那篇給薩伏依親王歐根寫的文章裡。[213] 布勒[214] 說：「他的哲學並不是一種自由獨立的獨創思辨的產物，而是各種經過檢驗的舊學說體系」和新學說體系「的結果，是一種折中主義；萊布尼茲曾經以一種獨特的方式試圖補救這種折中主義的缺點。這是一種在書信中進行的散漫的哲學探討。」

大體說來，萊布尼茲在他的哲學中的做法，就好像物理學家們制定一個假設時的做法一樣。有一些已知的條件存在著，要對這些已知的條件做出解釋。要找出一個普遍的觀念，從其中能夠推演出特殊的東西來；在這裡，由於有一些已知的條件存在著，必須設置一個確定的普遍觀念，例如關於力或物質的反思規定，使它與這些已知的條件相適合。因此萊布尼茲的哲學看起來不太像一個哲學體系，倒是像一種假設，也就說，像一些關於世界本質

212 《萊布尼茲全集》，第二冊，第一部分，第三十二—三十九頁。

213 《哲學原理》，第二十—三十一頁。

214 布勒，《近代哲學史》，第四冊，第一篇，第一三一頁。

的思想，根據一些被假定為有效的形上學的規定、表象的已知的條件和前提來規定世界的本質。[215] 萊布尼茲對於觀念、本質的那些看法，像他所想的和規定的那樣，乃是適應著已知的條件而設置起來的，他以一種說故事的方式講出這些思想，並沒有概念在全體中的一貫性。萊布尼茲的思想，就其本身來說，在聯繫方面是沒有必然性的；他的哲學看起來好像是一些他所做出的一個跟著一個的論斷。他的這些論斷看起來好像是一些任意的看法，一篇形上學的小說；當我們看出他要想以此避免什麼困難的時候，我們才懂得重視這些看法。眞正說來，他是使用了較多的外在根據來建立各種關係：「因為這樣一些關係並不能實際出現，所以沒有別的辦法，只有這樣規定下來。」如果我們不知道這些根據，那就會覺得這種論證進程似乎是任意的。

（一）萊布尼茲的哲學是一種唯心論、一種理智主義。萊布尼茲認為宇宙具有理智性，這個觀念一方面與洛克對立，另一方面也與斯賓諾莎的實體相對立。這個觀念一方面進一步表明了差異者和個體性自在自為地存在於眾多單子之中，另一方面則拆散聯繫，把斯賓諾莎的觀念性、把全部差別的非自在自為存在宣布為想像的唯心論。

1. 萊布尼茲的哲學是形上學，是與斯賓諾莎主義根本地、尖銳地對立著的；斯賓諾莎主張一個唯一的實體，認為在這個實體中一切確定的事物都是暫時的事物。萊布尼茲與斯賓

215 參看《神正論》，第一冊，第一部，第十節，第八十六頁。

諾莎的單純普遍的實體相對立，以絕對的眾多性、個體的實體爲基礎，他依照古代哲學家們的先例，把這種個體的實體稱爲單子，一個已經由畢達哥拉斯主義使用過的名稱。「實體是一個能夠活動的事物；它或者是複合的，或者是單純的，沒有單純的實體，就不能有複合的實體。這些單子就是單純的實體。」[216]他證明單子是宇宙萬物的眞相，他的證明是非常簡單的；這是一種膚淺的反思。他的一個命題就是：「因爲有複合的事物，所以它們的原則必定是單純的東西；因爲複合的東西是由單純的東西組成的。」[217]這個證明是夠糟糕的了；這是以一種任意的方式從某個特定的複合物出發，然後回溯到單純的東西。這是完全正確的，但眞正說來卻是一種同語反復。事實上，如果有複合物，就會有單純物；因爲複合物就是一個包含多方面的東西，它的聯繫或統一是外在的。因此從這個非常淺薄的複合物範疇很容易推出單純的東西來。這是從已知的條件出發的推論；但是問題卻在於已知的條件是否眞實。

但這些單子並不是一種抽象的單純物本身，即伊比鳩魯的空洞的原子；那種原子是本身無規定的東西，在伊比鳩魯那裡，一切規定都來自原子的積聚。相反地，單子是一些實體

216《自然的原理和神恩的原理》，第一節，第三十二頁（由岱梅索根據不同的片段輯成的彙編，第二冊，第四八五頁）。

217《哲學原理》，第一—二節（《全集》，第二冊，第一部分），第二十頁。

性的形式，[218]這是從經院哲學家們那裡藉來的一個恰當名詞——也就是亞歷山大里亞學派的形上學的點；單子就是被理解爲純粹活動的亞里斯多德的隱德來希，[219]它們本身就是形式。「這些單子並不是物質的或有廣延的，它們並不產生，也不以一種自然的方式消滅；相反地，它們只能透過神的一種創造而開端，也只能透過毀滅而終結。」[220]這樣，單子就和同樣被看成原則的原子區別開了。創造這個名詞是我們在宗教裡熟知的；但這只不過是一個空洞的名詞，是從想像中取來的；它要成爲思想、具有哲學意義，還必須得到很多進一步的規定。

2.「由於單純的緣故，單子是不被另一個單子改變其內在本質的；在單子與單子之間並沒有任何因果關係。」[221]每一個單子對於其他單子來說都是不相干的、獨立的事物；否則它就不是隱德來希了。每一個單子都是自爲的，所以它的一切規定和變相都完全是僅僅在它以內進行的，並沒有任何外來的規定。萊布尼茲說：「實體有三種聯繫方式：(1)因果關係，即影響；(2)協助關係；(3)和諧關係。影響關係是庸俗哲學的一種關係。因爲我們無法理解，

456

218《論自然本身或論寓於創造物的活動中的力》（《全集》，第二冊，第二部分），第十一節，第五十五頁。

219《哲學原理》，第十八節，第二十二頁；第三—六節，第二十—二十一頁；《自然的原理和神恩的原理》，第二節，第三十二頁。

220 同注219。

221《哲學原理》，第七節，第二十一頁。

唯一實體的物質微粒或非物質性質怎麼能夠過渡到別的微粒或性質中，所以我們必須放棄這種想法。」[222]如果我們假定了眾多是實在的，那就根本不能有什麼過渡了；每一個都是最後的東西、絕對獨立的東西。「協助說」，按照笛卡兒的說法，「是一種多餘的東西，是Deus ex machina〔急中求神〕，因爲人們總是不斷地在自然事物中假定奇蹟。」如果我們像笛卡兒那樣假定一些獨立的實體，那就無法設想任何因果聯繫了，因爲這種聯繫要以一物對他物的影響、聯繫爲前提，這樣，那個他物就不是實體了。「所以只剩下和諧，即自在地存在著的統一。」「因此單子是單純地封閉在自身之內的，並不能被他物所規定；這個他物並不能被放進單子。單子既不能越出自身的範圍，他物也不能進入單子。」[223]這也是斯賓諾莎的看法：每一個屬性都獨立地表現神的本質，廣延和思維之間並沒有相互作用。

3.「這些單子必須同時具有某些性質、某些固有的規定、某些內在的活動，使它們與其他單子區別開來。不能有兩件同樣的東西；否則它們就不是兩個，就沒有區別，而是同一個東西了。」[224]這裡說到的是萊布尼茲的**不可區別原則**。本來沒有區別的東西，就是沒有區

222《對實體交通說的第三篇說明》（《全集》，第二冊，第一部分），第七十三頁（《彙編》，第二冊，第四〇二頁）。

223《哲學原理》，第七節，第二十一頁。

224《哲學原理》，第八—九節，第二十一頁；《全集》，第二冊，第一部分，第四—五節，第一二八—一二九頁：「沒有兩個區別不開的個體。我的朋友，一位聰明的紳士，有一次當著選帝侯夫人的面在赫倫豪森花園

458 別的。這一點可以被淺薄地了解成：沒有兩個個體是彼此一樣的。對於感性事物來說，這句話並沒有什麼意思：乍看起來，究竟有沒有兩件東西彼此一樣或不一樣，是沒有什麼關係的；反正總有空間的區別。這是一種膚淺的見解，與我們無關。深入的見解則是：每一件東西本身都是一個特定的東西，一個與別的東西本身有區別的東西。是不是有兩件東西一樣或不一樣，這只是我們所做的比較，是在我們的範圍內的。更深刻的東西卻是它們本身固有的特定區別。區別必須是本身固有的區別，並不是相對於我們的比較，相反地，主體必須本身具有這種固有的規定；規定必須是內在於個體中。不僅是我們透過動物的爪子來區別動物，而是動物透過爪子從本質上把自己區別開來、把自己武裝起來，使自己保存下來。如果兩件東西之所以有區別僅僅是由於它們是兩個，那它們每一個就都是一；二，本身並不構成任何關係，構成關係的是特定的區別本身，這是主要的東西。

4.「規定性和由規定性造成的變化，則是一種內在的、自在地存在著的原則；它具有眾多的變相和對周圍事物的關係，不過這個眾多卻始終是包含在單純性中的眾多之中，」[225] 一

裡與我談話。他認為他完全可以找到兩片完全相似的葉子。選帝侯夫人不相信他的話，他就到處找了很久，結果白費氣力。兩滴水或兩滴牛奶用顯微鏡去看就可以發現是可以區別的。這是一個反對原子的論據。」（《彙編》，第一冊，第五十頁）——參看《黑格爾全集》，第四冊，第四十五頁。

225《哲學原理》，第十一—十三節，第二十一頁。

種自己反映自己的、自己保持自己的規定性。單純的事物變化，卻又始終是單純的。眾單子是自在的，因此是透過自身中的各種變形（Modifikationen）相區別的，並不是透過外在的規定。「這樣一種保持和發生於本質自身中的規定性和變化，就是一種**知覺**」，我們也可以稱之為**表象**；因此萊布尼茲說，一切單子都在表象著，但並不因此就都有意識。[226] 換句話說，單子本身是普遍的；這種普遍性正是眾多性中的普遍性或單純性，這種單純性同時也是眾多性的運動、變化。這是一個非常重要的規定；在實體本身中設定了否定性、規定性，而並不拋棄它的單純性和自在性。這一點也同樣適用於物質的東西；物質的東西就是眾多的單子。因此萊布尼茲的體系是一種理智主義的體系：一切物質的東西都是能表象、能知覺的東西。自己包含自己的表象、規定，是主要的東西。絕對的差別就是所謂概念；在單純的表象中分開的東西被結合在一起了。詳細說來，這種唯心論就包含在這一點，即單純的東西是一個本身有差別的東西，但是儘管它本身有差異性，卻是單一的東西，始終保持著單純性：例如「我」、我的精神。我有很多表象，有豐富的思想在我心裡；但是，儘管有這種差異性，我卻只是一個我。「我」就是這種能把有差別的東西一起揚棄並規定為一個的觀念性。這些規定，這些包含在單子裡面的表象，是以一種觀念的方式存在於單子中的。單子中的這種觀念性本身是一個整體，所以這些差別都只是表象。這就是萊布尼茲哲學中令人感興趣的

226《哲學原理》，第十四節，第二十一－二十二頁。

東西。

所以單子是一種能表象、能知覺的東西；所以他說，單子是能動的。因爲活動就是單一中的差別；這是眞正的差別。單子不僅能表象，而且包含著變化；它在自身中變化，卻又仍然絕對是它自己。這種變化的基礎是活動。「內在原則的這種使它從一個知覺進到另一個知覺的活動，就是欲望（appetitus）。」[227]表象中的變化就是欲望。這是單子的自發性；一切都只是屬於單子自身，影響是沒有的。實際上，一切事物的這種理智性是萊布尼茲的一個偉大思想。「一切眾多性都包含在單一性中」，[228]規定性並不是一種與他物相對立的差別，而是自己反映自己的。這是一個方面；但是事情並非全部如此，它也同樣是與他物有差別的。

5. 這些表象並不是必然意識到的表象。**意識**誠然本身是知覺，但卻是一種更高級的知覺；萊布尼茲把意識的知覺稱爲**攝覺**。至於單純能表象的單子與自覺的單子之間的差別，萊布尼茲認爲在於**明晰**程度的差別。不過表象這個名詞無論如何總有些不適當，因爲我們總是習慣於把它只是歸給意識、歸給有意識的東西本身；而萊布尼茲卻也假定了無意識的表象。當萊布尼茲舉例說明無意識的表象時，他所根據的是昏迷、熟睡的狀態，在這種狀態中，我們是**單純**的單子；無意識的表象就存在於這種狀態中。他的證明是根據我們剛從睡眠

227《哲學原理》，第十五節，第二十二頁；《自然的原理和神恩的原理》，第二節，第三十二頁。

228《哲學原理》，第十六節，第二十二頁。

中醒來時具有知覺；所以睡著時必定有過另一些知覺，因為一個知覺只是從另一個知覺產生出來的。[229]這是一種無足輕重的經驗證明。

6.這些單子構成了一切存在物的原則。物質無非是單子的被動能力。這種被動的能力恰恰構成了表象的模糊性，或一種無法做出區別、欲求或活動的麻木狀態。[230]這是對於那種表象的一個正確規定；在單純性這一環節後面，它就是存在、物質。物質本來就是活動；如果用較好的名詞來說，這就是無規定的單純自為存在。他用昏厥來證明從模糊到明白的過渡。

7.形體作為形體，是單子的積聚；這些單子堆是不能稱為實體的，正如不能把實體這個名稱用於羊群一樣。[231]單子的連續性是一種秩序或廣延，空間並不是自在的東西；[232]空間

---

229 《哲學原理》，第十九—二十三節，第二十二—二十三頁；《自然的原理和神恩的原理》，第四節，第三十三—三十四頁；《人類理智新論》（拉斯普編《萊布尼茲哲學著作集》），第二卷，第九章，第四節，第九十頁。

230 《論動物的靈魂》（《全集》，第二冊，第一部分），第二—四節，第二三〇—二三一頁。

231 《全集》，第二冊，第一部分，第三節，第二一四—二一五頁；《論自然本身或論寓於其中的力》，第十一節；《關於自然和實體交通的新系統》（《全集》，第二冊，第一部分），第五十、五十三頁。

232 《全集》，第二冊，第一部分，第七十九、一二一、二三四—二三七、二八〇、二九五頁；《人類理智新論》，第二卷，第十三章，第十五、十七節，第一〇六—一〇七頁。

只是在另外一個東西裡面，只是我們的理智給予那個積聚物的一種統一性。[233]

（二）萊布尼茲以下列方式對無機的、有機的和有意識的單子做了詳細的規定和區別：

1. 那些沒有內在統一性、各個環節只是透過空間或外在地結合起來的形體，是**無機的**形體；它們並沒有一個隱德來希或一個單子統治著其餘的單子。[234]連續性只不過是空間；它是單純的外在聯繫，並沒有這些單子本身固有的等同性的概念。實際上應當把連續性規定爲單子本身固有的一種秩序、等同性。因此萊布尼茲把單子的運動規定爲彼此相同的，規定爲單子的一種和諧一致；[235]但這種等同性又不是單子本身所固有的。實際上，連續性構成了無機物的基本規定。但是不能把連續性直接理解爲外在的東西或等同性，而必須把它理解爲貫穿的或被貫穿的統一性，這種統一性把個別性消解於其中了，是一種流動性。但是萊布尼茲並沒有達到這一點，因爲在他看來單子是絕對的原則，個別性是揚棄自身的事物。

2. 有生命、有靈魂的形體是一個更高的存在等級，在這些形體裡面有一個單子支配著其餘的單子。這一個單子就是與它結合在一起的那個形體的隱德來希、靈魂，人們把這個形

462

233《人類理智新論》，第二卷，第十二章，第七節，第一〇二—一〇三頁；第二十一章，第七十二節，第一七〇頁；第二十四章，第一節，第一八五頁。

234《全集》，第二冊，第一部分，第三十九頁；《新論》，第三卷，第六章，第二十四節，第二七八頁；第三十九節，第二九〇頁。

235《全集》，第二冊，第二部分，第六十頁；《新論》，第二卷，第二十三章，第二十三節，第一八一頁。

體與它的靈魂統稱爲一個生物、一個動物。這個隱德來希統治著其他的單子，但並不是實在地統治著，而是形式地統治著；這個動物的各個肢體本身又是這些有靈魂的東西，每一個肢體又包含著一個統治著的隱德來希。[236]不過統治這個名詞在這裡並不是用它的本來意義。這種統治並不是對其他單子的統治，因爲所有的單子都是獨立的；所以這只是一個形式的名詞。如果萊布尼茲沒有使用統治這個詞，而對此做出進一步發揮的話，這個干涉其他單子的單子就把其他單子揚棄了、否定了；其他單子的自在存在就消失了，就不是這些點或個體的絕對存在的原則了。不過單子之間的這種聯繫我們之後再講。

3.有意識的單子與赤裸裸的（物質的）單子的區別就在於表象的明晰性。不過這當然只是一句不確定的話，一種形式的區別；它暗示著意識恰恰構成了無區別者的區別，區別構成了意識的規定性。萊布尼茲更加確定地規定了人的區別之點，認爲「人是能夠認識必然而且永恆的眞理的」，也就是說，人一方面表象著普遍的事物，另一方面又表象著聯繫的事物；自我意識的本性和本質就寓於概念的普遍性中。「這些永恆的眞理以兩個根本原則爲基礎，一個是矛盾原則，一個是充足理由原則。」前者以無用的方式把統一表達成爲原則，亦即不能區別者的區別，A＝A；這個原則是思維的定義，但並不是一個包含著以眞理爲內

236《哲學原理》，第六十五—七十一節，第二十八頁；《自然的原理和神恩的原理》，第三—四節；第三十二—三十三頁。

容的原則，也就是說，並不能表達區別的概念本身。另一個重要原則卻是：凡在思想中無區別的，就是無區別的。「充足理由原則就是：一切均有其理由」，[237]特殊者以普遍者爲本質。必然的眞理必定要具有自身固有的充足理由，因此可以透過分析，亦即透過那條同一原則，把這個理由找出來。分析就是一般所謂分解成爲簡單的概念和命題的意思，也就是這樣一種分解，它取消掉概念的聯繫，因而實際上造成了一種向對立面的過渡，而自己並不意識到這一點，因此也就排除了概念。充足理由似乎是同語反復；萊布尼茲把它理解爲目的因、目的（causae finales）。這裡所講的是作用因與目的因的區別。[238]所以這是主要的環節。

（三）這個普遍者本身，即絕對本質——因爲這畢竟是與那些單子不同的事物——在萊布尼茲那裡也分成兩個方面，即普遍的存在和作爲對立統一的存在。

1. 那個普遍者就是神。上述的充足理由原則當然造成了向對於神的意識的過渡，神是作爲世界的原因的。由這些永恆眞理推出的一個結果就是神的存在：永恆眞理就是對於自在自爲的普遍者和絕對者的意識；這個普遍者、自在自爲的絕對者就是神，就是自身同一的單元，就是眾多單子的單子，就是絕對的單元。永恆的眞理、自然的規律必定要有一個充足的

237《哲學原理》，第二十九—三十一節，第二十四頁；《自然的原理和神恩的原理》，第五節，第三十四頁；《神正論》，第一冊，第一部，第四十四節，第一一五頁。

238《自然的原理和神恩的原理》，第七節，第三十五頁。

理由；普遍的充足理由被規定爲神。這裡又來了對神的存在的單調無味的證明；神是永恆的眞理和概念的來源，如果沒有神，就任何可能性都不會有現實性。神有一種優勝之處，就是同時既是可能的又是存在的；[239]這是可能性與現實性的統一，不過採取著非概念的方式。凡是具有必然性卻不被理解的東西，都被放在神那裡；神不只是普遍者，而是在對立面的聯繫那個方面的。

2. 第二個方面是對立面的絕對聯繫。這個聯繫首先以思想的絕對對立面善與惡的形式出現。「神是世界的創立者」，這立刻與惡發生聯繫。這個聯繫是哲學上的努力所圍繞的軸心，但是哲學並沒有掌握到它的統一。哲學要理解世界上的惡，但是並沒有越出固定的對立的範圍之外。萊布尼茲有一種單調無味的想法，認爲神在無窮個可能的世界裡挑選了這個最好的世界，樂觀主義。[240]這是一種惡劣的通俗說法，一種誇誇其談，空吹著表象或想像中的可能性；伏爾泰曾經痛快地諷刺了他一番。因爲據他說，世界是一切有限物的總匯，所以惡不能與世界分開，因爲惡是否定性、有限性。[241]在這裡，實在性和否定性仍然和以前一

239 《自然的原理和神恩的原理》，第八節，第三十五頁；《哲學原理》，第四十三—四十六節，第二十五頁。

240 參看本書邊碼453。

241 《神正論》，第一冊，第一部，第二十節，第九十六、九十七頁；第三十二—三十三節，第一〇六—一〇七頁；第二冊，第二部，第一五三節，第五十七—五十八頁；第三七八節，第二五六—二五七頁。

樣對立著。這是《神正論》裡面的主要看法。這是我們在日常生活方面所能說的話。如果我讓人到一個城市裡的市場上買來一件東西，並且說，這件東西雖然不是十全十美的，卻是能買到的最好的，那麼，這就是我裝著滿意的一個十分好的理由。但是理解卻是完全另外一回事。這無非就是說，世界是好的，但也包含著惡；以前如此，以後也仍然如此。「因爲世界始終該是有限的」，只不過是基於神的武斷的選擇。爲什麼在絕對者及其決心中包含著有限性？又是如何包含的？從有限性這個規定去推，當然可以推出惡來了。

「神並不要惡；惡只是間接地出現在結果中的」（盲目地），「因爲有時候如果沒有惡存在就不能達到更大的善。所以惡是達到善的目的的手段。」神爲什麼不使用另外一種手段呢？手段永遠是外在的，並不是自在自爲的。「但是我們卻不能把道德上的惡看成手段，也不能（像使徒[21]所說的那樣）爲了善而行惡；但是惡卻常常具有著作爲善的

[21]、[22] 兩處典故都出於《新約全書》。
第一處見《使徒保羅致羅馬人書》第三章：「若上帝的眞實因我的虛謊而充溢流露他的榮耀來，爲什麼我還受審判爲罪人呢？我們爲什麼不作惡使善來到呢？」（這是我們所受的譭謗，並且有人說我們說了這話）……〔呂振中譯：呂（譯）新約初稿，第二八二頁〕
第二處見《馬太福音》第十八章：「因了絆跌的事，世界有禍啊！絆跌的事是必須來的；但絆跌的事是從他來的，那人有禍啊！」（前引書第三十五頁）中華聖經會《新舊約全書》的譯文：這世界有禍了。因爲將人絆倒，絆倒人的事是免不了的，但那絆倒人的有禍了。

conditio sine qua non〔必要條件〕的情況。惡在神心裡只是一種容許性意志的（voluntatis permissivae）對象」，[242]總之，一切壞的東西都是如此。「善是目的，而任何一件東西，包括次等的，即無所謂好壞的東西在內，以及惡，全都是手段；然而惡卻只是一個必要的條件，基督[22]就是在這個意義上說：必須有犯罪存在。」[243]

「根據神的智慧，我們必須認定自然的規律是最好的。」人們通常滿足這種說法；但是這個答覆對於特定的問題來說理由卻不充足。人們要想認識這種規律的善。這一點並沒有做到。「比方說，落體定律就是最好的：時間與空間的平方關係就是最好的。」人們也可以在數學上使用任何其他的乘方。萊布尼茲的回答是「神創造了這個」；這不是什麼答覆。我們要想知道的是這個規律的特定的根據；這些普遍的規定聽起來倒很虔誠，但是無法使人滿足。

3. 他進一步把充足理由與關於單子的想法聯繫起來。單子是萬物的本原，每一個單子都是自爲的，彼此之間沒有相互作用，同時在世界上存在著一種和諧。那個Monas monadum〔眾單子的太上單子〕，即神，如果是絕對的實體，那麼，個別的單子就沒有實體性了。這是一個本身沒有得到解決的矛盾：那具有實體性的唯一單子和眾多的個別單子，據

242 《神的正直給神做了辯護》（《神正論》，第二冊），第三十九節，第三八六頁。

243 《神的正直給神做了辯護》（《神正論》，第二冊），第三十四—三十八節，第三八五—三八六頁。

說都是獨立的，其根據是它們彼此之間並無聯繫；這就是一個沒有解決的矛盾。據說，它們是神創造的，也就是說，它們是被神的意志規定成爲單子的。

靈魂和**形體**這兩個對立的存在物的統一，應當理解得比單子與單子的關係更普遍。萊布尼茲把這種統一設想成一種並無區別的聯繫，一種非概念的聯繫，也就是說，設想成一種**預定的和諧**。[244]萊布尼茲舉兩座鐘爲例，說是這兩座鐘被撥在同一個鐘點，以同樣的方式走著；[245]這樣，思維界的運動就按照規定向目的進行著，而形體界的進程也按照著普遍的因果聯繫與思維界的運動吻合一致。[246]這和斯賓諾莎的說法是一模一樣的，即宇宙的這兩個方面彼此並無聯繫，並不互相影響，而是彼此完全不相干的，總之，缺乏概念的差異關係。在無概念的抽象思維中，每一種規定性都帶著單純性、自在、與他物不相干的形式（絕對的紅就被看成與藍等等不相干），這是一種無運動的反思。在這裡，也和前面一樣，萊布尼茲放棄了他的個體化原則；這個原則只有排斥他物的一的意義，並不是凌駕他物的一；只是想像的一，並不是一的概念。所以靈魂具有一系列由它的內部發展出來的表象，這一系列表象原來在創造的時候就被放進了靈魂，也就是說，直接就是如此：它們是這樣一種自在的規定

467　468

244《自然的原理和神恩的原理》，第三節，第三十三頁；《對實體交通說的第一篇說明》，第七十頁。

245《對實體交通說的第二篇和第三篇說明》，第七十一—七十三頁。

246《哲學原理》，第八十二節，第三十頁；《自然的原理和神恩的原理》，第十一節，第三十六頁。

性、存在著的規定性；然而規定性卻不是自在的，這種規定性在表象中反映的表現乃是它的客觀存在。伴隨著這一系列不同的表象的是形體的一系列運動，這一系列運動是與那些表象平行，或者說，是存在於它們以外的東西。[247]這兩者都是實在的基本環節；它們彼此互不相涉，但是卻也同樣具有著本質上的差異關係。

這就是靈魂、思維者；另一方面則是有形體的東西、運動。每一個單子都是封閉在自身之內的，並不對其他形體發生作用；每一個形體都是無窮多的原子的積聚，但是這些原子卻吻合一致。**Monas monadum**〔眾單子的太上單子〕的狀態和活動的進一步規定是：它是眾多單子的種種變化中的預定和諧；萊布尼茲把這種和諧放在神那裡。[248]神是這種吻合一致的充足理由；神對這些原子群做了這種安排，使那些在一個單子內部發展著的原始變化與其他單子的變化吻合一致。這就是預定的和諧。當一條狗挨了棍子的時候，痛苦在狗身上發展著，棍子也在發展著，打狗的人也同樣在發展著；狗、棍子、打狗者的各種規定都彼此吻合，但是這並不是透過這些規定的客觀聯繫，它們每一個都是獨立的。[249]它們並沒有單子與

247《關於自然和實體交通的新體系》，第五十四—五十五頁。

248《哲學原理》，第九十節，第三十一頁；《自然的原理和神恩的原理》，第十二—十三節，第三十六—三十七頁；第十五節，第三十七—三十八頁。

249《全集》，第二冊，第一部分，第七十五—七十六頁。

單子之間的聯繫。所以這個協調的原則是在它們以外，在神那裡，所以神是眾單子的太上單子，是絕對的統一；神是吻合的原因。

我們一開頭就看到了萊布尼茲是怎麼達到這種看法的。每一個單子都是能表象的，同時也是宇宙的表象。每一個單子本身就是一個總體，本身就是一個完整的世界。不過這種表象還不是一個意識到的表象；那些赤裸裸的單子本身也同樣是宇宙，區別就在於這個宇宙或總體在單子內部的發展。[250]在單子中發展著的東西，同時也與其他一切發展處在和諧中；這是唯一的和諧。「在宇宙中一切都極其緊密地結合在一起，打成一片，好像一個海洋：連最細微的運動也把它的後果一直傳播到一切遙遠的地方去。」[251]如果我們完全認識了一粒沙，就可以從這粒沙理解到全宇宙的發展。這些話表面上似乎很漂亮，其實並沒有什麼意義；因為宇宙的其餘部分要多於並且異於我們所認識的這一粒沙。說這粒沙的本質就是宇宙，乃是一種空洞的誇誇其談；因為作為本質的宇宙恰好不是宇宙。必須在這粒沙上再添加上某些不在其中的東西；因為思想加上了比沙子的存在更多的東西，這樣當然就能理解到宇宙及其發展了。這樣一來，每一個單子就都有或都是整個宇宙的表象，也就是說，它就是表象一般，不

250 《哲學原理》，第五十八—六十二節，第二十七頁；《全集》，第二冊，第一部分，第四十六—四十七頁。

251 《神正論》，第一冊，第一部，第九節，第八十五—八十六頁。

過同時也是一個使它成爲這一單子的特定表象，即根據它的特殊狀況和處境而定的表象。[252]

單子是能動的、能表象的、能知覺的；這些構成它的宇宙的知覺在它內部按照活動的規律發展著。它的外部世界的運動是怎樣按照形體的規律發展的，它內部的表象、精神性的東西就也是這樣按照欲望的規律發展著。自由就是自發性，就是說，在每一個單子內部發展的東西，就是它的內在的發展；自由只不過是被意識到的自發性。[253]磁針具有自發性。他說，磁針的本性就是指北；如果它有意識，它就會想到這是它的自決性，這樣它就有了按照自己的本性行動的意志。[254]因爲每一件東西都有按照自己固有的本性行動的 appetitus〔欲望〕。因爲單子都是封閉的，各自在自身之內發展著，所以這種發展又必須在和諧中。一個有機整體、一個人就是自發地規定目的的；不過這個有機整體或人是在他的概念中向著一個他物發展的。他表象或知覺這個或那個，要求這個或那個；他的活動就朝著這一點進行，並且造成一些變化。他的內心規定於是就變成了身體的規定，然後造成外界的變化；他似乎是原因的樣子，對其他單子起著作用。然而這只是一個假象。就這個單子規定和否定他物這一點來

252 《自然的原理和神恩的原理》，第十二—十三節，第三十六—三十七頁；《全集》，第二冊，第一部分，第三三七頁。

253 《神正論》，第二冊，第三部，第二九一節，第一八四—一八五頁。

254 《神正論》，第一冊，第一部，第五十節，第一一九頁。

說，這個他物是現實的事物；然而單子本身就是這個被動的東西，所有的環節都包含在單子本身之內。正因爲如此，它並不需要其他的單子〔，只需要單子自身的規律〕。[23]如果這種相互作用是一個假象，這種自爲存在就也同樣是假象，因爲自爲的存在只有與相互作用聯繫起來才有意義；需要的並不是什麼相互作用的規律，而是那些單子本身的規律。

這種理智性是萊布尼茲的偉大處，但是萊布尼茲並不懂得詳盡發揮這種看法，這樣，這種理智性就同時又是無限的眾多性。這種眾多性是絕對的，單子是獨立的；這種眾多性並不能克服單一。他使在概念中的這種分離竟達到了脫離本身，達到了彼此不同的獨立狀態的假象，而不懂得把這種分離總括到統一裡去。表象過程和外部事物的過程這兩個環節的協調，是作爲原因和結果出現的，萊布尼茲不懂得把它們自在自爲地聯繫起來，因而讓它們分立著。因此每一件東西對於另一件東西來說都是被動的。萊布尼茲進一步在一個統一體中考察這兩者；但是它們的活動卻並不是同時都爲了這個統一的。這樣，每一個過程單就本身來說就都變得無法理解了，因爲那個爲自己固有的目的所支配的表象過程需要帶著被動的他物這一環節，而原因與結果的聯繫又需要普遍者，它們兩者都各自缺乏它的這個另一環節。因爲在有意識的表象過程中並不出現必然的聯繫，而是呈現著偶然和飛躍，於是萊布尼茲就認爲，這是由於「被創造的實體的本性使它在某種秩序中不斷地變化著，這種秩序自動地

[23] 第三四六頁。

（spontanément）引導著它透過它所遇到的一切狀況；所以那個全視的神在實體的現在狀況中也可以認識到過去和將來。這個決定特殊實體的個體性的秩序規律，與其他一切實體和整個宇宙中所發生的事情有一種嚴密的聯繫。」[255]這就是說，單子並不是自在的，也就是說，有兩種看法，把它當作自動地按照形式產生自己的各種表象的東西，同時又把它當作必然性的整體的一環；按照斯賓諾莎的說法，這就是從兩個方面看它。

人的意志的規定與人以爲由意志造成的變化協調一致，這種統一是由另外一個東西造成的，並不是外來的；這個另外的他物就是神，神預定了這一和諧，這就是大家所熟知的預定和諧。當一個單子發生變化的時候，在另一個單子裡也發生與此相吻合的變化；這種吻合就是和諧，是由神規定的。這個絕對統一被放在神那裡；神是眾單子的太上單子。眾單子在神的面前不是獨立的；它們是吸收在神中的，是觀念性的。這樣，現在就發生了一種要求，要在神那裡去理解以前分立著的東西的那種統一；只有神擁有一種特權，擔負著理解不可理解的東西的重任。所以神這個字只不過是救急的東西，它所帶來的統一只不過是徒託空言的統一；萊布尼茲並沒有指出眾多的事物如何從這個統一裡產生出來。

由此可見，神在近代哲學中所發揮的作用，要比在古代哲學中大得多。在近代哲學中，理解占支配地位的（思維與存在的絕對對立是主要的要求）。〔在萊布尼茲看來，〕[24]

255 《全集》，第二冊，第一部分，第七十五頁。

[24] 第三四八頁。

思想前進到什麼地步，宇宙就前進到什麼地步；理解在什麼地方停止了，宇宙就在那裡停止了，神就在那裡開始了；因而後來有人甚至於認爲理解是對神不好的東西，神由於被理解，便往下拉到有限性裡了。理解是從特定的東西出發的：這個和那個東西是必要的，但是我們並不理解這些環節的統一；於是這個統一就落到了神身上。因此神就彷彿是一條大陰溝，所有的矛盾都匯聚於其中。這樣一個通俗觀點的總匯就是萊布尼茲的《神正論》。在這部書裡總是可以找出形形色色逃避矛盾的遁詞：當神的正直與善發生矛盾時，就設法調節一下這兩者；對於神的預知和人的自由如何相容這個問題，就想出形形色色的綜合，這些綜合根本沒有深入到根據，也沒有指出這兩者都是環節。

這些就是萊布尼茲哲學的主要環節。這是一種從一個有局限性的理智規定出發的形上學；這個規定就是絕對的眾多，因此他只能把聯繫理解爲連續。這樣，絕對的統一就被他拋棄了，但是他卻以這個統一爲前提；他只有用這樣一種方式來說明個體與個體之間的溝通，即認爲神規定了各個個體的種種變化中的和諧。這是一個人爲的體系，是建立在眾多性的絕對存在、抽象的單一性這兩個理智範疇上面的。萊布尼茲哲學中重要的東西是兩條原則，即個體性原則和不可分割性原則。

二、沃爾夫

沃爾夫的哲學與萊布尼茲直接連接在一起；因爲這種哲學眞正說來乃是萊布尼茲哲學的

一種系統化，因而也被稱爲萊布尼茲－沃爾夫哲學。這裡對沃爾夫的一般哲學內容做系統闡述。沃爾夫爲德國人的理智教育做出了偉大的貢獻、不朽的貢獻。他不僅是第一個在德國使哲學成爲公共財產，而且第一個使思想以思想的形式成爲公共財產，並以思想代替出於感情、出於表象中的感性知覺的言論。這正如大家所說的那樣，是教育的方面；這種教育眞正說來對我們現在並沒有什麼關係，這只是就這種思想形式被當作哲學這一點而言。這種哲學變成了一般的教養；其基本原則是確定的、理智式的思維；這種思維越出了現存事物的整個範圍。精神性的、更高級的、實體性的哲學，即我們在波墨那裡看到的那種以固有的粗野形式出現的思辨興趣，已經完全瓦解了，毫無作用地在德國消失了，連他的語言也被忘記了。

在克里斯蒂安·沃爾夫的生平事蹟中，最値得指出的是：他一六七九年生於布雷斯勞，是一個麵包師傅的兒子，開始學神學，後來學哲學，一七〇七年當了哈勒大學的數學兼哲學教授。在哈勒，那些僞善的神學家們，特別是朗格，以最卑鄙的手段對待他。虔誠的信心不信任這種理智；信心如果是眞實的，那它就走上一種具有思辨性質的內容，越出理智的範圍。他的敵手們由於不能以文章占到上風，於是採取陰謀。他們向腓特烈二世的父親腓特烈·威廉一世那個粗野的黷武國王告密，說按照沃爾夫的決定論，人是沒有自由意志的，因此軍人也沒有自由意志可言，而是由神的一種特殊安排（預定的和諧）規定了的；這種學說如果在軍隊裡傳播開，將有極大的危險性。這位國王對此大爲震怒，立刻下了一道諭旨，命令沃爾夫必須於四十八小時以內離開哈勒和普魯士邦，否則處以絞刑。於是沃爾夫於一七二三年十一月二十三日離開了哈勒。神學家們又進一步加以誹謗，他們對沃爾夫及其哲學大肆詆毀，那個虔誠的弗蘭克竟在教堂裡跪著爲沃爾夫的放逐向神謝恩。然而這股喜悅並沒有保持多久。沃爾夫到卡塞爾去了，立刻被任命爲馬堡大學哲學院首席教授，並且在這個時期被倫敦、巴黎、斯德哥爾摩的科學院聘爲院士，被沙皇彼得一世委派爲他新建的彼得堡科學院的副院長。沙皇也曾召他前往俄國，但他謝絕了，不過接受了一份恩俸，同時由巴伐利亞選帝侯封爲男爵，總之外在的榮譽接踵而來，這些榮譽在一般的公眾眼中是十分了不起、十分偉大的，特別是在當時，在今天也還是如此，因此在柏林也不得不受到極大的重視。後來在柏林成立了一個委員會，負責對沃爾夫的哲學做出鑑定（因爲這種哲學是驅逐不了的）；這個委員會說沃爾夫哲學對國家和宗教毫無危險，宣布那是無害的，封住了神學家們的口，並且禁止爭論。腓特烈二世於一七四〇年加冕後立即把沃爾夫禮遇召回（朗格已死），這時他接受了召命。腓特烈・威廉早就向他發出了很尊敬的召回書，但是他對奉召一事表示躊躇；他不信任。他當了柏林大學的副校長；不過他名過其實，他的講堂最後完全是空的，死於一七五四年。[256]

沃爾夫把全部知識都納入學究式的系統形式。他在數學方面曾經搞得很出名，也同樣以他的哲學著名，他的哲學在德國長期占據統治地位。但是這種哲學一般說來應當稱爲理智哲

256 布勒，《近代哲學史》，第四冊，第二篇，第五七一—五八二頁；提德曼，《思辨哲學的精神》，第六冊，第五一一—五一八頁；里克斯納，《哲學史手冊》，第三冊，第七十九節，第一九五—一九六頁。

學，包羅著一切落入知識範圍的對象；它雖然是以萊布尼茲哲學爲基礎的，思辨的東西卻在其中完全消失了。沃爾夫曾經在哲學方面，特別是在德國的一般文化方面做出貢獻；我們首先應當稱他爲德國人的教師。可以說，沃爾夫第一個使哲學成了德國本地的東西。切恩豪斯和托馬修斯也同時分擔了這種貢獻，他們用德文寫哲學書，從而有不朽的貢獻。

沃爾夫的一大部分著作也是用他的祖國語言寫的；這一點很重要。這些用德文寫的哲學著作的題目是：《關於人類各種理智能力及其在認識眞理時的正確應用的一些理性思想》，一七一二年哈勒版，共八篇；《關於神、世界、人的靈魂以及一切事物的一些理性思想》；一七一九年法蘭克福、萊比錫版；《論人們的爲與不爲》；一七二〇年哈勒版；《論社會生活》，一七二一年哈勒版；《論自然的各種作用》；一七二三年哈勒版，等等。沃爾夫是用德文寫作的；切恩豪斯和托馬修斯也分享了這個榮譽。與此相反，萊布尼茲是只用拉丁文或法文寫作的。但是，正如前面已經提到過的那樣，[257]只有當一個民族用自己的語言掌握了一門科學的時候，我們才能說這門科學屬於這個民族了；這一點，對於哲學來說最有必要。因爲思想正具有這樣一個環節，即應當屬於自我意識，也就是說，應當是自己固有的東西；思想應當用自己的語言表達出來，比方說，用Bestimmtheit〔規定，德語固有詞〕代替Determination〔規定，借自拉丁語詞determinatio〕，用Wesen〔本質，德語固有詞〕代替

257 參看第三卷第四四七頁邊碼257。

Essenz〔本質，借自拉丁語詞 essentia〕，等等，這樣對於意識來說是直接的，這些概念是它自己固有的東西，它是在與自己的東西打交道，不是與一個外來的東西打交道。拉丁語有一套措辭法，有一個特定的表象範圍或界域：一旦承認這個範圍，用拉丁文寫作的時候，就必定寫得平平板板；人們鹵莽地用拉丁語表達的東西，是不可能明白可誦或流暢自如的。

沃爾夫對哲學的各個部分，一直到經濟學爲止，寫了許多德文的和拉丁文的四開本書，拉丁文的有二十三厚冊，還有約四十個四開本。他的數學著作還構成另外的許多四開本。他特別使萊布尼茲的微積分受到普遍的應用。關於切恩豪斯和托馬修斯的哲學，在內容方面卻寥寥可數；這是所謂健全理性，雖說是從思維開始的，卻到處都是浮表性和空洞的普遍性。思想的普遍性雖是滿足的，因爲其中什麼都有，猶如一種格言，但是這種帶普遍性的格言卻恰恰沒有確定的內容。

沃爾夫的哲學，從內容上說，大體上就是萊布尼茲的哲學，只是他把它系統化了。這種哲學僅僅與《單子論》和《神正論》的那些主要規定相聯繫，他是始終忠於《單子論》和《神正論》的。德國的理智教養，現在完全獨立地、與過去的深刻的形上學直觀毫無聯繫地興起了。但是沃爾夫對這種理智教養所做出的那些偉大貢獻，卻與哲學所陷入的乾枯空洞成正比：他把哲學劃分成一些呆板形式的學科，以學究的方式應用幾何學方法把哲學演繹成一些理智規定，並與英國哲學家一樣，把理智形上學的獨斷主義捧成了普遍的基調。這種獨斷主義，是用一些互相排斥的理智規定和關係，如一和多，或簡單和複合、有限和無限、因果關係等等，來規定絕對和理性的東西的。沃爾夫十分徹底地排除了經院式的亞里斯多德哲學，使哲學成了普遍的、屬於德意志民族的科學。此外他又將哲學做有系統的、適當的分門別類，這種分類直到現代還被大家認爲是一種權威。

（一）理論哲學。他首先論述的是：(1)清除了經院作風的邏輯，這是經過沃爾夫系統化的理智邏輯；其次是(2)形上學，其中包括：本體論，論述各種關於「有」（ὄν）的抽象的、完全普遍的哲學範疇，認爲『有』是唯一的、善的；其中出現了唯一者、偶性、實體、[258]因果、[259]現象等範疇；這是抽象的形上學。②次一部分學說是宇宙論；這是關於形體、關於世界的普遍學說。這是一些關於世界的抽象形上學命題，認爲沒有偶然，[260]自然中沒有飛躍，[261]論證了連續性的規律。他排斥博物學和自然史。③然後是理性靈魂學，即心靈學、靈魂哲學，論述靈魂的單純性、不死性、非物質性。[262]④自然神學，對神的存在做出

---

258 《關於神、世界和人類靈魂的一些理性思維》，第一部，第二章，第一一四節，第五十九—六十頁（哈勒一七四一年版）。

259 《關於神、世界和人類靈魂的一些理性思維》，第一部，第二章，第一二〇節，第六十二—六十三頁。

260 《關於神、世界和人類靈魂的一些理性思維》，第一部，第四章，第五七五—五八一節，第三五二—三五九頁。

261 《關於神、世界和人類靈魂的一些理性思維》，第一部，第四章，第六八六節，第四二五頁。

262 《關於神、世界和人類靈魂的一些理性思維》，第一部，第五章，第七四二節，第四六三頁；第九二六節，第五七三頁。

證明。[263]其中夾進了經驗靈魂學。[264]這是理論哲學。（二）實踐哲學是：(1)自然法；(2)道德學；(3)國際法或政治學；(4)經濟學。

全部學說是以嚴格的幾何學形式如公理、定理、附理、繹理等等陳述出來的。沃爾夫一方面探討了一個巨大的、十分普遍的範圍；另方面又在論述各個命題及其證明時採用了嚴格的方法。哲學方面的內容有一部分是從萊布尼茲那裡取來的，也有以經驗的方式從我們的感覺和心理傾向中採取來的；笛卡兒等人對普遍概念所做出的那些規定，他都完全採納了，並爲這些規定所下的定義、所提出的命題做出了證明。這種認識在方式上和斯賓諾莎是一樣的，不過更加死板、更加笨重。沃爾夫的辦法是這樣的：下定義，定義是基礎；這些定義大體上是建立在我們的表象上面的，這是一些有名無實的定義。他使我們的表象轉化成理智規定；定義如果與這種表象相吻合，那就是正確的。

他爲德國（也是比較普遍地）規定了意識的世界，就像亞里斯多德那樣，對於亞里斯多德我們也可以這樣說。他說明了人類表象的整個範圍，這對於一般的教育是極爲重要的。內容是由一些抽象命題及其證明構成的混合物，還夾雜著一些經驗，他對這些經驗的眞理性不加懷疑，把他的大部分命題建立在這種眞理性上面；如果眞有一種內容從其中產生出

263《關於神、世界和人類靈魂的一些理性思維》，第一部，第六章，第九二八節，第五七四頁以下。

264《關於神、世界和人類靈魂的一些理性思維》，第一部，第三章。

來的話，那當然必須把命題建立於其上，並且從其中找出根據。（在斯賓諾莎那裡，除了絕對實體和經常返回絕對實體以外，是別無內容的。）沃爾夫把這種內容理解成思想的形式，理解為屬於思想本身的普遍規定，或思想形式方面的普遍規定。這是一個偉大的貢獻。他與亞里斯多德的不同，就在於他僅僅採取理智的態度，而亞里斯多德卻以思辨的方式論述了對象。理智的論述就是孤立地抓住每一個思想規定；與此相反，懷疑論則是把這些固定的思想規定混淆了。

沃爾夫遵循幾何學方法。數學是理智適用的場所；三角形必須永遠是三角形。沃爾夫是德國人之中的理智教師。斯賓諾莎已經應用了幾何學方法；沃爾夫同樣地把它應用到一切純屬經驗的事物上，例如就應用在他的所謂應用數學中，他把許多有用的技術放進了這種數學，使一些最普通的思想和意思帶上了幾何學的形式；這種做法使他的陳述具有一種學究式的外觀，尤其是當內容本來淺近，不用這種形式，單憑表象即可說明的時候，他的講法更顯得學究氣十足。

方法的嚴格，當然也有一部分變成學究氣。推論是主要的形式；這常常是一種粗野的學究作風，給他帶來了十足的呆板。沃爾夫在數學中（四小冊）也講了建築術和戰術。例如在建築術中就有這樣一個規條：窗子必須是給兩個人用的。[265]蓋一間廁所，是被他當作課題和

265 《一切數理科學初階》，第一部：建築術初階，第一部分，規條八，第四一四頁。

解決提出來講的。[266]第二個好例子是出於戰術中的：「規條四。敵人向要塞走得愈近，就必定愈難靠攏要塞。」他不說因爲危險愈大，卻不厭其煩地這樣說：「證明。敵人向要塞走得愈近，危險就愈大。而危險愈大，人們就必定愈能抵抗他，使他的進攻粉碎，擺脫自己的危險，這是非常可能的。因此，敵人向要塞走得愈近，就必定愈難靠攏要塞。證訖。」[267]他把因爲「危險愈大」當作理由提出來，這樣，也就全盤錯誤了，我們就可以做出正好相反的結論了。因爲人們一開始對敵人進行一切可能的抵抗，敵人就不能向要塞走得更近，於是危險就無法變得更大。更大的抵抗有一個原因，但並不是這個愚蠢的理由；那是因爲守衛部隊現在離得比較近，因而在一個狹窄的戰場上做戰，可以進行更大的抵抗。

沃爾夫就是以這種十分繁瑣的方式來對待一切可能的內容。一切思辨的事物都離他很遠；我們看到他把一切可能的內容都放進了這種論述方式。作爲這種內容的基礎的，是我們的表象。只有當我們把自己的表象歸結到它們的單純思想時，我們才知道定義是不是正確。這樣，我們的通常表象就轉化成空洞的思想形式了。這種學究作風的粗野性，或這種粗野性的學究作風，在他那裡十分詳細地、充分地表現出來，必然使他失去一切信任。他並沒有明確地意識到，爲什麼幾何學方法並不是唯一的、最後的認識方法。由於人們本能地直接

266《一切數理科學初階》，課題二十二，第四五二─四五三頁。

267《一切數理科學初階》，第二部：結構初階，第一部分，第五七〇頁。

意識到這些應用幾何學方法的實例太愚蠢，這種方法已經不時興了。

三、通俗哲學

沃爾夫哲學所需要的，只不過是擺脫它的死板的形式，至於內容，就是以後的通俗哲學。它迎合我們的一般意識，把一般意識當作最後的標準。我們也看到斯賓諾莎從定義開始，定義也被當作前提。但是斯賓諾莎內容具有深刻的思辨性質，並不是從一般意識中取來的。在斯賓諾莎那裡，思維並不僅僅是形式，內容是屬於思維本身的；這是思想本身的內容。在思辨的內容裡，思維是滿足於自身的，內容立刻由思維本身得到證明；它本身就是總體，所以它能滿足理性的本能。內容如果是有限的，那就意味著需要一種根據。而斯賓諾莎，內容是沒有根據的、沒有任何外在的根據；它本身就是根據。至於有限的內容，我們要求它有一個不同於這一有限物的根據；思辨的內容本身就是完整的。因此從內容上而言，沃爾夫哲學已經是通俗哲學，雖然它在形式上承認思維的有效性。沃爾夫哲學在康德以前一直占據統治地位。鮑姆加登、克魯修斯、摩西·孟德爾頌是沃爾夫哲學的個別加工者。孟德爾頌曾經以一種更通俗、更有風趣的方式講哲學。

我們考察過的那些哲學形態，都帶著這樣一種性質：它們都是形上學，都是從普遍的理智規定出發，把它們與經驗、觀察結合起來，總之是與經驗的方式結合。在這種形上學裡，只有一個方面，就是使我們意識到思想的種種對立，並致力於解除矛盾。思維與存在

（廣延）、神與世界、善與惡、神的全能和前知與世界上的罪惡以及人的自由的矛盾，靈魂與精神、表象中的事物與物質的事物的對立，以及它們之間的相互關係，乃是注意的中心。這些對立和矛盾的解除，乃是要做的工作；這種解除是被放在神身上的；因此神就是使這一切對立得到解除的事物。從主要的方面說，這就是這一切哲學的共同之點。在這裡必須指出，這些對立本身並沒有得到解除，也就是說，並沒有指出前提本身就是子虛烏有的，因此並沒有做出一種眞正具體的解決。儘管神被當成解除一切矛盾的東西，神和那些矛盾的解除卻是口頭上說說的，並不是把握到、理解到的。如果按照神的各種特性如前知、全在、全知等等去理解神，如果把神的各種特性，例如權能、智慧、善良、公正等等看成神本身的特性，這些特性就把它們自己引進種種矛盾了；萊布尼茲曾經試圖取消這些矛盾，他說，這些矛盾是互相制約的，合攏來就互相抵消了。但是這並不是對這些矛盾的〔眞正〕把握。

這種形上學與古代哲學、與柏拉圖和亞里斯多德形成鮮明的對比。我們可以再三地回到古代哲學，贊許古代哲學；它在當時的發展階段上是令人滿意的，是一個具體的中心點，正如人們所理解的那樣，充分地完成了思維的任務。在這種近代的形上學裡面，各種對立發展成了絕對的矛盾。神雖然被提出來當作這些矛盾的絕對解決，這種解決卻仍然是抽象的、彼岸的。所有的矛盾都仍然存在於此岸，從內容上說，仍然沒有得到解決。神並沒有被理解爲使矛盾永遠解決的神；神並沒有被理解爲精神，理解爲三位一體的精神。只有在作爲精神、作爲三位一體的精神的神之中，才包含著這種神本身及其對方聖子的對立，因而包含著這一對立的解除。作爲理性的神這一具體的理念，還沒有被採取到哲學中；對各種矛盾的解決，只不過是一種彼岸的解決。

現在爲了對其他民族在哲學上的努力作一番回顧，我們來看一看哲學的**進程**。我們又像以前一樣，看到這種枯燥的理智哲學碰到了懷疑論，不過這種懷疑論眞正說來是採取著唯心論的形式，也就是說，認爲各種規定都是自我意識的主觀規定。我們曾經看到過思維，現在我們看到概念出現了。思維是不動的單純性形式。在斯多噶學派那裡，是把規定性當成被思維的事物。現在我們在近代也看到同樣的現象，只是這時浮現了總體性的圖像或內在意識，即絕對精神，認爲世界是以絕對精神爲基礎的，並且向絕對精神的概念邁進；這是精神的另一個內在基礎，另一個潛在本性，精神從自身內獨立地努力把它產生出來；所以這是精神對自身的一種把握；或者換句話說，精神確信理性就是全部實在。在古代哲學家那裡，理性（邏各斯）被看成意識的自在自爲的本體，而語言只被當成一種虛浮的形式的存在；但是現在卻把理性的確定性視爲存在著的實體，因此在笛卡兒那裡有著概念和存在的統一，在斯賓諾莎那裡也同樣有著普遍的實在。現在出現了固定的思想向自身運動的概念，這就是說，運動本來只是作爲方法，處在對象以外的，現在來到了對象自己身上了，也就是說，自我意識來到思想裡面了。思想是具有自在存在而沒有自爲存在的事物，是與感性事物不相同的一種客觀的方式，但又與自我意識的實在性不相同。

我們現在看到概念進入了思想，這個概念有三種形式：(1)作爲個別的自我意識，一般的形式表象；(2)作爲普遍的自我意識，這種自我意識是面對一切對象的，不管是被思維的事物，確定的概念，還是具有現實性形式的對象，不管是一般在思想中確定的事物，是被認作彼岸物的靈明世界及其豐富的規定，還是靈明世界的現實化，即此岸世界；(3)同時採取這兩種方式的只是現實的概念，並不是退回到思想中的概念，也不是自己思維自己的概念。前者是一種概念式的思維，概念本身把這種思維當成本質，這是唯心論。到現在為止，這三個方面又分別屬於現今文明世界內三個僅有的民族。屬於英國人的，是那種經驗的、完全有限的概念；屬於法國人的，是那種作為對一切進行嘗試的、肯定自己的實在性的、揚棄一切規定的、因而具有普遍性的無限純粹自我意識的概念；屬於德國人的，則是這種內在的事物的深入自身，即絕對概念的思維。

第二章　過渡時期

在康德哲學以前，有一種思想衰落的情況。那時有一種思想，可以稱之爲一般通俗哲學、反思哲學、反思的經驗主義，起來反對理智的形上學。正如理智形上學由於向特殊科學發展而變成了經驗主義一樣；反過來，這種經驗主義本身也或多或少地變成了形上學。爲了對付上述的那些矛盾，有些人提出了一個或一些內在於精神、人心的固定原則。與我們僅僅在彼岸的神身上找到那些矛盾的解決相反，這些固定的原則是一種此岸的和解，具有著此岸的獨立性。這些原則反對彼岸的形上學，反對形上學的人爲拼湊，反對神的協助、預定和諧、最好的世界等等，反對這種純屬人爲的理智。它們是一種此岸的理智根據，是從一般所謂健全理智、健全理性中找出來的。這些此岸的具體原則是存在於有教養的人心裡的一些充滿固定內容的原則，是他們心裡所感到、所見到、所尊重的事物。如果人的感情、直觀、心靈、理智是有教養的，這樣一些規定的確可以是好的，可以被認爲有效。如果是人的心靈受過道德教育、人的精神受過理智教育，能夠從事思維和反思，那麼，在人身上起支配作用的，可以是一些比較優良的、美好的感情、感覺和欲望，這些原則所表現的，可以是一種比較普遍的內容。可是，如果把我們所謂的健全理智、健全理性，把那種植根於自然人的心靈中的事物當作內容和原則，所謂健全理智就無非是一種自然的感情、自然的認識了。崇拜母牛、拋棄或殺死嬰兒、什麼殘忍的事都做的印度人，向鳥和聖牛等等祈禱的埃及人，以及土耳其人，也同樣有這種健全理智。野蠻的土耳其人的健全理智和自然感情如果被當作準則，就會產生一些駭人聽聞的原則了。但是當**我們**說到健全理智、說到自然感情的時候，心裡所想的始終是一個有教養的精神。那些把自己身上的健全理性、自然認識、直接感情、直接啟示當成規範和準則的人卻不知道，當宗教、倫理、法律作爲人心中的內容出現時，是要歸功於文化教育的，只有文化教育才使這樣一些原則成爲自然的感情。在這裡所要講的那一類哲學中，就是像這樣把自然感情、把健全理智當成原則；其中也有許多可以承認的事物。

十八世紀哲學就是這個樣子。屬於這一類哲學的，有一部分是法國哲學，有一部分是蘇格蘭哲學，有一部分是德國哲學。這種德國哲學，由於它不是沃爾夫的形上學，也被稱爲啟蒙哲學。我們在這裡要一般地考察三個方面：(1)休謨本人；(2)蘇格蘭哲學；(3)法國哲學。休謨是懷疑論者。蘇格蘭哲學構成休謨懷疑論的一個對立面。法國哲學是第三種；德國啟蒙哲學則是一個附屬品，一種比較軟弱無力的形態。人們沒有能夠由形上學的神向前更進一步，也就是說，沒有能夠達到具體的內容。洛克把他的內容放在經驗的基礎上，經驗主義的立場是不能把思維引導到穩固的立足點上的；休謨全盤否定了一切普遍的事物；蘇格蘭哲學家們提出了普遍的命題和眞理，卻並不是透過思維，他們不得不在經驗的事物裡去找穩固的立足點；法國人在現實（réalité）中發現普遍者，卻並不是在思維中、從思維中發現普遍者的內容，而是把有生命的實體、自然、物質當成普遍者。這一切都是反思的經驗主義的進一步發展。現在我們要提出幾點進一步的規定。

壹、唯心論和懷疑論

一般的思維本是單純的、普遍的自身等同者。因此它在本質上是否定的運動。由於這種運動，就形成了這種自身等同性，就揚棄了確定的事物。這種自爲存在的運動，現在是思維本身的主要環節；在這時以前，它是在思維之外的。思維把自己像這樣理解爲在自身內的運動時，就是自我意識，起初它是形式的，是個別的自我意識。在懷疑論中，思維具有著個別自我意識的形式，但是（與古代懷疑論）[1]有所不同，現在是以確信現實爲基礎的。（在古代則相反，）[2]懷疑論是返回到個別意識的，因而在它看來，個別意識並不是眞理，換句話說，它並沒有宣布所得出的結論、並沒有獲得一種積極的意義。但是在近代，由於把這種絕對的實體性、這種自在物與自我意識的統一當作基礎，由於有這種對於一般現實的信仰，懷疑論就具有著這樣一種形式：它是唯心論，它把自我意識或對自己的確認宣布爲全部實在和眞理。最糟糕的一種唯心論則是抓住個別的或形式的自我意識，除了宣稱「一切對象都是我們的觀念」外，並沒有前進一步。我們在巴克萊那裡看到了這種主觀唯心論；在休謨那裡看

[1] 第三六三頁。

[2] 第三六三頁。

到了這種主觀唯心論的另一變種。休謨是一個蘇格蘭人，這樣的英國哲學家也有不少；但是我們可以把他們撇在一邊。庫得華斯以其systema intellectuale〔理智的體系〕著名，克拉克以其對神的存在的證明著名。

一、巴克萊[3]

〔在這種唯心論裡，外界現實全部消失了。〕[4]這種唯心論是以洛克的觀點為先驅，直接從洛克出發的。在洛克那裡，我們就已經看到眞理的來源，他認爲是經驗或被知覺到的存在。這種感性的存在，作爲存在，是具有著爲意識存在的特性的，所以我們看到，由於這個緣故，必然會至少有某些事物，被洛克那樣一規定，就不是自在的，而只是爲他物存在的了，例如顏色、形狀等等，其根據就只是在主體中，在主體的特殊結構中。然而洛克並沒有把這種爲他物存在的事物當成概念，而是把它說成進入了自我意識的範圍；他所說的自我意

[3] 黑格爾在一八二五—一八二六年和一八二九—一八三〇年的講演裡略去了巴克萊；有兩次講演中是把休謨放在蘇格蘭哲學和法國哲學的後面，康德的前面；在一八二五—一八二六年的講演中法國哲學也還是放在蘇格蘭哲學的前面。

[4] 第三六四頁。

識並不是普遍的自我意識、並不是精神，而是與自在相對立的事物。

巴克萊一六八四年生於愛爾蘭基爾肯尼郡湯瑪斯鎮附近的基爾克林，一七五四年逝世，那時他是一位英國主教。[1]巴克萊著有：*Theory of vision*〔《視覺新論》〕，一七〇九年；*Treatise concerning the principles of human knowledge*〔《人類知識原理》〕，一七一〇年；*Three Dialogue between Hylas and Philonous*〔《海拉斯和菲洛諾斯的三篇對話》〕，一七一三年；*The Works of George Berkeley*〔《喬治·巴克萊全集》〕，一七八四年倫敦版，四開本，共二卷。

巴克萊提出了一種與馬勒伯朗士很相近的唯心論。與理智的形上學相反，他提出一種看法，認爲一切存在物及其各種規定都是被感覺的事物，都是自我意識所造成的事物。他的獨創的主要思想是：「凡屬我們稱之爲物的事物，它的存在就是它的被感知。」我們所認識的事物，就是我們的規定。巴克萊和洛克一樣說：「凡屬人類認識的對象都是觀念，這些觀念或者是從外部感官的印象發生的，或者是從內心狀態的知覺和精神的活動產生的，或者是藉助記憶和想像把前兩種觀念分離改組而造成的。各色各樣的感官感覺結合在一起，在我們看

1《關於巴克萊主教生平著作的報導》（載《喬治·巴克萊哲學著作集》第一部，萊比錫一七八一年版），第一、四十五頁；布勒，《近代哲學史》，第五冊，第一部分，第八十六—九十頁。

起來就是一個特殊的物，例如顏色、滋味、氣味、形狀等等的感覺。」[2]

這是認識的材料、對象。認識者是知覺者、活動者、「我」，「我」是在想像、記憶、意欲等不同的活動中與那些感覺連在一起表現出來的。巴克萊承認自爲存在與外在存在的區別，但〔認爲〕這一區別本身是在「我」的範圍之內。〔他認爲：〕在活動者所處理的這種材料中，人們雖然承認有一部分並不存在於精神之外，例如我們的思想、內在感覺、心理狀態和想像力的產物之類；但是，各種各樣的感性表象和感覺，也同樣是只能存在於一個精神之內的。顏色、氣味和聲音，總是被人們了解爲僅僅是被感覺的事物。[3]人們所談到的，僅僅是物與意識的關係，物是擺脫不了這種關係的；它被人們說成存在著的事物，其實僅僅是被知覺的事物。

由此可知，物僅僅屬於自我意識。因爲不在一個表象者之內的知覺是烏有的、直接矛盾的。不可能有一種實體，並非表象者，亦非知覺者，卻是知覺和表象所寄託的基質。如果有人認爲在意識之外有某種事物與表象相似，那也同樣是矛盾的，因爲表象只能與表象相

2 布勒，《近代哲學史》，第五冊，第一部分，第九十一九十一頁。《喬治．巴克萊哲學著作集》（包括《海拉斯和菲洛諾斯的對話》），第八十二頁以下。

3 布勒，《近代哲學史》，第五冊，第一部分，第九十一頁；《巴克萊哲學著作集》，第九十七頁以下。

似、觀念只能與觀念相似。[4]

例如，洛克曾經把廣延和運動區別開來，認爲它們是基本性質，是屬於對象本身的性質。巴克萊就很中肯地指出，洛克這種看法，是與他把大和小、快和慢看成相對的事物的看法相抵觸的；如果廣延和運動是自在的，它們就既不能是大的，也不能是小的，既不能是快的，也不能是慢的，也就是說，根本不能存在；因爲大小快慢等規定是包括在廣延和運動的概念裡面的。[5]洛克所達到的最後的事物，是抽象的實體，一般的存在，具有著作爲諸多偶性所寄託的基質的現實規定。巴克萊則宣布這種實體是世界上最不可理解的事物；不過這種不可理解性並沒有使它成爲一種絕對烏有或本身不可理解的事物。[6]

這樣，從一方面說，外在的現實就消失了。這是唯心論。巴克萊提出存在與精神的關係不可理解，來駁斥外界對象的存在，〔這種不可理解性在概念中被揚棄了，〕[5]他說的並不是存在與概念的關係，因爲概念是否定性的事物，就是這一點促使巴克萊和萊布尼茲把這兩個方面封閉在自身之內。然而，他物與我們的關係卻是存在的；這些感覺並不像萊布尼茲所

4　布勒，《近代哲學史》，第五冊，第一部分，第九十一—九十二頁；《哲學著作集》，第一四七—一四九、一八五頁。

5　布勒，《近代哲學史》，第五冊，第一部分，第九十二—九十三頁；《哲學著作集》，第一二三—一三二頁。

6　布勒，《近代哲學史》，第五冊，第一部分，第九十三—九十四頁；《哲學著作集》，第一五四—一六二頁。

[5]　第三六六頁。

設想的那樣，是從我們發展出來的，而是被他物所決定的。萊布尼茲談論單子內部的發展時，是一派空談；因爲單子的系列並不包含任何內在聯繫。所以每一個體都是被一個他物所決定，並不是被我們所決定；這個外在的事物是什麼，是無關緊要的，這是一種偶然性。在談到萊布尼茲的那個彼此漠不相關的兩方面時，巴克萊說，這樣一種他物完全是多餘的。巴克萊把他物稱爲對象。但是，這些對象卻不能是我們所謂物質性的東西，精神與物質是不能融合在一起的。[7]

表象的必然性與表象者的這種在自身記憶體是直接矛盾的；因爲在自身記憶體乃是表象者的自由，而表象者並不能自由地製造出表象，相反地，對於表象者來說，表象是具有著一個異於它的他物的形象和特性的。巴克萊也並不接受那種主觀意義的唯心論，而只是承認有一些彼此溝通的精神（他物本身也是表象者），因而認爲只有神才創造出這些表象；這樣，由我們以自己的活動製造出來的那些想像或表象，就仍然有別於神所創造的那些表象[8]——自在者。這一看法顯示巴克萊看到在這個問題上發生了一些困難，他要想以一種別出心裁的方式加以補救。這一體系中的不一貫性，又必須用神這條大陰溝來排除。我們把它交給神去辦吧！

7　布勒，《近代哲學史》，第五冊，第一部分，第九十四—九十五頁；《哲學著作集》，第二一〇、二七五頁。

8　參看《哲學著作集》，第二五九—二六二頁。

總之，在這種唯心論裡，對全部經驗存在所持的看法仍然和過去完全一樣，即把現實看成個別的事物。它對宇宙所持的感性看法和各種表象，以及由毫無概念的思想和判斷構成的體系，都仍然和過去一模一樣。在內容上毫無改變，所不同的只是在形式上提出了它那個抽象的公式：一切都僅僅是知覺。[9]那個公式對於內容是毫無認識、毫無理解的；換句話說，在這種形式的唯心論裡，理性是沒有獨特的內容的。自我意識仍然和以前一樣，是一種充滿著有限性的事物；它以一般的方式攝取內容，而內容也仍然是一般性質的事物。這種看法並不是一種關於事物的看法，而是一種關於表象的看法，而且仍然是一種和以前一樣平庸的看法。這種唯心論僅僅涉及意識與它的對象的對立，除此以外根本沒有接觸到表象的廣大範圍，沒有接觸到各式各樣經驗內容中的種種對立。如果我們像以前追問事物的眞相是什麼那樣，追問這些知覺和表象的眞相是什麼，那是得不到答覆的。抱著一個老在經驗裡繞圈子的自我意識，對世界完全持庸俗的看法，並不去認識那個內容，這是一種完全不相干的處理方式；那種自我意識仍然具有著十足的個別性，對內容毫無認識。

在巴克萊對經驗內容方面的進一步論述中，所研究的對象完全是經驗的、心理的。他所講的主要是視覺與觸覺的區別，要探索出哪一類屬於視覺，哪一類屬於觸覺。這種研究，完全是以現象性的事物爲對象，只是在現象性的事物裡面做出多種多樣的區別；換句話說，

9　參看《哲學著作集》，第二五九—二六二頁。

它的理解僅僅達到區分的程度。只有一點値得我們注意，這就是：他的研究在這樣做的時候，主要是探討空間，它反復地爭辯著，我們的那種關於距離的表象，以及各種與空間有關的表象，究竟是透過視覺獲得的？還是透過觸覺獲得的？空間正是那種感性的普遍物，那種具有道地的、個別性的普遍物，我們對經驗界的分散對象進行經驗考察時，它就誘導我們去思維（因爲它本身就是思想），一思維，這種感性知覺和對於知覺的推理就在思維活動中糾纏不清了。由於這種對感性知覺的推理這時擁有一個客觀的思想，它確乎可以被誘導去思維或掌握一個思想，但是它並不能眞正把握住思想，因爲它的對象並不是思想或概念，它根本不能達到對本質的意識；它並不把任何事物當作一個思想去思維，而是當作一個外在的、異於思想的事物。

二、休謨

這裡要接著談一談休謨的懷疑論。這種懷疑論在歷史上所受到的重視，有過於它本身的價値。它的歷史意義就在於：眞正說來，康德哲學是以它爲出發點的。

大衛·休謨一七一一年生於愛丁堡，一七七六年在倫敦去世。他在外交界度過了很長的時間。他以哲學上的 Essays〔試論〕聞名，但更以歷史家聞名。他在愛丁堡時任圖書館長，後在巴黎任大使館祕書。他在巴黎結識了讓·雅克·盧梭，曾經邀請盧梭到英國；由於盧梭生性極端多疑，兩人終於分道揚鑣。[10]

休謨著有：*A Treatise of human nature*〔《人性論》〕，共三卷，一七三九年出版，雅各譯爲德文，一七九〇年哈勒版，八開本。*Essays and Treatises on several subjects*〔《關於若干題目的試論和論著》〕，共二卷（第一卷包括 *Essays moral, political and literary*〔《道德、政治和文學方面的試論》〕，一七四二年愛丁堡初版；第二卷包括 *An Enquiry concerning human understanding*〔《人類理智探究》〕，這是《人性論》的改作，一七四八年倫敦初版單行本，八開本）。

休謨的**哲學**從經驗的觀點出發，認爲我們的概念是從經驗取得的。他的 Essays 使他在哲學方面享有最大的聲望；他在其中討論了一些哲學問題，討論的方式並不是系統的，而是像一位有教養的、閱世甚深的思想家那樣，並沒有一個完整的脈絡，也不是把他的思想實際上能夠取得、能夠掌握的事物全盤托出；毋寧說他在一些論文中只是提出某幾個特殊的面向來加以討論。

我們把主要的內容簡略說明。休謨的出發點是洛克和培根的哲學觀點，即經驗哲學。這種哲學所抓住的，是外部直觀或內心感受所提供的材料；法律、倫理、宗教方面的事物都屬

10　布勒，《近代哲學史》，第五冊，第一部分，第一九三—二〇〇頁。

於這個範圍。休謨拋棄了天賦觀念。[11]經驗是由知覺組成的。「我們的全部表象，一部分是印象、感官感覺，一部分是概念或觀念」，即各種理智範疇；「後一部分的內容與前一部分相同，只是強度和生動性較差。全部理性對象，要麼是概念的關係，如數學命題，要麼是經驗事實。」[12]其內容大抵如此。

休謨在詳細考察那些被歸入經驗項下的事物時，找到了一些進一步的規定，特別是普遍者和普遍必然性這兩個規定；休謨考察得最多的是因果範疇。休謨的懷疑論直接以洛克的哲學為對象，同時也以巴克萊的唯心論為對象。思想方面的發展過程是這樣：巴克萊把一切觀念等量齊觀；休謨則明確了感性物與普遍者的對立，並且清楚明白地把它說了出來，把感性物定義為沒有普遍性。巴克萊並未做出這一區別，沒有弄清他那些感覺中間有沒有必然的聯繫。在休謨之前，經驗是兩者的混合物。

休謨完成了洛克主義，因為他始終一貫地指明，如果我們持這種觀點，那麼，經驗固然是我們所認識的事物的基礎，知覺本身包羅萬象，可是在經驗中卻並不包含普遍性和必然

11《關於若干題目的試論和論著》，第三卷，《人類理智探究》（倫敦一七七〇年版），注A，第二八三—二八四頁。

12 坦納曼，《哲學史綱要》（溫特摘要本）（Grundriss von Wendt）（萊比錫一八二九年版），第三七〇節，第四三九—四四〇頁；《關於若干題目的試論和論著》，第三卷，第二編，第二十一—二十二頁；第四編，第一部分，第四十二頁；坦納曼原書，第十一卷，第四三三—四三四頁。

性，經驗並不向我們提供這兩個規定。休謨在因果聯繫中設定了理性的事物，這種聯繫是僅僅來自經驗的；它只有作爲這樣一種聯繫在經驗中出現時，才是有效的，在經驗中我們卻看不到必然性。「我們對於一件事實的確信，是建立在感覺、記憶以及一些根據因果聯繫或因果關係做出的推論上的。我們對於這種因果結合的知識，並不是出於先天的推論，而只是出於經驗。我們期待相似的原因產生相似的後果時，是根據**習慣**原則進行推論，即某些不同的現象總是結合在一起，某些觀念總是聯繫在一起。因此經驗以外的知識是不存在的，形上學是不存在的。」[13]

這種簡單的思想本來就是洛克的思想。按照洛克的看法，經驗是知覺的來源，我們是從經驗中獲得因果的概念以及必然聯繫的概念的。可是作爲感性知覺的經驗並不包含必然性、並不包含因果聯繫。必然性特別包含在因果關係當中。可是在被我們定義爲經驗的那種事物裡，我們眞正知覺到的只不過是現在有某物出現，然後隨之有某物出現。直接的知覺所涉及的內容，只不過是一些同時並列和先後相繼的狀態或事物在時間上的連續狀況，它並不涉及我們所謂原因和結果、並不涉及因果聯繫；在時間上的連續中是沒有因果聯繫，因而也

496

13 坦納曼，《哲學史綱要》〔溫特摘要本〕，第三七〇節，第四四〇頁；《關於若干題目的試論和論著》，第三卷，第四編，第一部分，第四十三—四十五頁；第五編，第六十六—六十七頁；布勒，《近代哲學史》，第五冊，第一部分，第二〇四—二〇五頁；坦納曼原書，第十一卷，第四三五—四三六頁。

497

沒有必然性的。[14]當我們說水的壓力是這間房子倒塌的原因時，那並不是什麼純粹的經驗。那時我們所看到的只是水沖向這間房子，然後房子倒塌了。所以，必然性並不是經驗所證明的，而是我們把它帶到經驗裡去的；它是我們偶然製造出來的，僅僅是主觀的。我們把普遍性與必然性結合，這一種普遍性其實不過是習慣。因爲我們經常看到某些後果，於是我們就養成了一種習慣，把這種聯繫視爲必然。因此，所謂必然性乃是一種偶然的聯想，是習慣養成的。

至於**普遍性**，情形也是一樣。我們知覺到的，是一些個別的現象、感覺。知覺瞬息萬變，此時是這樣，之後是另一樣。我們雖然可以屢次地、多次地知覺到同一個規定，可是那始終還是離普遍性很遠；普遍性是一個不能由經驗提供給我們的規定。如果我們把經驗理解成外在的經驗，那就可以說，休謨的這種說法是一種完全正確的說法。經驗感覺到某物存在，可是儘管如此，普遍物仍然不在經驗中。事實上，感性存在本身正是那種被認爲渾然的、與他物沒有區別的事物，可是，感性存在同時又是自在的普遍物，也就是說，它的這種渾然無別性並不是它的唯一的規定性。休謨把必然性、把對立面的統一十分主觀地看成了習慣；他無法在思維中更深入一步。(1)習慣是意識中的一種必然的習慣，就這一點而論，我

14《關於若干題目的試論和論著》，第三卷，第七編，第一部分，第一〇二—一〇三頁；第二部分，第一〇八—一〇九頁；第八編，第一一八—一一九頁。

們在其中看到了這種唯心論的一般原則；(2)但是必然性卻被他設想成一種完全偶然的、毫無思想、毫無概念的事物。

這種習慣既存在於我們對感性自然的看法中，也存在於我們對法律和道德的看法中。法律概念和道德概念也是建立在一種本能上，建立在一種主觀的、同時又多方面受幻覺支配的道德感上的。[15]用懷疑論的方式，可以舉出正好相反的例子來。休謨從這個方面考察了法律、倫理和各種宗教規定，駁斥了它們的絕對有效性。就是說，如果假定了我們的認識是來自經驗的，我們只能把得自經驗的事物當作眞的，那麼，我們的確可以在我們的感情中發現這樣一種心情，例如認爲凶手和竊賊必須受罰，而別的人也有這種心情，於是這一點就變成了普遍有效的。可是休謨和古代懷疑論者一樣，求助於各個民族的意見不同：在不同的民族、不同的時代，被視爲正當的事情是不同的。[16]就有那麼一些人，在這種場合，並不感到偷竊是不正當的，例如拉棲代孟人，或者南洋群島的那些所謂淳樸居民，就是這樣。一個民族認爲不道德、可恥、違反宗教的事情，別的民族並不認爲如此。由於這樣的事情是以經驗

15 《關於若干題目的試論和論著》，第四卷，包括一篇《道德原則探究》，第一節，第四頁，附錄一，第一七〇頁。

16 布勒，《近代哲學史》，第五冊，第一部分，第二三〇—二三一頁；參看休謨，《關於若干題目的試論和論著》，第三卷，第十二編，第二部分，第二二一頁；第四卷，《道德原則探究》，第四編，第六十二—六十五頁；《一篇對話》；第二三五—二三六頁等處。

爲基礎的，所以一個主體形成這種經驗，在自己心裡發現這種感情、在自己的宗教感情中發現神具有這種形象、這種規定，另一個主體則對此形成另一些經驗。因此，如果眞理是建立在經驗上的，普遍性、自在自爲的有效性等規定就是來自別處，就不是經驗所能證明的。所以休謨把這種普遍性和必然性僅僅解釋成主觀的，並不說成客觀存在的。這樣一種主觀的普遍性就是習慣；我們養成了一種習慣，把這件事認爲正當的、道德的；這件事對我們有一種普遍性，不過只是主觀的普遍性，另一些人則有另一些習慣。對於主張認識起源於經驗的學說來說，這是一個重要的、敏銳的說法；康德的思考就是從這一點出發的。

然後休謨又把他的懷疑論進一步推廣到關於自由和必然的概念、學說上，[17]推廣到對於神的存在的證明上；[18]事實上，懷疑論在這個領域內是大可施展的。人們以某些思想和可能性爲依據，做出這種推理；人們也同樣可以再提出另外一種推理來與它針鋒相對。這兩種推理，誰也不比誰更高明。人們對於靈魂不滅、神、自然等問題所堅持的看法，並沒有那樣一個眞正的根據，像他們所說的那樣，作爲自己的依據；因爲他們用來進行證明的那些推論都是主觀地形成的概念。這些概念也有一種普遍性，但是這種普遍性並不是實際存在的普遍性，而只是一種主觀的必然性，即習慣。休謨由此得到的結論，必然是一種對於人類認識狀

17 《關於若干題目的試論和論著》，第三卷，第三編。

18 《關於若干題目的試論和論著》，第三卷，第十一編。

況的詫異，一種普遍的不信任、一種存疑的不做決定；這當然不算過分。休謨對於他感到詫異的人類認識狀況做了進一步的規定，認爲其中包含著一種理性與本能的衝突。這本能包括很多種能力、傾向等等，它以種種方式欺騙我們，理性則揭示出這一點。但是另一方面，理性是空虛的，並沒有內容和自己特有的原則；在應付一種內容時，它就不得不依靠那些傾向了，因爲它是沒有自己的內容的。因此理性本身並沒有一個標準來解決個別欲望之間的衝突、解決它自己與各種欲望之間的衝突。[19]所以一切都以非理性的、毫無思想的存在的形式出現；自在的眞理和正義並不是在思想中，而是採取著一種欲望、一種傾向的形式。

休謨接受了洛克的經驗原則，而進一步把它貫徹到底。休謨拋棄了各種思想規定的客觀性，拋棄了它們的自在自爲的存在。

19 《關於若干題目的試論和論著》，第三卷，第十二編，第一部分，第二一七—二一八頁，注N，第二九六—二九七頁；布勒，《近代哲學史》，第五冊，第一部分，第二一〇頁。

貳、蘇格蘭哲學

在蘇格蘭發展出了另外一種哲學流派。休謨的反對者首先是一些蘇格蘭哲學家。在德國哲學裡，我們必須認識到康德是休謨的另一個反對者。有許多哲學家都屬於蘇格蘭哲學流派。那時英國的哲學活動主要限於蘇格蘭的愛丁堡和格拉斯哥，在這些大學裡陸續出現了一批教授。他們提出了關於宗教眞理和倫理眞理的一個內心獨立的源泉來反對休謨的懷疑論。這種思想與康德不謀而合，因爲康德提出了一個內心的源泉與外在的知覺相反；不過，在康德那裡，所謂內心源泉，具有完全不同於在蘇格蘭哲學家那裡的形式。在蘇格蘭哲學家看來，這種內心的獨立源泉不是思維、理性本身，而是一種從內心裡產生出來的具體事物，其本身也要求具有經驗的外在材料。這種內心源泉乃是一些具體的、常識的原則，這些原則一方面與知識源泉的外在性相反對，另一方面又與形上學本身（與單純抽象的思維或形式推論）相反。

這種抽象論證的理智的第二方面便是注意倫理、政治的研究，對於這一方面的研究，德國、法國，特別是蘇格蘭的哲學家是很擅長的。關於英國哲學，這裡沒有更多的可說。克拉克、沃拉斯頓等等在極其一般的理智形上學的形式下繞圈子。[6] 於是我們就看到，在英國，

[6] 按：從這一句起至本段末止，據德文本第二版的英文譯本，是移置在「理智形上學」的第二篇第四節庫得渥爾斯後面，節題是：庫得渥爾斯、克拉克、沃拉斯頓。

各式各樣的道德哲學都為這種精神觀點所籠罩。在他們看來，精神的自在本性表現在自然存在形式，如傾向、情感裡面。他們的原則就是道德感、善意的傾向、同情心等等。只有這一形式特別值得注意，即一方面他們把義務表述為不是外來的、被給予的、被命令的，而是完全為自我意識所特有的；而另一方面，又把財產看成是一種自然的東西、一種無意識、無精神、非理性的存在。他們認為，衝動是盲目的，與思維著的自我意識一樣，是一種不能超出自身的固定的東西。衝動無疑地須認為與純粹活動、思維以及內容簡直是一個東西；衝動也具有內容在它自身內，而這個內容並不是死的、靜止的，而乃是自身運動著的：運動過程（即超出自身）和內容兩者是同一的東西。不過，這種統一具有直接性的形式，只是作為存在著的統一：第一，它不是一種認識，它是沒有必然性的，而只是從內部知覺得來的東西；第二，它是自己不能揚棄自己、不能超出自己的一種特定的有限的東西，而不是一種普遍的東西。固定的力量和衝動並不是無限的東西。衝動的規定性是從經驗得來的；衝動的形式作為一種力量給人以一種必然性的假象。〔蘇格蘭哲學家的〕那種形式論證從經驗出發，把衝動的必然性說成是一種內在的東西、一種力量。譬如，喜愛社交是在經驗內找到的一個環節，因為人在社會交往裡獲得各式各樣的好處。如果問：社會的必然性的基礎何在？他們便答道：在愛好社交的本能裡。社交本能就是原因，正如在自然界的解釋裡也總是有這種形式說法的翻版。人們說，一種存在的必然性，例如：電的現象的存在的必然性，便以電力為基礎，電力產生出電的現象；這僅僅是一種回溯的推論形式，從外推論到內，從一個存在著的東西推論到一個在思想中的東西，而這個在思想中的東西也同樣被表象為存在著的東西。可是他們並沒有關於這種抽象形式的意識。爲了說明外在表現，就設定力是必要的，並從前者推出後者：用力來說明力的表現，因爲力是力的表現的原因；在那裡把力說成是基礎、根據，在這裡把力說成是原因。但是，這種種說法都沒有意識到：就形式看來，這乃是一種由概念過渡到存在，倒轉來又由存在過渡到概念的抽象形式，而且就內容看來，這完全是一種偶然性的現象。人們以看待電力的辦法，來看待人的內心生活，認爲人由於具有同情心、社交本能等等就被迫而喜愛社會交往。

蘇格蘭哲學家特別著重發揮了道德學和政治學；他們以有教養的人的身分考察了道德學，並且試圖以一個原則來說明各種道德義務。他們的許多著作都已經譯成德文；他們是以西塞羅式的作風來談道德問題的。這裡提出來的道德感和人的常識，此後在英國人那裡，特別是在蘇格蘭人湯瑪斯·李特、柏阿蒂、奧斯瓦德等人那裡，變成了普遍的原則；因而思辨哲學在他們那裡完全消失了。特別是在這些蘇格蘭哲學家那裡出現了第三個特點，即他們也曾經試圖對認識的原則加以明確的規定；但是整體而言，他們據以出發的原則也同樣是在德國所接受的原則。一大批蘇格蘭哲學家特別在這一方面常常發出了一些聰敏的言論。他們提出了所謂健全的理性或者人的常識（sensus communis）作爲眞理的根據。以下是這個學派中的主要人物，各有自己的特點。

一、湯瑪斯·李特

湯瑪斯·李特生於一七一〇年，死於一七九六年，他是格拉斯哥大學教授。[20]他提出了常識的原則、研究了什麼是認識的原則；他的看法是這樣的：「(1)有某些未經證明並且不可證明的基本眞理，這些眞理是由常識產生的，並且被承認爲無可爭辯的和有決定意義的。」這就是直接知識；在這裡面他就設定了一個內心的獨立的源泉，這是與天啟的宗教正相反對的。「(2)這些直接的眞理不需要任何人爲的科學的支持，也不受到科學的批判。」這就是說，它們不能接受哲學的批判。「(3)哲學本身除了以一個直接的、自身明白的眞理爲根源外，沒有任何其他的根源；凡是違反這些直接眞理的事物本身就是錯誤的、矛盾的和可笑的。」這個原則既適用於知識，也適用於「(4)倫理。個人的行爲是道德的，如果他遵照整體的完善性的理智原則並且遵照他自己認識到的義務辦事」。[21]這就是李特的觀點。

20 坦納曼，《哲學史綱要》（溫特摘要本），第三七一節，第四四二頁。

21 里克斯納，《哲學史手冊》，第三卷，第一一九、二五九頁；參看湯瑪斯·李特，《對人心中常識原則的探討》（愛丁堡，一八一〇年），第一章，第四節，第十九—二十頁（德文譯本，萊比錫，一七八二年，第十七—十八頁）；第六章，第二十節，第三七二—三七五頁（德文譯本，第三二〇—三二一頁）等等。

二、詹姆斯·柏阿蒂

504

詹姆斯·柏阿蒂生於一七三五年，是愛丁堡和阿伯爾丁大學的道德學教授，死於一八〇三年。他也是把常識當作一切知識的源泉：「人類樸素理智的常識是一切倫理、一切宗教和一切確定性的源泉。有了外部感官的見證還必須輔之以常識的確證。眞理就是我的本能的性質迫使我相信的事物。就確定的眞理來說，信仰是一種確信，就或然的眞理來說，信仰是一種同意。認識確定的眞理必須透過直觀，認識或然的眞理必須透過證明。」[22] 這些十分確定的確信就是行爲的基礎。

三、詹姆斯·奧斯瓦德

詹姆斯·奧斯瓦德是一個蘇格蘭的牧師。他運用了一個術語表明我們上面所提到的那些

---

22 里克斯納，《哲學史手冊》，第三卷，第一二〇節，第二六一—二六二頁；參看柏阿蒂，《關於眞理的性質和不變性的論文》（愛丁堡，一七七六年），第一部分，第一章，第十八—三十一頁（德文譯本，哥本哈根和萊比錫，一七七二年，第二十四—四十二頁）；第二章；第二節，第三十七—四十二頁（德文譯本，第四十九—五十五頁）等等。

原則是作爲事實在我們心中找到。[23]「神聖本質的存在（據他看來）完全是事實，完全超出了任何論辯和任何懷疑，並且對道德常識來說是當下確定的。」[24]這與當時在德國也把一種內心啟示，關於良心、定理、內容的知識，特別是關於上帝及其存在的知識，當作根本原則的說法，是相同的。

四、杜格爾德·斯圖爾特

屬於蘇格蘭學派的人還有杜格爾德·斯圖爾特、愛德華·塞奇、弗格森、哈奇森。他們大都著有關於道德學的書。在這個意義下，政治經濟學家亞當·史密斯（也是一個哲學家）。這種蘇格蘭哲學現在在德國是被當作某種新事物而宣揚的）。加爾韋曾經把他們的多種有關道德學的著作譯成了德文。同樣他也翻譯了西塞羅的《論義務》一書，西塞羅在同一意義下宣稱：Insitum est a natura〔本性是天賦的〕。這樣一來，一切思辨的哲學研究都停止了。這是一種通俗哲學，這種哲學一方面有很大的優點，它試圖在人內、在人的意識內去尋求人

---

23 參看奧斯瓦德，《爲了宗教的利益訴諸常識》（愛丁堡，一七七二年），第一卷，第一篇，導言，第十二頁（魏爾姆森的德文譯本，萊比錫，一七七四年，第十一頁）。

24 里克斯納，同上，第一二一節，第二六二頁；參看奧斯瓦德，同上，第二卷，第二篇，第一章，第五十—五十一頁（德譯本，第五十四—五十五頁）。

認爲一般地是眞的事物和人認爲有價値的事物的內在性的源泉。這種內容同時是具體的內容；這內容在一定意義下，是眞正的形上學，是與徘徊於抽象的知性規定的方式正相反對的。在這些蘇格蘭人當中，亞當·史密斯是最著名的；杜格爾德·斯圖爾特看來是最後一個並且是最不重要的，他現在還活著。[25]整體而言，他們都是站在同一基礎上，在同樣的反思圈子裡打轉。他們尋求一種先天的哲學，但沒有採取思辨的方法。作爲他們的原則的普遍觀念是人的健康常識；在這個原則之外，他們又加上善意的傾向、同情心、道德感，並且從這些根據出發，他們寫出了很多優美的道德著作。看了大略地知道，到了某個階段的文化，有些什麼普遍的思想，並對這些思想加以歷史的簡述，舉出一些例證來說明它們，這當然是很好的〔不過並沒有得到進一步的發揮〕。[7]

最近期間，這種蘇格蘭哲學已經傳播到了法國。羅伊爾柯拉爾德（現在是法國下議院的議長[26]）以及他的學生約佛羅伊，即追隨蘇格蘭哲學，從意識的事實出發，透過有教養的論辯和經驗，予以進一步的發展。

法國人所謂觀念學（Idéologie）便與這一派的思想有聯繫。它是一種抽象的形上學，

25　這話是在一八二五—一八二六年的講演中說的。——原編者

[7]　第三七九頁。

26　這話是在一八二九—一八三〇年的講演中說的。——原編者

是對於最簡單的思維規定的一種列舉和分析。這些思維規定並沒有得到辯證的考察，反之它們的材料是從我們的反思和思想裡取得的，而包含在這種材料中的各種規定又必須在材料中得到證明。

參、法國哲學

我們現在轉到**法國哲學**上。法國哲學與形上學的關係是：作爲形上學家的人與門外漢相對立，法國哲學則取消了政治、宗教、哲學上的門外漢身分。在英國人那裡，我們只看到了這樣的唯心論：(1) 要麼只是形式地、一般地把存在轉化爲一種爲他的存在，認爲存在就是被知覺；(2) 要麼認爲那造成這種被知覺狀態的自在者是一些本能、欲望、習慣等等盲目的、一定的力量，這就是返回到自我意識裡，而把自我意識當作自然物。在前一種唯心論裡，整個有限界、現象與感覺的羅列，以及各種思想與固定概念的羅列，仍舊與非哲學的意識裡一模一樣。休謨的懷疑論讓全部普遍的事物統統沉沒到習慣和本能裡，也就是對現象界做了更簡單的總括；而這種更簡單的事物，即那些本能、衝動和力量，也同樣是自我意識的一種毫無精神的、不動的一定存在。

法國哲學比較生動、活潑、富於機智，簡直就是聰明機智本身。它是絕對的概念，反對一切現存觀念和固定思想，摧毀一切固定的事物，自命爲純粹自由的意識。這種理想主義活動的基礎是一種確信，認爲凡是存在的事物，凡是被當成自在的事物，全都是屬於自我意識的事物，那些關於善和惡、關於權力和財富的概念（支配現實自我意識的個別概念），以及那些關於對神的信仰、關於神與世界的關係、關於神的統治、關於自我意識對神的義務等等的固定觀念，全都不是什麼在自我意識以外的眞理（不是自在的）。這樣，這一切形式，以及現實世界的實在本體，超感性世界的本體，就在這種自覺的精神裡面被揚棄了。人們承認那些固定觀念是萬古不變的眞理，把它們當作不依賴自我意識的事物崇拜。這種自覺的精神並不是以一本正經的態度向人們講話，並不是以那種方式對待人們，而是採取一種機智的方式，就是說，讓自我意識透過自己的活動從那些觀念裡引出另外一個意義，與人們給予那些觀念的意義正好相反。對於精神，只有用機智的辦法，透過它的自我意識的作用和活動，才是有效的、才是它感興趣的。這是具有現實性的概念所具有的特點；凡是被這個洞察一切、理解一切的自我意識認作本質的，就是有效的。

現在要來看看，在這個絕對從事理解的自我意識看來，本質是怎樣的。首先，本質這個概念被認定爲只是否定性的概念運動；肯定性的事物、單純的事物或本質是落在這種運動以外的。在本質裡並沒有區分，並沒有內容；因爲全部特定的內容都消失在否定性中了。這個空洞的本質對我們說來就是純粹的思維，就是être suprême（最高本體）；或者被客觀化了，被表象爲存在著的、與一般意識相對立的事物，即物質。

我們在這裡看到所謂**唯物論**和**無神論**公然出現了，這是純粹從事理解的自我意識的必然結果。一方面，在這個否定性的運動中，一切把精神設想爲自我意識的彼岸的規定都消失了，尤其是各種對於精神的規定，以及那些把精神陳述爲精神的規定，主要是信仰精神、認爲精神存在於自我意識本身以外的各種想法，以及一切傳統的事物、由權威強加於人的事物，全都消失了。剩下的只是當前的、現實的事物；因爲自我意識認爲自在的，僅僅是那種爲自我意識本身而存在的事物，那種使自我意識認識到自己實在的事物，這就是物質，就是能動的、在雜多中展開和實現的物質，即自然。我是在當前現實中意識到我的實在性的；於是自我意識就很順當地發現它自己是物質，靈魂是物質性的，觀念是外界感覺印象在腦子這個內部器官中所引起的運動和變化。

另外一派啟蒙思想則相反，雖然把絕對本體說成自我意識的彼岸，卻認爲絕對本體本身是我們根本不認識的。絕對本體掛著神這個空名。由於神是可以隨心所欲地受**規**定的，我們對他也就不能做任何**規**定；神等於X，即絕對不知道的事物。這種說法並不就是無神論，因爲：(1)它還使用著神這個並不表示任何事物的空名；(2)它把自我意識的各種必然關係，像是各種義務之類，並不說成自在自爲地具有必然性，而說成透過與另一個事物，即那個不知道的事物相聯繫而具有必然性——雖說與那個不知道的事物並無積極關係，只不過是把自己當作個別事物加以揚棄。然而這個不知道的事物並不是物質，因爲那單純、空洞的事物是得到否定性的規定，被規定爲並不對自我意識存在的。可是那還是一樣，因爲物質是普遍的事物，是被設想爲揚棄掉了的自爲存在。我們對那個不知道的事物進行眞正的反思，就正好看到：對於自我意識來說，那不知道的事物正是自然意識的否定面，也就是物質、現實和當前的事物；那不知道的事物對於我來說就是這個否定物，這是否定物的概念。區別就在於一派以爲他們設想的那個事物是個十足的他物，一派認爲不能那樣說。其區別的根據是在於這個最後的抽象上面。

他們把絕對本體規定爲物質，規定爲空洞的對象性，是由於他們的概念摧毀一切內容和規定，僅僅以那普遍的事物爲對象。這種概念只知道一棍打個稀巴爛，不知道再從物質裡、從純粹思維裡、從純粹實體性裡重新發展出來。思維是物質的一種存在方式。眞正說來，法國哲學是在這個主題上完成了斯賓諾莎的實體。

這個空洞的另一面卻是充實的。因爲概念是僅僅以消極的形式存在著，所以積極的發揮是仍然沒有概念的；它採取著自然的形式、存在物的形式，無論在物理方面，或是在倫理方面，都是這樣。自然的知識始終是一般的知識、非思辨的科學知識，在本質上，就其作爲哲學而言，始終是一種一般的講法，反復地說著「力量、關係、多種多樣的結合」這幾個名詞，卻並沒有說出任何確定的事物。在精神性的事物方面，這種精神的形上學也同樣是這樣一種形上學，它正是一種特殊的組織，那些稱爲感覺、知覺等等的力量，就是透過這個組織跑出來的；這是一種單調的空談，並不能使任何事物得到理解，它接受各種現象和知覺，對這些事物進行形式的推理，但是也同樣把它們的本體當成某些特定的力量、規定，這些力量和規定的內部究竟如何，我們無法進一步知道。倫理方面的規定和認識也同樣在於把人歸結爲人的各種自然欲望和傾向。本體具有著一種自然物的形式，這種自然物就是愛己、利己或社會傾向；我們應當過順應自然的生活。對這個自然，始終是用一些普通的說法和描述來說明——例如盧梭的自然狀態就是如此。所謂觀念的形上學，就是洛克的經驗主義，它企圖在作爲個別意識的意識中指出觀念的起源和發生；個別的意識從無意識狀態中產生出來，誕生在世界上，作爲感性意識學習著。他們把這種外在的起源和發生與事物的生成和概念混淆了。如果有人泛泛地問：水的起源和生成是什麼？並且答道，水是從山上來的或從下雨來的，那麼，這就是一個符合這種哲學的精神的答案。總之，我們只對那個否定的方面感興趣；對於這種肯定的法國哲學我們是無話可說的。

這個否定的方面，眞正說來是文化的產物；啟蒙思想與我們德國不相干。法國哲學著作在啟蒙思想中占重要地位，這些著作中值得佩服的是那種反對現狀、反對信仰、反對數千年來的一切權威勢力的驚人魄力。值得注意的是這樣一個特點，即反對一切有勢力的事物、與自我意識格格不入的事物、不願與自我意識共存的事物、自我意識在其中找不到自己的事物的那種深惡痛絕的感情；這是一種對於理性眞理的確信，這種理性眞理與全部遙遠的靈明世界較量，並且確信可以把它摧毀掉。它把各種成見統統打碎了，並且取得了對這些成見的勝利。肯定的事物就是健全常識的那些所謂直接明瞭的眞理，常識所包含的，僅僅是這種眞理以及發現自己的要求，它始終採取著這種形式。

法國的無神論、唯物論和自然主義，從一方面說，是懷著深惡痛絕的感情反對各種毫無思想性的前提，反對宗教裡的各種硬性規定的準則，這種硬性規定是透過各種法律規定和倫理規定以及民事設施而社會化了的；同時它也是拿著健全的常識和一種富於機智的認眞精神

510

511

來反對，並不是用一些支離破碎的空話來反對。從另一方面說，它的產生是由於努力把絕對理解爲一種當前的事物，同時也理解爲被思維的事物和絕對統一，這種努力由於否定了自然界的目的概念和生命概念，也否定了精神界的精神概念和自由概念，所做到的僅僅是抽象出一個本身無規定的自然，以及感覺、機械作用、自利和效用。法國人在國家法制方面是從抽象出發，是從一些否定現實的普遍思想出發的；英國人則恰好相反，是從具體現實出發，從他們的不成文的憲法出發的，英國作者們也沒有上升到普遍的原則。

我們應當提出兩種形態，這兩種形態在文化、法國哲學和啟蒙思想方面是特別重要的。路德所開創的那種東西只是心情中、感情中的東西，這是沒有意識到自己的單純根源，沒有把握到自身的精神自由，這就是普遍的東西本身；全部內容都在思想中消失了，思想是用自己來充實自己的。法國人提出了各種普遍的規定、思想，並且加以堅持；這是普遍的原則，而且是個人對自己的信念。自由變成了世界狀態，與世界史結合，變成了世界史上的一個時代：這是具體的精神自由、具體的普遍性；笛卡兒哲學是抽象的形上學，現在我們有了關於具體物的原則。我們在德國人那裡聽到了一種呻吟；他們也願意說明這個具體物，他們帶來了一種悲慘的現象和個別性。法國人是從普遍性的思維出發，德國人的良心自由是從良心出發，用良心說明一切、考驗一切。他們相遇了，也就是說，走的是同一條路：只是法國彷佛沒有良心，把一切都搞垮了，並且有系統地堅持了一種特定的思想，即重農主義學說；德國人願意留一條後路，他們從良心出發去研究自己是不是也該這樣做。法國人用精神向思辨的概念來鬥爭，德國人則用理智來鬥爭。我們發現法國人有一種深刻的、無所不包的哲學要求，與英國人和蘇格蘭人完全兩樣，甚至與德國人也不一樣，他們是十分生動活潑的：這是一種對於一切事物的普遍的、具體的觀點，完全不依靠任何權威、也不依靠任何抽象的形上學。他們的方法是從表象、從心情去發揮；這是一種偉大的看法，永遠著眼於全體，並且力求保持和獲得全體。

這種健全的常識，健全的理性，曾經以那種從人心、從自然取得的感情的內容來反對宗教方面，而且在各個不同的環節上下手。首先，反對的是正統的宗教，是迷信和教階制度的桎梏，這是一個方面。另一方面，德國的啟蒙運動則反對新教，因爲它擁有一個內容，這個內容是它從啟示、從全部教會的規定中得來的。一個是反對一切權威的形式；另一個是反對內容。內容垮了，這種思維形式也就可以隨著很輕易地完蛋，因爲這種形式並不是我們所了解的理性，而是應當稱之爲理智的東西；對於理智來說，指出與那種只能用思辨去把握的東西的最後基礎相矛盾，是很容易的事。理智曾經把它的尺度放在宗教的內容上，指出了其中的矛盾，把它說得一文不值；理智也是以這種方式來對付一種特定的哲學的。現在德國哲學也和法國哲學一樣做了這件事，一個反對路德教，另一個反對天主教。

現在剩下的是所謂**有神論**，即一般信仰；這是現在還十分普遍地留在很多神學家心中的內容，這就是那種也可以在伊斯蘭教中找到的內容。在以推理的理智反對宗教的同時，也向唯物論、無神論邁進了。與無神論的各種定義打交道，可不是一件容易事；因爲你向一個人斥責一種無宗教的態度或無神論，而他對於神的看法又與另一些人對神的看法大相徑庭。這裡是法國哲學向無神論邁進的場合，它把應當理解爲最後本體、能動者、作用者的東西規定成了物質、自然等等；可以說，這大體上就是斯賓諾莎主義，斯賓諾莎主義是把實體這個唯一的東西當作最後本體提出的。法國人所做的尤其是這樣。不過有幾個人不能算在內，例如盧梭，他有一篇文章叫《一個副主教的表白》，[27]其中就完整包含著我們可以在德國哲學家們那裡找到的那種有神論。另一些人則公開地向自然主義邁進了；這裡要特別提到米拉波的 *Système de la Nature*〔《自然體系》〕。其中的思想是十分膚淺的：le grand tout de la nature〔自然這個大全體〕就是最後的東西；他以一般的方式反復地說著全體，文章寫得平板無力。

人們稱爲法國哲學的那種東西，即伏爾泰、孟德斯鳩、達朗貝爾、狄德羅，以及後來在德國作爲啟蒙思想出現的那種東西，也是被斥爲無神論的，我們可以把它分成三個方面：(1)它的消極的方面，這一方面是最受責備的；(2)積極的方面；(3)哲學的、形上學的方面。

一、否定的方面

法國哲學有一個反對一切正面事物的否定方面；它是破壞性的，反對正面的現存事物，反對宗教、習俗、道德、輿論，反對法定的社會狀況、國家制度、司法、政體、政治權

27《愛彌爾論教育》，第二冊（巴黎一八一三年版影印本），第四卷，《薩伏依副主教的表白》，第二一五頁以下。

威、法學權威、憲法，也反對藝術。這種思想在德國是以軟弱無力的姿態作爲啟蒙思想出現的。這個方面，和所有的事物一樣，也有它的道理。它的實質就在於從理性的本能出發，攻擊一種腐化變質的狀態，攻擊那些普遍的、澈底的謊言，例如攻擊已經開始僵化的宗教所肯定的事物。我們所說的宗教，是指對於神的堅定的信仰或信心，不管這信仰是不是對於那種頗有餘地的基督教教義的信仰。宗教所肯定的事物，乃是理性所否定的事物。我們應當把宗教狀況與它的勢力和權威、與道德的腐化、貪婪、好名、淫逸放在一起來考察，不過需要以嚴肅的態度。當時的法定宗教，也和人們的社會關係、法制、政權一樣，陷入了一種極爲可怕的形式主義，陷於僵死狀態。法國哲學也同樣反對國家，它們攻擊各種成見和迷信，特別是市民社會、宮廷風氣和政府機關的腐化，看清並且揭露了惡劣的、可笑的、下流的事實，使全部僞善以及不義的勢力受到了嘲笑、蔑視和憎恨，使人們的精神和感情不顧世間的種種偶像，並且對它們產生憤怒。

我們必須認識現實中存在的矛盾。各種陳舊的制度，在已經發達的、自覺的自由感和人道感面前，已經沒有地位了；那些從前以人們的相互感情、以意識的渾厚無私爲依據的制度，已經不符合當初建立它們的精神了，但它們卻要透過新興的科學文化，仍舊在理性面前充當神聖不可侵犯的律令，這就是法國哲學家們所打倒的那種形式主義。我們必須留意這些作家所表現的情感；我們要看一看他們對於不道德所表示的憤怒。他們的攻擊有的是用說理的方式寫出來的，有的是用機智的方式寫出來的，有的是用常識的方式寫出來的，所反對的並不是我們所說的那種宗教。他們並沒有使它受到損害，倒是用最美好的辭令推薦了它。

這個否定的方面以破壞的方式對待了本身已經破壞的東西。我們好心地責備法國人攻擊宗教和國家。可是我們必須對法國那個可怕的社會狀態、貧困狀況、下流景象心中有數，才能認識這些攻擊的功勞。那些僞善的人、冒充虔誠的人、唯恐自己的贓物被剝奪的暴虐之徒可以說，他們攻擊了宗教、國家和道德。他們攻擊的是什麼宗教！並不是路德改革過的宗教，而是最無恥的迷信、教權、愚蠢，出賣良心，特別是在大家貧困的時候浪費和貪圖世間的財物。他們攻擊的是什麼國家！是大臣和他們的寵姬僕婦最盲目的統治；於是就有一大群小霸王和遊手好閒之輩把掠奪國家的進項和人民的血汗看成一項神聖的權利。無恥和不義達到了不可思議的地步；道德是只適合於違法亂紀的。我們看到個人在法律上、政治上毫無權利；在良心上、思想上也是同樣地毫無權利。

在國家方面，他們根本沒有想到過革命，他們所希望的、所要求的是改良，不過主要是主觀的要求，希望政府革除弊政，任用能從事改良的正直人員；他們認爲應當出現的積極的事情是這些：君主應當受良好教育、大臣應當是正直的人、王公應當儉樸等等。法國革命是由各種成見的頑梗不化，主要是傲慢、十足的輕率、貪婪逼出來的。他們只能提出一些普遍的思想，對應當怎樣做提出一個抽象的觀念、想法，並不能提出實施的辦法。但是政府的事務卻是發布具體的命令，採取具體的措施，進行具體的改良；這一點他們是沒有理解的。

他們針對著這種可怕的混亂所提出的主張，總的說來是認爲人人都不應當是門外漢、不應當是宗教上的門外漢、也不應當是法律上的門外漢；這樣，在宗教上就沒有一個教階，一群與眾不同的、選拔出來的教士，在法律上就也沒有一個與眾不同的等級和社會（也沒有一個法官階層），唯有他們認識永恆、神聖、眞實、正確的東西，能夠命令和支使其他的人；相反地，人們的常識就有權表示自己的贊同，做出自己的判斷了。把野蠻人當門外漢看待，是正當的，野蠻人正是門外漢；把能思維的人當門外漢對待，是最殘酷的。那些人用自己的天才、熱情、聰明、勇敢英勇地爭取到了這種從事主觀認識、洞察、信服的偉大人權。這是抽象思想的狂熱。我們德國人對現存的事物首先是被動的，我們容忍了它；其次，當它被推倒時，我們也同樣是被動的：它是被別人推倒了，我們就聽它離開我們這裡，我們聽之任之。

腓特烈二世也曾在德國追隨這種文化，這在當時是一個罕見的例子。在德國，雖然流行著法國的宮廷風氣、歌劇、飲饌、服裝，但哲學卻沒有得到傳播；不過法國哲學的許多成分卻以聰明的、機智的方式打進了這個上層社會，許多惡劣的、野蠻的事情被拋棄了。腓特烈二世並沒有學過那些悱惻的詩篇，並沒有每天背熟它幾句，並不懂沃爾夫的那種粗野的形上學和邏輯，（他在德國除了格勒特以外能找到什麼其他人呢？）但是他懂得那些偉大的、雖然很形式、很抽象的宗教原則和政治原則，並且在情況容許時按照這些原則統治。他的人民並沒有什麼別的需要；人們不能要求他成爲德意志民族的改革者、革命者，因爲並沒有人要求召開等級會議、要求舉行公開審判。他實行了人們所需要的事情，例如宗教寬容、立法、司法改良、節約國帑；再也沒有什麼牛鬼蛇神在鄙陋的德國法律裡留下了。他提出了國家的目的，因而廢止了所有的特權、廢止了德國的各種特殊法律、廢止了國內的單純強制法律。如果假充虔誠的人和假冒德意志精神的人要想中傷他，要想蔑視這種有無限效果的偉大現象，甚至把它貶低為浮誇和惡行，那是愚蠢的；應當是德意志精神的事物，必定是一種合理的事物。

二、肯定的方面

這種哲學思想的肯定的內容，當然並沒有滿足澈底性的要求。在他們的學說中，和在蘇格蘭哲學家們那裡以及我們這裡一樣，有一個主要的規定，就是假定了人心中的正義感、善意、社會性傾向；這些事物是應當加以發揚的。他們把一般知識和正義知識的來源放在人們的常識中，並不把人的普通意識、人的健全常識放進概念的形式裡。他們以普通思想的形式表達出一些眞理，這當然是値得我們欽佩的；十分重要的是他們認為這些眞理是人的固有見解，認為人心中具有著正義感和愛人之心，宗教和信仰並不是勉強的，功勞、才幹、美德是眞正高貴的東西。他們有一個觀點，在德國人之間特別流行，就是把人的天職看成精神的本性。我們當然應當越過精神現象回溯到精神的本性。但是他們為了找出這種精神本性、這種人的天職，卻回溯到感覺、觀察、經驗，認為人們有種種的欲望。他們從這些欲望中推出社會和國家是必然的，因為我們有一種合群的欲望。社會和國家是我們本身固有的規定，只不過我們沒有認識到它們的必然性。然而這種欲望卻被他們當成了自然的東西，因此在法國哲學裡，欲望是本身無規定的，它的局限性僅僅在於作為整體的一環。

在認識方面，我們可以發現有一些非常普遍的膚淺思想、抽象思想，可以說跟我們的一樣好，而且比我們的聰明，這些思想在內容上應當是具體的，也的確是具體的，但是卻被理解得非常膚淺，因此不足以推出更多的東西來。例如他們就認爲：自然是一個整體，一切都取決於規律、取決於各種運動的匯合、取決於因果聯繫等等；事物的不同的特性、質料、組合造成了一切。這是一些可以寫滿許多本書的一般口頭禪；這些口頭禪也立刻表現出是非常不夠的。

（一）自然體系

Système de la Nature〔《自然體系》〕就屬於這樣的書。這是一位德國人霍爾巴赫男爵在巴黎寫的主要著作，他是那些哲學家們的核心。孟德斯鳩、達朗貝爾、盧梭都有一段時間在他的集團裡面；他們都是反對現狀的，可是除了這一點以外他們彼此之間卻有很大的分歧。我們馬上就會發現《自然體系》是很單調的，因爲它老是在一些一般的觀念中打轉；這不是法國書，缺乏生動性。

1.「宇宙所展示出的，只不過是**物質和運動**的一個無限的集合（笛卡兒），一條連續不斷的因果鎖鏈，其中有些原因是我們的感官直接接觸到的，另外一些則是我們所不知道的，因爲它們的那些被我們感覺到的結果與它們的原因相隔很遠。那些物質的不同的特性，它們的多種多樣的組合，以及由此產生的各種結果，對於我們來說就構成了各種本質（essences）。從這些本質的殊異中產生出各種事物所占據的不同的等級、類別和體系，以及它們的總和——le grand tout〔大全〕——這就是我們所謂自然。」[28]這就是亞里斯多德談到色諾芬尼的時候所說的：他觀看到整個天空，那就是存在。[29]

2. 一切都是運動，物質自己運動著：啤酒在發酵、心情在運動（各種情緒）。[30]

3.「各種自然現象的多樣性及其不斷的生滅，是以運動及其物質的多樣性爲唯一的根據的。」[31]透過不同的組合、變動、排列，就產生出另一個東西。「各種物質是或者傾向於互相結合，或者不能結合的。就是以此爲根據，物理學家們提出了吸引和排斥、結合和抗

---

28 布勒，《哲學史教程》，第八部，第六十二—六十三頁；米拉波〔這是當時假託的名字。——譯者〕的《自然體系》（倫敦一七七〇年版），第一卷，第一章，第十頁；第二章，第二十八頁。〔按：黑格爾所引布勒譯文與霍爾巴赫的原文有出入，請參看《十八世紀法國哲學》，商務印書館一九六三年版，第五七五—五八一頁。——譯者〕

29 見本書第一卷邊碼281。

30 布勒，《哲學史教程》，第八部，第六十三—六十四頁；《自然體系》，第一卷，第二章，第十八、十六、二十一、十五頁。〔可參看《十八世紀法國哲學》，商務印書館一九六三年版，第五七七、五七九、五八一、五八二頁。——譯者〕

31 布勒，《哲學史教程》，第八部，第六十四—六十五頁；《自然體系》，第一卷，第二章，第三十—三十一頁；第三章，第三十九—四十頁。

拒、親和力或聯繫，道德學家們提出了恨和愛、友和敵。」[32]精神，無形體的事物，是與運動、與一個形體在空間中的各種關係的變化相矛盾的。[33]

(二) 羅比內

另一部主要著作更加危險，這就是羅比內的 *De la Nature*〔《論自然》〕。這部書裡彌漫著一種完全不同的、澈底的精神；我們經常體會到這個人身上所表現的那種高度的認眞。他是這樣開始的：「有一個神，也就是說，有一個造成我們稱爲自然的那個總體的各種現象的原因。神是誰？我們不知道，也註定永遠不會知道。我們無法認識他，因爲我們沒有認識他的手段。我們可以在廟宇上寫著：『獻給不知道的神。』」[34]這就等於我們今天所說

---

32 布勒，《哲學史教程》，第八部，第六十五頁；《自然體系》，第一卷，第四章，第四十五—四十六頁。〔可參看《十八世紀法國哲學》，第五九二頁。——譯者〕

33 布勒，《哲學史教程》，第八部，第七十頁；《自然體系》，第一卷，第七章，第九十—九十一頁。〔可參看《十八世紀法國哲學》，第六二二頁。——譯者〕

34 《論自然》（阿姆斯特丹一七六六年第三版），第一卷，第一部，第三章，第十六頁。〔按：原文譯出是：「……神是什麼？我們不知道，我們處在我們所處的事物秩序中，也註定了永遠不會知道，因爲我們永遠缺乏完全認識他的手段。我們還可以在我們的廟宇大門上刻上雅典法院神壇上的那條銘文：獻給不知道的神。」〕

的：不能有從有限到無限的過渡。「在宇宙間發揮支配作用的秩序並不是神的智慧的可見的樣本，正如我們的愚昧並不是神的睿智的肖像一樣。」[35] 但是神這個第一原因是產生作用的，祂創造了自然；唯一可能的認識是對於自然的認識。自然的活動也是唯一的活動，正如神是唯一的一樣。他所理解的活動，就在於一切事物中都有胚芽；一切事物都是自行產生的有機物。任何事物都不是個別的，一切事物都是結合的、聯繫的，都在和諧中。[36]

---

35 《論自然》，第一卷，第一部，第三章，第十六頁。

36 《論自然》，第四章，第十六—十七頁：「我們將會看到，原因只有一個。這個永恆的原因，可以說，曾經使各個事件一環套著一環，好叫它們按照著它的意旨萬無一失地一個接著一個相繼出現。在一開始的時候，它接觸到的是那條碩大無朋的事物鎖鏈上的第一環。透過它這永恆的一壓，宇宙就活了、就動了、就永遠存在了。由原因的統一產生出活動的統一，活動是不會多一點也不會少一點的。有了這唯一的活動，一切就開始動作了。自從人們研究自然以來，人們還從未發覺脫離獨立的眞理的現象。根本就沒有這種現象，也絕不會有這種現象。全體是依靠它的各個部分彼此相應來維持的。」——同上，第二部，第二章，第一五六—一五七頁：「珊瑚的例子也可以用來推知各個最小的有機部分都具有動物性；因爲珊瑚是由珊瑚蟲集結而構成的，這些珊瑚蟲也和它一樣是眞正的珊瑚。這就證明了：從這個觀點看來，生物只能由一些生物組成，動物只能由一些小動物組成，某一類動物只能由一些具有同一種動物性的某一類小動物組成，狗只能由一些細小的狗芽組成，人只能由一些細小的人芽組成。」

羅比內巡視了各種植物、動物以及金屬、原素；他企圖由這些東西指出，正如生物有胚芽那樣，金屬本身也是有組織的，因爲我們發現金屬有內在的結構。空氣應當也同樣有胚芽，這個胚芽得到了水、火等等的哺育，就開始進入現實狀態。[37]羅比內把簡單的自在形式、實體性的形式、概念稱爲胚芽。他雖然極力企圖在感性的事物中證明這一點，實際上卻是從自在的具體原則、從形式本身出發的。 522

羅比內也講到世界上的惡和善。考察的結果是：善和惡彼此維持著平衡；這種平衡構成了世界的美。[38]爲了駁斥認爲世界上優秀的東西較多的看法，他說，凡是我們歸結爲善的東西，都只是寓於一種滿足、舒適、一種享受之中。滿足之前必定要先有一種需要、缺 523

37 《論自然》，第一卷，第二部，第七章，綜述，第一六六—一六八頁：「(1)動物的精液繁殖出一些精蟲式的動物；(2)嚴格意義下的每一個世代都是由兩性合作造成的」，也就是說，每一個個體在內部都是雙胞胎，在各個外部器官裡面也是雙胞胎。——同上，第九—十四章。——同上，第十五章，第二〇二—二〇三頁：「我們遇到的形體都是具有這樣一種結構的，承認這些形體眞正說來乃是組織起來的形體，難道有什麼勉強？這種結構絕對需要一種精液、一些種子、一些胚芽，才能發展出形體來。」——同上，第十九章：「從各種原素，從空氣、火、水等等……」第二一七頁：「空氣原素只會是空氣的胚芽；它得到水和火的不同程度的哺育，就依次透過各個發育階段；它將首先是胚胎，然後才成爲十足的空氣。」

38 《論自然》，第一卷，第一部，第二十八章，第一三八頁。

乏、痛苦，痛苦的揚棄就是享受。[39]這不僅是一種在經驗上正確的思想，而且暗示了更深刻的思想，即一切活動都只有透過矛盾。

三、關於具體的普遍統一的觀念

法國哲學的成果，就在於它力求保持一種普遍的統一，但不是一種抽象的統一，而是一種具體的統一。例如羅比內就設定了普遍的有機生命力、一律的發生方式。他們把這個具體的東西稱爲自然。在自然之上雖然設定了神，但卻是作爲不可認識的東西；一切被用來述說神的賓詞，全都包含著不切合處。我們應當承認，有一些關於具體統一的偉大的想法出現了，與各種抽象的形上學理智規定相對立，這就是自然的豐富性。從另一方面說，那種有效的東西應當具有當前性，而不應當是一種彼岸的權威。在所有的哲學裡面都有兩個規定，即理念的具體化，以及精神在其中的呈現。但是，這種要求達到當前現實的生命力的努力，卻採取了一些片面的方式，走入了歧途。在這種要求達到統一、達到具體的統一的努力中，也存在著內容方面的多種多樣。

在法國哲學的理論方面，法國人是向唯物論或自然主義邁進的。因爲理智的需要，抽象的思維，即那種可以從一個堅持到底的原則推出最可怕的結論的東西，曾經驅使他們把一個

39 《論自然》，第一卷，第一部，第十三章，第七十頁。

唯一的原則當作最後的東西，而這樣一個原則卻同時具有著當前性，而且是與經驗十分靠近的。因此他們就把感覺和物質看成唯一眞實的東西，把一切思維、一切道德方面的東西全都歸結爲感覺和物質，認爲只是感覺的變相。

（一）感覺和思想的對立

他們以這種片面的方式來處理 sentir〔感覺〕與 penser〔思維〕的對立，處理這種對立的同一性，因而把後者只看作前者的結果，而並不像斯賓諾莎和馬勒伯朗士那樣，以思辨的方式把這個對立在神中結合起來。法國人所提出的那些統一是片面的。把一切思維都歸結爲感覺的說法，變成了一種廣泛流行的理論，例如從某一方面說，在洛克那裡情形就是這樣的。羅比內也進而講到思維與感覺的對立，並且主張精神與形體不可分，但是他無法說明統一的方式如何。[40]《自然體系》的特點是把思維歸結爲感覺；這部書特別平淡。主要的思想是：「抽象思想只不過是關於對象的知覺的應用。」[41]於是哲學就過渡到了唯物論；例如在

40 《論自然》，第一卷，第四部，第三章，第二五七—二五九頁。

41 《自然體系》，第一卷，第十章，第一七七頁：「各種抽象思想只不過是我們的內感官用來察看它自己的各種變相的方式。善、美、秩序、睿智、美德等詞，如果我們不把它們聯繫到、應用到我們的感官，向我們指出可以具有這些性質的對象上，或者聯繫到、應用到我們所知道的存在方式或作用方式上，那就對我們毫無意義。」

拉·梅特里那裡就是：L' homme machine〔人是機器〕。一切思想，一切觀念，都只有在被理解爲物質性的時候，才有意義；只有物質存在。

（二）孟德斯鳩

當時有些偉大的思想家曾經把心中的感情、自保欲、彼此間的善意傾向、合群欲與**思想**對立起來，普芬多夫也曾把合群欲當做他的法學體系的基礎。由此出發，他們說出了很多出色的見解。例如**孟德斯鳩**就寫了一部美妙的著作：*L'esprit des lois*〔《論法的精神》〕，伏爾泰曾說這是一種 esprit sur les lois〔關於法的精神〕，這部書中就曾經以這種偉大的見解考察各種法制，認爲法制、宗教以及一個國家裡面的一切構成了一個整體。

（三）愛爾維修

這種把思想歸結爲感覺的做法，在**愛爾維修**那裡採取的是這樣一種形式：當人們在作爲道德主體的人身上尋找一個唯一的東西的時候，他就把這個唯一的東西稱爲**愛己**，並且努力表明，凡是我們稱爲美德的東西，總之一切行動、法律、正義，全都是僅僅以愛己、利己爲基礎的，並且是消融於其中的。[42]這個原則是片面的，雖然自我是一個重要環節。我所要求的東西，最高貴、最神聖的東西，是我的目的。我必須在那裡面、我必須認可它、我必須發現它是好的。任何一項犧牲，都總是伴隨著一種享受、伴隨著一種自我發現。這個自我環節，即主觀自由，永遠必須在那裡面。如果對此做片面的了解，那就可以從其中做出一些推翻一切神聖的東西的結論；但是神聖的東西也同樣出現在一種高尚的道德中，這種道德只能是唯一的道德。愛爾維修力求透過聰明的分析，從愛己中建立起一切美德；我們看到了分析的興趣。

這一套哲學理論的主要環節，就是認爲人在一切認識中都必定有我，因爲這些法國人是對一切政治權威和教會權威作戰，特別是對那種在我們心中毫無現實意義的抽象思想作戰的。主觀自由的環節、人道的環節建立起來了：(1)絕不能有門外漢；自己的自我、人的精神是人應當尊重的東西的來源。(2)其次是，內容是當前的，我的內容必須是具體的，是一種當前現實的東西。這個具體的東西被稱爲理性，這批人當中的高尚人士們以極大的熱忱捍

42 愛爾維修，《論精神》（《全集》，第二卷，雙橋一七八四年版），第一卷，第二篇，第一章，第六十二—六十四頁；第二章，第六十五、六十八—六十九頁；第四章，第九十頁；第五章，第九十一頁；第八章，第一一四頁；第二十四章，第二五六—二五七頁。〔可參看《十八世紀法國哲學》，第四五七—四六二頁。——譯者〕

衛了理性。思想被抬高爲人民的旗幟，這就是我們心中的信仰自由、良心自由。他們曾經向人說：「你將在這個標誌下獲得勝利」，因爲他們所注意的，只是人們把那些在十字架標誌下所做的事情弄成了信仰、弄成了法律、弄成了宗教，因爲他們看到了十字架標誌受到何等的輕蔑。因爲在十字架標誌下謊言和欺詐得到了勝利，在這個印記下各種制度都僵化成爲卑鄙齷齪的東西；這個標誌被設想成爲一切罪惡的總匯和根源。他們以另一種形式實行了路德的改革。這個具體的東西有多種形式：實踐範圍內的社會欲，理論範圍內的自然律。這是一種在自身內，亦即在人的精神中、內心中找出可靠的指標的絕對欲望。當人的精神在自身中的時候，至少當它自由地在自己的世界中的時候，它是迫切需要得到這樣一個牢固的據點的。

（四）盧梭

第三，在實踐方面，還要指出一個特殊之點，即：在把正義感當成原則的時候，具體的實踐精神，亦即人道、幸福這一原則，在一般的理解中雖然具有著思想的形式，思想本身卻不是內容。一種具體的內容，例如虔誠心的內容、善意傾向的內容、社會性的內容，是不能具有著思想的形式的；就內容出自我們的欲望和內在直觀來說，它並不是思想。但是也出現過這樣的事情，就是把純粹的思維當作原則、當作內容提出來，雖然這個內容又是缺少眞正的形式、缺少對它的固有形式的意識的；因爲人們沒有認識到這個原則是思維。我們看到思維在意志的、實踐的、法律的領域內出現了，並且得到了這樣的理解，於是人的最內在的東西，即自身統一性被當作基礎提了出來，被意識到了。這樣，人就在自身中得到了一種無限的力量。**盧梭**從單方面討論國家的時候所說的，就是這個。他追問的是國家的絕對根據：什麼是國家的基礎？人們是憑著什麼權利役屬和兼併、保持秩序、統治和被統治、服從權威的？他從單方面去理解這種權利，認為這是透過歷史建立在暴力、強迫、掠奪和私有財產等等上的。[43]

1. 但是他卻拿**自由意志**當作說明這種權利的原則。他並沒有考慮到國家的積極權利，而對上述問題做出這樣的回答：人是有自由意志的，因為「自由是人的品德。放棄自己的自由，就是放棄做人。放棄自由，就是放棄一切義務和權利」。[44]奴隸是既無權利亦無義務的。

2.「因此**基本課題**就是：要找出這樣一種聯合形式，這種聯合形式是以全部共同的力量捍衛和保障每一個人的人身和財產的，而透過這種形式，每一個人在參加這種聯合的時候，只是服從自己，因而還是同以前一樣自由。社會契約提供了解答」；[45]它就是這個人人

43《論社會契約》（里昂一七九〇年版），第一卷，第三章，第八—九頁；第四章，第十—十一、十二—十六頁。〔可參看《十八世紀法國哲學》，第一六五—一六九頁。——譯者〕

44《論社會契約》（里昂一七九〇年版），第一卷，第四章，第十二頁：「放棄自己的自由，就是放棄自己做人的資格，放棄人的權利，甚至於放棄自己的義務。」〔可參看《十八世紀法國哲學》，第一六八頁。——譯者〕

45《論社會契約》（里昂一七九〇年版），第一卷，第六章，第二十一頁：「『要找出這樣一種聯合形式，這種

在其中都有自己的意志的聯合。這些原則表達得很抽象，我們必須把它們正確地找出來；可是歧義立即就發生了。人是自由的，這當然是人的實質本性；這種本性在國家裡不但沒有被揚棄，事實上倒是開始被建立起來了。本性的自由、自由的稟賦並不是現實的；因爲國家才是自由的實現。

3. 對普遍的意志的誤解，是開始於這個地方，即自由的概念不可在每個人的偶然任性的意義下去理解，而必須在理性的意志、自在自爲的意志這個意義下去理解。絕不能把普遍的意志看成由一些表現出來的個別意志組成的，那樣，個別的意志就仍然是絕對的了。凡是少數人必須服從多數人的地方，就沒有自由。但是，儘管人們不自覺，普遍的意志卻必須是理性的意志。國家並不是那樣一種包括個人任性的聯合。對那些原則的歪曲理解，是與我們無關的。與我們有關的是：這樣一來就意識到了，人在自己的精神中具有著自由作爲至高無上的絕對的東西，自由意志是人的概念。自由恰恰就是思維本身；要是拋開思維來談自由，就不知道自己說的是什麼東西。思維的自身統一性就是自由，就是自由意志，即有所意欲的思維，也就是拋棄自己的主觀性的欲望，與存在的聯繫，自我實現，因爲我是願意把

聯合形式是以全部共同的力量來捍衛和保障每一個聯合者的人身和財產的，而且透過這種形式，每一個人在與所有的人相聯合的時候，卻只是服從自己，並且仍然和以前一樣自由。』這就是社會契約所解決的基本問題。」〔可參看《十八世紀法國哲學》，第一七一頁。——譯者〕

作爲存在者的我與作爲思維者的我等同起來的。意志只有作爲思維的意志才是自由的。現在自由的原則〔在盧梭這裡〕[8]出現了，它把這種無限的力量給予了把自己理解爲無限者的人。——這個原則提供了向康德哲學的過渡，康德哲學在理論方面是以這個原則爲基礎的。認識向它的自由前進了，而且是向一種具體的內容、一種它在自己的意識中所具有的內容前進了。

四、〔德國〕啟蒙思想

德國哲學。在這個時期，德國人是靜靜地在他們的萊布尼茲沃爾夫哲學裡面徘徊，在他們的定義、公理、證明裡面徘徊，後來他們逐漸地受到外國精神的薰陶，於是熟悉哲學在外國的各種發展，歡迎洛克的經驗主義，同時在另一方面也把形上學的研究放在一邊，關心著那些頗能爲健全的常識所理解的眞理，投身於**啟蒙思想**，從事考察一切事物的效用，這個觀點是他們從法國人那裡採納來的。把效用當作存在物的本質，就在於把存在物規定爲不是自在的，而是對他物存在的，這是一個必要的環節，但不是唯一的環節。關於這一點的那些哲學研究，是沉沒到一種沒有生氣的通俗性的狀態中去了，通俗的事物是無法深刻的。這是一種呆板的學究氣和嚴格性。德國人是對所有的民族都一視同仁的，是認爲什麼都好、不管什

[8] 第四〇二頁。

麼貨物都販賣的老實舊貨商。這一切都是從外國取來的，已經失掉了那種聰明的生動性、活 530
躍性、獨創性，就是這種事物在法國人那裡造成只顧形式忘掉內容的結果的。德國人喜歡以老老實實的態度把事情做得很踏實，喜歡以說理代替機智和生動，而機智和生動當然是沒有證明的，所以他們以這種方式弄到手的是一種非常空洞的內容，沒有比這些踏實的論述更單調的了；例如在艾伯哈特、提騰斯等人那裡就是如此。

尼可拉、孟德爾頌、蘇爾策等人也主要是對鑒賞和美術做哲學討論；因爲德國人也要有一種文學和藝術。然而他們在這一方面也只是提出了一些極其貧乏的美學理論——萊辛曾經把這種美學理論稱爲膚淺的空談：[46]而整個說來，格勒特、魏瑟、萊辛的詩也是不相上下地陷於詩中的極度貧乏。講得最多的，是舒服與不舒服的感覺。關於這種哲學，我想舉出一個樣本來，這是尼可拉所提供的。——問題是關於陳述悲劇中悲慘對象的樂趣的。

摩西先生：那種喜愛完滿的事物、回避不完滿的事物的能力，是一種實際存在的能力。因此這種能力的發揮就帶來一種樂趣，但是這種樂趣在本性上比較起來，更小於那種由觀察對象而產生的不快。

我：可是，當感情的激烈使我們感覺不舒服的時候，它所帶來的那種運動（這種運動豈
不就是那種喜愛完滿的事物等等的能力嗎？）對於我們來說還是有些愉快的。——我們喜愛 531

46《萊辛全集》，第二十九卷（柏林、斯退丁一八二八年版），第一一一—一一二頁。

的是運動的力量，哪怕是那些與感情的舒服發生衝突、總之獲得勝利的痛苦感覺。——結論也是一樣的。

摩西先生：在模仿中則相反，由於不完善的對象不出現，愉快必定占上風，並且掩蔽了輕度的不愉快。

我：那麼，一種不留下這些不愉快的後果的感情，就必定是十分舒服的了。那些對於悲劇所產生的感情的模仿，就是屬於這一類的。[47]

他們就是用這樣一些無內容的、蒼白的廢話在打轉。此外，地獄的永罰，異教徒的天福、正直和虔誠的反面，就是他們大研究特研究的哲學題材了；法國人是不在這些事物上煩心的。他們把有限的規定捧出來反對無限的事物：反對三位一體，一不能是三；反對原罪，每個人都必須自己承擔自己的責任，爲自己的行爲負責，這些行爲是自己做出來的；也同樣反對拯救，別人是不能代擔罪責的；反對恕罪，已有的事情不能化爲無；歸根究柢，人的本性是與神的本性不相容的。

德國的啟蒙思想不要精神，單用理智的嚴格性和效用的原則來攻擊理念，它首先抹掉了沃爾夫哲學的方式，但是保留了這種哲學的內容所占的位置，並且使形上學也降低到極其空洞的地步，直到耶可比才出乎意料地重新回想起一種完全不同的哲學內容，首先是回想起斯

532

47《萊辛全集》，第二十九卷，第一二二—一二三頁。

賓諾莎主義；他把對於外在的、有限的事物以及對於神聖事物的信仰亦即純粹直接的確信與中介認識絕對對立起來，而把對於神聖事物的信仰稱爲理性，把中介認識理解爲單純的理智，直到康德才給予了在歐洲其餘地區已經衰落的哲學一個新的生機。

我們看到一方面是健全的常識、經驗、意識的事實，另一方面是一種形上學，即應用枯燥、僵死的理智的德國沃爾夫形上學。我們看到孟德爾頌以健全常識爲目標，把它當作規範。當時的權威已經達到了紋絲不動、穩如泰山的地步，根本夢想不到任何別的事物；推了這個權威一把的是孟德爾頌與雅各比的爭論，首先是爭論萊辛是不是一個斯賓諾莎主義者，然後又爭論到斯賓諾莎的學說本身。在這一事件中顯示出：斯賓諾莎基本上已經被人們忘掉了，而且斯賓諾莎主義被人們看成了一種非常可怕的怪物。

向德國過渡。休謨和盧梭是德國哲學的兩個出發點。笛卡兒把廣延與和它絕對同一的思維對立起來。人們把二元論歸咎於他。但是，他也和斯賓諾莎、萊布尼茲一樣，揚棄了這兩個方面的獨立性，而把它們的統一（神）當成最高的東西。作爲這個統一的神，首先是第三者，而且是自己規定自己的，根本不能把任何規定加到神身上。沃爾夫對有限事物的理解，總之即學院形上學和理智科學、觀察自然時的空論，在他的規律性中、他的有限認識中得到了加強，轉而反對無限，反對具體的宗教規定，在他的《自然神學》中始終與各種抽象件隨在一起；然而這種理解的領域卻是特定的東西、發展出來的東西。

從這時起出現了一種完全不同的觀點。無限被挪到了抽象或不可思議的範圍內。眞是一種不可思議的遁詞！在今天，是把無限看成最虔誠、最正當的東西的。我們看到那個第三者，即差別的統一，被規定成一種不可思議、不可認識的東西；換句話說，在這一觀點看來，這種統一乃是無思想的統一。因爲它在一切思維之上，神並不是思維本身；它被規定爲絕對具體的東西（思維與存在的統一）。現在我們已經達到這樣的程度了：認識到這種統一是完全在思維中的東西，屬於意識的東西，即思維的客觀性、理性是一和一切。法國人彷彿看到了這一點。最高的本質、無規定的東西也可以浮現在自然之上，也就是說，自然、物質可以是最高的統一，一種具體物的設定總是存在的，這種具體物也同時屬於思維。既然把人的自由當作最後的東西提出來，那也就是把思維本身當作原則提出來了。自由的原則不僅在思維中，而且在思維的根源中；這個自由原則也是一個本身具體的東西，在原則上是本身具體的。

一般教養和哲學教養已經大大地進步了。既然可認識的東西已經被完全放在意識的範圍內，精神的自由已經被理解爲一種絕對的東西，那我們就可以把這一點理解爲：認識已經完全進入了有限的東西。有限事物的觀點也同時被視爲一種最後的東西，神則被當成一個處在思維之外的彼岸物。各種權利、義務以及對自然的認識都是有限的。人的理性愈在自身中把握到了自己，就愈離開了神，而有限事物的範圍便擴充了。於是問題就在於：如何把那個在過去以及這個時期之初被視爲唯一眞實的神再搬出來？人自己創造了一個眞理的王國，神被放在這個王國以外；所以這個王國乃是有限眞理的王國。在這裡，可以把有限性的形式稱爲主觀的形式；被視爲絕對的那種精神的自由、自我性，本質上是主觀的，事實上是思維的主觀性。理性是一和一切，這個一切同時就是全體有限事物；這種理性活動乃是有限的認識，也是對有限事物的認識。問題就在於：既然肯定了這個具體的東西（不是形上學的抽象），那麼，這個具體的東西如何在自身中發展？又如何回到客觀性，或揚棄自己的主觀性？也就是說，思維如何回到神？這個問題我們要在下一個時期來考察，那就是：康德、費希特、謝林。

第三篇　最近德國哲學

在康德、費希特、謝林的哲學裡，精神最近時期在德國向前進展所達到的革命是透過思想的形式概括出來了、表達出來了。他們的哲學發展的次序包含著思維所採取的進程。世界歷史上這一個偉大的時代（其最內在的本質將在世界歷史[1]裡得到理解），只有兩個民族，即日耳曼民族和法蘭西民族參加了，儘管它們是互相反對的，或正因爲它們是互相反對的。別的國家並沒有參與，雖說它們的政府以及它們的人民在政治上參加了，但不是在內在精神上參加了。這個原則在德國是作爲思想、精神、概念，在法國是在現實界中洶湧出來。這個原則出現在德國現實生活中，顯得是一種外部環境的暴力和對於這種暴力的反動。

哲學給自身規定了這樣的任務：即把哲學的基本觀念、思維與存在的統一作爲對象，並加以掌握，這就是說，對必然性的最內在意義、概念加以理解。**康德**的哲學首先從形式方面提出了這個任務，但其結果只得到理性在自我意識中的抽象的絕對性，一方面，在他的批判的、消極的態度裡總帶有一種空疏性和軟弱性，把意識的事實和主觀的揣測當成某種積極的事物，這就放棄了思想而退回到感覺；另一方面，從這裡發展出**費希特**的哲學，它把自我意識的本質思辨地理解爲具體的自我，但卻沒有超出絕對者的這種主觀的形式。**謝林**的哲學是從費希特哲學出發，後來又把它拋棄，並且提出了絕對者的理念、自在自爲的眞理。

535

[1] 原文作「世界歷史」，英譯本第四〇九頁作「歷史哲學」。

壹、雅各比

和康德相聯繫，我們這裡還必須首先談一談雅各比。雅各比的哲學是和康德的哲學同時的。兩者的結果大體上是相同的，只是出發點和進展的過程有些地方彼此不相同。雅各比的外在出發點大半是法國哲學（和德國形上學），他是受到法國哲學的啟發的。康德是較多從英國方面，從休謨的懷疑主義開始的。雅各比所著眼的和考察的大半是認識方式的客觀面向，他和康德一樣採取消極的態度，因為他宣稱知識照它的內容說是不能夠認識絕對的。康德沒有考察內容，他認為認識是主觀的，因而宣稱不能夠認識自在自為的存在。什麼是眞理？眞理必須是具體的、當前的，但又不是有限的。這是一種進步，超出了前一個時期。

弗里德里希·海因里希·雅各比於一七四三年生於杜塞道夫，曾先後在貝爾格及巴伐利亞任職。他曾經在日內瓦和巴黎受過教育：在日內瓦從波涅（Bonnet）、在巴黎從狄德羅學習。在杜塞道夫，他擔任了一個公職（關於經濟和財政部門的行政工作）。法國革命的發生使得他脫離了公職活動。作為一個巴伐利亞的官員，他去到慕尼黑，在那裡一八〇四年他成為科學院的院長，但他於一八一二年辭去了這個職務。因為在拿破崙統治時期新教徒被宣稱爲革命煽動者。直到他死時止他都居住在巴黎。他卒於一八一九年三月十日。[1]雅各比是一個有高貴品格和深刻教養的人，他在國家的事務中生活很久，並且對於法國哲學很熟悉。

一七八五年他發表了於一七八三年寫成的關於斯賓諾莎的書信。這些書信是由於外在的機緣而發表的。他沒有系統地研究哲學，而只是用書信的方式討論哲學。與想要給萊辛做傳的孟德爾頌一個偶然的爭論引起了雅各比把他的見解發揮出來。雅各比問孟德爾頌是否知道「萊辛曾經是一個斯賓諾莎主義者」，[2]孟德爾頌爲這個問題所激怒，這樣就引起兩人通信辯論。在這場爭論的過程中表明了那些自認爲專家、哲學專家，並且自認爲可以包辦同和萊辛的友誼的人，例如尼古拉、孟德爾頌之流，對於斯賓諾莎主義毫無所知；這還表明了他們不唯哲學見解淺薄，而且竟是對哲學完全沒有知識。他們繼承著沃爾夫的哲學，但放棄了他的學究的形式，因而不能再前進一步。孟德爾頌自認爲，而且也被認爲是最偉大的哲學家，並且被他的朋友讚揚著。他的《清晨的時候》一書乃是無生氣的沃爾夫哲學，儘管這些先生們也還曾努力想給他們的抽象陳述披上柏拉圖式的爽朗的形式。他們研究愉快的和不愉快的感覺、完善、什麼是可能思維的和什麼是不可能思維的等等。形上學被看成是朦朧虛幻

1　坦納曼，《哲學史綱要》〔溫特摘要本〕，第四〇六節，第五三一頁；里克斯納（Rixner），《哲學史教本》，第三卷，第一四五節，第三一七頁；《雅各比集》，第四卷，第一部，第三頁。

2　《雅各比集》，第四卷，第一部，第三九一頁。

的事物；認爲它一直沒有固定的線索。在這些通信裡立刻可以看出斯賓諾莎是如何地被忘記了。孟德爾頌表現出甚至對於斯賓諾莎哲學的外在的歷史材料都毫無所知，更說不上關於他的內在實質了。[3]當雅各比宣稱萊辛是一個斯賓諾莎主義者並抬高法國人的地位時，這種嚴肅主張對於這些先生們就好像晴天的霹靂。他們這些自滿的、自信的、自命高人一等的人感到十分驚訝，雅各比對於像斯賓諾莎那樣的「死狗」也竟會自詡知道某些事物。[4]在這種情形下，雅各比必須加以解釋，於解釋時他便進一步發揮了他自己的哲學見解。

孟德爾頌和雅各比正相反，因爲孟德爾頌堅持認識的立足點，認爲眞理和本質直接地展現在思維和概念裡，並且斷言：「凡是我不能認爲是眞的事物，不會使得我懷疑、引起我不安。一個我所不了解的問題，我就不能答覆，它對於我就等於是沒有問題。」[5]於是他就老是圍繞著這點辯論。同樣，他對於上帝存在的證明也包含著這種思維的必然性，即，現實性一定必須是被思維的，並須假定有一個思維者。換言之，現實事物之所以可能，是依靠一個能思維者。「凡是能思維的存在認爲不可能的事物，也就是不可能的；凡是能思維的存在在

3 《雅各比集》，第四卷，第一部，第九十一頁。

4 《雅各比集》，第四卷，第一部，第六十八頁。

5 《關於斯賓諾莎學說的書信》（一七八九年第二版），第八十五—八十六頁（《全集》第四卷，第一部分，第一一〇頁）。

思想上認爲不眞實的事物，事實上也就是不眞實的。」「如果我們取消了一個能思維的存在對於任何一個事物的概念，即取消了對那個事物的可能性和眞實性的概念，那麼那個事物本身的存在也就被取消了。」〔關於事物的〕概念便被他認作事物的本質。「沒有有限的存在能夠把一個事物的現實性最完善地思維成現實的，它更不能認識到一切當前事物的可能性和現實性。」「因此必定有一個能思維的存在或〔一個〕理智，它能夠最完善地把一切可能性的全部內容思維成可能的，並且把一切現實性的全部內容思維成現實的；這就是說，必定有一個無限的理智，而這無限的理智就是上帝。」[6]我們看見1.思維與存在的統一；2.絕對的統一被視爲無限的理智，至於思維與存在的統一，卻僅僅被理解爲有限的自我意識。現實性亦即存在以思維爲它的可能性。換句話說，它的可能性就是思維；思維並不是由超出可能性以達到現實性的發展過程。

雅各比反對對於思維的這種要求說：「思維不是實體的源泉，反之實體才是思維的源泉。因此我們必須承認在思維之先有某種非思維的事物作爲第一性；某種事物雖說不完全在現實性中，但按照表象、本質、內在本性看來，卻必須被認作最先的事物。」關於這點孟德爾頌說道：「您似乎在這裡想要思維某種不是思想的事物；想要躍進到空虛之中，進到那沒

6 布勒（Buhle），《哲學史教科書》，第八卷，第三八六—三八七頁；孟德爾頌，《清晨的時候》（一七八六年第二版），第二九三—二九六頁。

有理性可以遵循的地方。您想要思維**某種**在一切思維之先的事物，這事物因此也不是那最完善的理智本身所能思維的。」[7]

（一）雅各比的主要思想**一方面**是這樣的：「每一種論證的方法都會導致宿命論」、[8]無神論、斯賓諾莎主義。[9]因爲這就會認爲上帝是一個派生的東西，是以某種東西爲根據的東西；理解一個東西即是指出它的依賴性。我們指出某種東西的原因，這東西又有一個有限的結果；一般的**間接的**知識就是這樣。他斷言，整個講來，認識只能認識那有限的東西。這完全和康德的結論相同，即我們只能認識現象。現象這個名詞表示主觀的形式。

就雅各比關於**認識**的見解而論，他曾經提出這樣的看法說：「理性」——對於理性他後來有不同的定義，區別了理性與理智，關於這點後面再說，[10]後來他不說理性，而說**理智**[11]——「永遠只能說明有限事物的條件、自然的法則、機械的因果關係。我們理解一件事情，即在於把它的最近原因推究出來」，而不是推究它深遠的原因；那最深遠的原因永遠是上帝。對象最近的特定的原因是可以認識的；上帝完全是一般的原因。「或者說」，我們認識一件

---

7 《關於斯賓諾莎學說的書信》，第三十六—三十七、八十八—八十九頁；第四命題，第二二五、二二三頁。

8 同注7。

9 《關於斯賓諾莎學說的書信》，第二二三頁（二一六頁）。

10 參看本書邊碼 544-548。

11 《全集》，第二卷，第七頁以下；第二二一頁的附注。

事情，即在於「按照一系列的次序看見了形成它的那些直接條件」。無疑地這只是有限的認識；每一個條件之前又有另一個條件。「同樣，例如我們了解一個圓圈，這就是說，我們清楚地認識了它產生的機械關係和它的物理結構，又如我們了解一個三段論法的公式，也就是說，我們眞正地認識到人的理智於判斷和推理時所遵循的規律，和人的認識作用的物理的和機械的關係。因此，我們對於各種質本身就沒有概念，只有直觀。即使對於我們自己的存在我們也只有感覺，沒有概念。我們只是對於形狀、數目、地位、運動和思維形式才有眞正的概念；至於對各種質，只有當它們被歸結到上述這些概念，並在客觀上被取消時，才算是被認識了、被理解了。」[12]這就是一般的認識：對於某種特定的事物揭示其條件，並指出它是被制約的、爲別的事物所影響的、爲一個原因所產生出來的。

「理性一般的職務是不斷向前的聯繫：理性的思辨的職務是按照必然性，亦即同一性的已知的規律去聯繫。凡是理性透過分析、聯繫、判斷、推論和反思」（它的活動）「所能產生的，必純全是自然的事物」（有限的事物）；「理性，作爲一個被限制的事物，本身也同屬於這種有限事物之列。但是整個自然、一切有條件的」（有限的）「事物的總內容對於那鑽研的理智，除了包括在自然內的事物之外，是不能更顯示什麼事物的。而包括在自然內的

12《關於斯賓諾莎學說的書信》，附錄七，第四一九—四二〇頁，和附注（《全集》，第四卷，第二部分，第一四八—一五〇頁）。

事物不外是：雜多的特定存在、變化的事物、一系列的」（有限的）「形式，內中並沒有包括任何眞實的開始」（宇宙的開始），「也沒有包括任何客觀存在的實在原則」。認識就是認識特定的條件；而這個條件又是有限的。另一方面，雅各比說：「如果我們把理性了解爲一般認識的原則，那麼理性就是構成人的整個有生命的本性的精神；人是爲理性所構成 541 的，人是理性所採取的一種形式。」[13]

他對於想要認識無限者的企圖的見解是和他前面這種看法密切聯繫著的：「就整個人來說，我發現人的意識是由兩個原始的觀念，有條件者和無條件者的觀念結合而成的。兩個觀念是相互不可分離地聯繫在一起的，不過有條件的觀念須以無條件的觀念爲前提，前者只能從後者中派生出來，」——這就是說，有條件者的觀念只能透過無條件者的觀念才得到理解。「我們對於無條件者的存在比起我們對於我們自己的有條件的存在，具有同樣的，甚至更大的確定性。」

「由於我們的有條件的存在」和認識現在「建築在無限的間接關係上面，這就爲我們的研究開闢了廣大的園地，我們即使爲了自我保存起見」（爲了實踐的目的），「也就不得不對他加以研究」。但是要求認識無限者其目的卻完全不同。「要想發現無條件者的條件，尋找並認識那絕對必然的存在之可能性，以便予以把握，這乃是當我們從事於把自然當作可

13《關於斯賓諾莎學說的書信》，第四二一—四二三頁。

把握的事物，亦即當作單純的自然存在去了解，並把機械原則的機械性加以說明時所須做的工作。因爲如果一切事物都應該在我們所能把握的方式下發生和出現，都必然在有條件的方式下發生或出現，那麼只要我們在認識的時候，我們便老停留在一連串的有條件的條件之中。哪裡沒有這一連串的條件，那裡我們就沒有認識，那裡也就沒有我們叫做自然的那種聯繫的本身。因此自然存在的可能性這一概念就會是自然的絕對開始或起源的概念；它也就會是無限者自身的概念，只要它並不是按照自然的規律聯繫著的，亦即對於我們是沒有聯繫的，這就是說，它就會是自然的無條件的條件。假如這種無條件者和無聯繫者的概念——因而也是外在於自然的——是可能的，那麼無條件者就會停止其爲無條件者，它本身必然會具有一些條件；而那絕對必然者必定開始變成可能的事物，從而它才可以被認識到。」這是矛盾的。這就是雅各比的思想。

「無條件者又叫做超自然者」，不可捉摸者；自然也屬於這個範圍。「既然舉凡一切存在於有條件的事物的聯繫和自然的間接關係之外的事物，也同時是存在於我們明晰的認識範圍以外，並且是不可能透過概念而得到理解的，那麼那超自然者就不可能在其他方式下爲我們所承認，除非它是作爲事實直接給予我們的。它存在！」——它是直接的事物。而「這個超自然者」、無限者、「這個一切本質之本質」、存在者，「世界各民族的語言都叫上帝」。[14]

那無條件者因此沒有條件，不能被認識，對於我們只是在直接方式下，不是在間接方式下的事實。雅各比的見解和康德的見解有如下的區別：在康德那裡範疇一點用處都沒有，認識只是對於現象的認識，不是對於事物本身的認識；其所以如此，是因為範疇只是主觀的，而不是因為範疇本身有局限性、有限，反之，主要之點卻在於永遠認範疇為主觀的。與此正相反，在雅各比那裡，主要之點在於認範疇不僅是主觀的，而且認範疇為條件和有條件的條件；而理解事物即在於透過範疇，亦即透過有條件的條件建立起聯繫。這是一個本質上的區別；但兩人的結論卻是一致的。

（二）因此按照他的第二個主要原則，那超自然的事物只能叫做事實；它存在，一切語言都叫它為上帝。雅各比現在便叫這種直接知識為信仰。[15]他回返到自我意識，在他那裡，我們看見思維在其主觀態度中。上帝、絕對、無條件者是不能證明的。因為對於一個事物加以證明、理解，就是尋求條件，根據條件把它推論出來。但是一個被推論出來的絕對、上帝等等，便已不是一個絕對、一個無條件者、一個上帝了。[16]現在在我們意識中有一個對於上

---

14 《關於斯賓諾莎學說的書信》，第四二三—四二七頁。

15 《全集》，第二卷，第三—四頁。

16 《全集》，第三卷，第七、三十五頁。

帝的意識，而其性質是這樣的，即上帝的存在是和我們對它的思想直接地聯繫著的。依雅各比看來，這種知識是不能從證明得來的。因此它不是間接得來的知識，而是直接的知識，關於這種知識我們可以訴諸人〔的良知〕。人在他關於自然和有限事物的表象、思維裡超出了有限性，進展到一個超自然、超感性的領域；而這超自然者的存在，對於它是如此確定，正如他確知他自己一樣。這種對上帝存在的確知和他的自我意識是同一的。我這樣確知我存在，也這樣確知上帝存在。[17]這裡這種對上帝的直接知識就是雅各比的哲學所堅持之點；他也叫這種直接知識爲信仰。康德的信仰和雅各比的信仰是有差別的。在康德那裡信仰是理性的一個公設，是企圖解除世界和幸福的矛盾的一種要求；在雅各比那裡信仰本身是一種直接知識，並且也被了解爲一種直接知識。

雅各比之後，凡是哲學家（如弗里斯）和神學家所寫的關於上帝的著作，都建築在直接知識、良知的知識這個觀念上面；人們也稱這種知識爲天啟，但這是不同於神學的另一種意義的天啟。作爲直接知識的天啟是在我們自身內，而教會卻把天啟當作一個從外面昭示的事物。[18]神學意義的信仰是信仰某種由教義所給予的事物。如果把這裡所說的信仰和天啟了解爲神學意義的信仰和天啟，這似乎是一種概念的偷換，因爲這裡所應該有的哲學的含義，與

17　同注16。

18　參看《全集》，第三卷，第二七七頁。

虔誠信仰的人對這字的用法是大不相同的。這就是雅各比的觀點；他的觀點很受歡迎並得到廣泛的傳播，雖說許多哲學家和神學家對於他所說的話提出了反對的意見。在雅各比的思想中也找不出他的直接知識與哲學認識、理性相反對的地方。人們談論理性、哲學等等就好像盲人在談論顏色。誠然人人都承認，一個人如果不是鞋匠，就不能做鞋子，雖說他有尺、有腳並且也有手。但關於哲學，大家就以為直接知識是這樣的意思，即每一個人只要他能吃飯走路，就是一個哲學家，他可以在哲學上隨便說話，並自以為很懂哲學。

人們一方面把理性了解爲間接知識，但另一方面理性恰好正是理智的直觀本身。說理性是對自在自爲的存在的認識和啟示，一方面這是很對的，因爲理智是對有限事物的啟示。[19]但是信仰、直接知識又被用來了解每一個另外的內容，或者像雅各比那樣，把信仰了解爲類似這樣的確知一切存在的直接性，例如直接確知：「我有一個身體」，這裡有一張紙，「或感知到別的現實的事物，而我們感知這些事物的確定性，與我們感知到我們自己有同等的確定性。我們透過我們所感受到的事物的特質，獲得一切表象，此外沒有獲得眞實知識的其他的途徑；因爲理性如果自己產生一些對象的話，那就是些腦子空想出來的事物。因此，我們就有了一種對於自然的啟示」。[20]凡是我所直接知道的都是信仰。所以在宗教上有很高價值

19 《全集》，第二卷，第八—十四、一〇一頁。

20 《關於斯賓諾莎學說的書信》，第二一六—二一七頁。

的信仰這一名詞，便被應用來表示任何一種內容；這是我們這個時代的最一般的觀點。

雅各比在這裡似乎使信仰與思維對立起來了。我們試比較這兩者是否有天壤之別，像有些人以爲它們是如此對立那樣。第一，絕對本質是直接地啟示於信仰中；信仰意識感覺到自身爲這絕對本質所浸透，就像爲它自己的本質所浸透那樣：這絕對本質就是信仰意識的生命，這信仰意識建立了它自身和這絕對本質的直接統一。思維思維著這絕對本質；絕對本質就是絕對思維、絕對理智、純粹思維，但同時它也同樣直接地是它自己。第二，絕對本質的直接性對於信仰同時具有存在的意義；它存在著，作爲自我的對方存在著。絕對本質的直接性對於思維者也同樣具有存在的意義。它對於思維者是絕對的存在，是本身眞實的事物，並且也是自我意識或所謂作爲有限理智的思維的對方。

現在試問，爲什麼信仰與思維彼此互不了解，爲什麼一方老是看不見自己就在對方之中？首先是由於當信仰認識到它自身作爲自我意識和絕對意識的直接的統一性時，信仰沒有意識到它即是一種思維；它在內心中直接地知道了絕對本質。信仰只是表達了這種簡單的統一性。這種統一性在信仰的意識裡只是被當作具有存在意義的直接性、它的無意識的本質、實體的統一。信仰又把思維認作獨立自存的事物；它把那種存在的直接性與思維對立起來。第二，與此相反，思維又把直接存在視爲絕對的可能性、絕對的思想物，因此這種思想物所具有的直接性又被當作沒有存在、生命的規定性。在這種高度抽象的看法裡，信仰與思維便相互對立起來，像啟蒙運動的思想家把絕對本質認作獨立於自我意識之外的事物，而唯物主義又把它當作當前的物質那樣。[21] 一方面〔在雅各比那裡〕絕對本質是在信仰和思維中作爲肯定的存在和思維，另一方面，絕對本質被當作沒有自我意識的事物，或者〔如啟蒙派〕把它僅僅規定爲否定的事物、在自我意識的彼岸，或者〔如唯物論〕把它視爲對自我意識而存在的〔物質〕。

直接知識是這樣一種規定，我們可以把它叫做信仰、知識等等。這是第一點。如果我們要問它的內容，那麼它就是被意識到的上帝或上帝的存在。這種直接知識是每一個個人所同有的；它是屬於每個人本人所確知的個別的事物。上帝在這裡是被視爲具有一般的精神屬性的，例如全能、全知等等。整個一般的認識我們叫做思維，特殊的認識我們叫做直觀；對外在規定的內在理解我們叫做理智。人所具有的一般認識就是思維，例如在宗教情緒中即包含著一般的認識。禽獸沒有宗教情緒，因爲這乃是一種人所特有的情緒。就其爲宗教情緒來說，它乃是一個能思維的人的情緒，情緒的特性不是一種自然衝動等等的特性，而是思維的特性。因此上帝就是抽象地看起來的普遍的事物，雖說上帝只是單純地被感到、被信仰的，但他仍舊是純全抽象的，甚至上帝的人格也是絕對普遍的人格。主要的我們必須注意，凡是在直接認識中啟示出來的，乃是普遍的事物。但直接認識是自然的、感性的認識；如果人們已經認識到上帝，把他當作精神的唯一對象，那麼這種結果就是透過教義的媒

21　參看本書邊碼508。

介、透過長期不斷的教養才達到的。埃及人也同樣直接地知道上帝是一條牛、一隻貓；印度人直到現在還具有更多類似這樣的知識。只有由於缺乏簡單的思考才會不知道，普遍的原則並不在直接的認識中，而是文化、教育、人類的啟示的成果。如果人們認直接認識爲有效準，則每個人都只是和他自己打交道；這樣就任何事物都可以承認是正確的。這人知道這事，那人知道那事；一切事物，甚至最壞的、最不虔敬的事物都可以得到承認。直接認識是自然的認識；因此認識精神性的上帝，本質上乃是透過間接過程、透過教育的後果。

第二，現在直接認識又與間接認識相反對；於是這裡又碰到直接性與間接性的對立。「我們堅持必須承認人有兩種不同的認識能力：一是透過可見的和可捉摸的，亦即肉體的認識工具而來的認識能力；另外一種能力是基於不可見的、外部感官所無法把握的器官，這種器官的存在只有透過情感才能揭示給我們，它是認識精神對象的精神眼睛，是人類一般叫做理性的」。[22]它〔理性〕說出了關於普遍地、自在自爲地存在著的眞理的事實。這種承認，承認普遍者存在、承認上帝是眞理，就是直接的認識。雅各比把它叫做內心的啟示、信仰。他說：「對於這樣一個人，如果美和善、敬佩和愛慕、尊敬和敬畏的純潔情感不能使他相信，在這些情感內或當他具有這些情感之時，他會察覺到某種事物親臨在他面前，這事物是獨立於這些情感之外，非外部感官亦非專門直觀這些情感的那種理智所能達到，對於這樣

22《全集》，第二卷，第七十四頁。

的人是不能和他辯論的。」[23]

雅各比認爲：「思想達到了對上帝的情感後根本就不能更進一步。」他的這種哲學，從實用的觀點上得到廣泛的接受，而且比起康德來還更容易爲人們所接受。但是，眞正的認識是不同於雅各比所說的這種認識的，他的論證只有在反對有限的認識時，是完全正確的。直接的認識並不是〔眞正的〕認識、理解；因爲所謂認識或理解，它的內容是在自身內被規定了的，並被具體理解了的。直接認識的情形卻不同，主體僅僅知道上帝是存在的。如果要他說出上帝的規定，那麼，照雅各比看來，這些規定只能被理解爲有限的；而這種認識必會又是一種由有限推有限的進程。這樣，所剩下的便只是關於上帝的模糊的觀念，只是一個「高居我們上面……」、毫無規定性的彼岸。所以其結果和啟蒙思想關於最高本體的看法是相同的，譬如法國哲學就是這樣。這種結論乃是啟蒙思想的結論，康德的結論也是如此，只是在康德這裡，還有這樣的意見，即把這種空洞的說法儼然當成最高的哲學。

這乃是一種非常空疏的看法。如果哲學的使命是建立在這上面，並從這裡出發，那麼哲學就會極其貧乏，這些看法只是一些本身沒有什麼眞理的形式。那最後的形式，即認直接性爲無上絕對的事物，表明其缺乏任何批判、任何邏輯。康德的哲學是批判的哲學，但是從他的結論中，人們忘記了那一條眞理，即人不能用有限範疇構成無限。至於進一步說到直接性

23 《全集》，第二卷，第七十六頁。

與間接性的對立，我們可以說：一切認識都是直接的，但是一切直接的認識本身又都是間接的。這種認識我們可以在我們意識內看見，也可以在最普通的現象中看見。譬如，我直接地知道美國，但我對美國這種知識又是很間接的。如果我要站在美國並看見美國的土地，那麼我首先須旅行到那裡，哥倫布必須首先發現了美洲，還必須製造出船舶等等，所有這些想法都屬於間接知識。所以凡是我們現在直接知道的事物，都是無限多的間接過程的結果。同樣，當我看見一個直角三角形時，我知道勾股的平方之和等於弦的平方。我直接知道這點，但我卻是從學習得來的，而且是透過證明的間接過程才相信這個事實的。因此直接知識無論何處都是有間接性的。同樣很容易看見，那被肯定為關於上帝的直接知識也是一種間接知識。一個直接性的人是一個自然的人，憑著他的自然狀態和自然欲望，他是不知道普遍原則的。嬰孩、愛斯基摩人等等對於上帝便一無所知，而自然人所知道的上帝也不是應有的那樣。人透過提高的過程：從自然的狀況提高到意識，以達到對共相、對較高存在的認識，都是屬於間接認識的過程。我思維、我直接知道共相，但這種思維本身就是一個過程——運動、有生命的活動。一切有生命的活動本身都是過程，都是間接性的，精神的活動尤其是這樣。精神的活動是由一方到他方的過渡，從單純自然的感性的事物到精神的事物的過渡。由此足見，直接知識與間接知識的對立完全是空虛的，把這樣的事物當作眞正的對立，實在是一個極端膚淺的看法。那以為直接性是獨立自存的、本身不包含任何間接過程的看法，乃是最乾燥空疏的理智看法。哲學的工作不外乎使人意識到這種直接性與間接性的統一。哲學指出那按實質說存在於宗教等等之內的間接性。

如果說每一個觀點都有其正確的一面，那麼認爲人的精神直接知道上帝這個觀點的偉大之處即在於承認人的精神的自由。在人的精神的自由中包含著〔直接〕認識上帝的源泉；在這個自由原則裡，一切外在性、一切權威都被取消了。我們時代的偉大在於承認了自由、精神的財富、精神本身是自由的，並且承認精神本身便具有這種自由的意識。但是這個自由的原則只是抽象的。因爲更重要的是：使自由的原則重新達到純粹的客觀性，並不是一切我所偶然想到的事物，臨時冒出來的事物，都算是啟示給我的，因而也就都是眞的。反之，這種自由的原則還須加以純化，並獲得其眞實的客觀性。這個原則只有透過思想把特殊的、偶然的事物拋棄掉，才能獲得一個獨立於單純的主觀性之外而自在自爲地存在著的客觀性，這樣精神自由的原則才會得到尊重。必須透過個人自己的精神才能證明上帝是精神。精神必須給精神作證，精神的內容必須是眞的內容。但這個內容並不因爲它已經啟示給我了並使我確信了，而就保證是眞的。這就是雅各比的觀點，這樣我們便看見了他這觀點的缺點和裡面所包含的原則的偉大的地方。

貳、康德

康德哲學的出現是和雅各比的哲學同時的；對於康德哲學我們將加以較詳細的考察。康德轉回到蘇格拉底的觀點、轉回到思維，但是這種思維具有要求具體內容的無限使命，並使內容遵循完滿性的規範。笛卡兒認確定性爲思維與存在的統一。現在我們意識到了思維的主觀性一面：這就是說，第一，意識到思維是與客觀性相反對的規定性；第二，意識到思維是有限性，是藉有限的規定進行思考的。我們看見了主體的自由，像在蘇格拉底和斯多噶學派那裡那樣，不過就內容來看，康德哲學所提出的任務要高一些。它要求內容爲完滿的理念所充實，亦即要求內容本身爲概念和實在的統一。

抽象的思維作爲自己的確信是固定的框架，塡滿這些抽象框架的內容是經驗，而所採用的把握經驗的方法仍然是形式的思維和推論。雅各比認爲：1.這種思維、證明不能超出那有限的、有條件的事物；2.即使對於上帝這個有著形而上的存在對象，這種論證也會把它弄成有限的、有條件的；3.我們所直接地確知的那個無限或絕對只是在信仰中、在直接的確認中，是一個主觀的固定的事物，但卻是不可知的事物，亦即未規定的、不可規定的，因而是不能產生成果的事物。在康德哲學裡，這種思維必須作爲有決定性的事物來理解。康德在有限中並和有限相聯繫提出了一個絕對的觀點，這個絕對的觀點作爲媒介的中項，把有限的事物結合起來並且引導到無限。兩人的哲學都是主觀性的哲學。上帝在康德看來是1.在經驗中找不到的：既在外部世界中找不到，正如拉朗德所說，他曾經搜尋整個天空，卻找不到上帝；也無法在內心世界中找到上帝，雖說神祕主義者、夢囈者自詡，他們在自身內就能夠經驗到各式各樣的事物，同樣也能經驗到上帝或無限者。2.康德也曾論證上帝的存在，他認爲上帝是解釋世界所必須的一種假設，這就是實踐理性的公設。[24]但是關於這點，一個法國的天文學家曾這樣答覆了法皇拿破崙的問題：「我沒有對於這種假設的需要」（je n'ai pas eu besoin de cette hypothèse）。

552

康德哲學的觀點首先是這樣：思維透過它的推理作用達到了自己認識到自己本身是絕對的、具體的、自由的、至高無上的。思維認識到自己是一切的一切。除了思維的權威之外更沒有外在的權威；一切權威只有透過思維才有效準。所以思維是自己規定自己的，是具體的。其次這種本身具體的思維被他理解爲某種主觀的事物；這主觀性的一面就是形式，而這種形式在雅各比看來是處於主導地位的。說上帝存在，這並不是自在自爲的眞理；它的自在自爲的存在必須基於認識，但上帝據說又是不能被認識的。上帝獨立於我的意識而存在，乃是我自己的意識中的一個事實。但這個事實本身又是透過我的意識設定起來的，所以在雅各比那裡主觀的一面是主要的環節。至於思維是具體的這個見解卻大半被雅各比拋在一邊

24《實踐理性批判》（里加一七九七年第四版），第二二六—二二七頁。

了。由於思維是主觀的，所以必然會否認思維有認識自在自爲的存在的能力。

康德哲學所包含的眞理在於把思維理解爲本身具體的，自己規定自己的事物；因而它承認了自由。盧梭已經把自由提出來當作絕對的事物了。康德提出了同樣的原則，不過主要是從理論方面提出來的；法國則從意志方面來掌握這個原則。法國人常說：「他頭腦發熱」（Il a la tête près du bonnet）；意思是說，法國人具有現實感、實踐的意志、把事情辦成的決心，他們可以立刻將觀念轉變成行動。因此人們都很實際地注重現實世界的事務。儘管自由本身是具體的，但自由在被他們應用到現實世界時卻仍是未經發展的、帶著抽象性的。要想把抽象的觀念生硬地應用於現實，那就是破壞了現實。人民群眾把自由抓到手裡，所表現出來的荒誕情形實在可怕。在德國，同一個自由原則占據了意識的興趣；但只是在理論方面得到了發揮。我們在頭腦裡面和頭腦上面[2]發生了各式各樣的騷動；但是德國人的頭腦，卻仍然可以很安靜地戴著睡帽，坐在那裡，讓思維自由地在內部進行活動。康德哲學的最後結果是啟蒙思想；思維並不是偶然地用來作爲抽象論證的事物，而是具體的了。

伊曼努爾·康德一七二四年生於哥尼斯堡，起初在那裡的大學研究神學，於一七五五年開始當大學講師，一七七〇年任邏輯學的教授，一八〇四年二月十二日死於哥尼斯堡，享年八十歲。[25]他從來沒有離開過哥尼斯堡。

[2] im kopfe und auf dem kopfe/within us and around us.

25 坦納曼，《哲學史綱要》〔溫特摘要本〕，第三八〇節，第四六五—四六六頁。

在德國，〔在沃爾夫那裡〕[3]思維本身只是肯定的自我同一者，並且也被了解爲這樣的自我同一者，而在法國我們便看見否定的自身運動的思維、絕對概念正在施展其威力，法國的這種絕對概念又在啟蒙運動中過渡到德國，使我們也認爲一切事物、一切存在、一切要做與不做的事都應該是一種有用的事物，這就恰好取消了事物的自在性，而認爲事物只應該爲他物而存在。而一切事物都應該爲之而存在的就是人、自我意識，但卻是作爲一般的人。對於這種行爲的意識，在抽象方式下，就是康德哲學。我看見現在德國出現的就是這種自己思維的、自己深入自身的絕對概念，即認一切本質性（Wesenheit）都歸入自我意識，這是一種唯心主義，這種唯心主義把自在存在的一切環節都歸屬在自我意識裡，不過這自我意識的本身最初還帶著一個對立，它和這種自在存在還是分離的。換言之，康德的哲學把本質性導回到自我意識，但是康德又不能賦予自我意識的本質或純自我意識以實在性，不能在自我意識中揭示其存在。他認識到簡單的思維在自身內具有區別，但是還沒有認識到一切實在性正包含在這個區別裡：他不知道如何去克服自我意識的個別性，他對於理性描寫得很好，但卻在無思想性的、經驗的方式下去描寫理性，這反而剝奪了理性本身的眞理性。

康德哲學是在理論方面對啟蒙運動的系統陳述，認爲可以知道的只是現象，此外沒有什麼眞實的事物。他把知識歸入意識和自我意識，但堅持這種觀點，認爲知識只是主觀的和有

[3] 第四二六頁。

限的認識。當康德接觸到概念和無限的理念、揭示它的形式的範疇並進入到它的具體的要求時，他又否認這無限的理念爲眞理，僅僅把它視爲一個主觀的事物，因爲他已把有限的認識認作固定的、最後的觀點了。康德這種哲學使得那作爲客觀的獨斷主義的理智形上學壽終正寢，但事實上只不過把它轉變成爲一個主觀的獨斷主義，這就是說，把它轉移到包含著同樣的有限的理智範疇的意識裡面，而放棄了追問什麼是自在自爲的眞理的問題。

我們願意追蹤康德思想的進程。康德哲學和上面所講過的休謨的哲學有著直接的關係。康德哲學的一般意義在於指出了普遍性和必然性那樣的範疇，像休謨（提到洛克時）曾經指出那樣，是不能在知覺中找到的；這些範疇在知覺之外有著另一個源泉，而這個源泉就是主體——在我的自我意識中的自我。[26]

這就是康德哲學中的主要原則。他的哲學又叫做批判的哲學，因爲它的目的，有如康德所說，首先是對於認識能力的批判。[27]在認識之前，我們必須考察一下認識的能力。[28]這種說法對於健康常識似乎是很可取的，而且是一個新發現。認識被他了解爲我們如何掌握眞理的一個工具、方法或手段。因此在人能夠進入眞理本身之前，首先必須知道他的工具的性質

26《純粹理性批判》（萊比錫一八一八年第六版），第三一四頁。

27《純粹理性批判》（萊比錫一八一八年第六版），序言，第 XVIII—XIX 頁。

28《純粹理性批判》（萊比錫一八一八年第六版），第五—八頁。

和功能。它是能動的；我們要看一看，它是否能夠完成所要求於它的任務——抓住對象。我們應該知道，它對於對象做了哪些改變，不要把這些改變與對象本身的特性搞混了。[29]這就好像人們可以帶著刀劍棍棒去尋求眞理似的。在尋得眞理之前認識能力認識不到任何眞的事物。認識能力就像猶太人一樣，聖靈浸透在他們中間（但他們自己不知道）[4]。考察認識能力就意味著認識這種能力。因此這種要求等於是這樣的：在人認識之前，他應該認識那認識能力。這和一個人在跳下水游泳之前，就想要先學習游泳是同樣的（可笑）。考察認識能力本身就是一種認識，它不能達到目的，因爲它本身就是這目的，它不能達到它自身，因爲它原來就在自身之內。

同時康德這樣對認識加以考察，卻也是一個重大的步驟。這種對於認識的批判首先涉及洛克自認爲建築在經驗上面的經驗認識，並且涉及一種有較多形上學味道的沃爾夫哲學和一般德國哲學，這種哲學也自詡爲採取了上面所描述過的經驗的方式進行研究。在實踐方面那時盛行著所謂快樂說，把道德建築在欲望上；人的概念（即本質）和人應該用什麼方法實現他的概念均被了解爲尋求快樂、滿足欲望。康德正確地指出了這乃是受外界的支配，而不是理性的自主，是爲自然所決定，因而沒有什麼自由。但是因爲康德的理性原則純然是形式

29《純粹理性批判》（萊比錫一八一八年第六版），第一頁。

[4] 第四二九頁。

的，他的追隨者從理性出發，不能有進一步的發展，而道德又必須具有內容，因此弗里斯等人又成爲快樂主義者，雖說他們避免快樂主義者的名稱。一方面我們看見人的健康常識、經驗、意識的事實，但是另一方面沃爾夫的形上學思維也還很流行，例如在孟德爾頌那裡。這種形上學思維是被認作和單純的經驗方法有區別的。然而它的主要活動乃在於使思想規定，例如可能性、現實性、上帝等均以理智規定爲根據，從而進行抽象的論證。康德的哲學首先針對著兩方面加以反對。（休謨反對這些規定的普遍性和必然性，雅各比反對它們的有限性，康德反對它們的客觀性，雖說就它們具有普遍性和必然性這個意義講來，它們是客觀的。）康德哲學的主要命題就是前面已經提到過的那個簡單的命題。對於康德哲學的研究，由於它的表達形式之散漫、冗長和特有的術語而加重了困難。同時他的表達的散漫也有一個優點：同一個道理常常重複多遍，所以我們可以抓住他的主要命題，而不容易忘記掉。我願意簡短地舉出康德哲學中的主要環節。

第一和最一般性之點是這樣的。康德從休謨出發，休謨與洛克相反，指出在知覺中找不到必然性和普遍性。洛克認爲人的心靈猶如一塊白板，我們可以透過經驗獲得必然性和普遍性。康德立刻完全同意在知覺中，亦即在外界事物中，沒有必然性和普遍性這種說法，但是同時承認存在著必然性和普遍性，以數學和自然科學作爲例證。[30]現在問題是：哪裡去尋

30《純粹理性批判》，第四、十一、十三頁。

找必然性和普遍性？我們要求普遍性和必然性，首先認爲它們是構成客觀性的，這個事實康德表示承認。但是跟著他就反對休謨，由於必然性和普遍性既然不在外界事物內，則它們必然是先天的，這就是說，存在於理性本身內，存在於作爲自我意識到的理性那樣的理性之內；換言之，它們是屬於思維的。另一方面康德又反對沃爾夫的形上學，去掉了他的形上學範疇的客觀意義，並且指出這些範疇如何只應該劃給主觀的思維。同時雅各比也宣稱反對這種形上學，但由於他特別是從法國人和德國人出發，所以他的觀點也就不同，認爲我們的有限思維只能夠建立有限的規定，因而也只能按照有限的關係去考察上帝、精神。

其次，這些思維規定一般具有普遍性、統一性。統一性指不同的諸規定結合而言，因而康德把思維叫做綜合作用、結合作用。但思維在它自身內、在它的規定內已經包含那樣的結合；思維是一，是差別的統一。差別的事物就是經驗所給予的材料；爲了要結合這種材料，則在主觀的範疇中業已具有這種性能，像因果範疇（因果律）等等，能夠把這些材料結合起來。這些範疇本身已經是一種結合了。[31]

於是康德又這樣提出哲學的問題：「**先天綜合判斷何以可能？**」[32]判斷就是思想規定的結合，如主詞與賓詞的結合，綜合就是結合。先天綜合判斷不外是相反者透過其自身而達到

31 《純粹理性批判》，第十五、七十五—七十七、八一—九頁。

32 同注31。

的聯繫，或絕對的概念，亦即不同的規定的聯繫，非由經驗所給予的聯繫，例如因果，這些就是思維規定。休謨已經指出，這些規定是不在經驗之中。此外空間和時間也是聯結者；因此它們也是先天的，即在自我意識之內的，這是康德哲學的偉大的一面。康德指出，思維本身是具體的，具有著先天綜合判斷，而這種判斷並不是從知覺中創造出來的。這裡面所包含的思想是偉大的；但是，另一方面，他對於這個思想的發揮卻停留在十分普通的、粗糙的、經驗的觀點之內，不能說是有什麼科學性。這個思想只具有極其普通的意義。在闡述方面缺乏哲學的抽象，只是用極其平常的方式說了出來。除了他的生硬的術語不用說之外，康德老是被關閉在心理學的觀點和經驗的方法之內。

因而康德便稱他的哲學爲**先驗哲學**（這個名詞是很生硬的），這就是說，一個純粹理性原則的體系，這體系揭示出自我意識的知性[5]中普遍的和必然的成分，而不去處理對象，[33]也不去研究什麼是普遍性和必然性；這種研究就會是**超越的**。必須區隔超越的與先驗的。超越的數學是這樣的數學，在其中無限性這一範疇被廣泛地運用。在數學的範圍內我們說，例如，圓是無限多的直線段所構成；圓被表象爲直的，並且由於曲線這樣被表象爲許多直線段，這就超出了幾何學規定的範圍，因而便是超越的。康德認爲先驗哲學不是一種憑著範疇

[5] 又譯理智，下同。

33 《純粹理性批判》，第十九頁。

超出它自己的範圍的哲學，而是揭示什麼會成為超越的事物的源泉的哲學，這哲學只是指出那些規定之所以成為超越的，其源泉是在意識裡，在主觀思想裡。如果把普遍性、因果等規定拿去指謂客體，那麼這種思維就會是超越的；這樣我們就會超越主觀範圍而進入另一個範圍。我們是沒有權利越入那另一個範圍的，無論按結果說，甚至從開始說，我們都不能這樣做，因為我們只能在思維的範圍之內考察思維。我們不願意承認範疇的客觀意義，因為思維是那些綜合關係的源泉。先驗哲學就在於在主觀思維內揭示出那些範疇。在這裡，必然性和普遍性之所獲得意義，乃基於人的認識能力。但是康德又把人的這種認識能力與自在存在或自在之物區隔。所以普遍性和必然性同時卻只是認識的主觀條件，那具有普遍性和必然性的理性卻不能達到對眞理的知識。[34] 因為理性作為主觀性要獲得知識，還需要直觀和經驗，一個由經驗給予的素材。[35] 如果理性想要獨立，單憑它自身並且單從它自身就想要創造眞理，那麼它就變成超越的了，它就飛越出經驗了，因為它缺少那另一個組成部分，便只會產生出一些僅僅從腦子裡空想出來的事物。因此理性在認識中不是構成性的，而只是規範性的；理性對感性的雜多材料給予統一和規則。但是這個統一本身是無條件者，這個無條件者一超出經驗只有陷於矛盾。只有在實踐範圍內，理性才是構成性的。理性批判的任務不在於認識對

34 《純粹理性批判》，第一〇七、二五五—二五六頁。

35 同注34。

象，而在於尋求關於認識的原則，認識的限度和範圍的知識，這樣認識才不致超越範圍。[36]這只是一個概要，現在我們就要進一步考察它的個別部分。

在進一步說明，康德採取如下的途徑：1.他考察理論的理性、考察與外界對象相關聯的知識；2.他研究作爲自我實現的意志；3.他研究判斷力、對一般與個別的統一作特殊的考察。他的成就有多少，我們也同樣可以看見。不過對於認識能力的批判是主要的事情。

（一）**理論的理性**

在這裡康德採取心理學的方式，亦即歷史地進行工作；他把理論意識的主要形態列舉出來。第一是直觀、感性；第二是知性；第三是理性。對於這些形態，他就只是這樣加以敘述，完全經驗地予以接受，而不是根據概念〔或按照邏輯必然性〕[6]去發展它們。

1.**感性**。感性的先天成分、感性的形式，形成了這個先天哲學或先驗哲學的起點。獲得經驗就意味著我們透過外在的表象有了感性的感受。在直觀裡有著各式各樣的內容。於是他首先區隔外在的感覺，例如紅、顏色、堅硬，和正義感、憤怒、愛情、恐懼、舒適、宗教

36《純粹理性批判》，第四九七—四九八頁；《實踐理性批判》，第二五四頁；《判斷力批判》（柏林一七九九年第三版），序言，第五頁。

[6] 第四三三頁。

情緒等內在的感覺。這樣的內容構成那屬於感覺內容的唯一組成部分；這完全是主觀的，並且僅僅是主觀的。但是在這種感性成分中還包含著一種普遍的感性成分本身。感性材料中的這另一方面就是空間和時間的規定，空間和時間是空的。空間的東西是在我們外面，單就空間本身說來，它是沒有內容的。感性材料如有顏色、有軟硬等等的東西使得它有內容。時間同樣也是空的。同樣，某種暫時性的感性材料，或者別的內容，特別是內在的感覺，就是使得時間這一規定有內容的東西。空間和時間是純粹的直觀，也就是抽象的直觀，在感覺和直觀的，我們把感覺〔的個別內容〕放在我們外面，或者放在時間內作爲流動的東西，或者放在空間內作爲彼此相近而分離的東西。感覺內容或者是彼此相近，或者是彼此相續；我們把這種相近或相續加以孤立或抽象，於是我們就得到空間和時間。這種純直觀就是直觀的形式。現在有人把所有的東西，包括思維和意識，都叫做直觀；甚至把那只應屬於思想的上帝也叫做直觀，即所謂直接的意識。因此空間和時間是感性事物本身的共相，照康德說來，是感性的先天形式。空間和時間就它們的直接的性質說，並不屬於感覺本身。我有這個或那個感覺，這感覺永遠是個別的；作爲共相的空間和時間只屬於先天的感性。他把這種批判的研究叫做先驗的直觀學。直觀學（Aesthetik）這個名詞現在專用來指美學。在康德這裡，這名詞表示關於直觀的學說，它研究直觀中的普遍成分，即存在於主體之中、屬於主體的成分，亦即空間和時間。堅硬是我的感覺；所謂直觀，就是我感覺到某種堅硬的東西，將這堅硬的東西擺在空間裡面。這就劃分出主觀性和客觀性的區別。在空間裡感性的內容是彼此外在，並且是在我之外的；而把感性的內容放在外面去的，乃是先天感性的活動或動作，這就是空間。如果一個先天感性的活動，把一個暫時性的感性內容放在相續的次序中，這就是時間。[37]

康德進一步指出，第一：「空間不是從外在經驗中抽引出來的經驗概念。」（說空間和時間不是經驗的概念，其實概念本來也就不是經驗的，而康德總是經常用這樣的生硬形式來說話。）「因爲當我把我的感覺與某種外在於我的事物相聯繫時，我便預先假定了空間。當某種外在的事物被表象爲在不同的地方或時間時，空間和時間的觀念必定已經先在了。換句話說，它們不是從外在的經驗中派生出來的。反之，必須首先透過這些先在的時空觀念，那外在的經驗，才可能有。」這就是說，時間和空間是感性經驗的普遍物；它們是直觀，不過是先天的直觀。這種純時間空間的內容無疑地是主觀的，屬於感覺。那表現出來的客觀的成分——空間和時間——卻不是經驗的，而意識在它自身內原先就具有著空間和時間。它們首先使得特殊的事物——內容——進入時空裡面成爲可能。

第二，「空間是一個必然的觀念，它是一切外在直觀的基礎。空間和時間是先天的觀念，因爲沒有空間和時間，我們便不能表象事物。它們必然是外在現象的基礎。」作爲先天的空間和時間是普遍的和必然的，因爲我們發現它們是這樣。但是由此無法推論它們作爲觀念原先就在那裡。它們誠然是基礎，但同樣是外在的共相。康德是這樣來看這件事的：在外

37《純粹理性批判》，第二十五—二十七頁。

面有所謂物自體，卻沒有時空；現在出現了意識，這意識原先便具有時空在它裡面，作爲經驗的可能性。這正如說，爲了吃飯，我們首先須有口和牙齒作爲吃飯的條件。那被吃的東西卻沒有口和牙齒，所以空間和時間對於事物的關係也正如吃對於食物的關係一樣。正如食物被放進口齒之中，事物也被放進時空之中。

第三，「空間和時間不是事物關係的普遍的」（抽象的）「概念，而是直觀。因爲我們只能設想空間爲一個單一的事物；它沒有組成部分」。但是抽象的概念（一般的表象），例如樹的概念，實際上是許多個別的分離的樹的集合體。但空間卻不是那類特殊的事物，也不是部分所組成，而永遠是一個連續體。因此空間是抽象物。（感性的）直觀、知覺永遠只有某些個別的事物在它前面；而空間、時間卻永遠只是一（個空間時間），它們是先天的。不過〔我們可以回答康德說，空間和時間無疑地是抽象的共相〕[7]。同樣，藍色也只是一個藍色。空間和時間不是思想的規定，特別是當我們沒有對它形成思想的時候。空間和時間絕不是個別的，而乃是普遍的、抽象的，空間和時間的性質就是這樣。但當我們對於空間和時間一形成概念時，它們就是概念。

第四，「空間是一個無限的量，不是概念，概念雖可以概括無限多的觀念，但卻不包含一個無限的量的觀念。因此空間是一個直觀。」38

[7] 第四三五頁。

38 《純粹理性批判》，第二十九—三十、三十四—三十六頁。

在先驗闡述裡康德還說出了這個觀點，認爲空間和時間的觀念包含著先天綜合的命題，這些命題是與對於它們的必然性的意識相聯繫的。如下的命題就是那樣的綜合命題，例如：空間有三向度，[39]或直線的定義爲兩點之間最短的距離，同樣 5 + 7 = 12[40]也是綜合命題。（最後這一命題是分析命題，正如其他的命題也是分析命題。）首先，這些命題不是出於經驗，其實最好說，不是出於個別的偶然的知覺；這是正確的，這些命題是普遍的和必然的。其次，這種命題是出於直觀，我們正是從直觀裡得到這種命題，不是透過知性和概念。但是康德不能把直觀和知性結合起來。這種命題在直觀中是具有直接確定性的。我們有著各式各樣的感覺，這些感覺「構成眞正的素材」，這些感覺從外面和裡面「占據我們的心靈」；而心靈具有「這樣一種形式的條件」在它裡面，「像我們放在我們心靈裡的那樣」，這就是空間和時間。[41]至於何以心靈恰好具有這些形式，什麼是時間和空間的本性，康德哲學卻完全沒有想到去追問一下。當他談到空間和時間本身是什麼的時候，並不是問：什麼是它們的概念？而只是問：它們是外在的事物呢？還是某種在心靈內的事物？

2. 第二種認識能力，正如第一種是一般感性那樣，就是知性。知性是與感性完全不同

39《純粹理性批判》，第三十—三十一、四十一頁。

40《純粹理性批判》，第十二、十三、一五〇頁。

41《純粹理性批判》，第四十九頁。

的一種能力。他只是列舉了各種認識的能力，像在經驗的心理學裡那樣，卻缺乏對於認識進程的必然性的闡述。感性是感受性。康德把知性叫做思維的能動性（Spontaneität）。能動性這個名詞是從萊布尼茲哲學裡取來的。知性是能動的思維、是我自身。知性是「思維感性直觀的對象的能力」。但是知性只有思想沒有內容：「思想沒有內容是空的，直觀沒有概念是盲的。」因此知性從感性那裡獲得素材，獲得經驗的和先天的素材時間和空間。它思維這個素材，但是它的思想和這個素材是完全不同的事物。或者說，知性是另外一種特殊的能力；只有當兩方面都具備了，感性供給了材料，知性把它的思想與這材料相結合，這樣才產生出知識。[42]

康德的邏輯作為先驗的邏輯同樣陳述了知性自身內先天地具有的概念，「根據這些概念知性完全先天地思維對象」。[43]知性具有思想，但作為知性，它只有被限制的思想、對有限事物的思想。思想具有給雜多的材料帶來統一的形式。這種統一就是「我」，自我意識的攝覺。「我」應當「伴隨著」我的一切概念。這是一個笨拙的說法。我是自我意識即完全空洞的、抽象的自我，這就是攝覺，攝覺是一般的規定。知覺大半指感覺、表象而言；攝覺則大半指一種活動能力，透過它可以把某種事物攝進我的意識裡。我是那極其普遍的、完全無規

42《純粹理性批判》，第五十四—五十五頁。

43《純粹理性批判》，第五十九頁。

定性的、最抽象的事物。當我行使攝覺的作用，把一個經驗的內容放進我的意識之內時，那麼這個內容必須是在這簡單的自我之內。當這個內容進入[8]這個單一的、簡單的自我裡面時，則它本身也就被簡單化了，感染著這種單純性了。一個內容在意識內就成爲這樣一種內容、就成爲我的內容了。我是我，我是這個一，於是內容也就放在這統一性中，因而也就成爲一了。而且這種雜多材料的統一性是透過我的能動性而建立起來的。這種能動性就是一般的思維，就是對雜多材料的綜合作用。這是一個偉大的意識，一個重要的知識。不過，關於我是一、關於我作爲思維者是能動的、是建立統一性的等等，在康德那裡卻沒有加以確切地分析。凡是思維所產生的都是統一性；所以思維產生它自身，因爲它是一。（統一性也可以叫做聯繫，就它假定有一個雜多的事物，並且從一方面，雜多的事物仍保持其爲雜多的事物說來，那麼統一性就是一種聯繫作用。）這就是**先驗的攝覺**。自我意識的純粹攝覺是一種綜合的功能。自我是能把捉者；凡是自我所接觸的事物我必定要迫使它進入這個統一性的形式。44

這種單純性有許多不同的方式。這些聯繫作用得到了進一步的規定。這種綜合作用的特定的形式就是**範疇**，普遍的思維規定。照康德說，共有十二個基本範疇，這些範疇被分爲四

[8] 「進入」德文原本作 hineinkann，這是沒有的字，可能是 hineinkommt 一字之誤，茲譯作「進入」，英譯本第三卷，第四三七頁作 enter。

44 《純粹理性批判》，第九十七—一〇三頁。

類。值得注意的，並且是一個優點的，是每一類又爲三個範疇所構成。這種三一的方式，這個畢達哥拉斯學派、新柏拉圖學派和基督教的古老的形式，在這裡又出現了，不過是極其表面的。(1)第一類是量的範疇：單一性、雜多性、全體性。多是一的否定，差別是多。第三個範疇是前兩個範疇之合而爲一，對多加以統貫，就是全體。全體就是多之被設定爲一；多是不確定的，多被結合爲一就是全體。全體是被總括起來的多。(2)第二類是質的範疇：實在性、否定性、限制性。限制同樣是實在的、肯定的，但也同樣是否定的。(3)第三類爲關係或聯繫的範疇：實體性的關係，實體和偶性；因果性的關係，原因和作用的關係；第三爲交互作用。(4)第四類爲樣式的範疇，這指對像對我們的思維的關係：可能性、特定存在（現實性）和必然性。可能性應該列爲第二個範疇，但按照抽象思維，空洞的觀念（可能性）卻被認作第一範疇了。偉大的〔辯證法〕概念的本能使得康德說：第一個範疇是肯定的，第二個範疇是第一個範疇的否定，第三個範疇是前兩者的綜合。三一的形式，在這裡雖只是公式，在自身內卻潛藏著絕對形式、概念。康德並沒有〔辯證地〕推演這些範疇，他感覺到它們是不完備的，不過他說，其他的範疇應該從它們推演出來。[45]

康德是以如下的方式達到這些統一性的類別的，他從普通邏輯學裡拾取了這些範疇。他說，在一般的邏輯學裡，特殊類別的判斷被列舉出來，判斷被認作一種聯繫；因而也就揭示

567

45《純粹理性批判》，第七十五—七十六、七十八—八十二頁。

出不同種類的簡單性、思維。這就是：**全稱的**、**特稱的**、**單一的**判斷；**肯定的**、**否定的**、**無限的**判斷；**直言的**、**假言的**、**選言的**判斷；**確然的**、**或然的**、**自明的**判斷。我們注意到，確實是有這些判斷的類別、思維的功能和聯繫的特殊方式；一般講來，簡單的思維在它裡面確實包含有差別，而自我是能做出規定、做出差別者。由於這個特點，康德得出了它的範疇。就這些特殊的聯繫方式被突出地提示出來而言，它們就是範疇。康德只是經驗地接受這些範疇，他沒有認識到它們的必然性。他沒有考慮到建立統一性，並從統一性發展出差別來。他更是完全沒有想到用這種方式去推演空間和時間。反之，那些範疇乃是按照它們在邏輯裡面的次序，從經驗裡接受過來的。這些範疇是知性的形式，或者是聯結多樣性的材料的方式。[46]

這些範疇的先驗性質在於認自我爲聯結諸多表象和經驗材料的統一性。這種自我意識的統一就是先驗的統一，在這種先驗的統一裡就有著攝覺的作用。經驗材料在自我意識中被聯結的特殊方式就是個別的範疇，例如因果範疇，或作爲一般的統一性。[47]康德進一步說：在知覺中我們是不能遇見這些範疇的，洛克肯定了、休謨否定了在知覺中能遇見範疇的說法。[48]因此能思維的知性才是範疇、一般的思維規定的源泉。單就這些範疇本身來說，它們

46 《純粹理性批判》，第七十、七十七頁。

47 《純粹理性批判》，第一〇五－一〇六頁。

48 《純粹理性批判》，第九十三頁。

是空的、無內容的、屬於思維本身的。因此要充實這些範疇，還需要材料。它們只有透過給予的多樣性的直觀材料才有內容。它們是一種聯繫作用，是使多樣性的材料得到統一的作用，只有和這些材料結合起來它們才有意義。內容是從感性、知覺、直觀、感覺等給予我們的。這個內容作爲多樣性的材料按照知性自己的方式得到聯結，透過自我的先驗攝覺得到綜合。這就是知識，這就是經驗。對知覺、直觀材料的這樣的聯結或範疇現在就是經驗的實質。知覺還不是經驗。經驗是被知覺、被感覺的事物之從屬於範疇的規定。這些範疇是空的、抽象的、相對地空的。因此經驗或知識一般乃是多樣性的材料的綜合；那具有攝覺能力的自我是能綜合的作用。[49]於是就發生這樣的問題：有內容的感性較高呢？還是概念較高。經驗是被知覺到的，在經驗中有著屬於感覺、直觀的材料。但是材料並不是按照它的個別性、直接性被接受過來，而是透過範疇、透過因果律、透過自然規律、一般的規定、類被聯結起來。這些範疇、規律等並不是直接的知覺。我們不能直接地知覺天體運行的規律，而只能知覺各星球位置的變動。但這樣被知覺的事物被固定下來，使從屬於普遍的法則，就是經驗。所以在經驗中是有著一般的思想規定的。凡是經驗就應該是普遍的，在一切時間內都有效準的。

---

49 《純粹理性批判》，第一〇八—一一〇頁。

但是範疇到經驗材料的過渡是以如下的方式造成的。「純知性概念和經驗的（甚至一般感性的）直觀是性質完全不相同的。」因此必須「指出純知性概念如何可以應用到現象的可能性」。這就是**先驗的判斷力**所研究的問題。因此在心靈中、在自我意識中有著純知性概念和純直觀。對兩者起聯繫作用的是純知性的**圖式**、先驗的**想像力**，它規定純直觀使其遵循範疇、純知性概念，這樣就形成了到經驗的過渡。[50]這種聯結作用也是康德哲學中最美麗的方面之一。透過這個聯結作用，純感性與純知性這兩個在此前被說成絕對相反的、不同的事物就聯繫起來了。它是一個直觀的、直覺的知性，或知性的直觀；可是康德並沒有看見、了解到這點，他沒有把這些思想結合起來：他沒有理解到，他在這裡是把兩種認識結合一起，表達了兩者的自在存在。思維、知性仍保持其爲一個特殊的事物，感性也仍然是一個特殊的事物，兩者只是在外在的、表面的方式下聯合著，就像一根繩子把一塊木頭纏在腿上那樣。譬如說，實體這個概念在圖式中就成爲在時間上有永久性的事物了，[51]這就是說，把純知性概念、純範疇和純直觀的形式放在一起了。在我裡面的表象被視爲偶然的事物，同樣也可以被視爲結果，那就必須以物自體、原因、雜多性、單一性爲前提；這樣我們就有了整個的知性形上學。

50 《純粹理性批判》，第一二九—一三二頁。

51 《純粹理性批判》，第一三四頁。

到了這裡，康德又提出了對於經驗的或物質的唯心主義的反駁，說：「我確定地意識到我在時間中的存在。但一切時間規定均必須以在知覺中的某種永久性的事物爲前提。這個永久性的事物不能只是在我裡面的一個直觀。」因爲在我之內碰見的、規定我的存在的諸根據乃是表象，這些表象本身需要一個與它們有區別的永久性的事物，藉以作爲標準，對它們的變化，亦即對它們在「我的在時間中的存在」所發生的變化「方可加以規定」。換句話說，我意識到我的存在是一個經驗意識，這個經驗的意識只有依靠某種在我之外的事物才可予以規定，這就是說，我意識到某種事物外在於我。[52]倒轉過來我們可以這樣說：我意識到外在於我的事物在時間中是特定的和變化著的事物。因此這些變化著的事物就必須以某種不在它們裡面，而是在它們外面的永久性的事物爲前提。而這個前提就是自我，就是它們的普遍性和必然性以及自在存在的先驗根據，即自我意識的統一性。在另外的地方，康德是這樣來看這個問題的。[53]這些環節引起紊亂，因爲那永久性的事物本身正是一個範疇。這種意義下的唯心主義，認爲在我的個別的自我意識之外沒有任何個別的事物，對這種唯心主義的反駁則認爲在我的自我意識之外存在著個別事物，這兩種看法都是同樣的壞。前者是巴克萊的唯心主義，其中所說及的只是個別的自我意識。換言之，它把自我意識的世界視爲一堆有限

52 《純粹理性批判》，第二〇〇—二〇一頁。

53 《純粹理性批判》，第二〇一頁。

的、感性的、個別的表象，這些事物雖說被叫做事物，但同樣是沒有眞理性的。而對象的眞理性或無眞理性並不在於它們是事物或是表象，而在於它們的局限性和偶然性，不論它們是表象或是事物。對巴克萊這種唯心主義的反駁，其意義不外使人注意到，這種經驗意識不是自在存在的，但這種經驗的事物也同樣不是自在存在的。不過康德的自我還沒有達到眞正的理性，而是停留在與普遍意識相反對的個別意識本身上。

這樣，自我便被歸結爲知覺的先驗統一，歸結爲純直觀和純概念雙方的統一。據康德看來，經驗裡面有兩個組成部分：一方面爲經驗的部分、知覺；另一方面即第二個環節爲範疇、因果、實體和偶性、類、共相。這是一個極其正確的分析，在經驗內我們的確發現有這兩方面的規定。但是康德把這種分析和物自體不可知的說法聯繫在一起，他認爲經驗只能掌握現象，我們透過經驗所獲得的知識不能認識事物的本來面目。因爲知識的兩個成分：(1)感覺，這無論如何只是主觀的；(2)範疇，這只是我們的知性的規定，而眞正的內容、材料是感覺，是知識的另一成分。無論範疇也好，感覺也好，都不是某種自在的事物，兩者的結合、認識，也不是自在的事物，而它所認識的只是現象，這是一個非常奇特的矛盾。事實上認識就是兩者的統一；但是在談到認識時，康德總是把那能認識的主體了解爲個別的主體。認識本身就已經是那兩個環節的眞理性；於是被認識者只是現象，認識便又落到主體方面了。主體的這種認識作用因此只包含現象，不包含自在存在，因爲它所包含的事物只是在直觀和感性的形式內。[54]

事實上，我們看見，康德所描寫的只是經驗的、有限的自我意識，這樣的自我意識才需要一種外在於它的材料，換句話說，這乃是一個個別的、有局限性的自我意識。他並沒有問，這些知識按其內容說自在自爲地是眞的或是不眞的。全部知識老是停留在主觀性之內，在主觀性之外便是外在的物自體。這個主觀性本身卻是具體的，特定的思維、知性（範疇）。這些範疇已經是具體的了，而經驗、感覺和範疇的綜合就更是具體的了。康德把普遍的、必然的事物叫做客觀的事物。透過普遍性和必然性，經驗就成爲客觀的。被知覺的事物不是客觀的。經驗中的知覺康德叫做主觀的、偶然的事物。反之，那對材料加以聯繫的範疇，思維所帶來的統一性，則是經驗中的客觀成分、規律、共相。[55]另一方面，這種直觀範圍內的材料一般地是主觀的，這就是說，材料只是像它在我的感覺中所感到的那樣：我所知道的只是感覺，不是事情本身。這當然是主觀的。但與此對立的那一面，即客觀的事物，本身也同樣是主觀的，雖然不屬於我的感覺，但總仍然封閉在主體的範圍內，封閉在自我意識的純自我內，封閉在能思的知性範圍內。一方面我有感覺內容，另一方面我又是能動的，不讓感覺內容保持其偶然的特性，我要使它成爲普遍的。但是這種活動也是主觀的，因此我們

573

54《純粹理性批判》，第二一六—二一七頁。

55《純粹理性批判》，第一〇〇—一〇五頁。

不能認識事情（內容實質）的本身。一方面是和我們的機體相聯繫的感覺規定，另一方面是在自我之內的思維規定。因此我們所認識的、所規定的都只是現象。在這個意義下康德哲學被叫做唯心主義：我們只是與我們的規定打交道，不能達到自在存在；我們不能達到眞正的客觀事物。[56]

3. 第三種認識能力在康德那裡就是**理性**。第二種認識能力爲知性、思維的規定作用。康德同樣按心理學的方式由知性進展到理性。他在靈魂的口袋裡儘量去摸索裡面還有什麼認識能力沒有；碰巧他發現還有理性，即使不能再發現什麼能力也同樣無礙於事，正如物理學家碰巧發現磁力一樣，不論磁力存在或不存在都沒有多大差別。「我們的一切知識從感覺開始，從感覺那裡進到知性，並終結在理性那裡，在理性之上我們沒有更碰到任何較高的事物足以加工於直觀的材料，使其從屬於思維的最高的統一性。」[57]理性是根據**原則**來認識的能力，透過概念在普遍中認識特殊。知性便不是這樣，知性是透過直觀而認識到特殊的，[58]而範疇本身就是某種特殊的事物。理性原則一般是共相、思維，這是就它以**無條件者**和無限

56 在一八二五—一八二六年的演講錄內，這裡立刻就插入費希特哲學的理論方面，而它的實踐方面卻於闡述了《實踐理性批判》之後方才簡短地提到。——原編者

57 《純粹理性批判》，第二五七頁。

58 《純粹理性批判》，第二五八—二五九頁。

者作爲它的對象來說。[59]理性的產物是理念，康德把理念了解爲無條件者、無限者。[60]這乃是抽象的共相，不確定的事物。自此以後，哲學的用語上便習於把知性和理性區別開。反之，在古代哲學家中這個區別是沒有的。知性是在有限關係中的思維，理性照康德說來，乃是以無條件者、無限者爲對象的思維。這種無條件者他叫做理念，一個從柏拉圖那裡取來的術語。[61]

這個無條件者現在必須加以具體地了解。而主要的困難也就在這裡。理性的任務在於認識無條件者、無限者。這是什麼意思呢？認識無條件者意味著規定無條件者，把無條件者的規定推出來。這叫做認識，或者也應該這樣說。關於知識、認識等等寫了不少、說了不少，但是沒有給它下一個定義。但是哲學的任務在於將人們假定爲熟知的事物加以眞正認識，因此哲學在這裡所要做的就是對無條件者得到眞知。現在理性有了認識無限者的要求，但理性又沒有能力達到這點。康德所提出的理由，一方面認爲無限者沒有在經驗中被給予，認爲沒有心理的、感性的直觀或知覺與無限者相對應，認爲無限者沒有在外在的或內心

59 《純粹理性批判》，第二六四頁。

60 《純粹理性批判》，第二六七、二七三頁。

61 《純粹理性批判》，第二六八頁。

的經驗裡被給予。「在感性世界裡沒有與理念相對應的對象」。[62]這要看我們如何去看這世界。但康德所謂經驗、世界的考察，不外是這裡有一支蠟燭，那裡有一個煙盒。這無疑是對的，無限者是沒有在世界中、感性知覺中給予的。並且假定我們所知道的是經驗，是思想和感覺材料的綜合，那麼無疑，無限者是不能在像我們獲得一個感性知覺那樣的意義下被認識的。但是我們也不要求用感性的知覺來證明無限者的眞理性；精神只是作爲精神認識的對象而存在的。

另一方面，如果無限者是被認識了的，那麼它就是被規定了的。但爲了要規定無限者，理性除了具有我們所謂範疇的那些思維形式外，什麼東西也沒有，範疇雖能給我們以康德所謂客觀的規定，但它們本身卻仍然是一種主觀的東西。但如果我們把這些只能應用於感性直觀的範疇應用去規定無限者，那麼我們就會糾纏在錯誤的推論（背謬論證 Paralogismen）和矛盾（widersprüche）（二律背反 antinomien）之中。這是康德哲學中重要的一面，即指出只要透過範疇去規定無限者，這個規定就會陷於矛盾。他說，這些矛盾是必然的；在矛盾中理性是超越經驗的。理性本身又有這樣的要求，即要求把知覺、經驗、知性的知識追溯到無限者。[63]這種無限者與知性知識或知覺的結合將會是最高的具體概念。說理性產生理念，

62《純粹理性批判》，第二七八頁。

63《純粹理性批判》，第二七七—二七八、二八八—二八九頁。

這是一種偉大的說法；但在康德那裡這只是一個抽象。只有無條件者與有條件者的結合才是理性的具體概念。

有各種不同的無條件者，它們都是由理性產生的、獨特的對象，先驗的理念；因此它們本身就是一種特殊的東西。至於康德何以會得到這幾種的理念，現在他又須從經驗、從形式邏輯去加以說明，因爲按照形式邏輯有不同種類的理性推論。康德從三段論法的形式推演出理念來。有多種的推論：直言的推論、假言的推論、選言的推論。因此無條件者也有三種：(1)作爲「在一個主體內的直言綜合的無條件者」。綜合是具體的概念，但它的意義卻是分歧的。因爲它可能指對獨立的東西的外在結合。當我們設想自己爲思維的主體時，我們便做出這種聯結。(2)作爲「在一系列環節中的假設的綜合的無條件者」。(3)作爲「在一個系統中諸部分的選擇的綜合的無條件者」。[64]第一種綜合被說成是理性的對象、先驗的理念，當我們設想自己爲「思維的主體」時，我們便做出這種綜合。第二個理念是「一切現象的總和、世界」。第三個理念「包含著一切事物的可能性之最高條件那樣的東西，一切本質的本質」——這就是上帝。[65]現在問題是：這些對象是否具有實在性？理性是否能給予它們以現實性？就是說，它們是否仍然被關閉在主觀的思維裡？這是最後必須追問的問題。現在

64《純粹理性批判》，第二六一－二六二、二七四－二七五頁。

65《純粹理性批判》，第二八四頁。

理性是不能給予它的理念以實在性的，不然它就會成爲超越的，超出經驗的了。反之，理性只能產生悖謬的論證、矛盾和沒有現實性的理想。

(1)「**背謬的論證**是一種形式上錯誤的理性推論」[66]。由於理性把在一個主體內拼成直言綜合的那種無條件者或思維的主體設想成爲實在的東西，因而把它叫做實體，這就形成了悖謬的論證。自我、思維者是不是一個實體呢？一個靈魂是不是一個靈魂實體呢？進一步還要問：這種思維的自我、靈魂是不是永久性的、非物質的、不朽的、有人格的，是不是和肉體有實際的共同性呢？推論的錯誤在於把先驗主體的統一性這一必然的理性理念認爲是一個事物或實體。在我的思想裡我發現我是有永久性的，那有永久性的東西就是實體。自我是我的思想之空虛的先驗主體，但它只有透過它的思想才被認識；至於它本身是什麼樣子，對於這，我們一點觀念也沒有。（一個可怕的區別！須知思想就是本身自在的東西了。）對於它〔即自我〕我們不能肯定說它存在，因爲思維、自我意識是一個單純的形式，我們對於能思維的自我不能透過外在的經驗去認識，只有透過自我意識才對它有一個觀念，這就是說，因爲我們不能把自我拿在手上，不能看見它、不能嗅著它等等。其實如果自我是一個普通的事物，則它就也會被經驗到。我們誠然知道，自我是主體；但如果我們超出了自我意識，並且

66 《純粹理性批判》，第二八八—二八九頁。

聲稱它是實體，那麼我們就超越了我們所應有的界限。我們不能賦予主體以任何實在性。67

這裡我們看見，康德陷於矛盾，在他所駁斥的觀念之生硬性和停留在他所駁斥的觀念之內的他自己的觀念之生硬性，其間就存在著矛盾。第一，當康德肯定說，我不是一個感性的事物、不是一個僵硬的不變的東西、不是一個有感性的特定存在的靈魂實體，他完全是正確的。第二，他所肯定的反面卻不是說，作爲普遍的、能思維的自我本身具有本質和眞正的實在性，具有他所要求的客觀方式的現實性的環節。反之，他停留在這種實在性和存在的觀念之內，即他認爲實在性只是在於具有感性的特定存在。康德無法夠跳出這種觀念。他總以爲，因爲我沒有感性的特定存在、我沒有在外在的經驗裡被給予我們，所以它就不是實在的。因爲自我意識、我的本身不是實在性；它只是我們的思維。換言之，康德把實在性[9]僅了解爲單純是感性的事物。存在、事物、實體在康德看來似乎遠比主體還要高，主體不配具有這些規定。但是毋寧應該說，那些規定太貧乏了，有生命者不是事物，靈魂、精神更不是事物。事物、實體反而是太低劣了，不能說明自我，因爲它們只是些知性的範疇。同樣，存在是我們對於精神所能說的最少的東西了，存在只是精神的、抽象的、直接的自身同一

67《純粹理性批判》，第二八九—二九九頁。

[9]「實在性」原本作「自我意識」，可能有誤，因爲與上文所說「他認爲實在性只在於具有感性的特定存在」的話不連貫，茲改成實在性。

性。存在是屬於精神的，但必須認爲，我們不值得費力氣應用存在這個規定去說明精神。

(2)第二，**二律背反**是把無條件者的理性理念應用到世界上而引起的矛盾，即把世界看成一切有條件者的全部總和，或把世界本身視爲無條件者、無限者而引起的矛盾。這就是說，世界裡有了某些現象，理性就要求這些現象之所以可能的全部條件，就這些條件構成一個系列來說，理性就要求一個絕對完滿的綜合。如果把這全部條件的綜合說成是存在著的，那麼這就只表明其自身爲一個二律背反，並表明理性只是辯證的。並且在這個對象裡從各方面看來都存在著完全的矛盾。[68]現象只是有限的內容；理性規定則被視爲是無條件者、無限者。世界是有限者的結合；如果我們用理性去思維這個內容、〔世界〕，使它從屬於無限者，那麼我們就會得到兩個規定，有限者與無限者，兩者互相矛盾。理性要求絕對完備的綜合，在現象界我們有一系列的因果關係，但理性要求一個完備的系列，亦即要求一個開端。康德指出了四個矛盾；[69]這未免太少了，因爲什麼事物都有矛盾。在每一個概念裡都很容易指出矛盾來。因爲概念是具體的，因而不是簡單的規定。所以每一個概念包含著許多規定，這些規定都是正相反對的；這些矛盾康德叫做二律背反。這是很重要的，但與康德的原意相反。

68《純粹理性批判》，第三一二—三一四。
69《純粹理性批判》，三二〇頁。

①這些二律背反包含著這樣一種矛盾，例如我們可以證明一個規定，有限性與另一個規定，無限性同樣正確。按照時間和空間在進程中的綜合的完成是時間和空間的最初開始。正題：「世界在時間上有一個開始」和終結，「並且它是在一個有限的空間之內」。反題：「世界在時間上沒有開始」和終結，並且「在空間內也沒有限度」。正面和反面都同樣可已充分地加以證明。他所提出的證明卻不是「律師的證明」，他是用間接的方式去論證的。[70]他想要知道，世界是否有起始和終結，世界在空間和時間中是否有限。但是世界就是這個宇宙、全體；所以它是一個普遍的事物、一個理念，而這個理念可以被規定爲有限或無限。如果我們應用這些範疇去說明世界，那就會陷於矛盾（，因爲這些範疇是不能應用於物自體的）[10]。

②第二個二律背反：實體是由簡單的部分集合而成，人們可以必然地設定有簡單的部分存在，或者說，簡單性是可以被證明的。但同樣也可以證明無窮的分割，分割永遠不能完成。正題：「每一個集合起來的實體都是簡單的部分」、原子「所構成」。反題：「沒有簡單的事物存在」。[71]原子也是一種限度、物質性的自爲存在。同樣也可以說，點是封閉著的

---

[10] 第四四九頁。

70 《純粹理性批判》，第三一七—三一八、三二八—三二九、三三二頁。

71 《純粹理性批判》，第三一八、三三六、三三七頁。

面。原子的反面是無限的分割性。

③第三個二律背反是**自由與必然性**的對立。前者是自身決定的原則，它屬於無限性一面。它認為遵循自由律的因果關係是唯一的因果關係。後者只承認決定論有效。它認為，每一個事物都是為一個原因或根據所決定。[72]

④第四個二律背反：從另一方面看來，我們可以說，全體完成於一種作為行動之最初開始的自由中，換言之，全體完成其自身於一種作為世界原因的絕對的**必然本質**中，這樣，世界的進程就打斷了。但是，同樣可以說，與這種自由正相反，世界進程是按照因果條件的必然性，並且與必然的本質相反，一切都是**偶然的**。正題：「這世界有一個絕對必然的本質」、絕對實體、有條件的世界的絕對必然性。反題：「在世界之內、在世界之外都沒有絕對必然的本質存在」。[73]

這些對立中每一個都有同樣的必然性。在這裡詳細發揮這點是多餘的。這些矛盾的必然性是康德所提到意識前面的很有趣味的一面。人們按照普通的形上學思想，總以為一面必定是正確的，另一面必定應該推翻。但是指出這類的矛盾出現的必然性正是很有趣味的。[74]

72《純粹理性批判》，第三一九、三四六—三四七頁。
73《純粹理性批判》，第三一九、三五四—三五五頁。
74《純粹理性批判》，第三二四頁。

康德也解除了這些矛盾，不過是按照先驗唯心主義的獨特方式去解除的。先驗唯心主義不懷疑或者不否認外界事物的存在，反而「承認事物在時空中是可以感知的」。（這種承認其實是不需要的）：但是從先驗唯心主義看來，「空間和時間本身並不是事物」，因此「在我們心靈之外便沒有存在」，這樣，無論有條件或無條件都不能用來說明物自體。[75]這就是說，所有這些關於時間和起始等等的規定都不屬於事物本身或物自體，而物自體是獨立存在於我們的主觀思維之外的。如果這些規定屬於世界、上帝、自由，那麼就會出現客觀的矛盾。這個矛盾並不是自在自爲地存在於那裡的，而是僅僅屬於我們的主觀思維，並以我們的主觀思維爲其根源。換言之，這種先驗唯心主義讓矛盾保持著，只是認爲事物本身並不是那樣矛盾著的，而認爲矛盾僅僅出現在我們心靈內。於是同樣的矛盾就停留在我們心靈內。正如從前認爲上帝是接受一切矛盾在自身內的存在，現在便認爲自我意識是這樣的事物。但是康德哲學沒有抓住「不是事物本身矛盾而是自我意識矛盾」這一論點，予以進一步的挖掘。經驗教導我們，自我並不因爲有了矛盾而解體；我們知道，自我繼續生存下去。因此我們用不著爲了我們的矛盾而苦惱，因爲矛盾並不能使自我解體，自我能夠忍受矛盾。但這樣說來，矛盾並沒有解除，在過去以及在今後它仍然保持著。而康德未免對於事物太姑息了，認爲事物有了矛盾是不幸之事。但須知，精神（最高的事物）就是矛盾，這絕不應該是什麼不

582

75《純粹理性批判》，第三八五—三八六頁。

幸的事。由此足見，先驗唯心主義絲毫沒有解除矛盾。如果認爲現象世界有一個物自體，這個物自體沒有矛盾，它是不同於精神事物的，並且認爲有矛盾的事物就會毀滅自己。那麼，精神一有了矛盾就會陷於混亂、發狂。眞正的解決在於認識到這樣的道理：範疇本身沒有眞理性，理性的無條件者也同樣沒有眞理性，只有兩者的具體的統一才有眞理性。

(3) 康德又討論到**上帝**這一理念。這第三個理念是本質之本質，其餘的理念均以它爲前提。這是理性的**理想**、一切可能性的總和。他說，按照沃爾夫的定義，上帝是一切中最眞實的本質。現在問題在於證明上帝不僅僅是思想，而要證明上帝**存在**，具有現實性。[76] 他叫這個規定爲理想，以表示和理念的區別。它是存在著的理念。比如我們在藝術裡就是把那透過感性方式實現出來的理念稱爲理想。[77]

於是康德進而考察上帝存在的證明，追問，這個理想是否可以具有實在性。**本體論的證明**從絕對概念出發，由概念推存在，它想要做出一個〔由概念〕到存在的過渡。[78] 在安瑟倫、笛卡兒、斯賓諾莎那裡都是如此。他們全都承認存在和思維的統一。但是康德說，這樣一點也不能賦予這個理性的理想以實在性；並沒有從概念到存在的過渡，從概念裡是推不

76 《純粹理性批判》，第四四四—四五二、四四一—四四四頁。

77 《純粹理性批判》，第四四四—四五二、四四一—四四四頁。

78 《純粹理性批判》，第四五八—四六二頁。

出存在來的。「存在不是一個實在的謂語」，像別的謂語那樣，「存在不像一個關於某種事物的概念那樣可以添加在那個事物的概念裡面。一百元現實的錢並不比一百元可能的錢多一分一毫」，它們具有同一內容，亦即同一概念；它們都是一百。前者是概念（表象），後者是對象。存在並不是一個添加進對象裡去的新的概念。否則我關於一百元眞實的錢的概念所包含的內容將不同於一百元眞實的錢。但是「眞實的對象並不僅僅包含在我的概念裡；換言之，一百元眞正的錢是綜合地加進我的概念裡」。因此從概念裡不能推出存在來，因為存在並不包含在概念之內，而是加給概念的。「為了達到存在，我們必須超出概念。純粹思維的諸客體是沒有手段可以認識它們自己的客觀存在的，因為它們必須先天地被認識；而我們對於一切存在的認識都全然是屬於經驗範圍的。」[79]這無異於說，概念與存在的綜合，換句話說，理解存在、把存在設定為概念，正是康德所並未達到的。存在在他那裡仍然是完全外在於概念的事物，但我們卻認為存在是概念的外在化。在存在中和在概念中，內容是同一的。存在既然不包含在概念裡，那麼從概念推存在的努力也是徒勞的。

誠然，存在的規定並不是肯定地包含在概念裡面的。概念是客觀性、實在性以外的別的事物。概念的對方並不是現成地包含在它裡面的；如果我們單是停留在概念上，則我們便會老是停留在作為概念對方的存在上。那麼我們就只有觀念，完全沒有存在；這正是因為我們

79《純粹理性批判》，第四六二—四六六頁。

執著於兩者的分離。想像中的一百元可能的錢，不同於一百元眞實的錢，這是一個很普通的看法，說不能從概念過渡到存在，是最容易被人們接受的了。當我想像我有一百元時，事實上我還沒有一百元。但同樣人們也通常這樣說：我們必須丟掉想像。

第一，一個單純的表象，亦即一個單純的想像的事物是不眞的；一百元想像的錢是而且永遠是想像中的錢。但是老停留在想像中的錢上也不是健康常識，一點用處也沒有。一個老在這種想像和願望中兜圈子的人，必定是一個無用的人。如果一個人有了足夠的勇氣要獲得一百元，他志在獲得一百元，那麼他必定要動手去工作，以便獲得這一百元。這就是說，我們必須超出想像，不可老停留在想像裡。這種主觀性並不是最後的、絕對的；眞理不是一個僅僅主觀的事物。如果我占有了一百元，則我便實際占有一百元，並且同時也具有一百元的觀念。照康德的看法，便老是停留在觀念與存在的區別裡，二元論成了最後的事物。每一面都被單獨認作某種絕對的事物。這裡所謂絕對者和最後者可以說是最壞的事物。健康常識所走的方向卻正與此相反；每一個普通常識都超出了這種看法，每一個行爲都要揚棄一個觀念（主觀的事物）而把它轉變成爲客觀的事物。沒有人會愚蠢到像康德哲學那樣。當他感到飢餓時，他不會去想像食物，而是去使自己吃飽。一切行動都是一個還沒有存在的觀念，但是這個觀念的主觀性正在被揚棄中。同樣，透過外部的條件，想像中的一百元會變成現實的事物，而現實的事物會成爲我們的觀念。這是一般的經驗，這是事物的命運。一百元是否成爲我的財產，這完全依靠外部的條件。

第二，誠然，觀念是不中用的，如果我死硬地老是停留在想像裡；我能想像我所願望的任何事物，但這並不能使它存在。問題只在於我所想像的是什麼：我是否思維到或理解到主觀的事物和存在，如果做到了這點，那麼兩者就可以互相轉化。

笛卡兒明白地只是肯定在上帝的概念裡思維與存在是統一的（上帝之所以是上帝，正由於有了這種統一），他並沒有談到一百元。一百元的概念本身並不包含存在。同樣在一百元那裡，觀念與存在的對立的絕對性也是要被揚棄的，這就是說，凡是有限的事物都要消逝的。只有在有限性的哲學裡，有限才被視爲絕對。思維、概念必然地不會停留在主觀性裡，而是要揚棄它的主觀性並表示自身爲客觀的事物。當存在還沒有透過概念加以理解時，則它就是無概念的、感性的知覺。無概念的事物當然沒有概念，至於感覺，當然隨手可以拾取。這種感性的存在誠然是絕對者，〔不過〕沒有本質[11]。換句話說，那樣的存在是沒有眞理性的，它只是一個消逝著的環節。這種普通邏輯中毫無內容的空論，也叫做哲學研究。這就像那個堅強的驢子伊沙夏爾，一步也推它不動。[80]這正如說，我們一點用處沒有，因爲我們一點用處沒有、我們如此沒用，正因爲我們不願意有用。這乃是一個十分錯誤的基督教的卑謙和謙遜的觀念，認爲透過卑賤可以達到優勝，這種自認卑賤無用正是一種內心的

[11] 按這句話與英譯本第三卷第四五四頁略有出入，按照英譯本應作：「這種感性存在當然不是絕對者，沒有眞實本質。」

80《創世記》，49：14。

驕傲和自我誇大。但是爲了尊敬眞正的謙遜，我們不應該老停留在可悲憫的地位，而應該透過對於神聖的事物的掌握，提高我們自己超出可悲憫的地位。

康德所堅持的原則是：從概念裡不能挖掘出存在來。[81]由此得出結論，認爲理性是具有無限者、無規定者的思想的事物，並且認爲理性的理念一般是和規定性分離的，確切點說，是和存在這個規定分離的。理性的理念是不能從經驗予以證明的，亦不能從經驗裡得到證實的。如果用範疇去規定理性的理念，那就會產生矛盾。如果把一般的理念僅僅規定爲存在著的，那麼這種理念也僅僅是一個概念。這種概念仍然永遠是和事物的存在區別開的。這個從知性知識看來極其重要的結果，康德卻沒有從理性的觀點予以進一步的發揮，而只是說，理性本身除了是使知性知識得到方法的系統化的形式統一外，沒有別的。他所堅持的乃是全然抽象的思維、純粹的自我同一性。據他說，知性只能帶給事物以秩序，不過這種秩序並不是自在自爲的，而僅僅是主觀的。所以理性除了只是它自己的〔純粹〕[12]同一性、統一性的形式外，什麼也沒有；而這種形式也只能達到對各式各樣的知性規律和知性關係的系統化罷了。知性發現了種、類、規律，理性便加以整理，力求使其得到統一。[82]在《純粹理性

81 《純粹理性批判》，第四六七頁。

[12] 第四五五頁。

82 《純粹理性批判》，第四九七—四九八頁。

批判》裡，我們看到對諸階段的描述：自我作為理性、表象，而事物便在外面；兩者彼此外在，互相反對。這就是康德最後的觀點。動物並不是老停留在這個觀點上面，它透過實踐達到兩者的統一。康德的理論理性就是如此。[83]

這是康德哲學的先天方面，它對理性本身做出一些規定和區別，它沒有對理性做出個別性的規定性。

還必須提到康德的積極哲學或他的形上學，這個形上學是康德先天地提出來的關於客觀的存在、關於經驗對象的內容、關於自然的學說，這是他的**自然哲學**。不過一方面就內容說是極其空疏的，包含著物質的一些一般的質和概念；另一方面就科學的或康德所謂先天的形式看來，同樣是一種完全不能令人滿意的東西。因為康德只是假定了物質有運動，[84]並且有引力和抗力[85]種種概念，但他沒有表明它們的必然性。他的《自然科學的基本原理》是有其重大功績的，它促使人於開始研究自然哲學時注意到物理學曾應用了許多思想規定（這些思想規定構成了物理學的主要基本原理），而沒有對它們做進一步的研究。例如密度在物理學中被看成空間中不均勻的量（限量）；與此相反，康德斷言密度是一種空間的充實程度、

---

83 在一八二五—一八二六年的講演中這裡插入了雅各比哲學有關這方面的看法。

84 《自然科學的形上學原理》（萊比錫一八〇〇年第三版），第一頁。

85 《自然科學的形上學原理》（萊比錫一八〇〇年第三版），第二十七頁。

能、行動的深度。他想要從力、活動、能之中構造出物質，而不從原子。[86]謝林完全停滯在這個學說裡。這是一種關於自然的形上學、關於自然的一般概念的陳述。陳述的範圍非常狹窄，只限於物質和運動。這乃是去思維，或者說，去揭示思想規定的一種嘗試，像物質這樣的觀念就是這種嘗試的產物。他曾經試圖規定這門科學的基本概念和基本原則，並給予所謂**動的**自然觀最初的衝激。

「**單純理性範圍內的宗教**」也像在自然方面那樣闡明了關於信仰的學說，作爲理性的一個方面。康德提到，在那已經爲啟蒙運動（也可說是清除運動）所摒棄了的宗教中的傳統信條裡含有理性的理念：他要尋求人們在宗教中所謂信條，例如**原始罪惡**，有什麼理性的（首先是道德的）意義。[87]他比起那羞於說到原始罪惡的清除運動更爲合理。這就是康德哲學中理論部分的主要之點。

（二）**實踐的理性**

康德哲學第一部分是理智、理論的理性。第二部分是實踐理性，研究**意志**的本性，什麼

86 《自然科學的形上學原理》（萊比錫一八〇〇年第三版），第六十五—六十八頁。

87 《單純理性範圍內的宗教》（哥尼斯堡一七九四年第三版），第二十—四十八頁。

是意志的原則。康德接受了盧梭認意志本身是自由的那個看法。康德是這樣理解理論理性的：當理性和對象發生關係時，這個對象必定是被給予的；但是如果理性自己給自己提供對象，則這個對象便沒有眞理性。這就是說，在認識裡面——（在這一個認識裡面）——理性沒有達到獨立。反之，理性只有作爲實踐的理性才是自身獨立的。作爲一個道德的存在，人是自由的，超出於一切自然規律和現象。正如理論理性自身具有範疇、先天的區別那樣。同樣，實踐理性也具有一般的道德律、義務和權利、應該與不應該等概念構成了道德律的進一步的規定。這裡理性可以輕蔑理論理性所必然地給予的一切材料。意志是自己決定自己的，一切正義的和道德的行爲均建築在自由上面；在自由裡人有了他的絕對的自我意識。[88]在實踐理性這一方面，自我意識本身就是本質，而理論理性卻有一個（外在的）對方。第一，自我在它的個體性裡即是直接的本質、普遍性、客觀性。其次，主觀性努力追求實在性，但不是像從前那樣追求感性的實在性；因爲在這裡，理性本身被當作現實的事物。在這裡，概念已經意識到它自己的缺點；因爲理論理性所有的卻不是應該有的，概念只能是概念。第三，這是一個絕對性的觀點；一個無限的事物展開在人的胸膛中。這是康德哲學中令人滿意的方面，眞理至少是放在心靈中了。我只承認那符合於我的使命的事物。

1. 康德把意志分爲卑下的和高尚的欲求能力，這個名詞是不恰當的。卑下的欲求能力

88《實踐理性批判》（里加一七九七年第四版），第三—十一頁。

爲欲望、嗜好等等；高尚的欲求能力爲意志本身，這種意志沒有外在的、個別的目的，只有普遍的目的。[89]現在問題是：什麼是意志的原則？什麼應該是決定人的行爲的原則？人們已經提出了各式各樣的原則，例如善意、幸福等等。行爲的**物質**的原則完全可以歸結爲衝動、**快樂**。[90]但理性的原則本身是純粹**形式**的，並且包含著凡是應該被當作規定的，必定可以設想爲有普遍效準的定律，而不至於被揚棄。[91]行爲的一切**道德價值**建築在這樣一個信念上，即這個行爲之產生，是由於具有定律的意識，是由於爲了這定律而行爲，並由於**尊重**這定律和它自身而行爲，並不考慮到什麼事物可以使人快樂。[92]作爲一個道德的存在，人自身即具有**道德律**，意志的自由和**自主**就是道德律的原則。康德說，從嗜欲得來的那些規定，對意志說來乃是不自主的原則，或者說，如果意志採取那些規定作爲目的的話，它就是**不自主的**。因爲它是從某種別的事物得到它的規定的。但當意志自己決定自己時，它便是自由的。它是自主的、它是絕對自發性、自由的原則。意志的本質是自己決定自己，它只能以它自己的自由作爲它的目的。只有當實踐理性自己給自己制定規律時，康德才說它是自主

89 《實踐理性批判》（里加一七九七年第四版），第四十一頁。
90 《實踐理性批判》（里加一七九七年第四版），第四十、五十六頁。
91 《實踐理性批判》（里加一七九七年第四版），第四十、五十六頁。
92 《實踐理性批判》（里加一七九七年第四版），第一二六—一三五頁。

的。經驗的意志是不自主的，它是爲欲望、衝動所決定的。[93]它屬於我們的本性，不屬於自由的範圍。[94]

把定律、自在存在視爲自我意識的本質，並把它引回到自我意識，這乃是康德哲學中一個大的高度重要的特色。人按照他自己對世界、對歷史的評價而追求這個或那個目的，但當他這樣做的時候，他應該以什麼爲最後目的呢？但是對於意志說來，除了由它自身創造出來的、它自己的自由外，沒有別的目的。這個原則的建立乃是一個很大的進步，即認自由爲人所賴以旋轉的樞紐，並認自由爲最後的頂點，再也不能強加任何事物在它上面。所以人不能承認任何違反他的自由的事物，他不能承認任何權威。康德哲學曾經由於以下這方面而獲得廣泛的傳播和接受，即認爲人在他自身中即可發現一個全然固定的、不可動搖的事物、一個堅實的重點，因此只要人的自由沒有受到尊重，他就不承擔任何義務。這就是他的原則，但這個原則卻老是停滯不前。

實踐理性立即被理解爲具體的。理論理性的最後的頂點爲抽象的同一性。它只能提供抽象條理的規則和準則。[95]只有實踐理性才是有立法作用的，才是具體的。它爲它自己建立的

591

93 《實踐理性批判》（里加一七九七年第四版），第五十八、三十八、七十七頁。

94 《實踐理性批判》（里加一七九七年第四版），第五十八、三十八、七十七頁。

95 《純粹理性批判》，第六十二、五〇〇頁。

規律就是道德律。康德明白說出了實踐理性本身是具體的，不過進一步便可看見，這種自由首先是空的，它是一切其他事物的否定；沒有約束力，自我沒有承受一切別的事物的義務，所以它是不確定的；它是意志和它自身的同一性，即意志在它自身中。但什麼是這個道德律的內容呢？這裡我們所看見的又是空無內容。因爲所謂道德律除了只是同一性、自我一致性、普遍性之外不是任何別的事物。形式的立法原則在這種孤立的境地裡不能獲得任何內容、任何規定。這個原則所具有的唯一形式就是自己與自己的同一。這種普遍原則、這種自身不矛盾性乃是一種空的事物，這種空的原則不論在實踐方面或理論方面都不能達到實在性。康德是這樣表述普遍的道德律的（人們一直就願意建立這樣的普遍形式，這也是抽象理智的要求）：「根據通則來行動」（規律也應該是我自己特殊的規律），「這些通則能夠成爲普遍的規律」。[96]因此這個規定乃只是抽象的同一性。

這樣，康德對於義務的定義（因爲抽象的問題是：對自由意志說來什麼是義務）除了同一性、自身不矛盾的形式外（而這種形式乃是抽象理智的法則），什麼東西也沒有。保衛祖國、爲他人謀幸福之所以是義務，並不是由於它們的內容，而只是因爲那是義務。這正如在斯多噶學派那裡那樣，被思維的東西是眞的，其所以是眞的，即因爲它是被思維的。[97]仁

96 《實踐理性批判》，第五十四、五十八（三十五）頁。

97 比較本書第三卷邊碼95。

慈是道德的規律，「施捨你的財物給窮人」。但假如你把你所有的一切，全部施捨給人，這樣一來，仁慈便被取消了。憑藉抽象的同一性說，上帝就是上帝，我們一步也不能前進；每一個內容，放在這種抽象的形式裡，自身是沒有矛盾的。但是不放進這種抽象形式裡，那內容還不是一樣。譬如就財產來說，在我的行爲裡，他人的財產應得到尊重。但是這個原則也完全可以取消，如果沒有財產，這個原則便完全失效了。關於財產的道德規律是：應該尊重財產，因爲這個教訓的反面不可能是一個普遍的規律。這是不錯的。但財產是一個前提：如果沒有財產，那麼也就可以不尊重財產。有財產，所以才尊重財產。如果我不以有財產爲前提，則在偷竊行爲裡就不存在著矛盾。那乃是一個極其形式的原則。這就是康德、費希特道德原則的缺點，它全然是形式的。冷冰冰的義務是天啟給予理性的胃腸中最後的沒有消化的硬塊。

2. 實踐理性中第一個公設就是自己決定自己的自由意志。這個貌似具體的原則仍然是抽象的。第二和第三個公設是這樣的形式，這些形式令我們覺得意志在較高的意義下是具體的。作爲一個特殊的個人，我也是一個特殊的意志。具體的概念應表明我的特殊意志與普遍意志是同一的，換言之，我是一個道德的人。第三個公設是最高的具體概念，自由的概念，把一切人當作自由的；自然、世界也應該與自由的概念諧和一致。第二個公設涉及意志的概念和特殊的意志的關係。這裡各個**公設**便開始了。特殊意志應該遵循普遍的意志，兩者的統一性是被設定了。人應該是有道德的，這仍然停留在**應該**上面。其結果是，這個目的只有在**無窮的進展**中可以達到。因此這仍然停留在談說道德上面。但是**什麼**是道德的內容，或者什麼是自我實現的精神的體系，卻沒有被考慮到。反之，正如理論理性同客觀的感性材料相對立，同樣，實踐理性也和實踐的感性、衝動、嗜好等相對立。完善的道德只能在彼岸，因爲道德假定特殊意志和普遍意志的差別。道德是根據普遍規律對於感性情欲的鬥爭和規定。這種鬥爭只有當感性意志還不符合於普遍意志時才存在。因此道德的意志只是一個「應該」；就在這個基礎上面康德建立了他的靈魂不滅的公設。[98]無疑，特殊意志是不同於普遍意志的，但是它不是最後的、不是絕對有永久性的。

3.另一個公設是關於上帝的公設。意志以全世界、全部感性世界同上帝相反對。而理性便尋求兩方面的統一，認爲自然、世界應該與理性意志、善諧和一致。道德律的理念是以善作爲世界的最終目的。由於道德律是形式的，本身沒有內容，它便與主觀的衝動和嗜好相對立，並與外界獨立的自然相對立。康德力求在至善這個思想裡調解兩者的矛盾，在至善裡自然便與理性相一致，[99]這種諧和一致其實是和道德不相干的，雖說這裡面包含著實踐的實在性。因爲幸福只是感性的自我感覺或作爲這個個人的直接的現實性，並不是自在的普遍的實在性。因此剛才提到的那種結合本身仍然只是一個彼岸、一個思想。康德完全贊同一種流

98《實踐理性批判》，第二一九—二二三頁。

99《實踐理性批判》，第一九八—二〇〇、二〇五—二〇九頁。

行的說法，說什麼在這個世界裡，好人總是受苦，惡人反而很快樂等等，[100]因而設定了上帝的存在，作爲這樣一個本質、一種動因，透過它可以帶來這種諧和，這既可以表明道德律的神聖性，也可以表明自然中的理性目的，當然這種理性目的只有透過無窮的進展過程才能實現。同樣，靈魂不滅也顯示主體在它的道德生活中的無窮進展，因爲道德本身是一種不完善的東西，它必須無窮無盡地向前進展。這樣一種公設仍然讓矛盾原樣持續存在著，只提出了一種抽象的「應該」以求解除矛盾。因此上帝被當作一種設定的東西；理性並不能認識它。諧和並沒有出現，不是現實的；它只是應該存在。公設本身永遠在那裡；善則是一個與自然相對立的彼岸，兩者被設置在這種二元論中。當自然與善的概念相適合時，自然已不復是自然。於是兩者停留在高度的矛盾中，無法得到結合。必然性的規律與自由的規律互相乖異。同樣有必要對兩者加以統一，但這種統一性卻不是現實的。反之，兩者的分離卻被設定了。康德採用通俗的說法道：惡應該加以克服，但又同樣必定無法克服。這樣上帝只是一個公設、只是一個信仰、一個假想，這只是主觀的，不是自在自爲的眞。[101]這個結論也是很普通的。

這些公設所表示的不外是處處自相矛盾的不同環節之無思想性的綜合。它們是各式各樣

100 《實踐理性批判》，第一九八—二〇〇、二〇五—二〇九頁。

101 《實踐理性批判》，第二二三—二三七頁。

的矛盾的「巢穴」。[102]例如，他之所以提出靈魂不滅這個公設，是爲了不完善的道德，亦即因爲道德爲感性所感染。但是感性成分又是道德的自我意識的條件；目的完善地達到又會取消掉道德的本身。正如那另一個目的感性與理性的諧和同樣會取消道德，因爲道德正包含在理性對感性的對立裡。因此，那創造諧和的上帝的現實性、存在，正是這樣的一種東西，這種東西，意識同時也知道它不是現實性、不是存在；意識承認上帝是爲了尋求諧和，這正如兒童任意製成一個稻草人，並且彼此相約他們要裝作對這個稻草人表示恐懼。承認上帝存在的理由在於有了神聖的立法者這個觀念，可以使道德律贏得更多的尊重，但是這個理由和道德在於純粹爲了道德本身而尊重道德律的看法正相矛盾。[103]

因此在實踐理性裡自我意識被當作自在存在，反之在理論理性裡客觀的本質被當作自在存在，但兩者均同樣沒有達到統一性和現實性本身。它使得人很難相信理性是現實的。但須知，除了理性外更沒有什麼現實的東西，理性是絕對的力量。人們的虛驕心理總願意在頭腦中空懸一個理想，以便對任何東西都可加以非難：我們是有智慧的人，智慧就在我們內部，但是它卻沒有出現。這是最後的觀點；這無疑是很高的觀點，但是它卻不能達到眞理。絕對的善只是停留在「應該」裡，沒有客觀性，那麼它就只得老是停留在那裡。

---

102 比較《純粹理性批判》，第四七一頁。

103 《實踐理性批判》，第一四六頁。

（三）《判斷力批判》

還剩下康德哲學中的協力廠商面，在這裡也提出了對於具體的要求，在這裡統一性的理念已不是一個彼岸，而是被設定為一個當前的東西，這是判斷力的理念。它的對象一方面為美，一方面為有機的生命；而後者是特別的重要。康德說，我們有知性，它在理論方面是立法者，創立各個規定、範疇。但是這些知性的範疇只是一般的規定，在它們外面存在著特殊的東西（這是屬於每個特殊知識的另一種成分）；兩者對於知性而言是彼此不同的。但知性是一面，特殊者是另一面。因為知性所作的區別本身仍然是停在一般性中。在實踐裡，理性是自在的東西，但理性的自由的獨立自主和理性（在較高形式中）立法的自由，便與在自由中的自然或自然自己的規律相對立：

「知性」與（實踐的）理性「具有兩種不同的立法」——（「在理論理性裡，理性只能憑藉知性從給予的規律透過推論做出結論，但這些結論永遠只限於在自然中有效準；只有在實踐理性裡，理性自身才是立法者」）——「在一個並且同一個經驗的基地上，彼此不互相侵犯。因為自然概念對自由概念的立法沒有任何影響，同樣自由概念也不擾亂自然的立法。這兩種立法及其所屬的能力有同時並存的可能性，在《純粹理性批判》中已經證明。」（！？）

「這兩個不同的領域並不構成一個統一體，雖說在它們的立法裡兩者並不互相限制，但是這些立法在感性世界所發生的效果卻不斷地互相限制」（這是說，當它們碰在一起的時候），「這乃是由於，自然概念雖說能夠在直觀中認識它的對象，但不是作爲物自體而是作爲單純現象，反之自由概念雖然能夠認識它的對象作爲物自體，但卻不能在直觀中予以認識，因此兩者都不能對它的對象（甚至對那能思維的主體）獲得作爲物自體的理論知識，而物自體據說是超感官的，它對於我們全部認識能力是一個無限的和無法進入的領域。」

「現在雖說在作爲感性世界的自然概念領域與作爲超感性世界的自由概念領域之間確立了一個不可忽視的鴻溝，從而由此一個領域不可能過渡到另一個領域，就好像是兩個極其不同的世界，其中第一個世界對於第二個世界不能有影響：但是後者對於前者卻**應該**有影響，這就是說，自由概念應該使由自由規律所提出的目的能夠在感性世界中得到實現。所以自然必須設想爲這樣：它的形式的合規律性至少有可能與按照自由規律在自然中實現的目的的可能性相適應。因此必須有一個作爲自然世界的基礎的超感性世界和自由概念在實踐方面所包含的內容的統一性作爲根據；關於這種統一性的根據的概念，雖說在理論方面和實踐方面都不能達到對於它的知識，因而它也就沒有獨特的領域，但它卻能夠使得按照這一原則的思維方式過渡到按照另一原則的思維方式成爲可能。」[104]

「在知性與理性之間現在有了判斷力，正如在認識能力與欲求能力之間有著快感與非快

104《判斷力批判》（柏林一七九九年第三版），導言，第XVII—XX頁。

感那樣；在這個能力裡必然存在著由各個自然概念的領域到自由概念的領域的過渡。」[105]現在有兩種產物：藝術作品和有機自然的作品都昭示給我們自然概念和自由概念的統一。對這些作品的觀察使我們看見知性與特殊事物的統一；不過這種觀察方式乃只是主觀的。我們只是按照統一的原則去觀察那些事物，但它們本身並不是那樣；至於它們本身是什麼樣子並非知識所能達到。康德於是便談到一種直觀的知性，這是一個深刻的規定。直觀的知性提出普遍的規律，但又能規定特殊的事物。適應目的的事物屬於這個範圍，目的是普遍的規定；適應目的的事物是特殊的現實，只是爲普遍目的所規定的事物。知性是這種多樣性的統一的基礎。特殊的事物爲普遍的事物所規定，感性的事物爲超感性的事物所規定。這個理念不是那些產品的眞理，而只是我們表象這些產品的一個方式。康德叫這種能力爲判斷力，這是特殊與普遍的結合。判斷力的理念結合了兩方面，它是具有特殊在自身內的普遍。在直接的判斷力裡，類包含著特殊（當然也有沒有爲類所規定的特殊）；因此特殊就不屬於反思的判斷力內。反思的判斷力以理智的抽象普遍性和特殊性的統一爲原則，這原則是一種符合規律的必然，同時又是一種自由，或者說，是一種和它的內容直接地相一致的自由。判斷力在這裡不是按照普遍規律規定著的，而乃是反思著的，因爲「特殊是被給予的，它只是爲特殊尋找普

105《判斷力批判》（柏林一七九九年第三版），第 XXIV—XXV 頁。

遍。」[106]

「現在，這個原則只能是這樣的，即既然自然的普遍規律以我們的知性為基礎，而知性卻只是按照自然的普遍概念給自然制定規律，那麼那些特殊的、經驗的規律，就它們沒有被普遍規律所規定那方面來說，也必須視為包含有這樣一種統一性，好像有某種理智（這種理智當然不同於我們的理智）為了我們認識能力的方便而給予它們這種統一性那樣，以便使符合特殊自然規律的經驗體系成為可能。這倒並不是說實際上必須假定那樣一個理智（因為這個（統一性的）理念只是為反思的判斷力提供一個原則），而乃是說，這種能力只是給自己建立規律，並不是給自然建立規律。」

「因為，一個客體的概念（就這概念同時包含這個客體的現實性的根據而言），就叫做**目的**，而一物與只有按照目的才可能的他物的性質相一致，就叫做這些事物的形式的**合目的性**，所以判斷力的原則就自然事物的形式符合於一般經驗的原則說來，就是多樣性的自然的**合目的性**。這就是說，透過合目的性這一概念，自然就可以被看成好像有一個理智包含著自然的多樣性的經驗規律的統一性的根據似的。」[107]

亞里斯多德已經把自然本身看成有目的的，看成具有理性（νοῦς）、理智、共相在自身

106《判斷力批判》，導言，第XXV—XXVI頁。

107《判斷力批判》，導言，第XXVII—XXVIII頁。

之內，所以在自然中一個環節與另一個環節是在不可分割的統一性裡。[108]目的是一個概念，而概念是內在於特殊中的共相，它不是與一個蘊藏在後面作爲根據的質料相反對的外在的形式和抽象的事物，而是浸透在特殊之中的，所以一切特殊事物都是爲這個共相所規定的。據康德看來，這個共相就是知性。知性在知識中本身所具有的理智規律對於對象還沒有加以確定的規定；但是由於這多樣性的（對象）本身必定在自身內具有一種聯繫，這聯繫雖說對人的識見說來是偶然的，「但判斷力於發揮它的作用時必須把這種聯繫當作一個（先天）原則，它雖說對我們說來是偶然的，甚至是不可知的，但是卻包含著一個可設想的統一性，這統一性把多樣性聯結成爲一個潛在地可能的經驗」。[109]這一原則立刻又退回到思想的主觀性，它只是一個主觀的通則，透過這樣的主觀通則，關於對象的客觀本性什麼事物也沒有說出來。[110]因爲一下子把自在存在固定在自我意識之外，而知性又僅僅被視爲在自我意識的形式之內，不被視爲在向對方轉化的過程中。

於是反思的判斷力的這個原則本身就具有雙重的合目的性（形式的合目的性和質料的合目的性），因而判斷力就或者是**審美**的或者是**目的論**的。前者是**主觀**的合目的性，後者是**客**

108 參看本書第二卷邊碼 320-330。

109 《判斷力批判》，導言，第 XVI、XXXIII 頁。

110 《判斷力批判》，第 XLVIII－L 頁。

觀的、**邏輯**的合目的性。[111]

1. 判斷力的一個方式是審美的判斷力，關於**優美**的判斷。它的內容是這樣的：「快感和非快感是一種主觀的事物，它是不能成爲知識的一部分的。一個對象只有當它的觀念直接同快樂的感情相結合時，它才是合目的的；而這就是一個審美的觀念。反思的判斷力如果不對諸形式加以比較（即使是無意地），至少，如果它不憑它的能力對直觀和概念的關係加以比較，則諸形式絕不能爲想像力所掌握。現在如果在比較時，想像力（作爲形成先天直觀的能力？）透過一個特定的表象」（某種美的事物），「無意間使得它與知性（作爲形成概念的能力）諧和一致，因而喚起了一種快樂的感情，那麼這個對象就必定被認作對於反思的判斷力說來是合目的的。像這樣的關於客體之合目的的性的判斷——這種判斷既不建立在當前對象的概念基礎上，而且又不能提供關於對象的任何概念——這樣的判斷就是審美的判斷。一個對象是美的，如果它的形式（不是指它的表象的材料——感覺）被判定爲我們表象這一對象時所感到的快樂的根據。」[112]這是關於美所說過的第一句合理性的話，因爲感性的事物是美的一個環節；同時它必須表示精神的事物、概念。

「美就是這樣一種事物，它不涉及」主觀的「**利益**，亦即不含有概念」（反思的規定）

111《判斷力批判》，第 XXXIV 頁。

112《判斷力批判》，導言，第 XLIII—XLV 頁。

「而被認爲足以引起普遍樂趣的客體。美與嗜欲沒有任何關係，因此在美中主體感覺到極其自由。美並不是對我是美的」——並非由於概念、反思、法則[113]而是美的。「目的是概念的對象，就概念之被看成對象的原因而言；而概念與它的客體的因果性，就是合目的性。」[114]「理性的理念」屬於理想〔的範圍〕，「它把那不能感性地被表象的人類目的當作判定一個形象時採用的原則；透過這個形象，這些人類目的便顯示其自身作爲它們在現象界中的效果。」[115]「人們只能期望理想顯示其自身在人的形象裡。」[116]崇高是對一個理念加以感性的表現的努力，在這裡同時也表明了用感性以表現理念之不適合和理念的不可把捉性。[117]

這裡，在《判斷力批判》裡，我們就看見普遍與特殊的直接統一；因爲美恰好是這種無概念的直接統一。康德把這種直接統一放在主體裡面；它是一種主觀的事物，或者更切當地說，一種有局限的事物：並且作爲審美的統一，它的地位也就要低一些，因爲它不是被概念把握了的統一。

2. 達到諧和的另一個方式，就是在客觀的和物質的合目的性裡對於自然進行目的論的

602

113 《判斷力批判》，第十六—十九。
114 《判斷力批判》，第三十二頁。
115 《判斷力批判》，第五十六頁。
116 《判斷力批判》，第五十九頁。
117 《判斷力批判》，第七十七頁。

考察，即在**有機**的自然產物裡，概念與實在的直接的統一被看成客觀的統一——這客觀的統一就是自然的目的，在它的普遍性裡包含著特殊的事物，在它的特殊性裡包含著類（或普遍性）。我們按照目的論來考察自然產物，不是外在地而是按照內在目的性來考察自然產物。按照外在目的性來看，某種事物的目的是在他物裡，例如：「下雪可以保護寒冷地方所播下的種子免受霜凍，並且透過滑雪可以便利人們的來往。」[118]但是於考察**生物**時我們卻不能老停留在這種方式裡，即按照這種方式，我們有一個感性的事物在我們前面，我們按照知性的範疇從一方面去考察它；反之，我們要把它看成自己的原因，看成自己產生自己的事物。這就是生物的自我保存，作爲個體它無疑地是要消逝的；但是當它生存時，它自己產生自己，雖說這樣做它需要某些條件。[119]此外自然目的又是材料，就這材料是有機化的而言，它就是內在的有機化的自然產物，「在這種自然產物裡面，一切都是目的，並且一切又相互地都是手段」。[120]它的一切成分都是手段，而同時都是目的；它本身同時是目的和手段，它是自身目的。它的目的不在它自身之外；而所謂內在目的性即是一物本身是目的又是手段。這是一個亞里斯多德的概念；它是無限的、自己回歸到自己的概念，亦即理念。

118 《判斷力批判》，第二七九—二八五頁。
119 《判斷力批判》，第二八六—二八八頁。
120 《判斷力批判》，第二九二—二九六頁。

於是康德就達到如下的看法：「我們將不會在自然的**機械結構**與自然的**技術**之間，亦即自然的目的聯繫之間，找不到任何差別，如果不是由於我們的知性具有這樣的性質的話：我們的知性習於從普遍推特殊，並且我們的判斷力如果不先有一個普遍的規律，然後把特定的判斷從屬於那規律之下，就不能做出特定的判斷。現在由普遍看來，那特殊的事物本身就包含著某些偶然的事物。但是，理性於聯結自然界中諸特殊規律時，也同樣要求統一，因而也就要求規律性，而在偶然事物中發現的規律性就叫做目的性：並且從普遍中引申出特殊規律，就這些特殊規律包含有偶然事物在內看來，先天地透過概念去規定客體是不可能的；所以自然的目的性這個概念在自然產物裡對人的判斷力來說將是一個必要的概念，但它並不涉及客體本身的規定的概念，因而乃是一個主觀的原則」，[121]並且也只是對判斷力的一個指導的思想，因而對於自在的存在並不能說出什麼事物。

何以這個眞的觀念竟會不是眞理，原因就在於知性的、空的抽象觀念（知性把它自身保持在抽象普遍中）和另一個與它對立的個別性的感性材料的抽象觀念都被假定爲眞理了。康德顯明地接近於達到了一個**直觀知性**的觀念。因爲「一種直觀也是一種認識，而一種完全直觀的自發性將會是一種」特別「不同於並且獨立於感性直觀的認識能力，因而將會是具有最普遍意義的知性：所以人們也可以設想一種直觀的知性，這種知性不從普遍推到特殊，並從

121《判斷力批判》，第三四三—三四四頁。

而透過概念推到個別，在這種知性裡，我們遇不到自然產品按照知性的特殊規律的諧和一致的偶然性，這種偶然性使得我們的知性如此難於把自然界的多樣性與知識的統一性『結合在一起』。[122]但是認這種「最高類型的知性」[123]爲知性的眞觀念，這卻是康德所沒有達到的；相反地，他認爲我們的知性是這樣的性質，「即它從分析的普遍進展到特殊」，[124]它是一個與感性有特殊區別的事物，並且是一種完全獨立於感性的認識能力。

奇怪的是，第一，康德有了直觀和知性的觀念，他不知道爲什麼這個觀念會沒有眞理性，他只是說這是因爲我們的知性具有另外的性質，「即它從分析的普遍進展到特殊」；但是；第二，我們已經看見，那絕對理性和自在存在著的知性〔在康德看來〕具有這樣的性質，即它們本身沒有實在性：知性需要一種材料才能進行活動，理論的理性可以由腦子憑空創造，實踐的理性必須依據公設才能行使。儘管它們是被直接地和確定地宣稱爲沒有絕對性，但它們卻被認爲是眞的認識，而概念和直觀在其中得到統一的直觀知性卻僅僅被視爲我們給我們自己造成的一種思想。

122《判斷力批判》，第三四七頁。
123《判斷力批判》，第三五一頁。
124《判斷力批判》，第三四八頁。

一個有機體是自然的機械性與目的（靈魂、共相）的統一。[125]我們把它視為是一個內在於感性事物中的概念，這概念使得那特殊的事物遵照它〔的規定〕；這樣我們就是按照一個直觀知性的方式來考察有機體。偉大的事物就是理念，就是真正的具體的事物，亦即透過內在的概念規定了的實在；這就是斯賓諾莎所說的正確觀念。在有機的自然產物裡，我們具有對於概念和實在的直接統一的直觀；生命、靈魂、共相、存在和特殊化是同一的，是被看做在一個統一體中的，但在無機自然中情形就不一樣。這樣，具體事物的觀念就進入了康德哲學，即概念、共相規定著特殊。

康德自己又把這些觀念僅僅理解為主觀的規定；它們僅僅是考察的方式，不是客觀的規定。康德雖說提出了統一性，但他卻又強調了主觀的一面，強調了概念。這就是康德哲學中經常的矛盾；他曾經揭示了最高的對立，並且說出了這些對立的解除。他說出了這些對立的片面性，也同樣說出了它們的統一。理性設定了這種統一，我們在判斷力裡獲得這種統一。同時康德卻說，這只是我們反思的判斷力的一種方式，生命本身並不如此，但我們卻習慣於那樣去考察生命；那只是我們的反思的通則。[126]在藝術裡，那提供我們理念的表象的，無疑地是感性的方式本身；實在性與理想性是那樣直接地結合為一。同樣，當他已經到了快

125　《判斷力批判》，第三五四頁。

126　《判斷力批判》，第三五五—三六三頁。

要超出片面性的瞬間，而他卻說，我們必須停留在片面性裡面。客觀的事物在康德看來，只是自在存在；一切豐富的事物、一切充實的內容都被放在表象、思維、公設裡面。所有這一切都是主觀的；我們不知道，這些自在之物是什麼事物。但自在存在只不過是死軀殼，是對於他物的僵死的抽象，是空洞的、不確定的彼岸。思想的豐富內容只是在主觀形式中展示出來；但是在他肯定這主觀思想的局限的瞬間，他卻又不願意取消這種局限。

3. 具體事物的觀念進入康德哲學的另一個形式是這樣的：實踐理性有一個目的；這個目的，就它的整個普遍性看來，就是善。這種善是一個理念，是我的思想；但是這裡又存在著一個絕對的要求，要求這個善也能夠在世界中得到實現，要求自然的必然性能符合於自由的規律、思想的規律，但不是作爲外在自然的必然性，而是透過世界一般透過法權的、倫理的生活，透過人群的生活，透過國家的生活〔所表現的必然性〕，換句話說，要求世界是善的。善與實在的這種同一性就是理性的要求；但是主觀的理性不能實現這種同一性。在每一個善的行爲裡，人都完成了某種善的事情。但是這只是有限制的；普遍的善、普遍的終極目的作爲**世界的終極目的**只能透過一個第三者才能達到。而這個統治世界的力量，這個以世界中之善爲其終極目的的力量就是上帝。[127]〔於是《判斷力批判》也以設定上帝的存在而結束[13]。〕

127《判斷力批判》，第四二三—四二四頁。

[13] 第四七四頁。

所以實踐理性中所設定的上帝，〔在《判斷力批判》中〕也必須信仰。自然界有其特殊的規律；這些獨立的、個別的關係或規律與善沒有什麼關係。但是理性的本性在於渴求統一，並且以獲得統一、欲求統一當作本質的和實體性的事物。善與世界的對立和矛盾是和這種同一性正相反對的；因此理性要求必須把這個矛盾揚棄，並且要求一個本身至善並統治這世界的力量。這就是上帝；這就是上帝在康德哲學中所占的地位。要證明上帝的存在是不可能的。但人們卻有上帝存在的要求。我們有兩個方面：世界與善。德性或道德只有當它在鬥爭中才是善的；它發現這個對立就這樣被設定了，而另一方面又有必要去尋求兩者的諧和。說上帝不能被證明，其缺陷在於：按照康德的二元論，確實無法指出那作爲抽象理念本身的善如何能夠揚棄它的理念的抽象性；並且無法表明世界本身如何會揚棄它自己不同於善的外在性和差異性，並且無法指出兩者（善與世界）的眞理性就是在它們看來是第三者，但同時又被規定爲最初者〔或第一者〕的那個事物。因此，照康德看來，人們只能信仰上帝。[128]我們試把這種說法與雅各比所謂信仰聯繫起來看，就可以看出，康德在這裡正與雅各比一致。[129]

現在如果按照康德和雅各比的觀點來信仰上帝，我們暫時可以承認，這個觀點無疑地

128 《判斷力批判》，第四六〇—四六一頁。

129 這裡談到雅各比哲學一段是在一八二五—一八二六年的演講中才增補進去的。——原編者

是一種向絕對者的回歸。但問題仍然存在：什麼是上帝？說上帝是超感官的並沒有多少意義；說上帝是普遍者、抽象者、自在自爲地存在者也同樣很少意義。究竟什麼是上帝的規定？如果我們進而追問絕對者的規定，而抱著這樣的觀點，以爲我們要進而追求知識，就會產生不良的後果。因爲這就意味著尋求關於一個本身具體而有規定性的對象的知識。但是在這裡僅僅達到這麼多，即上帝一般地存在，上帝具有無限、普遍、無規定性等規定性。這樣的上帝是不能被認識的；因爲爲了可以被認識，他必須是具體的，因此至少必須包含兩個規定。這樣一來就會有一個中介過程；因爲對於一個具體事物的知識立即是一個間接的知識或認識。但是這個觀點缺乏中介性，所以老是停留在無規定的（直接性）那裡。當保羅對雅典人說話時，他向著祭壇呼籲，這祭壇是他們用來崇拜一個他們所不知道的神的，並向他們宣說，上帝是什麼；但是這裡所提到的觀點又把我們帶回到那不知道的神。一切自然以及精神的生命力都是自身中介；而現在謝林的哲學已過渡到這種中介性。

康德的哲學產生出來一個具有思維規定的感性的事物，但這個事物卻不是事情自身：例如我感覺到某種堅硬的事物，我感覺到那堅硬性，但我卻感覺不到某種事物自身。康德的哲學歸結到二元論，歸結到一個單純本質的「應當」，歸結到一個沒有解除的矛盾。雅各比的信仰卻與此不同；他找到一個作爲直接存在的上帝的觀念，一切中介（在他看來）都是不眞的。因此在康德那裡結論是：「我們只認識現象」；另一方面在雅各比那裡結論是：「我們只認識有限的事物和有條件的事物。」

對於這兩個結論人們曾經表示過一種虛幻的喜悅，因爲，感謝上帝，懶惰的理性現在可以免除一切反思的要求了，並且以爲可以給自由保留充分的權利了，現在理性用不著深入自身，鑽進自然和精神的深處，於是它很可以獨立自在了。與此相聯繫，進一步的結論就是主觀理性的自主，這種自主由於是抽象的和沒有認識什麼事物的，因而只是一種主觀的確定性，沒有客觀的眞理性。這種學說所引起的第二個喜悅，在於認爲我雖然有了自主，對於這種自主權利我既不能理解，也不能說明理由，而且也用不著這樣做；我對我的主觀自由的自信和確信就是一切。雅各比還增加了第三個喜悅，即因爲透過知識和說明理由，無限者就只是被有限化了，因而在他看來，認識眞理的意願甚至是一種罪惡。這樣一種時代對於眞理是沒有什麼可以安慰的，在這種時代裡一切形上學、一切哲學都完蛋了，只有那不是哲學的事物才被當做哲學！

如果我們對康德哲學的整體加以總結，則我們隨處都看見思維的理念，這理念是絕對概念的自身，具有差別和實在性在它自身內：但是在理論理性和實踐理性裡，它（理念）只有抽象的差別；在判斷力裡，康德還進而把差別視爲現實的。換言之，他不僅認特殊性，並且還認個別性爲現實的。他曾經正確地並確定地對全體做出區別。但是無疑地這種世俗的觀念是從我們的、人的認識能力出發的：所以這種能力只有在它的經驗形式內對於人才有效準，雖然他也曾宣稱它是不能認識眞理的，並且宣稱他也描述過的他所認識的眞觀念僅僅是我們（主觀上）具有的一個思想。於是現實性被當作這種感性的、經驗的事物，要掌握這些事物，康德採取知性的範疇；並且他承認這些範疇有效準，像它們在日常生活中有效準那樣。

610

這完全是知性哲學，它否認了理性；它贏得了那樣多的朋友，這完全由於它的消極的一面，即它曾經一度使得他們從舊的形上學裡解放出來。這種極其粗糙的經驗的和極端庸俗的觀念，和這種觀念的完全非科學性，早已經提到過了。但是除了先天綜合判斷的普遍觀念外，對於那個在自身之內具有差別的普遍，康德曾經本能地在整個安排中（根據這種安排他到處把整體加以分裂），按照那個極其沒有精神性的三分格式予以發揮，分成(1)理論的理性；(2)實踐的理性；(3)兩者的統一，判斷力；在其他許多進一步的部門如範疇、理性理念裡也一樣：他把知識的節奏、科學運動的節奏都描繪爲一個普遍的圖式；並且到處都展示爲正題、反題和綜合的圖式，這種圖式是精神自身區別出來的諸方式。精神作爲自身意識著的精神就是按這些方式區分其自身的。第一題是存在，但它是意識的對方；因爲凡僅僅是存在的事物，就是對象。第二題是自爲存在，亦即固有的現實性；在這裡，作爲自在存在之否定面的自我意識本身也是存在，出現了一種相反的關係。第三者是前兩者的統一；那自爲存在著的、自我意識著的現實性才是一切眞的現實性，客觀的存在以及自爲存在最後都被吸收到並返回到這種現實性裡。康德曾經對於整體的各個環節給予了歷史的闡述；這是很好的哲學導論。康德哲學的缺點在於絕對形式的各個環節彼此外在；或者從另一方面看來，我們的知性、我們的認識對自在存在形成一個對立：它缺少了否定的事物，那被揚棄的「應當」沒有被掌握住。

但是思想和思維一下就成爲一個絕對的、不能再拋在一邊的需要了。因此第一，這乃是一貫的理論所應有的要求，即特殊的思想似乎應該是按照必然性從那個最初的統一裡產生出來，像從自我的統一性裡出現並且透過自我的統一性而得到證明那樣。但是其次，思想曾經散布其自身於整個世界裡，它附著於一切事物上、它考察一切事物、它把它的諸形式帶進一切事物裡、它系統化一切事物；所以無論何事都應該按照思維的規定進行，但不是按照單純的情感、按照生活的慣例，或按照實際常識以及按照所謂實行家極端缺乏頭腦的實際感來辦事。因此在神學裡、在政府及政府的立法裡、在國家的目的上、在商業和技術方面也一樣，永遠都只應該按照普遍的規定合理地進行工作（人們甚至談到合理的釀酒、合理的燒磚瓦等等）。這是對於一種具體思維的需要，而在康德關於現象的結論裡卻只有一種空洞的思想。而天啟宗教的本質尤其是在於知道什麼是上帝。因此這裡出現了一種渴求豐富的內容、渴求眞理的願望，因爲人既已不再退回到野蠻生活，並且更不能下降到只採取感覺的形式，所以這種渴求高尙事物的願望對於他應該是唯一有效準的事物。這第一種要求，按照理論的一貫說，就是費希特所要求得滿足的。

參、費希特

費希特的哲學是康德哲學的完成，（我們必須特別指出，他的哲學是以較邏輯的方式闡發出來的。他並沒有超出康德哲學的基本觀點，最初他把他的哲學看成不過是康德哲學的系統發揮罷了。[130]〕在康德、費希特以及謝林的哲學之外，沒有別的哲學。其他的哲學都是從這些哲學剽竊一些事物，而關於這些剽竊來的事物，他們又彼此互相攻擊和爭吵。Ils se sont battus les flancs,pour être de grands hommes.〔他們爲了當大人物而互相攻擊。〕〔因爲在當時的德國曾有過許多哲學體系，〕例如萊因霍爾德、克魯格、布特維克、弗里斯、〔舒爾茲〕等人。但是他們自詡爲偉大的觀點是極膚淺的。

約翰·戈特利布·費希特，一七六二年五月十九日生於上勞西茨區比肖福斯魏爾達城附近的拉梅諾，曾在耶拿大學學習，並在瑞士做過家庭教師。他寫過一本關於宗教的書；[131]這書充滿了康德的術語，所以當時，人們誤當作康德的著作。一七九三年，歌德聘請他到耶拿大學任哲學教授。一七九九年，他爲了他的一篇論文《論我們信仰一個神聖的世界主宰的根據》引起糾紛而去職。他在耶拿刊行了一種雜誌，雜誌上所發表的另一個人的文章被認爲有無神論嫌疑。費希特本來是可以保持沉默的。由於政府要追究，費希特寫了一封包含著一些威脅語句的信。歌德說，政府是不能讓人威脅的。於是費希特便有一段期間在柏林做私人教學，一八〇五年又被聘爲愛爾朗根大學教授，一八〇九年又任柏林大學教授，直至一八一四

130 費希特，《全部知識學基礎》（萊比錫，一七九四年），序，第 XII 頁。

131 《天啟批判試探》。

年一月二十七日逝世。關於他的特殊的生活經歷，這裡就不能詳細地講了。

費希特哲學有兩個方面必須區別開：一是他的眞正的思辨哲學，這是經過嚴格一貫的論證的，他這一方面的哲學是很少人知道的；一是他的通俗哲學，他在柏林對各色聽眾的講演，以及他的著作《到幸福生活之路》，都是屬於這個方面的。後一方面的著作具有不少感動人的有教導性的事物，而許多自稱爲費希特派的人常常只知道他的哲學中通俗的這一面。這些著作對某些有教養的富於宗教情緒的人是深入感人的講演。雖說它們的內容有很大的價值，但在哲學史裡卻不能予以重視。哲學的內容必須得到思辨的發展，而這種發展只有在他早期的哲學著作裡才有。

一、費希特哲學的基本原理

康德哲學中缺乏思想性和一貫性的地方使得他的整個系統缺乏思辨的統一性，這一缺點爲費希特所克服了。費希特掌握的是絕對的形式，換言之，絕對形式就是絕對的自爲存在，絕對的否定性，它不是個別性，而是個別性的概念，因而也就是現實性的概念。費希特的哲學是形式在自身內的發展（是理性在自身內得到綜合、是概念和現實性的綜合），特別是康德哲學的一貫的發揮。它沒有超出康德哲學的基本內容，他特別稱他的哲學爲**知識**

學。[132]他的初期著作完全是康德派的。費希特最初也只不過把自己的哲學看成康德哲學的一個貫通的和系統的完成罷了。[133]他把自我當作絕對原則，因而必須表明宇宙的一切內容都是自我的產物，而自我同時即是它自身的直接確定性。不過他同樣只是對這個原則加以片面性的發揮：自我自始至終是主觀的，受一個對立物牽制著的。而自我的實現只是以有限性的方式向前邁進，只是對先行的事物的回顧。

哲學的要求提高到了：(1)不復把絕對本質理解爲不把區別、實在、現實性包含在自身內的直接的實體。一方面，自我意識總是盡力反對這種實體，因爲它在這種實體裡找不到它的自爲存在，因而得不到自由。另一方面，它要求這個被表象爲客體的本質是一個有自我意識、有人格的本質，亦即有生命、有自我意識的現實的本質，而不僅僅是關閉在抽象的形上學思想裡的事物。(2)和自我意識一樣，意識有一個對方或他物。意識又要求它的對方是客觀現實性的環節，是思想必須向其過渡的存在本身，是在客觀存在中的眞理，這種外在現實性的環節，我們在英國哲學家那裡尤其常常看到。這種概念直接就是現實性，而這種現實性直接就是現實性的概念，而且，這並不是一種作爲第三者的高於這個統一性的思想，也不是不具有區別、分離於其中的直接的統一性，這就是自我。自我在自身內就包含著自身區

132 《論知識學的概念》（魏瑪，一七九四年），第十八頁。

133 《全部知識學基礎》（萊比錫，一七九四年），序，第 XII 頁。

別，包含著對立物。這樣一來，自我就把自己與思維的簡單性區別開，而這個區別開來的對方，也同樣是直接爲它而存在的、與它同一的或者與它沒有區別的。[134]所以自我是純思維。換句話說，自我是眞正的先天綜合判斷，像康德所說的那樣。

這個原則是透過概念把握住的現實性；因爲現實性正是被把握住了的對意識而存在的他物，從而自我意識也就返回到了自身。概念的概念就是從這一方面被發現的，即在那經過概念把握住的事物裡，自我意識便確認到自己；那麼經概念把握住的事物，對自我意識說來就是異己的事物。這種絕對概念，或者這個自在自爲地存在著的無限性，現在就是哲學所要發揮的事物，而且還必須從它自身論證出，它的差別就是宇宙內一切差別的根源；並且在它的差別或分化過程中，它必須仍然返回到它自己，保持其同一的絕對性。除了自我之外，更無任何別的事物存在；自我存在於那裡，因爲它在那裡存在著。凡是存在在那裡的事物，只是存在於自我之內並爲自我而存在。[135]費希特只是提出了這一概念；不過他還沒有使這個概念達到科學的體系，得到自身的實現。因爲在他看來，這個概念把自己固定爲這個概念；他之所以認爲這個概念有絕對性，只是因爲它是一個沒有實現的概念，因而它自身與實在又處於對立的地位。所以費希特還未曾找到現實化的本性和科學本身。

134 《全部知識學基礎》，第十一—十二頁。

135 《全部知識學基礎》，第十三—十四頁。

費希特哲學的最大優點和重要之點，在於指出了哲學必須是從最高原則出發，從必然性推演出一切規定的科學。其偉大之處在於指出原則的統一性，並試圖從其中把意識的整個內容一貫地、科學地發展出來，或者像人們所說的那樣，構造整個世界。[136]到這裡，他就停住了。[137]而哲學的要求卻在於包含一個活生生的理念。世界是一朵花，這花永恆地從那唯一的種子裡生長出來。

像康德提出認識那樣，費希特提出**知識**（作爲考察的對象）。費希特宣稱哲學的任務是研究關於知識的學說。意識能認知事物，認知就是意識的本性。哲學的認識就是對於這種知識的知識。對於整個世界的知識的範圍（凡不是爲我們，對我們而存在的事物，都與我們不相干）都必須發展出來。而且這種知識還必須是範疇（或規定）按照（邏輯）次序的發展。哲學的對象是知識；它同樣是出發點、普遍的知識。普遍的知識就是自我。自我就是意識。自我是根據、出發點。不過費希特沒有把這個原則理解爲理念，而仍然把它理解爲我們在尋求知識的活動中的意識，因此他仍然停留在（自我這一原則的）主觀性形式上。「科學是透過一個最高原則來表達知識的內容和形式的認識體系。知識學是關於知識的科學，這門科學闡明一切知識的可能性和有效性，並且按照知識的形式和內容指出根本原則的可能

136《論知識學的概念》，第十二頁。

137《全部知識學基礎》，序，第X—XI頁。

性，根本原則本身，並從而指出人的一切知識的內在聯繫。這門科學必須有一個既不能由這門科學來證明，也不能由另一門科學來證明的原理；因爲它是最高的原理。有了知識學，也就有了一個體系；有了一個體系，也就有了一種知識學和一個絕對的、第一性的根本原理，透過一個不可避免的圓圈。」[138]

1. 費希特在他的論述中達到最高的規定性時，他從我們前面[139]所提到過的自我意識的先驗統一性開始；在這裡自我是一，這個自我，這種統一性在費希特那裡是同一的，並且是第一性的。他的哲學的出發點是：哲學必須從一個絕對無條件的確定的根本原理開始，從普遍知識裡的某種絕無可疑的確定的事物開始。「這個根本原理是不允許證明，不允許規定的，因爲它應當是絕對的第一性的根本原理。」[140]而這種知識的簡單的基礎就是對我自己的確認；這種確認就是我自己對我自己的聯繫：從笛卡兒 Cogito,ergo sum〔我思故我在〕開始。自我的存在不是〔抽象的〕僵死的存在，而是具體的存在、最高存在、思維。思維是活動；這種思維的活動被理解爲一，理解爲自爲的存在，這就是自我。自我是抽象的知識、知

138 《坦納曼哲學史綱要》，Wendt 編，第三九三節，第四九四—四九五頁；參看《論知識學的概念》，第十三—十七、十九—三十九、五十—五十二頁。

139 參看本書邊碼 565-568。

140 《全部知識學基礎》，第三頁。

識一般。在最初，我們只有一般的知識。這種一般知識具有絕對確定性，我們從一種確定的事物、從自我開始，其出發點與笛卡兒相同，不過具有一些完全不同的需要和要求。因爲不僅要求從這個自我推出存在，而且要求進一步發揮出思維的體系。笛卡兒從自我開始，然後我們發現還有別的思想在我們裡面，即關於上帝的思想，然後他又進到自然等等。費希特試圖建立一種完整一套的〔理性〕哲學，一種不包含任何從外面接收進來的經驗材料的哲學。這樣他就立刻採取了一個偏頗的觀點；於是這種思想就陷於科學上的舊觀念，即從一些這種形式的原則開始，並從它們出發；這樣從這個根本原則推演出來的實在就會與它對立，因而事實上是某種別的事物，不是派生出來的了。換言之，正因爲如此，那個根本原則所表明的就只是對它自身的絕對確信，並沒有眞理性。

最高原則是直接的，不是派生出來的。它應該是自身確信的，這只能是自我。我可以懷疑一切、抽掉一切，我只是無法抽掉自我。[141]自我只是一種確信，但哲學卻要求達到眞理。確信的事物是喜愛的事物，但據說又永遠是基礎。這樣進一步推出的事物就也是主觀的，這種〔主觀的〕形式便無法排除掉了。我們在康德那裡也看到了這種自我，叫做先驗的攝覺：自我是理念和範疇的源泉，它是聯結者。一切表象、思想都是這樣的綜合，雜多性的材料透過思維被綜合起來。費希特不像康德那樣做了一些列舉〔範疇〕的工作，因爲他從自我開

141《全部知識學基礎》，第四頁。

始；這是他的偉大之處。一切都應該從自我推演出來，列舉範疇的做法應該取消。凡是在我裡面的事物，我是知道的；這就是純粹的、抽象的知識，這就是自我本身。費希特就從這裡開始。康德採取經驗的方式把純粹知識的規定、範疇從邏輯裡搬過來，這實在是一種極其非哲學的、不正當的做法。費希特前進了一步，這是他的大功績。他要求從自我中推出、構成各種思維規定，並且試圖完成這項工作。自我是能思維的，是能動的，它產生出它的各種規定。但是自我如何產生它的規定？它能產生出哪些規定呢？自我是意識，但是我產生出這些規定（如因果等）的必然性都超出我的意識之外；而我是在不斷超出我的意識，所以我是本身地在產生範疇。

於是費希特把哲學定義爲人工的意識、對於意識的意識，所以我對於我的意識活動具有意識。[142]有人曾經說，我們不能夠進入意識的後面：我具有意識，我發現這個和那個，我發現因果等規定在意識之內，我發現這些規定所產生出來的事物；但是意識究竟如何產生這些規定，我卻不能進入那後面。然而當我對於我的意識加以哲學考察時、當我知道我的自我的活動時，我已經走進我的通常意識的後面了。當我做哲學考察時，我一方面是意識，一方面又是意識的對象；我把我的通常意識當作對象。而通常意識是不把通常意識當作對象的。它只是忙於認識別的對象和有興趣的事物，而不把它自己的意識作爲對象。例如當我們對存

[142] 《全部知識學基礎》，第一八四—一八五頁。

在、原因、結果等加以哲學考察時，我們就把存在、因果等當成意識的對象。這樣，我就使一個純範疇成爲我的意識的對象，也就是使我的意識成爲意識的對象，於是我就走進我的通常意識後面了。費希特就是這樣地首先使人意識到關於知識的知識的。

因此費希特進一步認爲哲學的意識、哲學的目的在於尋求知識的知識。因而他把他的哲學叫做知識學或關於知識的科學。知識在這裡是活動，是關於範疇的知識；費希特考察、構造了範疇。他說，在知識學裡，自我是事實、是最初的事物。自我還不是一個命題〔Satz, 或原則〕。作爲一個命題或基本命題〔Grundsatz，或根本原則〕的自我，絕不能說是枯燥的自我、是一。命題必定包含有綜合。費希特把自我分析爲**三個基本**命題〔或原則〕，整個知識學都應該從這三個基本命題發展出來。

(1)**第一**個命題必須是簡單的，其中的賓詞和主詞必須是等同的。如果兩者不相等同，則首先必須證明那〔把兩者結合起來的〕聯結者。主、賓詞有了差別，它們的規定就不是直接同一的，而必須透過一個第三者對它們予以證明。所以第一原則必須是同一的。更進一步說，這個第一原則，作為原則，就可以區別開形式和內容。但這第一原則既然自身直接是眞的，所以它的形式和內容又必須是同一的，並且從各方面說，它都是無條件的。[143] 這個原

143 《全部知識學基礎》，第二十三頁。

則就是A＝A，抽象的同一性。[144]費希特甚至令人回想起「我思故我在」。「思維並不是本質，而只是存在的一個特殊規定：除了思維之外，我們的存在還有許多別的規定。」[145]「我還要指出，如果我們超出『我在』〔或自我存在〕，必然就會走到斯賓諾莎主義。自我的統一性既是某種應該由我們產生，但我們人不能夠產生的事物，則這個統一性就不是某種存在的事物。」[146]

第一個命題是這樣的：我與我自身同一，自我＝自我，[147]這是無規定性的同一性。主詞和賓詞是這個命題的內容，而兩者的聯繫也同樣是自我；它的形式是這種聯繫，它的內容是主、賓兩方面。聯繫者和被聯繫者必須是同一的；因此第一個原則是自我＝自我，這無疑地就是對於自我的定義。自我是簡單的；自我除了是自我與自我的聯繫外，不是任何別的事物。我知道我自己；就我是意識而言，我知道一個對象：那麼，我就知道它是我的對象，這對象也是我的對象。從抽象的形式來說，自我＝自我，這個命題是同一性一般，是自我與它自身的聯繫；聯繫中有兩項，但這兩項在這裡是同一的。自我與它的差別相同一，但

---

144 《全部知識學基礎》，第五頁。

145 《全部知識學基礎》，第十五頁。

146 《全部知識學基礎》，第十七頁。

147 《全部知識學基礎》，第六、八頁。

是這樣一來，有差別的事物就直接是同一的，而同一的事物也同樣是有差別的；這是無差別的差別。自我意識既不是僵死的同一性，也不是非存在，而是與自我相同的對象。自我是主詞、賓詞和〔兩者的〕聯繫。這個A＝A、這個矛盾原則是抽象的。A是一個無差別的內容；自我＝自我是兩者的統一，自我本身。自我本身是直接地確定的，一切別的事物對於自我也必定成爲確定的；它應該是我對我自己的聯繫。這內容在自我內應該有所轉變，〔轉變成屬於自我的〕，以致在其中我只具有我的規定。

在這個根本命題裡，第一，還沒有表達出任何差別。這裡雖然有主詞和賓詞〔的差別〕，但這只是對我們而言，當我們反思這命題、區別這命題時，對我們說才有主、賓的差別，這命題本身是沒有差別，也沒有眞實內容的。第二，這個根本命題誠然是直接得到確認的，是自我意識的確認，然而自我意識也同樣是意識，它也同樣確定地知道其中有他物存在，它與他物相對立。第三，正因爲這個根本命題的確定性本身沒有客觀性，並沒有有差別的內容的形式，也就是說，它與一個他物的意識相對立，所以它本身沒有眞理性。這個根本命題是抽象的，它不包含差別在它裡面。它只是形式地具有一個內容：它是有缺點的，因爲它應該包含內容。但是內容這一規定又是怎樣進入的呢？

(2) 因此費希特有必要設定**第二個**原則；這個原則應該提供內容和差別。這一原則就形式說是無條件的；但其內容是有條件的，它不屬於自我。[148]這第二個原則是在第一個原則之下提出來的，[149]就是：「自我設定一個非我與自我相對立」；[150]這裡面就設定了某種不同於絕對自我意識的他物。這條原則裡也具有形式、聯繫；但是它的內容是非我、與自我不同的他物。這條原則之所以是獨立的，乃因爲作爲內容的非我是獨立於自我的；或者反過來說，由於它具有不能從第一原則裡推演出來的對立的形式。因爲這裡已經與推演無關。我設定一個他物與自我相對立，〔這無異於說，〕設定自我同時又取消對自我的設定。這個非我是一般的客體、對象、與自我相反對的事物、自我的否定物。這個他物是自我的他物、自我的否定者；所以當費希特把它稱爲非我時，他找到了一個很好的、適合的一貫的術語。

人們曾說過許多嘲笑自我和非我的話；這是一個新的名詞，因而我們德國人立刻就對它感到奇怪。法國人也說 Moi〔我〕和 Non-Moi〔非我〕，卻並不覺得可笑。在這個原則裡，〔對非我的〕設定是屬於自我〔的活動〕；非我是獨立於自我的。於是我們就有了兩方面：自我（自我意識），以及我在其中與之相聯繫的一個他物。對立的形式是不能從第一個原則推演出來的，雖說這種推演仍然是必要的。因此這第二個原則說：自我設定自我作爲受限制

148《全部知識學基礎》，第十七、二十二、十九–二十頁。

149 同注148。

150《全部知識學基礎》，第二十一頁。

的，作爲非我。費希特說，這第二個原則也與前一原則一樣是絕對的，就一方面說，誠然受第一個原則的制約，即非我被接納在自我之內，自我使非我與自己相對立，非我是我的對方；但是，這個原則中所包含的否定物仍然是某種絕對的事物。這第二個原則一方面是有條件的，因爲自我已經在第一個原則裡〔被設定〕了。但非我卻是自我以外的新事物。所以說，我們前面就先有了一個僅僅爲自我所占領的範圍；然後我面前才有非我作爲對象。

(3)此外還有第三個原則，在這裡我現在區分出自我與非我，這是兩者的綜合，[151]是〔充足〕理由原則[152]，這個原則就內容說是無條件的，正如第二個原則就形式說[153]是無條件的一樣。這第三個原則是前兩個原則的相互規定，在這種規定裡自我限制非我。[154]「自我和非我兩者都被自我所設定，並且在自我內被設定爲彼此可以互相限制，這就是說，從而使一方的實在性揚棄另一方的實在性，」[155]不過「只是部分地揚棄」；只有這樣才可能有綜合和推演。自我限制非我，非我爲自我而存在；自我設定非我於自我之內，自我設定非我與自我相同一。這樣自我就取消了非我的不同一性，取消了非我的非我性，這就是說，自我限制了非

151《全部知識學基礎》，第三十四頁。
152《全部知識學基礎》，第三十一頁。
153《全部知識學基礎》，第二十三頁。
154《全部知識學基礎》，第二十七頁。
155《全部知識學基礎》，第五十二頁。

我。這種對於非我的限制，費希特是這樣表達的：「我在自我之內設定一個部分的非我與一個部分的自我相對立；」一方可以受到另一方的限制。[156]我所掌握的整個領域不是一，而是二。這整個領域應該是自我，不過我設定這領域是可分的，因爲其中存在著非我。同時我也取消了非我（按照第二個原則）的整個領域，並且把非我設定爲可分的。這就是「（充足）理由原則」，或者實在性與否定性的聯繫——限制性；這是綜合原則，它包含爲非我所限制的自我，爲自我所限制的非我。[157]眞正講來，在前面兩個原則裡還沒有包含這種綜合。所以在這裡也和在康德那裡一樣，存在著同樣的二元論，雖說這只是（同一）自我的兩個行動，雖說我們仍然完全站立在自我之內。於是自我與非我之間的多種多樣的關係就提供出各種範疇，如實體性、[158]因果性[159]等。這三個原則一提出，就已經取消了知識的內在性。

這種限制對我來說可以有兩種方式。在限制裡兩者都受到否定。有時其一是被動的，有時其他是被動的。在這個限制過程裡，(a)有時自我把非我設定爲能限制者，而把自身設定爲被限制者，在這裡自我把自身設定爲必然具有一個對象：我知道我是我，不過被一個非

156《全部知識學基礎》，第二十八—三十頁。

157《全部知識學基礎》，第十四、二十三、四十八、七十六頁。

158《全部知識學基礎》，第七十六頁。

159《全部知識學基礎》，第六十五頁。

我所決定；在這裡非我是能動的，自我是被動的。其次(b)與此相反：我是能限制者、能揚棄對方者，非我是被限制者。我知道自己是完全能決定非我者，自我是非我本身的絕對原因。前一方式是理論理性、理智的原則，後一方式是實踐理性、意志的原則。[160]所謂意志就是我意識到自己是對象的限制者，所以我在這裡對於對象採取能動的態度。理論的原則是說，對我說來，是對象，所以我被非我所限制。在這裡我們說：這對象在我前面，它決定我。在自我與非我之間有一種相互決定、限制的關係。有時我限制非我，有時我又為非我所限制，這就是理論的原則，當我進行直觀時，自我是一個內容；並且我是這樣被決定，恰好要把這個存在於我外面的內容接納在我之內。大體而言，這正是康德所說的經驗，無論叫做自我也好，叫做〔感覺〕材料、內容也好。在費希特這裡就是非我，這個非我使自我受到決定。有時自我是被決定者，但有時，由於自己保持自己，自我又是能決定者，因為它是能思維者。[161]

一直到這裡都講得很出色，於是人們不禁期待費希特進一步指出對方〔非我〕如何返回到絕對的自我意識。但是，一經承認對方為無條件的、自在的事物，這種返回就不能實現了。自我的彼岸被他規定為屬於實踐的自我〔的範圍〕。於是非我便只落得作為自我的阻

160 《全部知識學基礎》，第五十二—五十六頁。

161 《全部知識學基礎》，第七十四頁。

力。於是那無限前進的活動就遇到了阻力，就爲阻力抵擋回去，然後它又對那阻力起反作用。由於自我設定非我，肯定的自我就必須限制其自身。儘管費希特力圖解除這個矛盾，但是他仍然沒有免除二元論的基本缺點。因此矛盾並沒有得到解除，而那最後的事物只是一個應當、努力、展望。當時人們[14]曾經把這種無限的仰望看成美和宗教情感裡的至高無上的事物，在本書前面[162]曾提到過的那種諷刺就是與此相聯繫的。自我的這種返回只不過是一種（主觀的）仰望和努力。自我這方面是固定了的，它的努力是不能實現的。它誠然決定對方，但它同對方的統一純全是一種有限的統一。非我立刻就又逃掉自我的決定，並脫離這種（有限的）統一。現在出現的局面只是自我意識與關於對方的意識互相交替，以及這種交替的無窮進展，而這種進展是沒有止境的。[163]

2. 在**理論的**意識裡，我知道我是爲對象所決定的；自我一般講來是設定者，自我發現自己爲非我所限制。但自我是自身等同的，所以它的無限的活動目的在於不斷地揚棄非我，產生它自身。自我設定其自身的那些方式，也就是它的活動的不同方式。我們必須認

---

[14] 「人們」是指弗·封·希雷格爾等浪漫主義者，費希特也包括在內。參看本書中譯本第二卷，第五十五—五十七頁。

162 本書第二卷邊碼 49-53。

163 《全部知識學基礎》，第七十九頁。

識這些方式的必然性。這就是哲學認識；這樣，我所認識的永遠只是知識，只是自我的行爲。這是在訴諸意識：設定抽象的自我和非我。但哲學的認識則考察意識本身。我們光在意識中發現意識是不夠的，意識的意識乃是憑藉意識產生出活動，通常意識也可以產生出活動，不過並不知道自己在產生活動。在通常意識裡，我不知道我（在認識過程裡）是能動的、是能決定的。這一點只有哲學意識才知道。譬如，一個對象是方的，我把它表象爲大的等等。這些規定是給予我的通常意識的，我接納這些規定，它們進入我這裡，於是我們說，這對象存在。但是呈現在我前面的事物是我自己的行動的產物。這是通常意識所不知道的，而哲學意識卻知道。當我看見一面牆時，我想到的不是看見，而只是那牆。但是看見卻是我的活動。我感覺到，看見只是一個由我設定的事物，我在哲學意識裡認識到這個設定，因此這些規定是由我設定的。理論的自我是能動的，不過在這裡它把自己設定爲受限制的，對象對我有影響；費希特把這個叫做哲學的意識。哲學意識知道自我是設定者，它在這裡設定著：非我是在我裡面被設置起來的某種事物。自我設定自身爲非我所限制，但是自我使這種限制作用成爲屬於自我的。所以限制是在我之內爲我而存在；自我的這種被動性本身就是自我的主動性。

（自我與非我）雙方的這種限制現在得到了發揮。理論的方面是這樣的自我：這個自我產生了表象和思維的一切規定，但是自己並沒有意識到。受限制的觀念只是浮在通常意識前面，只有哲學意識才認識到受限制原來是自我設定的。自我把自身設定爲受限制。換言之，限制乃是自我本身的一個規定。這就是說，那呈現在自我面前作爲對象的全部實在，都是自我的一個規定。[164]就像康德那裡的範疇和其他規定一樣。理論理性的發展就是這種限制的發展；這種活動就是範疇。費希特要想考察這種限制的各種形式，他由此發展出對象的各種規定，這些規定他叫做範疇。於是他進一步力求從其中推演出特殊的範疇。這種推演自亞里斯多德以來沒有人想到過要做：揭示出各種思維規定的必然性，它們的推演，它們的結構。而費希特試圖做了這件事。但是他對於範疇的闡述，自始至終受一個對立物的牽制，像在康德那裡一樣：自我與表象對立，然後與物自體（對立）；在費希特這裡則是自我與非我（的對立）。非我是一個阻力。這阻力表現在我面前的一切形式，如客體是實體等，是由自我設定的，像第三個原則所表明的**相互決定**那樣。「由於規定了自我的實在性或否定性，同時也就規定了非我的否定性或實在性。」兩方面結合在一起就是相互決定（或相互規定）。[165]「一方的能動的程度與另一方的被動程度相等，就是因果關係。」[166]自我與非我是有聯繫的，並且是彼此相互限制的。只要某物在一定程度上被視爲非我的實在性，自我便在同等程度上被視爲被動的。反過來說，只要自我是眞實的、能動的，客體是被動的，就出現了相反的關係。客體的被動性等於自我的能動性或實在性，反之，客體的能動性或實在性等

164 《全部知識學基礎》，第六十頁。
165 《全部知識學基礎》，第六十頁。
166 《全部知識學基礎》，第六十七頁。

於自我的被動性，那就是因果關係的概念。這是限制的方式，也可以說是關聯方式。「自我在自身內設定了多少部分的否定性，那麼它就在非我內設定了多少部分的實在性。因此自我設定自己爲能決定者，即因爲它是被決定的，自我設定自己爲被決定者，即因爲它是自身決定者〔或能決定者〕。」[167]這是世界上推演範疇的第一次理性嘗試。這種從一個規定到另一個規定的進展，是從意識的觀點出發做出的分析，並不是自在自爲的事物。

這樣，自我就是對象的一切表象的**理想根據**；對象的一切特定的存在都是自我的一個規定。但是一個對象要成爲對象，必須與自我相對立，這就是說，由自我所設定的諸規定，必須成爲一個與自我相對立的他物——非我。對象〔對主體〕的這種對立就是一切表象的**實在根據**，而自我又是對象的實在根據。因爲非我之所以作爲與自我相對立的客體也同樣是由自我所規定的。表象的實在根據和理想根據二者是同一的事物。在前一意義下，自我是能動的，非我是純粹被動的；從另一方面說，則自我是被動的，對象是能動的、起作用的。但是在非哲學的意識裡，自我在表象對象時沒有意識到它自己的能動性，而是把自己固有的能動性想像爲非我的能動性。這裡我們就看到對立採取了多樣的形式：自我與非我；設定自身與設定對立面；雙重的能動性；把非我，把基於我自己的能動性而設定的對立面想像爲一個異己的事物。

628

167《全部知識學基礎》，第一二一—一二二頁。

現在自我應當是理想原則，非我應當是實在原則，關於這點，克魯格曾經說了很多空話。因爲那時德國是曾經有過許多哲學的，例如克魯格哲學、弗里斯哲學、布特維克哲學、舒爾茲哲學等等——這是一批雜湊起來的事物，由一些隨便拾取來的思想、觀念和在自己內心找到的〔心理〕事實混合而成。但他們的這些思想，如果可以說他們的哲學裡面有思想的話，全是從費希特、康德和謝林那裡抄襲來的。他們要麼做了一些小小的改變，而這些改變大部分又只是使得偉大原則成爲空疏無味，把其中的有生命處弄得僵死了。要麼他們對次要的形式加以改變，而提出一個據說是另外的原則，可是仔細一看，才發現這裡提出的原則，只不過是前面那些哲學中某一體系已有的原則。這也可以作爲一個理由，說明我爲什麼對所有這些哲學沒有多加論述。因爲對於它們的任何論述都不外是證明它們裡面每一件事物都是從康德、費希特或謝林那裡摭拾來的，而形式上的某些改變也只是改變的假象，眞正講來乃是康德等人的哲學原則的倒退或歪曲。

按照費希特哲學的理想原則的說法，自我就是規定者、設定者。但是在這種規定作用裡，也包含有否定的一面。我發現自我是被規定的，自我是自身等同的、是無限的；這就是說，自我與自己是同一的。所謂人類理性的界限乃是一種毫無意義的說法。使主體的理性有限制，這是不言而喻的；但是當我們說到思維時，就會見到，所謂無限性不外是指它自己與自身相關聯，並不是與它的界限相關聯。人之所以無限，正在於思維。當然也有很抽象的無限性，但抽象的無限性也仍然是有限的。但是儘管這樣，〔眞的〕無限性專保持在自身中。現在費希特說，自我是無限的，是能思維的，但卻發現自己與一個非我相聯繫。這是一個矛盾。〔這個矛盾費希特誠然努力想予以解除，但他仍然沒有動搖這種二元論的錯誤基礎。費希特所達到的至高無上的事物只是一個「應該」，並不能解決這矛盾。〕[15]應該是絕對自在、絕對自由的自我，現在據稱卻又在他物裡。解除這個矛盾的要求，在費希特那裡所占的地位也僅只是一個被要求的解除，即我必須永遠不斷地揚棄那限制，永遠無窮地向前超出那限制，因而陷於惡的無限性，並且永遠不斷地發現新的界限。永遠是揚棄了一個界限，又不斷出現一個新的界限，這是一個否定與肯定的連續不斷的交替，是一種自身同一性，這同一性又陷於否定，又從否定中不斷恢復自己的同一性。這就是費希特的理論知識學方面的觀點。

現在費希特也同樣地進行推演**表象**。我是能動的，我可以超出自身。但是自我發現自己在活動裡受到阻礙，發現一個界限，於是又回到自身。從超出自身和從非我轉回是兩個相反的方向，兩個方向都在我自身內。自我搖擺於兩者之間，想把它們聯結起來，這樣的自我就是**想像**力。[168]爲了讓規定、界限在兩者之間穩定下來，我必須使那個界限成爲**固**定的，這就是**知性**。[169]知性的諸規定，客體的諸規定（範疇）和表象的諸規定都是綜合的方式。但是每

[15] 第四九四頁。

168 《全部知識學基礎》，第一九七、一九四頁。

169 《全部知識學基礎》，第二〇四頁。

一個綜合又是一個新的矛盾。因而它們又需要有新的中介，新的中介就是新的規定。

費希特這樣說：我可以永遠不斷地規定非我，使它成為我的表象，這就是說，接納它對於自我的否定；我所涉及的只是我自己的能動性。但是在其中老是不斷地有外在性出現。外在性老是在那裡，不是我的能動性可以解釋的。這個彼岸，費希特叫做無限的阻力。[170]「自我本身的性質被認作同時既是能決定的又是被決定的。如果考慮到絕對確定的能決定者必定是一個絕對的不被決定的事物，再考慮到自我與非我是絕對地彼此對立的：那麼在一種情形下自我就是不被決定者，在另一種情形下，非我就是不被決定者。」[171]自我使客體成為自己的表象而否定了它。所以這種哲學是唯心主義，〔在它看來〕對象的一切規定都是觀念性的。自我所具有的一切確定的事物，都是透過它的設定而具有的。我做了一件衣服、一雙靴子本身，是因為我穿上了它們。在這裡剩下的只是空虛的阻力，這就是康德式的物自體。自我，理論的理性不斷地、無窮地設定著它的規定。但是「自我」永遠仍然是作為一般的理智，獨立於一個無規定性的非我；也只有透過這樣一個非我，它才是理智。[172]這樣，那理論的理性就是依存性的。

170《全部知識學基礎》，第一九五—一九六頁。

171《全部知識學基礎》，第二三一—二三二頁。

172《全部知識學基礎》，第二三八頁。

費希特的表述形式也有其不方便之處。自我在設定著，所以我眼前老是有個自我。於是我的經驗自我老是出現在我面前；這是不通的。理論活動是不自覺的；只有在哲學的認識裡，它才表現爲自覺的。在通常意識裡，我總覺得，我的產物是外界給予的事物。所以在這裡自我又是一個笨拙的、多餘的、足以使觀點歪曲的形式。我的表象作用，當然是我的活動。但是內容是主要的事物；重要的是設定的內容，以及內容由其自身而具有的必然聯繫。如果人們只管內容，就會忽視了主觀性這一形式，而這個形式又是起支配作用的。主觀的形式在對立中永遠存在。自我總是有個物自體永遠與它對立。於是這個二元論就不能得到解除。人們所認識的並不是自在自爲的眞理，而乃是有對待的事物，因爲自我是有限制的，並不是絕對，像自我的概念所要求的那樣。在這裡理智並沒有被看成精神，精神是自由的。自我並不能前進多遠，因爲它永遠必須對付那同樣的無窮的阻力。

3. 第二是**實踐**理性。實踐理性據說就是上述的對立可以得到解決的地方。實踐自我的態度是：「自我設定自身爲決定非我者。」[173] 自我在非我之中就是在自己之中。自我是無限的活動，自我＝自我是絕對的。[174] 這些說法當然是抽象的。不過爲了要有一個規定，卻必須有一個非我存在。自我是非我的推動者、原因、設定者，並且是自我與非我的對立的揚棄

173 《全部知識學基礎》，第二三五頁。

174 《全部知識學基礎》，第二三九頁。

者。但是正如在康德那裡感性與理性老是對立的，同樣的對立也出現在這裡，只是在較抽象的形式下，而不是在康德的粗糙的經驗形式下。費希特在這裡轉彎抹角地變了許多花樣，或者說，他以許多不同的形式來表述這個對立；最壞的形式是把自我設定爲原因，因爲在這種形式下自我必須有一個他物作爲活動的對象。現在「絕對的自我因此就應該是非我的原因，這就是說，只是抽掉一切可以證明的表象的形式以後還剩下的那個事物的原因，或者只是具有能激起自我的無止境的向外活動的阻力的那個事物的原因。因爲按照表象作用必然規律，理智的自我乃是被表象之物本身的特殊規定的原因。這在理論的知識學中已經闡述過了。」[175]理智的限制〔在實踐理性裡〕應該打破，自我應該是唯一能動者。對方、無窮的阻力應該被揚棄；自我應該得到解放。

按照我們的前提，自我現在應當無條件地、無任何根據地設定一個非我，這就是說，「自我應當無條件地、無任何根據地限制它自己，部分地不設定自己。」這看來誠然是很有道理的，「因此自我不設定自己的根據必定」只「存在於自身內」。但是自我是等同於自我。自我設定自我，因此「自我必定在自身內就具有設定自己，又不設定自己的原則。因此自我按照它的本質就是自相矛盾的，自身對立的，在自我內將會有二重性的，互相反對的原則；這個假定是自相矛盾的，因爲這樣一來在自我內就根本沒有原則了」。從而「自

175《全部知識學基礎》，第二三二頁。

我也就會不存在了，因爲它自己取消了自己」。[176]「透過對於各矛盾的命題的進一步規定，一切矛盾都可得到調解。在一種意義下，自我必須設定爲無限的，在另一意義下，必須設定爲有限的。如果在一個並且同一個意義下把自我設定爲既是無限的又是有限的，則那個矛盾就不可能解決；自我將不會是一個而是兩個。就自我設定自身爲無限的而言，它的活動只關涉到自我自身，而不關涉到自我以外的別的事物。就自我設定限制，並設定自我在這限制之內而言，它的活動並不直接地關涉到自己，而是關涉到一個與自身相對立的非我」，一個他物，一個實體，則它的活動「就是實現的活動」。[177]這樣，費希特就停留在對立中只是把對立的形式看成自我中的兩個方向，據說這兩個傾向都是自我的同一種活動。我必須按照我的自由去規定那對立者、非我。但是在自我的規定以外，同一的非我永遠重新出現。自我永遠不斷地設定對象設定極限；但界限究竟在哪裡，這又是不確定的。我不以無窮地向外推移擴大我的規定的範圍，但是永遠存在著一個達不到的彼岸。

從實踐的範圍看來，終極的事物在於自我的活動是一種仰望、努力，這與康德所謂「應當」是同樣的事物。費希特以囉唆的長篇大論去處理這個問題。費希特哲學與康德哲學有同樣的觀點。終極的事物永遠是主觀性，主觀性被視爲自在自爲地存在著的事物。仰望被看成

176《全部知識學基礎》，第二三三頁。

177《全部知識學基礎》，第二三八—二三九頁。

634

神聖的，在仰望中我並沒有忘記自己，因爲自我有這種優異的性質，所以仰望是一個非常舒適的境界。努力是一個未完成的行動，或本身受到限制的行動。實踐本身是受到一種對立物牽制的事物，是對他物或對方的否定。自我的活動所指向的這個非我，誠然具有一切由於自我的活動而來的規定，但是仍然給自我留下一個純粹的彼岸，這是一個無窮的阻力：它只有非我的意義，沒有積極的自在的規定。

最後的結果是一個永不能打破的「循環」，即「有限的精神必然要設定某種絕對的事物（物自體）於自身的外面，而另一方面又必須承認，這個絕對者只是對它而存在在那裡（一個必然的本體界）。」[178]換句話說，我們看到，自我只是全然在對立中受到規定，自我只是作爲意識和自我意識，而自我意識並沒有超出意識，更沒有達到精神。自我是一個絕對概念，這個絕對概念並沒有達到思維的統一性，沒有回到思維的簡單性，或者說，自我在差別中不具有簡單性，在運動中不包含靜止，自我的設定、純粹的活動和對立物的設定並沒有被理解爲同一之物。也可以說，自我並沒有把握住那無窮的阻力、非我。自我決定非我，但非我老是一個彼岸，這個作爲非我的彼岸，自我意識並不懂得如何把它與自己合而爲一。

(1)因此（費希特哲學的缺點）[16]首先在於自我一直保有一個別的、現實的自我意識的意

178《全部知識學基礎》，第二七三頁。

[16] 第四九九頁。

義，與共相、絕對或精神（自我本身只是其中的一個環節）相反對，因爲個別的自我意識正是這個對他物始終採取旁觀態度的事物。因此如果把自我稱爲絕對本質，就會引起極大的非難，因爲事實上自我確定只是在與共相相反的個別的自我意識或主體的意義下出現的。

(2) 其次，費希特沒有達到**理性**的理念，也就是沒有達到主體與客體或自我與非我之完備的、眞實的統一；他的這種統一，像在康德那裡那樣，只是一個應當、一個目標、一個**信仰**，[179]（這信仰認應當與目標兩者本來是一回事，）而一個目標之達到，像在康德那裡那樣，同是一個矛盾，並不具有當前的現實性。費希特老是停留在應當上。但他卻與康德一樣，提出了在信仰中把兩者結合起來的思想，所以費希特也歸結到信仰。這一點他曾在他的通俗著作裡予以發揮。因爲自我被固定爲與非我相對立，並且只是作爲對立物而**存在**，於是自我就消失在那種統一中了；因此目的的達到也就推遲到惡的、感性的無限中去了，這正是一個本身沒有現存性，沒有現實性的（無限）前進，因爲自我只有在它的對立裡才具有一切現實性。費希特的哲學只認識到有限的精神，不認識無限的精神、不認識作爲普遍思維的精神，正如康德哲學只認識到不眞的一面那樣；換言之，費希特的哲學是形式的。關於絕對統一的知識被他理解爲對於一個**道德世界秩序**的信仰。道德世界秩序是絕對的前提；對我們所

179 《全部知識學基礎》，第三〇一頁。

做的每一件事情，我們都具有信仰，相信每一個道德行爲都會有良好的後果。[180]這個理念，正如在康德那裡一樣，是一個共相、一個思想物。「總的講來，某種事物只要被概念所把握，則它便停止其爲神了。任何一個提出來的關於神的概念，都必然是一個偶像的概念。宗教就是對於道德世界秩序（神）的一種實踐信仰。」——按照我們的哲學看來，對超感官世界的信仰屬於當下直接的眞理。[181]於是費希特歸結到最高的理念、自由與自然的結合，不過這種結合不是直接認識到的；兩者的對立只存在於意識內。這種在信仰中的結合，他也可以在對上帝的愛中得到。這種形式的結合，由於是信仰上的和感覺上的結合，所以是屬於宗教信仰，而不屬於哲學範圍。只有在哲學中對這種結合加以理解，才對我們有興趣。

費希特那裡還有一個完全無法令人滿足的外在性（的論證方式），即以一種非理念的（非辯證的）方式爲根據，由一個規定性是必然的而推出另一個規定性也是必然的。把自我與一個他物相聯繫，而他物又與一個他物相聯繫，如此遞進，以至無窮。「知識學是實在論的，它指出：對有限自然事物的意識將是無法解釋的，如果不假定有一個獨立於它們並與它們完全相對立的力量，而這種力量又爲它們的經驗存在所依存。但知識學所肯定的也不外是一種這樣的對立的力量，這個力量只是爲有限存在所單純地感覺到，但不爲它所認識到。

180 《論信仰一個神聖的世界秩序的根據》（《費希特的生平》，第二部分），第一一一頁。

181 《對無神論控告的答辯》，第五十一、五十三頁。

對於這個力量或這個非我的一切可能的規定，亦即可以無限多地出現在我們意識前面的規定，知識學保證要把它們從自我的規定能力中推演出來，而且一個名實相符的知識學也就必須能夠實際上把它們推演出來。」但是這門科學卻不是超越的，而是先驗的。「知識學雖然根據一個獨立於一切意識的現存的事物來解釋一切意識；不過它並沒有忘記：那個獨立存在的事物原來是它自己的思維力量的產物，因此也就是依存於自我的事物，因爲它是爲自我而存在的。」一切存在從理想性來說都依存於自我，但是自我從實在性來說是自身依存的。有限精神〔所設定〕的這種必然外在的事物，這種只是爲它而存在的事物，就是精神可以無止境地加以擴大，但是又永遠不能越出的圈子。[182]

自我就是思維，自在地規定著客體；自我規定客體的進展過程就是思維。自我作爲意識的主體，就是思維。客體的進一步的邏輯規定，是主體和客體中的同一的事物，是本質的聯繫，也是使客觀對象成爲自我的所有物的事物。但是費希特的知識學卻把自我對客體的鬥爭理解爲自我對客體的進一步規定的鬥爭；但沒有講到靜靜地自身發展著的概念的同一性。

3. 第三，由於自我是這樣牢牢地固定在一個方面的，所以知識學的全部進程是從自我這一極端出發，費希特哲學的推演、認識，就內容和形式兩方面來說，都是由一些規定性到另一些規定性的進展，而這些規定性不能返回到統一。換言之，只是透過一系列的有限

182 《全部知識學基礎》，第二七二—二九四頁。

物向前推演，而這些有限物並不包含絕對在它們裡面。這種推演既缺乏絕對的觀點，也同樣缺乏絕對的內容。例如，他對於自然的看法就是把自然看成從一個他物派生出來的純粹有限的事物。譬如有機的身體就被理解爲這樣：「意識需要一個特有的範圍作爲它的活動場所。這個範圍是爲自我的一個原始的、必然的活動所設定的，在這個活動中自我並不知道自己是自由的。自我的這種活動是一個直觀、是畫出幾條線；透過這種活動，這個範圍就被直觀爲一個在空間內有廣延的事物。而空間又被設定爲靜止著的、有持久性的，卻又是不斷變化著的，或者被設定爲物質。物質是許多部分所構成的，因此它是有肢體的。因爲一個人只有由於把身體設定爲受另一個人的影響時，他才承認自己有一個身體。但是有同樣的必要認爲：自我是能夠阻止這種影響的，並且也同樣可以認爲外在物質能抗拒自我對它的影響，這就是說，把它認作堅固頑強的物質。」[183]這些堅固的物質必須進一步加以分開，不同的個人是不能黏在一起成爲一個麵團的。因爲「我的身體就是我的身體，不是別人的身體。別人也可以進行活動、發生作用，而不必透過它使我行動。只有透過別人的影響，我自己才能夠有活動，並且表現爲可以受到他人尊敬的有理性的存在。在我做出行動以前，他人可以直接地把我當作理性的存在來對待，在他看來，我可以是一個有理性的存在。這就是說，我的形象必須憑它在空間中的單純存在發揮作用，而無須我做出行動，這就是說，我的形象必須是可

183《自然法的基礎》（耶拿和萊比錫，一七九六年），第一部分，第五十五—七十一頁。

以看得見的。有理性存在之間不須彼此做出行動即可以發生相互影響。這樣就必須設定有精微的物質，來接受單純的、靜止的形態的影響。於是光以及空氣就推演出來了。」[184]

這種推演僅只是從一個規定到另一個規定的外在進展，近似按照普通目的論的考察方式，說植物和動物之所以存在是爲了滋養人。這種想法是這樣表述的：人必須吃，因此必須有可以吃的東西存在，這樣就推演出植物和動物了。而植物必須生長在某種東西裡，這樣就推演出土了。這裡完全不是就對象本身是什麼來考察，而只是就對象與他物的關係去考察。因此動物的機體就成了一種堅固耐久的、分成一節一節的、可以接受影響的物質；光就成了傳達單純的存在的精微的物質，諸如此類，正如在別的地方植物和動物只是可以吃的東西那樣。這裡面一點也說不上哲學的考察。

就內容看來也還是這樣。費希特寫了一些關於道德和自然法的著作；但他只是把它們看成理智的科學。譬如費希特的自然法提出了國家的組織。這個組織也正如這種對自然事物的推演那樣，並正如我們近來所看到的許多種法國憲法那樣，是一種缺乏精神性的東西，是一種形式的、外在的結合和聯繫，在其中個人本身被視爲絕對；換言之，法就是最高的原則。普遍物不是精神、不是全體的實體，而是壓制個人的外在的、抽象理智的、否定性的權力。他並沒有就國家的本質加以理解，而只是把國家理解爲法權狀態，亦即理解爲有限者

184《自然法的基礎》（耶拿和萊比錫，一七九六年），第一部分，第七十八—八十二頁。

與有限者的一種外在關係。費希特對法律和道德概念的推演同樣停留在自我意識和生硬理智的限制內，這與費希特關於宗教和倫理的通俗論述顯得不一致。康德曾經開始把法建立在自由的基礎上，而費希特也以自由作爲自然法的原則；但是他們所說的自由，跟盧梭一樣，乃是個別的個人形式下的自由。這誠然是一個偉大的開端；但是爲了達到特殊，他們必須提出或者接受一些前提。有眾多的個人；因此國家的整個制度必須以個人自由受到普遍自由的限制爲其主要規定。[185]個人與個人之間永遠是冷冰冰的、消極的。禁錮愈來愈嚴，束縛愈來愈多，而國家並沒有被理解爲自由的實現。這種說法是依據褊狹的理智發展出來的，自然法尤其是不成功；只要他需要自然，他也就推演出自然，這是缺乏理念的推演進程。

二、費希特新改造的體系

在他晚期的通俗著作裡，費希特提出了信仰、愛、希望、宗教，沒有什麼哲學興趣，只是爲了一般的公眾，也可以說是一種爲了開明的猶太人和猶太女人，爲了參議員們和信教的人們（和科采布）講的哲學。費希特完成了康德主義，給了他的時代一個很大的激動。他用通俗的方式說：「全部哲學的基礎並不是有限的自我，而是神聖的理念。凡是由人自己做出來的東西都是虛幻的。一切存在都是活生生的，在自身內活動的：除了存在之外沒有別的生

185《自然法的基礎》，第二部分，第二十一頁。

命，除了神之外沒有別的存在，因此神是絕對的存在和生命。神聖的本質也從自身表現出來，啟示自身，表現自身，這就是世界。」[186]

費希特的這種哲學並不包含什麼思辨的事物，但是它要求思辨的事物，正如康德哲學要求在至善的理念裡對立統一起來那樣，費希特的哲學也要求在自我裡、在信仰本身裡統一對立，認爲在信仰本身裡自我意識的一切行爲皆從信念出發，所以它的行爲自在地達到了最高目的，並實現了善。在費希特哲學裡除了自我意識、自覺的自在存在這一環節外，什麼也找不到，正如在英國哲學裡一樣，只是片面地把爲他的存在這一環節或者意識這一環節並不說成環節，而宣稱爲眞理的原則；這兩種哲學裡都沒有兩者的統一、沒有精神。

費希特的哲學在哲學的外部現象裡構成了一個重要的階段。從他和他的方法裡出現了抽象思維、推演和構造。費希特哲學曾經在德國造成了一個革命。康德哲學出現以前，公眾還是跟得上的；康德哲學，哲學還喚起了一種普遍的興趣；哲學的大門是敞開的，人們對於哲學有了探討的熱情，哲學是屬於一般有教養的人的。從前商人、政治家都喜歡從事哲學的探討；但現在，碰到了康德的哲學，他們學習哲學的翅膀就不能展開了。到了費希特的思辨哲學他們也就跟上了，對於思辨傾向深厚的地方他們也就立刻告別了。特別是自費希特以

186 里克斯納，《哲學史手冊》，第三卷，第一九二節，第四一六頁；費希特，《論學者的本質》（柏林，一八〇六年），第四、五、十五、二十五—二十七頁。

後，很少人從事於思辨哲學的研究了。透過康德和雅各比的哲學，公眾的意見在這一點上又得到加強，即對於神的知識是直接的，人們自始就認識神而無須進行研究。

時代號召人追求生命、追求精神。現在精神已經返回到自我意識，但是只返回到一個作爲空虛的自我的自我意識，這種自我只是充滿了有限性、個別性、非自在自爲的內容，所以下一階段就在於知道自我意識的這種具體的內涵本身，知道這個內容自身，這內容爲精神所浸透，是一個自覺的、精神性的內容，也就是充滿了內容的精神。這是自覺的自我與它的內容的統一，也就是僅僅直觀其自覺的生命和直接知道這種統一即是眞理的精神。這種統一或精神後來在各種詩意的和預言式的、仰望式的傾向裡，以誇大的形式表現出來。這些傾向都是從費希特的哲學裡引申出來的。

二、幾種與費希特哲學相聯繫的主要形式

一方面，就費希特的自我在他的哲學裡所贏得的內容看來，其完全缺乏精神，其枯燥乏味。簡言之，其十分笨拙，是異常顯著，因而使人無法停留在他那裡，此外我們的哲學見解也可以看出他的根本原則和他的內容的必然性所表現出來的片面性和缺點。但是，另一方面，在他的哲學裡，自我意識、自我被設定爲本質，並不是一個異己的、外在的自我意識，而是自我，一切事物的標誌，並且在一切事物的現實性裡迴響著。

（一）弗里德里希·封·希雷格爾

費希特的主觀性觀點帶著以非哲學的方式發揮出來的傾向，所以這個觀點的完成依靠著一些屬於感覺的形式，而這些形式有時也力求超出主觀性，雖然它又不能夠超出主觀性。自我是費希特的原則，它停留在主觀的形式裡；然而它又要求打破這種限制。在費希特那裡，限制〔或阻力〕不斷地產生出來。自我對這限制起反作用，企圖使自己得到安靜；安靜應該是具體的，但它只是一種消極的安靜。這種形式——諷刺（Ironie）——以弗里德里希·封·希雷格爾爲宣導人。主體知道自己在自身內是絕對的，一切別的事物在主體看來都是虛幻的、由主體自己對正義、善等所做出的種種規定，它也善於對這些規定又去一個一個加以摧毀。主體可以嘲笑自己，但它只是虛幻的、僞善的和厚顏無恥的。諷刺善於掌握一切可能的內容；它並不嚴肅對待任何事物，而只是對一切形式開玩笑。

（二）施萊艾爾馬赫

自我在特有的世界觀的主觀性、個別性裡，找到了它的最高的虛幻性——宗教。各式各樣的個別性裡面都包含著神。爲了提高自己和保持自己，辯證法是至高無上的。

如果把這種看法說成哲學的自我意識，那麼對一般教養來說，那異己的理智世界便失去一切意義和眞理了。這個理智世界是三個因素所組成：首先是一種在時間上已經過去、在空間和存在上已經個別化了的神性，其次是一個處在自我意識的現實性的彼岸的世界，最後是一個即將到來的、自我意識即將在其中達到它的本質的世界。教養的精神已經放棄了這個理智世界，不復承認任何異於自我意識的事物了。於是按照這個原則，那活生生的精神本質已被移植到自我意識之內了，而自我意識想要直接地從自身內認識精神的統一性，並且想要以詩的，或至少以預言式的方式在這種直接性裡認識這種統一性。所謂詩的方式，是透過直觀，而不是透過概念直接地認識絕對者的生命和人格的方式，它以爲如果不用詩的語言來表達，就會喪失掉作爲自身浸透的統一性的全體本身。而它用詩的方式所表達的乃只是對自我意識固有的生命的直觀。但是眞理是絕對的運動，由於眞理是諸多（精神）形態的運動，宇宙是諸多精神的王國，所以這種運動的本質是概念，每一個別形態的運動的本質也同樣是概念；概念就是它們的理想形式，並不是各個形態的現實。在現實形態裡必然性便不見了，留下的只是自己獨特的行動、生命和自我感。而這種詩是搖擺於概念的普遍性和現實形態（或形象）的規定性和無差別性之間的，它既不是魚，也不是肉[17]；既不是詩，也不是哲學。

那用預言方式表述的、自命爲哲學的眞理，實際上是屬於信仰的範圍，屬於自我意識，這個自我意識誠然在自身內直觀到絕對精神，但是卻沒有把自己理解爲自我意識，而是把絕對本質放到認識之外，放到自覺的理性的彼岸去了。埃申邁爾、雅各比就是這樣。這種缺乏

[17] 原文 weder Fleisch nech Fisch 是德文中的成語，有中文成語「不倫不類」之意。

概念的、預言式的講演用神諭的方式肯定絕對本質是這樣，是那樣，並且要求每個人都可以直接從自己的內心裡找到絕對本質。關於絕對本質的知識成了一件內心的事情，有一群所謂靈感的代言人，全都用獨白的方式說話，他們除了在與人握手時和在默默無言的情感中以外，對於他人實在毫無所知。他們所說的都是些瑣碎不足道的事物，如果單就他們所說的來了解他們的話。使人感到他們說的話有意義的，首先是情感、姿態和滿腔熱情，就本身來說，他們沒有說出更多的事物。他們以想像力的偶然奇想和想望仰慕的詩意競相誇耀。但是在眞理面前，狂妄的空談就失掉光彩了，就惡意地冷笑著爬回去了。不要問眞理的標準，只需問眞理本身的概念；把你的目光凝注在眞理的概念上吧！

第二種形式是主觀性投入了**宗教的主觀性**，由於對思維、眞理、自在自爲地存在著的客觀性的絕望，不能夠提供堅定不移性和自動性，便使得一個有高尚情操的人陷於個人的情感裡，並且在宗教裡去尋求安身立命之所。這個穩定的安身立命之所，這種內心的滿足，一般講來就是宗教情緒。這種尋找安身立命之所的迫切要求，曾經使別的人投身於權威宗教信仰、天主教、迷信、奇蹟中，去尋求穩定，因爲內心的主觀性使一切都搖擺不定。這種主觀性想以它的心情的全部力量轉向權威的事物，向權威的事物低頭，張開雙臂去擁抱外在的事物，並在那裡面去尋求內心的需要。

（三）諾瓦利斯

主觀性是有缺陷的，它急迫地要求一個穩定的事物，因而老是在想望仰慕之中。在諾瓦利斯的著作裡表達了一個美的靈魂的這種想望仰慕之忱。這種主觀性只停留在想望仰慕的階段，沒有達到實體性的事物，這種主觀性的火焰在自身內就熄滅了，並且堅持這種觀點，在自身內紡紗織布；這是一種內心生活和一切眞理的體察。主觀性強調過了頭每每會到發狂的程度。如果這種過度的主觀性是停留在思維裡，那麼，它便被束縛在反思的理智裡繞圈子，而理智是永遠對自己採取否定態度的。

（四）弗里斯、布特維克、克魯格

主觀性的另一種形式是任性、無知的主觀性。它認爲最高的認識方式是直接知識、是意識的事實；這是不錯的。費希特的抽象思想和生硬的理智對思維來說曾起了嚇阻作用。懶惰的理性只是被動地接受〔康德和雅各比的哲學〕[18]所告訴給它的事物，根本不進行任何一貫的思維和任何〔邏輯的〕構造。這種任意性容許自己對於一切信口開河，像在咖啡館裡似

[18] 第二四二頁。

的，以詩的方式、預言的方式高談闊論。後來它也變成比較冷靜、比較平淡了。它重新帶來了舊的邏輯和形上學，只是附加上一個轉語，說它們是意識的事實。弗里斯就是這樣。他想要改進純粹理性批判，因爲他把範疇理解爲意識的事實。任何材料都可以採納到意識裡面，〔作爲事實〕。——從哲學思考方面看來，〔他對康德的這種改進〕是名譽掃地的；因爲他首先假定了思想、原則、科學性的要求，甚至意見之間有其共同性。但是他也把一切都放在特殊的主觀性上面；每一個人都是驕傲的，並輕視別人的。——獨立思維的觀念是與這種看法聯繫在一起的。人不能爲別人而思維；獨立思維就是證明。我們必須在思維中排除掉特有的特殊性，要不然，就不算是獨立思維。惡劣的圖畫就是畫家只是在其中表現他自己的那種圖畫。獨創性就在於產生出某種極其普遍的事物。獨立思維的笑柄是：每一個人各說一番蠢話，說得一個比一個更蠢。

布特維克談到「德性、生命力，即把主體與客體看成是同一的，亦即看成絕對的德性。有了這種絕對德性，我們就有了全部存在和行動，亦即永恆的、絕對的和純粹的統一，簡言之，我們就在我們之內掌握了世界，在世界之內掌握了我們，這當然不是透過概念和推理，而是透過那種本身直接構成我們的存在、構成我們的理性本性的力量。不過要認識大全，或者認識上帝，對每個有死的人來說，是不可能的」。[187]

187 里克斯納，《哲學史手冊》，第三卷，第一五六節，第三四七—三四八頁；參看布特維克，《確然眞理》（一七九九年），第二部分，第二〇六—二一二頁。

克魯格寫道：「根本的哲學」提出了「先驗的綜合論，即先驗的實在論和先驗的唯心論在不可分的結合中」。「在現實的事物與理想的事物之間，思維的主體與同它相對立的外部世界之間，是有一種原始的綜合的。」這個先驗的綜合必須「得到承認和堅持，而不必加以解釋」。[188]弗里斯在直接的基本理性判斷的形式下、[189]在隱晦的、不可言說的表象[190]形式下，退回到了雅各比式的信仰。

188 克魯格，《哲學的一個新工具草案》（梅森，一八〇一年），第七十五－七十六頁；里克斯納，《哲學史手冊》，第三卷，第一五七節，第三四九頁。

189 里克斯納，《哲學史手冊》，第三卷，第一五八節，第三五〇頁；弗里斯，《新理性批判》（海德堡一八〇七年第一版），第七十五、二八一、二八四、三四三頁。

190 里克斯納，《哲學史手冊》，第三卷，第一五八節，第三五一頁；弗里斯，《新理性批判》（海德堡一八〇七年第一版），第二〇六頁。

肆、謝林

那最有意義的，或者從哲學看來唯一有意義的超出費希特哲學的工作，最後由謝林完成了。謝林的哲學是與費希特相聯繫的較高的純正的形式。

弗里德里希·威廉·約瑟夫·謝林於一七七五年一月二十七日誕生於符騰堡邦的恩多夫，曾在萊比錫大學和耶拿大學學習，在耶拿和費希特有了比較密切的聯繫。一八〇七年後他擔任了慕尼黑藝術科學院的祕書。現在還無法很充分適當地談他的生平，因爲他還活著。

現在，謝林的哲學首先過渡到對上帝的認識。而它是從康德哲學以及費希特哲學出發的。謝林以雅各比的思維和存在統一的原則爲基礎，不過他開始對這原則做進一步的規定。[191]在他看來，在具體的統一裡，有限的事物並不比無限的事物更眞實，主觀的理念也並不比客觀性更眞實，而且這兩種不眞實事物的獨立的、彼此外在的結合也只不過是不眞實事物的結合。具體的統一只能說是一種過程，是一個命題裡的有生命的運動。這種不可分離性只存在於上帝那裡；反之，有限的事物就是包含這種可分離性在內的事物。有限的事物只要

191《謝林的哲學著作》（朗茲滬，一八〇九年，第一卷，《論自我作爲哲學的原則》，第一一一四頁），第三一四頁（圖賓根一七九五年第一版，第四一七頁）。

是眞實的，它也就具有這種統一性，不過只是在一個有限制的範圍內具有統一性，正因爲如此，也可以說是在兩個環節的分離性中具有統一性。

謝林是在公眾面前發揮出他的哲學的。他的哲學著作序列同時就是他的哲學形成的歷史，並且表達了他逐漸從他所據以開始的費希特原則和康德的內容中超拔出來的過程。這些著作的序列並不包含他的哲學（體系）各個部門依次發揮出來的次序，而是包含著他的哲學形成的諸階段的次序。如果要我尋找一本最後的著作，在其中他的哲學得到最確定的發揮，這樣的著作是舉不出來的。謝林的初期著作完全是費希特的氣味，以後他才逐漸從費希特的形式中解脫。費希特提出的這種自我就有著模糊的意義，它既是絕對自我、上帝，又是具有個人的特殊性的自我；[192]這一點給予謝林的（最初的）刺激。他的第一篇很短的在圖賓根大學發表的著作（一七九五年）叫做《論一種哲學形式的可能性》（四印張），其中只包含著費希特哲學的原則。同樣地，次一著作《論自我作爲哲學的原則或者人的認識中的無條件者》（圖賓根，一七九五年）甚至費希特的味道更濃厚，不過這裡已經有了進一步的較普遍的見解。自我已經被肯定爲原始的同一性。[193]但是我們仍然可以找到費希特的原則和說法的逐字逐句的接受：「只有設定某種事物原始地與自我相對立，把自我本身設定爲（在時間

192 《謝林的哲學著作：論自我作爲哲學的原則》，第九十九頁以下（第一七八頁以下）。

193 《謝林的哲學著作：論自我作爲哲學的原則》，第二十三—二十四頁（第三十八—四十二頁）。

上的）複多，自我才有可能超出單純地在其中被設定的事物的那種統一性，譬如說，它可以許多次設定那同一個被設定的內容。」[194]

後來他進而討論自然哲學，從康德的《自然形上學》接受了康德的諸形式和諸反思規定，如引力和斥力等，並且以康德的術語去說明完全屬於經驗的現象。關於這方面的，他的初期著作還有：《有關自然哲學的一些觀念》，一七九七年；《關於世界靈魂》，一七九八年，這書的第二版載有一個意見與原來不很一致的附錄。後來他讀到了赫德爾和基爾邁爾的著作，這些著作裡提出了敏感、反感和生殖等說法，如說到敏感愈大則反感愈小等等，又如埃申邁爾關於潛力的說法，那時他就根據思想範疇去理解自然了，並試圖對自然做出一般的更確切的科學發揮（因此他出現〔在哲學界〕很早）。由於他按照康德的原理來闡述道德和國家學說，所以他在《先驗唯心主義》裡是按照費希特的觀點寫的，但是，符合康德的《論永久和平》的精神。

在他後來的論著裡，每一部著作總是重新開始（從來沒有一個貫徹到底的完整的全體），因爲我們看到，前此寫出的著作不能令他滿意，所以他不得不以不同的形式和術語另起爐灶。他總是在不斷地尋求新的形式：《自然哲學體系草案》，一七九九年；《先驗唯心主義體系》，一八〇〇年；《布魯諾，關於事物的神聖原則和自然原則的一篇對話》，一八〇二

194 《論自我作爲哲學的原則》（圖賓根，一七九五年），第一五〇頁（《哲學著作》，第八十三頁）。

年；《思辨物理學雜誌》，第二卷第二期，一八〇一年；《新思辨物理學雜誌》，一八〇二年以下。他的《先驗哲學》是他發揮得最充分的著作之一。後來，在他的《思辨物理學雜誌》裡他給整個體系的論述做了個開端。在這裡謝林在一定程度內還是不自覺地從費希特的構造形式出發；不過這裡已經包含著認為自然同知識一樣都是一個理性的體系的思想。

這裡即使時間容許要詳細地進入所謂**謝林哲學**的論述，那也是有困難的。因為他的哲學還不是一個把各部門都有機地組織了起來的科學整體，而只是包含一些有普遍性的、始終如一的環節。必須認為這種哲學還在演進的過程中，還沒有獲得成熟的成果。[195] 因此我們在這裡只能提示一些一般的觀念。

哲學的一般要求。在笛卡兒和斯賓諾莎那裡，我們曾經看見思維和廣延作為兩個方面：笛卡兒在上帝那裡把它們聯合起來，但是卻以一種不可理解的方式去做的，斯賓諾莎也是在上帝那裡把它們聯合起來，但是他把上帝理解為沒有運動的實體，自然和人都是這個實體的發展，但是他只是停留在實體這個名詞裡，以後我們看到這個形式得到了發展，一方面是在各門科學裡發展的，另一方面是在康德哲學裡發展的。最後在費希特哲學裡這個形式單獨地被當作主觀性的規定；一切規定據說都是從主觀性裡發展出來的。現在的要求是把這消亡在諷刺和任意性裡的主觀性、無限的形式從它的片面性裡解救出來，以便與客觀性、實體性相

195　這是一八〇五—一八〇六年講演錄裡面的話。

結合。換句話說，斯賓諾莎的實體不應該被理解爲無運動的事物，而應該理解爲理智，理解爲按照內在必然性自身能動的形式，因此這實體既是自然的創造力量，但又同樣是知識和認識。這樣，它就成爲哲學研究的對象了。它既不是斯賓諾莎的形式的聯合，也不是費希特那裡的主觀的全體，而是具有無限的形式的全體；我們看見這個觀點在謝林的哲學裡出現了。

謝林在他的一種早期著作裡曾把先驗哲學和自然哲學看成科學的兩個方面，稍後他就單把自然哲學當作科學，甚至把它理解爲普遍的哲學。他又曾稱他的哲學爲自然哲學。

1. 在《先驗唯心主義體系》一書裡，他解釋了先驗哲學和自然哲學兩者的性質。如果我們先考察他的先驗唯心主義體系，就可看到是以費希特哲學爲出發點；他自命爲一個費希特派。「一切知識都建立在一個客觀的事物與一個主觀的事物的諧和一致上面」。在常識上，人們承認這一點，認爲這是概念與實在的統一。存在和概念沒有差別的絕對統一，這種完滿的理念，就是絕對，也只能是上帝。任何別的事物都有主觀與客觀不諧和一致的一面。「我們知識中一切客觀的事物的全部內容可以叫做自然。反之，一切主觀事物的全部內容則叫做自我或理智」。它們本身是同一的，並且被設定爲同一的。自然與理智的關係他是這樣表述的：「如果一切知識都具有互爲前提、互相需求的兩極，那就必定有兩門基本科學，而且從一極出發必定不可能不被迫走到另一極。」於是自然就被迫走向精神，精神就被迫走向自然。每一方都可以看成第一位，並且兩者都是必定要向對方過渡。自我以及自然都可以看成第一位。

(1)「如果把客觀的事物看成第一位」，我們就是從自然科學開始，而「一切自然科學的必然傾向」或目的「就是從自然向著理智進展。這就是使自然現象得到理論說明的努力。使自然科學得到最高度的完善，將會使一切自然規律賦有完善的精神意義，成爲直觀和思維的規律。現象（物質的方面）必定完全消逝，只有規律（形式的方面）存留著。因此，在自然本身內，那符合規定的事物愈是實現出來，自然的外殼就愈是消逝，現象本身就愈成爲精神性的事物，最後停止其爲現象。完善的自然理論應該是這樣一種理論，憑藉這種理論的解釋，整個自然可以歸結到理智。那死氣沉沉的、沒有意識的自然產物，只不過是自然企圖反映自身的一種遭到失敗的嘗試，而所謂死氣沉沉的自然，一般講來乃是一種未成熟的理智」，僵化了的、冥頑不靈的理智；它只是潛在的理智，仍然停留在外在性裡：「因此在自然的現象裡」，即使「還沒有意識，但已經閃爍著理智的性格了。自然」（其實不應稱爲自然，而應稱爲自然的概念或理念）「要達到它的最高目的，使自己成爲客體」，「只有透過最高、最後的反思，亦即透過人，或者一般講來，透過理性才能實現，只有透過人或理性的活動，自然才能充分地返回到它自身，這樣一來，才顯示出自然本來是與被認作在我們之內的理智和意識內容相同一的。透過這種使自然賦有理智的傾向，自然科學就成爲自然哲學」。自然的理智性格被謝林說成是科學的要求。

還需進一步指出，謝林在近代成了自然哲學的創始人。自然哲學並不是一門新的科學，我們老早在亞里斯多德等人那裡就有了自然哲學。英國哲學也只是在思想中把握自然事物；自然力量、自然規律是基本範疇。物理學與自然哲學的對立，也並不是對自然不進行思維與對自然進行思維的對立。物理學裡面的思想只是形式的理智思想；其進一步的內容、物質是不能夠由思想本身來規定，而必須從經驗中取來的。只有具體的思想才包含著物質的規定、內容在自身內；只有現象的外在方式才屬於感官的對象。物理學家不知道，他們是在思維，就像那個英國人只滿足於他能作散文而不知道散文中所包含的思想那樣。謝林的功績並不在於他用思想去把握自然，而在於他改變了關於自然的思維的範疇；他運用概念、理性的形式來說明自然，例如他就用〔理性的〕推論形式來說明磁力。他不僅揭示出這些形式，而且還企圖構造自然、根據原則來發揮出自然。

(2) 其次是另一個規定：「或者把主觀的事物看成第一位。」所以這裡的「任務在於說明：一個客觀的事物如何會附加上來而又能與主觀相一致」？這就是眞正的**先驗哲學**的課題。「把主觀的事物當作第一位的和絕對的，從它出發，並讓客觀的事物從它產生出來」，這是一個相反的進程，對這個進程加以考察，就是先驗哲學的內容，「這是哲學的另一個必然的基本科學。」[196]先驗哲學的工具是主觀的事物、內心行爲的產生作用。這種產生作用和對這種產生作用的反思、無意識的活動和有意識的活動結合爲一，就是想像力的審美的活動。[197]

① 在以**自我**爲先驗哲學的基礎（他當時曾經這樣稱呼它）這一點上，謝林是和費希

196 《先驗唯心主義體系》，第五—七頁。

197 《先驗唯心主義體系》，第十七—二十一頁。

特一樣進行工作的。在這裡，他從知識的事實、知識的原則開始，「在知識的事實或原則裡，內容受到形式的制約，形式受到內容的制約」，這就是A＝A的公式。但是A存在嗎？自我是「主體與客體直接結合爲一的點」；這就是自我意識的行爲。至於自我與外在客體的關係如何，這一問題正是在以後的發展過程中必須解決的。現在必須抓緊的只是自我這一概念。「自我這一概念就是一般思維藉以轉化爲客體的那種活動，和自我本身（客體）是絕對同一的；離開這個活動就根本沒有自我。」[198]正是憑藉這種活動，思維使自身成爲客觀的事物，就是在這種活動中，自我被設定爲與客觀的事物、思想相一致。必須從這個觀點出發，去證明自我如何向客觀的事物進展。 654

「自我，作爲純粹活動、純粹行動，在知識本身內並不是客觀性的，這乃是因爲它是一切知識的原則。如果它要成爲知識的客體，那就必須透過一個完全不同於普通知識的方式去認識它才行」。對這種同一性的直接意識就是直觀，但就內心方面說，它就是「理智的直觀」；理智的直觀「是一種知識，一種產生它的對象的作用。感性的直觀是這樣一種直觀，這種直觀顯得是這樣：即直觀本身不同於被直觀的事物。而理智的直觀則是一切先驗思維的工具」，一般講來是純粹自我意識的活動：「自我不是別的事物，只是使自身成爲客體的產

198 《先驗唯心主義體系》，第二十四－四十六頁。

生作用罷了。」[199]謝林一方面從費希特哲學出發，另一方面像雅各比那樣，以直接知識爲原則——以人必定具有，特別是哲學家必定具有的理智直觀爲原則。這種理智直觀的內容或對象，現在仍然是絕對、上帝、自在自爲地存在者，但是被表述爲具體的、自身中介的，表述爲主觀與客觀的統一，或者表述爲主觀與客觀的絕對無差別。

因此謝林的哲學是從直接知識、理智的直觀開始；但是第二步，它的內容已不復是不確定的事物、本質的本質，而是具體的絕對了。就理智直觀的形式而論，前面已經談到過，它是以最方便不過的方式來設定知識——把知識設定在任何偶然碰巧想到的事物上。而關於精神性的上帝的直接知識，則認爲只是基督教民族有之，而在別的民族或別的民族的意識中是沒有的。這種直接知識作爲對具體事物的理智直觀，或者作爲主觀性與客觀性的同一，尤其顯得是偶然的。既然哲學是以個人具有關於主觀與客觀同一性的直接直觀爲前提，所以從謝林的哲學看來，似乎只有有藝術才能的個人、天才，或少數特殊幸運的人，才會享有這種直觀。但是，哲學按照它的本性來說應是能夠具有普遍性的，因爲它的基礎是思維；正因爲有了思維，人才是人。因此哲學的原則純全是普遍的；如果它要求一個特定的直觀、意識，如主客同一的直觀或意識，這就是一個特定的、特殊的思維的要求了。

但是，在這種對於具體的絕對者的知識形式裡，質言之，在主觀與客觀統一的形式裡，

199《先驗唯心主義體系》，第四十九—五十二頁。

656 哲學便與表象、通常表象意識及其反思方式分離開了。在康德（他的紊亂的唯心主義）那裡已經造成了哲學與意識的通常（表象）方式分離的開端。只要一般地做出了「絕對者不能被認識」的結論，並且從實用出發接受了這個結論，那麼，哲學研究就成爲多餘的事了。在費希特哲學裡，通常意識與哲學分隔得尤其厲害。費希特的自我不僅是經驗意識中的自我，而且它又可以認識、意識到那些不落入通常意識之內的、普遍的思想範疇。謝林哲學，就其本身來說，同通常表象意識分隔得特別厲害。費希特雖說特別有通俗化的傾向，他的晚期著作是特別爲了這個目的而寫的，譬如說，試圖「迫使讀者理解」；但是他並沒有達到這種通俗性。在謝林那裡更不是這樣。因爲他所謂具體的事物，按照它的本性說，同樣是思辨性的。具體的內容、上帝、生命或者具體內容所採取的任何特殊形式，誠然是通常意識的內容，但是困難在於使包含在具體內容裡面的事物成爲思想，使思想成爲具體的、使有差別的諸規定成爲思想。把各種思想區別開，指出它們相互對立——這是理智的觀點。哲學思考的要求則在於把這些區別開來的思想結合起來。自然意識無疑地是以具體的事物爲對象的，但是理智卻把它二元化、區別開，並且堅執著有限的思想規定，而困難在於抓住並堅執其統一性。人們總是把有限與無限、原因與結果、肯定與否定分裂開。思維也就從這裡開始。這是屬於反思式的意識的範圍，這也是舊式形上學意識所共有的思維方式。但是思辨的思維必須既具有這種對立，又要解除這種對立。

657 所以在謝林這裡思辨的形式又占了上風，因而哲學也就又具有自己的獨特性；哲學的原則、思維、自在的思維、理性的思維又取得了思維的形式。所以在謝林哲學裡，內容、眞理又重新成爲主要的事情，與此相反，在康德哲學裡，曾特別明白宣稱哲學的主要興趣在於研究知識、認識、主觀的認識。這種看法似乎很可取，因爲它主張人們應該首先考察工具、認識。這令人想起一個學究（σχολαστικός）的故事，據說這個學究在學會游泳以前，不願意先下水。所謂研究認識，就是對認識進行認識。但是不管一個人如何願意認識，如果不去認識，那就沒話可說。一般而言，這就是謝林哲學的觀點。

謝林承認他與費希特哲學的聯繫，而他是這樣表述這種聯繫的：自我立刻就是自我＝自我。我就是我的自我意識；所以自我是主體與客體的同一。「科學不能從任何客觀的事物出發」，而必須從「非客觀的事物出發，這種非客觀的事物自身變成客體」，作爲「原始的二重性」。[200]我是對我而存在，我是我自己的對象。兩者的關係：作爲主體的自我與作爲客體的自我，只是自我，自我只是兩者的統一，是主體客體。在自我意識裡，我就是在我自身中的客體性，這裡並不存在客體與自我的區別。那區別開的兩方面是直接同一的，還沒有任何事物與這個自我意識相對立。「唯心主義就是客觀世界從精神活動的內在原則裡產生出來的一套理論。」[201]

②由於主體與客體的區別出現了，並得到承認了，於是就產生了自我與它的對方的關

200《先驗唯心主義體系》，第五十五—五十八頁。

201《先驗唯心主義體系》，第六十三—六十五頁。

係；這是費希特的第二條原則。對這條原則的進一步分析，就是自我對於自己的限制。自我給自己設定一個對立面；這個對立者就是非我，因爲它把自身設定爲有條件的。這就是無窮的阻力；因爲這個有條件的事物就是自我自身。第一，「自我作爲自我是無限制的」，自我是現實的，「只有在一種情形下它是受限制的」，即與非我相聯繫。只有這樣才有**意識**；自我意識是一個空的規定。自我透過它的自我直觀而成爲有限的，「這個矛盾只有在如下的情況下才能得到解除：即自我在這種有限性裡成爲無限的，這就是說，自我透過直觀把自己看作一個無限的生成過程」。自我與自身的關係和自我與無窮的阻力的關係是分不開的。第二，「自我只有當它」超出它的限制時，「當它無限制時，它才是受到限制的」。所以這種限制是必要的。這種存在著的矛盾總會持續著，即使自我永遠不斷地限制著非我。「這兩種活動：那無限地超出的、可以限制的、實在的、客觀的活動和能限制的、理想的活動是彼此互爲前提的。唯心主義只反映了一種活動，實在主義反映了另一種活動，先驗唯心主義反映了兩種活動。」[202]這可以說是極其混亂的抽象。

③「自我達到自我意識，既不是透過能限制的活動，也不是透過被限制的活動。因而就有由兩者結合起來的**第三種**活動，透過這一活動就產生了具有自我意識的自我。」那經常出現的分離只有在第三者中才得到解除。「這第三者是**搖擺**於兩個」對立面「之間的事物，

202《先驗唯心主義體系》，第七十二—七十九頁。

是兩個傾向的鬥爭」。[203]它只是本質的聯繫，相對的同一性；其中仍然老是存留著差別。這個第三者必須占有突出的地位。「這個鬥爭不可能在一個單一的行動裡，而只有在無限系列的行動裡才能得到調解。」[204]這種互相對立的傾向的鬥爭，亦即自我向內和向外的傾向的鬥爭，如果只是在無限進展的系列中才得到解除，則只能是表面的解除。爲了要「使得對立傾向的調解」完備，整個內部的自然和外部的自然及其一切細節必須得到闡述。哲學只能夠揭示其主要的階段。「如果感覺的一切中間環節都須陳述，那我們就必須對自然內一切的質作一個推演，這是不可能的。」[205]這個直接包含著對立傾向的結合的第三者，乃是一個思想，在這思想中已經包含著特殊性了。這就是康德式的直觀的理智或理智的直觀，直觀著的理智。這個第三者，即矛盾的絕對統一，謝林也叫做理智的直觀。

④自我在這裡並不是片面地與對方對立：它是無意識和有意識的同一，不過它不是那樣一種以自我本身爲根據的同一。[206]這個自我必須是絕對的原則。「整個哲學是從一個原則出發，這個原則作爲絕對同一的事物，是非客觀性的。」因爲如果它是客觀性的，那麼它立

203《先驗唯心主義體系》，第八十五—八十六、八十九、九十八頁。

204《先驗唯心主義體系》，第八十五—八十六、八十九、九十八頁。

205《先驗唯心主義體系》，第八十五—八十六、八十九、九十八頁。

206《先驗唯心主義體系》，第四四二—四四四頁。

刻就被設定爲可以分離的，就有一個他物與它相對立。但是〔絕對〕原則就是這種對立的消除；因此它本身就是非客觀性的。「如果這樣的原則是理解整個哲學的條件，那就有必要問：這樣的原則如何可以在意識內被喚起並得到理解？這個原則是既不能透過概念去理解，也不能透過概念去表達的，這是不需要證明的。」概念被謝林稱做普通的範疇；但是 660 概念是具體的，它是自身無限的思維。「現在剩下的唯一辦法就是用一個直接的直觀去表達這個原則。如果有這樣一種直觀，認絕對同一者、那本身既非主觀的也非客觀的事物爲客體，而人們自身卻又能夠在直接經驗裡喚起那種只能是理智的直觀」，那麼就會引起這樣的問題：「如果在那種直觀裡找不到一個普遍的、爲一切人所共同承認的客觀性，人們又如何能夠使得這種直觀成爲客觀的呢？這就是說，如何可以使人不致懷疑，它是建立在主觀的幻想上面呢？」這個理智原則爲了可以在意識裡被喚起，它本身就應該在經驗裡被給予。「理智直觀的客觀化就是藝術。只有藝術品能反映給我任何別的事物所不能反映的那種事物、那種在自我本身內已經分離開了的絕對同一。」[207] 同一性的客觀化和對同一性的知識就是藝術。在同一個直觀裡，自我意識到它自身，但又是不自覺的。這種客觀化的理智直觀就是客觀的感性直觀；另一種客觀化就是概念、洞見到了的必然性。

同一性的理智直觀於是就有了兩個主要環節，一方面是：哲學要求以理智直觀爲原則；

207《先驗唯心主義體系》，第四七一—四七二頁。

當主體要作哲學思考時，它必須採取理智直觀的態度。主體不可受反思的束縛，因爲反思是一種理智的規定。同樣，感性知覺本身也只包含著彼此外在的事物，它並不是理智的。因此理智直觀既被設定爲哲學內容的原則，又是主觀的哲學思考的原則。它提出這樣的要求，即人們應該採取理智直觀的態度。另一方面，這個原則卻又應該得到證實，這在藝術品裡便得到了這種證實。藝術品是理性客觀化的最高方式，因爲在藝術品裡感性的表象與理智性合而爲一了。感性的存在只是精神性的表現。自我、主體所能達到的最高的客觀性、主觀和客觀的最高的同一，就是謝林所說的想像力。客體和對客體的理智直觀，就是藝術。於是藝術被理解爲最內在的、最高的事物能夠把理智和現實結合爲一的事物，而哲學思考就被當作這種藝術的天才。但是藝術和想像力並不是至高無上的事物。因爲理念、精神不能以藝術表現其理念的那種方式得到眞正的表現。藝術永遠採取直觀的方式；由於採取這種存在方式、這種感性方式，藝術品是和精神不相符合的。因爲像這樣把最高點說成是想像力、說成是藝術，而想像力和藝術本身在主體內卻只是一個次要的觀點；所以這個〔最高〕點本身並不是主觀與客觀的絕對同一。

人們所要求於主觀思維的，應該是提高到理性的、思辨的思維。如果理性的、思辨的思維在你看來是謬誤的，那就沒有別的可說，只能說：你沒有理智的直觀。但理智的直觀是費希特的想像力，是一種搖擺於兩個方向間的事物。對某種事物予以〔邏輯的〕證明，加以概念式的把握，並不是直觀或想像力範圍內的事。直接的要求應該是對於一物的正確的理解。另一方面，只要把理念宣稱爲原則，就應該把它確定地建立起來。絕對是主觀與客觀的絕對同一，是現實與理想、形式與本質、一般與特殊的絕對無差別；在同一性裡兩者既非其一，也非其他。但是同一性也不是抽象的、空洞的、枯燥的統一。這乃是〔形式的〕邏輯的同一性、按照共同之點的分類；而區別卻仍然存在於同一之外。〔眞正的〕同一性是具體的，既是主觀性也是客觀性；主觀性、客觀性皆作爲被揚棄了的、理想的環節包含在其中。這種同一性是很容易用表象來說明的。譬如，表象是主觀的，它同時具有彼此相互外在的特定的內容。但另一方面表象又是簡單的，它是一個行動、一個統一性。謝林哲學的缺點在於一開始就提出來主觀和客觀的無差別點，這種同一性只是絕對地〔抽象地〕陳述出來的，並沒有證明它是眞理。謝林常常是用斯賓諾莎的形式，提出一些公理。在哲學研究裡，人們要求對於所要樹立的觀點加以證明。但是如果從理智的直觀開始，那我們就會滿足於斷言、神諭，因爲所要求於我們的只是作理智的直觀。

一般而言，兩個進程是很確定地表達出來了。一方面是把自然澈底地引導到主體，另一方面是把自我澈底地引導到客體。但是眞正的澈底引導或推演只能採取邏輯的方式。因爲邏輯方式包含著純粹思想。但邏輯的考察卻是謝林在他的哲學闡述、發揮中所沒有達到的。對主客同一的眞理性的眞正證明毋寧只在於這樣進行，即對每一方的自身，就它的邏輯規定亦即它的本質的規定加以考察，從而可以得出這樣的結論：主觀是這樣的事物，它自身必然要向客觀轉化；而客觀是這樣的事物，即它不能老停留在客觀上面，它必然要使自身成爲主觀的事物。我們必須揭示出有限的事物本身即包含有矛盾在自身內，使自身成爲無限的事物。這樣我們就有了有限和無限的統一。透過這種步驟，就不會只是假定對立面的統一，而是在對立面自身內指出它們的眞理是它們的統一，每一方單獨看來都是片面的；它們的區別使得雙方相互過渡，回轉到統一。而在理智看來，它們的區別是固定不移的。所以思維的考察的結果將會是每一方不知不覺地使得自己變成它自己的對立面，而認識到只有兩者的統一才是眞理。無疑地，理智會把這種轉化說成是詭辯、欺騙、胡說等等。這種同一性按照雅各比說來，將會被當作有條件的、被派生的事物。但是必須指出，這種發揮、這種結果誠然包含著片面性，因此這個間接性本身必須予以再揚棄，並設定爲直接的；對立統一；同樣是一個包含著間接性在自身內的過程。謝林誠然一般地具有這個觀念，但是他沒有把這個觀念按一定的邏輯方式加以澈底論證；在謝林那裡對立統一是直接的眞理。

這就是謝林哲學裡面的主要困難。於是人們對他的哲學有了誤解，並且失掉了興趣。要指出主觀與客觀有差別，那是很容易的。如果主觀與客觀沒有差別，那麼它們就會與A＝A一樣，沒有什麼意義。但是它們乃是相反的一。在一切有限事物裡都有同一性存在，只有同一性是現實的；但是有限事物除了具有同一性外，還包含主觀性與客觀性的不一致、概念與實在的不一致，這就是有限性的特徵。謝林的同一性原則缺乏形式、缺乏證明；他只是初步提出這個原則罷了。

2. 下面的闡述裡也表明了證明的需要。但是就他已經一度採取的方式來說，他的證明也只是反思，這種反思的證明仍然只是形式的。謝林由於在他的闡述中感到證明的需要，曾試圖從作爲主觀和客觀的同一性的絕對者的理念開始去證明這個理念，這個證明是在《新思辨物理學雜誌》裡做出的，但是這些證明是極其形式地進行的，所以它們事實上老是預先假定了所要證明的事物。在公理中預先接受了主要的事實，於是一切都順著推出來了。譬如，「絕對者的本質或內在本質只能被設想爲絕對的、純粹無瑕的同一性。因爲絕對者只是絕對的，在絕對者這一概念裡所設想到的據說是必然地、永遠地是同一的事物，亦即必然地、永遠地是絕對的事物。假如絕對者的理念是一個普遍的概念」（或表象），「那並無礙於在這裡面遇見差異，儘管它具有絕對的統一性，因爲不同的事物在概念裡總是同一的，正如正方形、多角形和圓形都同是圖形。一切事物的差異的可能性及其在概念中的完全的統一性之所以不矛盾，是基於事物的特殊性如何與普遍性相聯繫的方式。在絕對者內完全沒有這種情況，因爲這乃是基於絕對者的理念，在絕對裡特殊的又是普遍的，普遍的又是特殊的，而且透過這種統一，在它裡面形式和本質也是同一的。因此從絕對者的本性看來，立刻就可以推出，它是絕對的，而且它又從它的本質內排除了一切差別。」208

這種同一性又在他的另一本書裡稱之爲主觀與客觀的絕對無別：因而兩者在其中都具有它們的眞正的規定。但是無別這個名詞是意思欠明白的，它是對於兩方面取中立態度。所以它會引起這樣一種錯覺，好像那無差別的內容，由於它是具體的，所以就是中立的。謝林又說過：無別就是本質與形式、無限與有限、肯定與否定的同一性。人們可以運用所有這些對立面；不過它們只是抽象的，它們與邏輯的事物本身的不同發展階段相聯繫。現在謝林就從

208《新思辨物理學雜誌》，第一卷，第一期，第五十二—五十三頁。

這種絕對同一性出發。他的哲學的一個很充分的發揮就包含在《思辨物理學雜誌》裡。在這裡他像斯賓諾莎那樣應用了幾何學方法：先列舉公理，然後提出命題，進行證明，然後又有推演出來的命題。但是這個方法在哲學上並沒有眞正的用處。在這裡他又假定了一些有區別的形式，他把這些形式叫做因次[19]（Potenzen），這個術語是從曾經先用它的埃申邁爾那裡借來的。[209]這都是一些現成的區別，而謝林加以利用罷了。

(1)首先，謝林又把斯賓諾莎的實體、簡單的絕對本質重新提出來。[210]並且又重新給予先驗唯心主義以絕對唯心主義的意義。[211]不過在他這裡這個本質直接在自身內就是絕對的形式，或者絕對的認識，一個有自我意識的本質，而在斯賓諾莎那裡，則具有一個客觀性的或被思維的本質的形式。按照這種說法，思辨哲學不是自爲的，而是它的純粹的組織；認識即在絕對之內。[212]本質與形式的這種統一就是絕對，換言之，如果我們把本質當作普遍、把形式當作特殊來考察，則絕對就是普遍與特殊或者存在與認識的絕對統一。單就其本身來看，形式就是特殊的事物或者差異的出現（主觀性）。不過有差別的事物、主體與客體或者

[19] 按「因次」（Potenz）是數學名詞，亦叫乘方，謝林借用來解釋他所謂主客同一中量的差別的層次或環節。

209 《思辨物理學雜誌》，第二卷，第二期，前言，第XIII頁。

210 第四十四節，附注，第二十八頁。

211 同上，前言，第VI—VII頁。

212 第七節，第五頁。

普遍與特殊只是觀念中的對立；在絕對中它們純全是同一的。爲了把握這個統一，必須在思維的意義下，或者在自覺的認識的意義下來理解這形式。作爲統一的這種形式或知識就是直觀，直觀絕對地把思維和存在認作等同的，並且由於直觀形式地表述了絕對，也就同時成爲絕對的本質和存在的表現。[213]這個直觀是理智的，因爲它是理性的直觀，並且同時作爲知識又和知識的對象絕對同一。

正如費希特從自我＝自我開始，謝林也同樣從絕對直觀出發，把它作爲命題或定義來表述，就是：「**理性是主體與客體的絕對無別**」。所以它既不是其一，也不是其他，而是在其中一切對立都完全消除了的事物。因此這個直接的理智直觀或者對絕對者的這個定義就是前提，要求每一個作哲學思考的人都要具有這種直觀。[214]誰沒有表象這種**統一**性的想像力，誰就缺乏研究哲學的工具。[215]這種直觀本身就是認識，但它還不是被認識的事物；它是一個未經中介的、被要求的事物。人們必須擁有這樣一種直接的事物，它是這樣一種事物，人們可以擁有它，也可以不擁有它。因此這種直接的要求使人感到，謝林的哲學看起來好像要求特殊的才能、天才或精神狀態作爲條件。總之，是要求一種偶然性的事物作爲條件。因爲直接

---

213 第十七至十九節，第十一—十二頁。

214 《思辨物理學雜誌》，第二卷，第二期，第一節，第一—二頁。

215 《思辨物理學雜誌》，第二卷，第二期，第二至三節，第二—四頁。

的、被直觀的事物具有存在著的或偶然性的事物的形式，不是必然性的事物；那不理解它的人，一定會以爲自己沒有這種直觀。換言之，爲了理解這直觀，人們必須付出勞力去取得理智的直觀；但是，究竟我們擁有直觀與否，我們是不知道的，這並不是由於我們理解它，因爲我們只能以爲我們理解它。

謝林認爲理智的直觀或理性的概念是一個〔未經證明的〕前提，它的必然性是未經闡明的，這乃是它的一個缺點，由於有了這個缺點，它才具有這種形態。謝林看來與柏拉圖，以及新柏拉圖主義者有共同之處，即把知識放在對永恆理念的內心直觀裡，在這種直觀裡面，知識是無中介性地、直接地存在於絕對裡。但是當柏拉圖說到靈魂的直觀，說到靈魂從一切有限的、經驗的或反思的知識擺脫出來時，當新柏拉圖主義者說到思想的禪悅境界、說到在此境界中知識就是對於絕對的直接知識時，這裡必須指出這樣一點主要區別，即在柏拉圖關於共相的知識裡或在他的理智性裡，一切現實性的對立是被揚棄了的，是和辯證法有聯繫的，這就是說，這些對立的揚棄的必然性是得到概念的把握的，所以柏拉圖並不是從那裡開始；這些對立是被揚棄了的，所以在柏拉圖那裡，這些對立是在運動中被揚棄的。絕對本身就應該理解爲這種自身揚棄的運動。所以自身揚棄的運動就是現實的知識和關於絕對者的知識。

(2)謝林把絕對定義爲主觀與客觀、有限與無限，或者時而偶然在這一形式下的對立與時而偶然在另一形式下的對立之絕對同一或者絕對無別，A＝A。[216]這個理念現在不以使對立的雙方過渡到它們的統一的辯證法爲它的規定，而以理智的直觀爲它的保證，同時理念的進展也不是從思辨理念的內在發展出發，而是按照外在反思的方式進行。「在主體與客體之間，不可能存在量的差別以外的任何差別。因爲兩方面都不可能設想存在著質的差別。」因此只有量的差別。因此對立就出現在這個絕對裡，並且只是被視爲一種相對的、量的或者非本質的對立[217]（事實上對立倒是應該被理解爲質的〔差別〕，並且應該被指出是一個自己揚棄自己的差別）。因而每一方面都是一個相對的全體，[218]並且同時在一方面這一成分占優勢，在那一方面那一成分占優勢，A＝B，但兩者永遠保持絕對的同一性。[219]這是不夠的，還有別的規定；差別無疑地是質的差別，不過質的差別並不是絕對的規定。量的差異並不是眞正的差別；量的關係完全是外在的。主觀和客觀的優勢或偏重也不是思想規定，而只是感性的規定。

謝林認爲，這種量的差別是現實性的形式。就差別的設定方面而言，絕對是主觀與客

216《思辨物理學雜誌》，第二卷，第二期，第四節，第四頁；第二十三節，說明，第十五頁。

217《思辨物理學雜誌》，第二卷，第二十三節，第十三—十四頁。

218《思辨物理學雜誌》，第二卷，第二期，第四十二節，第二十六頁。

219《思辨物理學雜誌》，第二卷，第二十三節，說明，第十四—十五頁。

觀的量的無差別。[220]「就絕對同一性而言，是不可能設想有量的差別的。量的差別只有在絕對同一性和絕對全體性之外才是可能的。」[221]「沒有什麼事物自在地在全體性之外，只有由於把個別從全體中任意分離出來，個別才會在全體性之外。」[222]「絕對同一性只存在於主體與客體之量的無差別的形式下。」在絕對同一性和全體性之外（見上文）的量的差別，看來就是絕對同一性本身，只是在量的無差別的形式之下罷了。[223]「主觀與客觀的量的差別是一切有限性的根據。」[224]這樣一種量的差別謝林叫做因次。「每一個特定的因次標誌著一個特定的主觀與客觀之量的差別。」[225]「這種對立完全不會自在地發生，換言之，從思辨的觀點看來，也沒有這種對立。從思辨的觀點看來，A存在和B存在是一樣的；因爲A和B處於完全的絕對同一性中，而絕對同一性只是在兩個形式下，並且同時在兩個形式下存在。」[226]

220《思辨物理學雜誌》，第二卷，第二期，第二十四節，第十五頁；第三十節，第十七頁。
221《思辨物理學雜誌》，第二卷，第二期，第二十五節及其附注；第二十六節，附注，第十五—十六頁。
222《思辨物理學雜誌》，第二卷，第二期，第二十八節，注釋，第十六頁。
223《思辨物理學雜誌》，第二卷，第二期，第三十一、三十節，第十七—十九頁。
224《思辨物理學雜誌》，第二卷，第二期，第三十七節，第二十二頁。
225《思辨物理學雜誌》，第二卷，第二期，第四十二節，說明二，第二十六頁。
226《思辨物理學雜誌》，第二卷，第二期，第四十四節，注釋，第二十七—二十八頁。

A＝B是相對的全體性。「絕對的全體就是宇宙本身。」[227]用線來比擬，可以圖解如下：

$$
\begin{array}{ccc}
+ & & + \\
A=B & \overline{\quad A=A \quad} & A=B
\end{array}
$$

「在這個圖式裡，在每一個方向都有同樣的同一性，但是在相反的方向則或者A占優勢或者B占優勢。」[228]

(3)那個開端的更進一步的主要環節如下：

①絕對者的第一個量的差別，或者「第一個相對的全體性」（同一性），「就是物質」，第一因次。「證明：A＝B無論作為相對的同一性或者作為相對的二重性，都不是實在的事物。A＝B作為同一性無論在個別中還是在全體中都只能用線來表明」，第一度。「但是在那條線內始終是被設定為存在著的。」A不是自在的，而只是作為A＝A。[20]「因

227《思辨物理學雜誌》，第二卷，第二期，第三十二節，第十九頁。

228《思辨物理學雜誌》，第二卷，第二期，第四十六節，附釋，第二十九頁。

[20] 按「只是作為A＝A」，意思不清楚，似是A＝B之誤；照英譯本應作：「它是同時與B相關聯的」（第三卷，第五三二頁）。

此這條線始終先設定A＝B是相對的全體；因此相對的全體性是第一個在先設定者，如果相對的同一性存在，則它只有透過相對的全體性而存在」，二重性，第二度。「相對的二重性也同樣以相對的同一性爲前提。相對的同一性和相對的二重性誠然不是現實地，但卻是潛在地包含在相對的全體性中。」[229]

「絕對的同一性作爲A與B在物質裡的實在性的直接根據，就是重力。」[230]「如果A占優勢，就有了引力，如果B占優勢，就有了張力。」[231]「引力和張力的量的建立可以進展至無窮。它們的平衡存在於全體裡，不存在於個別裡。」[232]

②這種同一性本身被設定爲存在著的，就是光：「A^2就是光」，第二因次。只要A＝B被設定了，則A^2也就被設定了。[233]同樣的同一性「在相對的同一性的形式下」，在出現著的兩極性A與B的形式下，「被設定，就是內聚力」。能動的內聚力就是磁力，而物質的宇

229《思辨物理學雜誌》，第二卷，第二期，第五十一節，第三十五—三十六頁。

230《思辨物理學雜誌》，第二卷，第二期，第五十四節，第四十頁。

231《思辨物理學雜誌》，第二卷，第二期，第五十六節，附釋二，第四十二頁。

232《思辨物理學雜誌》，第二卷，第二期，第五十七節和說明，第四十三—四十四頁。

233《思辨物理學雜誌》，第二卷，第二期，第六十二至六十四節，第四十七—四十八頁；第九十二至九十三節，第五十九—六十頁。

宙是一個無限的磁體。[234]在那裡物體、行星、金屬等等形成的系列特別表現了內聚力的關係。[235]磁的過程是無差別中的差別，差別中的無差別，[236]就是絕對同一性本身。無差別點乃是既非這個，也非那個；既是這個，也是那個。兩極潛在地是同一的存在，只是被設定爲相反的成分罷了。兩極的差別「只在於＋或者－占優勢，[237]並不是純粹抽象的事物。」「在整個磁體裡經驗的磁體是無差別點。經驗的磁體就是鐵。」[238]「所有的物體都是鐵的變形，都潛在地包含在鐵裡面。」[239]「每兩個不同的物體相互接觸，相互在每一個物體裡引起內聚力的相對減低或增高。這種由於兩個不同物體的接觸而引起的內聚力的相互變化——氧和氫——就是電。」[240]

③「動力過程的全體只可用化學過程來表明」，化學過程的總結果，重力透過作爲根據

234《思辨物理學雜誌》，第二卷，第二期，第六十七至六十九節，第四十九—五十頁。

235《思辨物理學雜誌》，第一卷，第二期，第九十八頁。

236《思辨物理學雜誌》，第一卷，第二期，第九十二—九十三頁；《自然哲學體系第一草案》，第二九七頁。

237《思辨物理學雜誌》，第二卷，第二期，第九十五節，第六十四—六十六頁；《新思辨物理學雜誌》，同上，第一一八—一一九頁。

238《思辨物理學雜誌》，第二卷，第二期，第七十六節及說明，第五十三頁。

239《思辨物理學雜誌》，第二卷，第二期，第七十八節，附釋；第七十七節，第五十三頁。

240《思辨物理學雜誌》，第二卷，第二期，第八十三節及附釋，第五十四頁；第一〇三節，注釋，第七十六頁。

的光下降爲絕對同一性的存在的單純形式，有機體（A³），這是第三因次。[241]

(4)這是極大的形式主義。這些因次表現爲南北兩極性和事物兩極性以及它們的進一步發展爲西北、東南等。水星、金星、地球等屬於後者。[242]「內聚力是自身」（光）「或自在物質內的印象，由於這樣，物質才從普遍的同一性裡超拔出來成爲特殊的事物，並把自身提高到形式的王國。」[243]行星和金屬在動力的內聚力形式之下形成了一個系列，在那裡一方面收縮占優勢，另一方面擴張占優勢。[244]「在無差別點之外的內聚力我叫做被動的內聚力。向著否定的一邊」（極）「有一些接近鐵的金屬，即所謂貴金屬，此後就有」金剛石，最後爲碳，最大的被動的內聚力。肯定的一邊（極）也有一些金屬，由於它們的作用，「鐵便失掉其內聚力了」，接近於消解，最後「消失在氮裡」。[245]

把一切安排成系列，只有膚淺的規定，沒有必然性，這乃是形式主義；沒有概念，我們所找到的只是公式。他表現了輝煌的想像力，像在格雷斯那裡那樣。謝林想要提出一個構

241《思辨物理學雜誌》，第二卷，第二期，第一一二節，第八十四頁；第一三六至一三七節，第一〇九—一一〇頁；第一四一節，附釋一，第一一二頁。

242《新思辨物理學雜誌》，第一卷，第二期，第一一七—一一八頁。

243《新思辨物理學雜誌》，第一卷，第二期，第九十三頁。

244《思辨物理學雜誌》，第二卷，第二期，第九十五節，第六十四—六十六頁；《新思辨物理學雜誌》，同上，第一一八—一一九頁。

245《思辨物理學雜誌》，第二卷，第二期，第九十五節，第六十七—六十八頁。

造，因而省略了許多個別細節。在這個論述裡，他闡述發展過程卻只講到有機體爲止；至於精神方面，他在他的早期著作「先驗唯心主義體系」裡已經極其詳盡地討論過了。就實踐方面來看，他卻沒有比康德論永久和平的著作前進得更遠。他的一篇關於自由的論文是具有較深刻的思辨意義的，但它只涉及這一點。

謝林是近代自然哲學的創始人。總的講來自然哲學不外是對自然加以思維的考察。這點普通物理學也還是在做；因爲它的規定如力、規律等都是思想。差別只在於當哲學超出了理智的形式並且掌握了思辨的概念時，它必須對關於自然的思維規定和知性範疇加以變換。關於這一點康德已經做了個開端，謝林也試圖把握自然的概念以代替一般的自然形上學。謝林稱自然爲死的、僵化的理智；所以自然不是別的，只是思想形式系統的外在存在方式，正如精神乃是同一思想形式系統採取意識形式的存在。謝林的一大功績是：曾經把概念和概念的形式引進自然，曾經提出概念以代替一般的理智形上學。

〔謝林所採取的〕主要形式是康德重新提醒人注意的三重形式，即第一、第二和第三因次的形式。他從物質開始，所以他說，那最初帶著直接性的無差別性就是物質，然後由此過渡到進一步的規定。不過這進程看來大半是一種從外面帶來的圖式，它缺乏邏輯的事物的內在發展。因此他給自然哲學特別招致了惡評，因爲自然哲學完全是按照外在方式進行論述的，是以一個現成的圖式爲根據，從而引出其自然觀的。這些形式謝林叫做因次。不過人們也可以不採用那樣的數學形式或思想的類型，而以感性的形式爲根據，如波墨的硫磺和水銀。譬如說，有人把自然中的磁、電、化學性視爲三個因次；例如也有人在有機體裡，把生殖叫做化學性，把反感叫做電，把敏感叫做磁。[246]這種形式的歪曲，從自然這一範圍的一套形式搬來應用到自然的另一個範圍裡，這未免走得太遠了。例如奧肯把木頭的纖維叫做植物的神經和腦髓。這簡直成了隨便玩弄類比，殊不知哲學所注重的乃是思想。神經並不是思想，同樣還有許多名詞如收縮極、擴張極、陽性的、陰性的等等也不是思想，這種把一個外在圖式應用到所要考察的自然範圍內的形式主義，是自然哲學的外在的工作；它是從幻想中製造出這種圖式的。他們所有這些做法，不過是爲了逃避思想。而思想才是自然哲學所應研究的最後的簡單規定。

674

(5)在最近的論述裡謝林曾經選取了另外的一些形式。謝林由於形式的欠成熟和缺乏辯證法，而改換不同的形式，因爲他找不到滿意的。在對立方面，理念的實現開始於普遍與特殊、有限與無限的對立，而不在於將對立本身加以把握，或者說，也不在於使對立出現在形式裡。他不談優勢，而說本質和形式；他對兩者加以區別。但另一方面，當他眞正地設定主體與客體的實在性時，實在性只是被設定爲並不具有主體反對客體的規定性那樣的主體，像在費希特哲學裡那樣作爲自在存在著的主體，而是被設定爲主體客體，爲兩者的同一；客體也同樣不按照它的理想的規定性被設定爲客體，而是把它本身設定爲絕對的，或者主觀與客觀的同一。在其他論述裡，謝林運用彼此相互進入或過渡的形式，認爲一方面，有限的事物

675

246 參看《自然哲學體系初稿》，第二九七頁。

進入到無限裡，另一方面，無限的事物又進入到有限裡：前者（無限）代表理想的一面，後者（有限）代表自然，實在的一面。

於是這裡面就包含著一切事物與每一事物的眞實絕對性，即它（眞實絕對性）本身不是普遍的事物和特殊的事物，而是具有普遍與特殊統一的規定性的普遍性，同樣特殊的事物也被認作普遍與特殊兩者的統一。這一構造包含有這樣的意義，即每一個特殊的或特定的事物都可以回溯到絕對，或者可以把它放在絕對統一性裡來考察；它的規定性只是它的理想的環節，但它的眞理性正是它在絕對中的存在。這三個環節（因次[21]）：本質進入到形式和形式進入到本質，這兩者都是相對的統一，以及第三者，絕對的統一，又回復到每一個別性。所以自然（其實在的一面）被設想爲由本質進入到特殊本身，又具有這三個統一體在自身內，同樣，自然的理想的一面（由形式進入到本質或者由特殊進入到普遍）也有三個統一體，每一個因次就自身來說，又是絕對的。這就是對於宇宙的科學構造的普遍理念：這是一種三重性（或三一性），它表示全體的圖式，並且同樣在每一個別性裡得到復現，從而表明了一切事物的統一性，並且從而可以對一切事物在它們的絕對本質中予以考察，並顯示出它們全都表現同樣的統一性。247

[21] 注意：「因次」可以理解爲「環節」或「層次」，則這個生疏的術語就不致太妨礙對整個意思的理解了。

247 《新思辨物理學雜誌》，第一卷，第二期，第三十四—三十八頁。

〔謝林的〕進一步說明是極其形式的：第一，「本質之進入到形式〔因爲形式單就本身說來是特殊的、有限的〕，是由於無限附加到有限，統一性被接納進雜多性，無差別性被接納進差別性。」第二，另一個規定是：「形式之進入到本質，是由於有限的事物被接納進無限，差別性被接納進無差別性。」「進入」、「接納」都是些感性的名詞。

「用另外一個方式來表達：特殊變成絕對形式，是由於普遍與它合而爲一；普遍變成絕對本質，是由於特殊與它合而爲一。但這兩種統一體在絕對裡並不是彼此外在的，而是相互在對方之內的，因而絕對就是形式與本質的絕對無差別。」這種差別將不斷地在絕對裡得到消除。

「由這兩種統一體就規定了兩種不同的因次，但是兩者自在地是絕對者的完全相等的根源。」這就是於每一區別之後又不斷回返到統一的保證。

(1)「關於那第一種絕對的統一〔即由本質進入到形式而得到的統一〕，在現象界的自然裡有許多模本，因此自然就它本身看來，不是別的事物，只是那種在絕對中的〔與對方不分離的〕統一。因爲這樣一來，無限就進入有限，本質就進入形式了。既然形式只有透過本質才能具有實在性，所以本質〔因爲它曾進到與形式統一，但是據假定又沒有同樣地由形式進到與本質統一〕只可以表述爲可能性或者實在性的根據，而不可以表述爲可能性與現實性的無差別。但正由於這種情況，即作爲本質它只是實在性的根據，因而只是由本質進到形式，而沒有由形式再進到本質，所以它就被表述爲自然。」[248]

(2)「本質映現到形式裡，但形式又反過來映現到本質裡。這是另一種統一性」，這就是精神性的事物。

「這種統一性是由有限的事物被接納進無限而建立起來的。於是形式作爲特殊的事物投進本質而自身成爲絕對的事物。那進入到本質的形式被表述爲絕對的活動性和實在性的肯定的原因，這形式與本質相對立，這本質進入到形式並且只表現爲根據。這種絕對形式進入到本質，就是我們所理解的上帝，這種絕對形式與本質的統一的模本是在理想的世界裡，因此這個理想的世界自在地就是另一個統一性。」[249]

(3)在這兩個因次、兩個範圍裡，現在就有了這種雙重的形成爲一。但絕對本身、上帝就是「形式與本質的絕對統一，作爲兩種不同的形成爲一」的統一。在這兩個「形成爲一」〔非統一〕裡，又在每一種「形成爲一」裡，出現三種「形成爲一」。兩種「形成爲一」中每一種都是一個完整的全體性，不過並沒有明確設定，並沒有表現爲完整的全體性，而是以一個因素或以另一個因素占優勢。[250]兩方面中的每一面現在在它自身內又有這些區別：

677

248《新思辨物理學雜誌》，第一卷，第二期，第三十九—四十頁。

249《新思辨物理學雜誌》，第一卷，第二期，第四十一頁。

250《新思辨物理學雜誌》，第一卷，第二期，第四十一—四十五頁。

①根據，僅僅作爲根據（或基礎）的自然，就是物質、重力；但第二個因次「在實在世界裡就是光，光是在黑暗中發亮，這就是進入到本質的形式」。形式之進入到本質，在實在世界裡，就是普遍的機械性、必然性。「在實在世界裡兩種統一性絕對地形成爲一，所以物質完全是形式，形式完全是物質，這就是有機體，這是自然的最高表現，像它在上帝裡那樣，也是上帝的最高表現，像它在自然裡，在有限事物裡那樣。」

②在理想的方面，「知識就是在形式的陽光下形成的絕對者的本質：行爲就是作爲特殊的事物的形式進入到絕對者的本質。正如在實在世界裡那與本質相同一的形式表現爲光那樣，在理想世界裡，上帝本身便表現爲特有的形態，作爲貫穿在形式與本質相同一的活生生的形式，因此無論從哪方面看來，理想世界與實在世界是處在類似和象徵的關係中。」在理想世界裡兩種統一性絕對形成爲一，致使質料完全是形式，形式完全是質料，這就是藝術品，而那個潛藏在絕對裡的祕密（這祕密乃是一切實在的根源），就作爲想像力而出現在這個反映的世界本身裡，出現在上帝與自然的最高因次和最高結合裡。由於具有這種相互浸透，故在謝林那裡，藝術和詩就被視爲最高的事物。但是藝術只是在感性形式內的絕對。哪裡會有並且如何會有與精神、理念相符合的藝術品呢？

③「宇宙在絕對中被形成爲最完滿的有機體和最完滿的藝術品：理性在宇宙中認識到絕對，對於理性來說，它（宇宙）具有絕對眞理性；想像力在宇宙中表述絕對，對於想像力來說，它具有絕對的美。它們之中的每一個只是從不同方面」看來，「表示了同樣的統一性；兩者都落在絕對的無差別點上，對於這個無差別點的認識，同時就是科學的開始和目

的。」[251]他對這個最高的理念和這些差別都只有很形式的理解。

④自然對精神和上帝、絕對的關係。人們也曾經稱謝林的哲學爲自然哲學；但是自然哲學只是全體的一個部分。謝林曾經是自然哲學的創始人，他在他的哲學裡給予自然哲學這個名詞以這樣的意義，即他把上帝的本質規定爲自然，就上帝本身以無限直觀爲根據而言，而自然又是上帝中的否定的環節，因爲理智和思維之所以存在，只是由於它與一個存在相對立。在較狹的意義內，一般講來，謝林曾經是自然哲學的創始人，因爲他曾經開始指出自然是直觀，或開始指出概念這一術語的性質和它的諸規定。不過他關於自然哲學的闡述，一方面沒有完成，一方面主要停留在自在存在裡，並且按照一個假定的圖式而夾雜進去一種外在構造的形式主義。

在別的地方，在他稍後的著作裡，謝林曾順便於反對雅各比時，說明了上帝的本性和上帝與自然的關係：「上帝，或者嚴格點說，那個叫做上帝的本質，是根據。一方面，作爲倫理的本質，它是自己本身的根據。但另一方面，他又使它自身成爲〔他物的〕根據」——而不是〔他物的〕原因。必然有某種先於理智（Intelligenz）的事物，[252]這就是存在，「因爲思維是存在的直接對立物。凡處於一個理智的開端的事物，必定不能又是理智的，不然就

251《新思辨物理學雜誌》，第一卷，第二期，第四十五—五十頁，散見各處。

252《關於神聖事物的著作的紀念物》，第九十四頁。

會沒有區別了。但它也不能純全是非理智的，正因爲它是一個理智的可能性。因此它將是一個中介者，這就是說，它包含著智慧在發揮作用，但好像是具有天賦的、本能式的、盲目的，還沒有意識到的智慧在發揮作用。這就像我們常常看見一些有靈感的人那樣，他們能說出很有見解的話，但是他們對所說的話的意義缺乏理解，而是由於在靈感的鼓舞之下而說出的。」[253]因此上帝作爲這種自身的根據，就是自然，亦即上帝中的自然。在他的自然哲學裡，對於自然的看法就是這樣。[254]但是絕對必須揚棄這種根據，並使得自己成爲理智。

按照這種構造的觀念，謝林曾經多次開始闡述自然的宇宙。他排除了所有這些空洞的一般的名詞，如完善性、智慧、外在目的等；換句話說，他放棄了康德的公式：（事物之所以是如此，是由於）我們的認識能力看來它們是如此，而轉變爲這樣的公式：（事物之所以如此，是由於）自然的結構如此。繼康德以薄弱的努力開始揭示自然中的精神性之後，他主要地重新開始這樣的自然考察，力求在對象性的本質中認識到在理想世界中所具有的同樣的圖式、同樣的節奏。所以他就把自然表述爲不是外在於精神的事物，而是精神一般在客觀的方式下的一種投射。

253《關於神聖事物的著作的紀念物》，第八十五—八十六頁。

254《關於人的自由的本質的哲學研究》（哲學著作，第一卷，蘭茨胡特，一八〇九年），第四二九頁；《關於神聖事物的著作的紀念物》，第八十九—九十三頁。

這裡不打算縷述謝林哲學的細節，也不想指出謝林前此的論述令人不甚滿意的地方。就他的論述的其他方面來說，特別是精神哲學方面，他還沒有來得及發揮。謝林的哲學還必須從它的發展過程來理解。[255]最重要的是必須把他本人的哲學與他的仿效者區隔，因為那些模仿者一方面拋進了一大堆毫無精神性的關於絕對的浮詞濫調；另一方面，又由於這些模仿者誤解了理智的直觀，從而放棄了概念的把握、放棄了認識的主要環節，這些人根據所謂直觀說話，亦即只需要對事物略加觀望，就對它們做出一些膚淺的類比和規定，從而就自以為說出了事物的本性，但事實上卻排斥了一切科學性。這整個傾向首先與反思的思維或者與用固定的、靜止的概念進行思維處於相反對的地位。但是他們不保持在概念裡並把概念認作非靜止的自我，反而陷於相反的極端，即陷於靜止的直觀、直接的存在、固定的自在存在；他們以為可以透過直覺的觀望來彌補固定概念的缺點，並且從而可以使得這種觀望成為理智的直觀，然後再透過某種固定的概念來加以規定；或者他們使得那被直觀到的事物處於運動中，譬如他們說，鴕鳥是鳥類中的魚，因為它有一個長脖子，於是魚在他們那裡就成為一種一般性的名詞，而不是一個概念。

強加於自然歷史、自然學說以至醫學裡的這一整套想法是一種如此貧困的形式主義，如此缺乏思想性的一種庸俗的經驗與膚淺的理想的規定的混合物，像這樣糟糕的形式主義還從

255　這是一八〇五－一八〇六年的講演。

來沒有過。洛克的哲學思想並不這樣糟糕；前者無論就內容或形式說都不比洛克好一些，只不過多了一點拙劣的妄自誇大罷了。這樣一來，哲學便墮落到遭受普遍的輕視和蔑視的境地，那些自命為包辦哲學研究的人對此要負大部分責任。放棄了概念的嚴肅性和思想的清醒性，而代之以無聊的幻想，並把這些無聊的幻想當作深刻的直覺、高遠的預見，並當作美的詩。他們自以為他們正處在中心，其實他們卻只在表面上。在二十五年以前，[256]同樣的情況曾發生在詩歌的藝術裡，天才主義支配著詩界，人們在詩的靈感中盲目地寫出詩歌，就像從手槍裡發射出子彈一樣。這樣的產物或者是狂誕的囈語，或者如果不是狂誕的囈語，那就是平庸的散文，其內容簡直糟糕得與散文不相稱。後來哲學的情況也與此相同。如果不是毫無思想性的關於無差別點和兩極性以及關於氧、聖潔者、永恆者等等的空談，那就是一些那樣瑣碎的思想，以致使人不禁懷疑，我們是否正確地理解了他們，因為第一，他們以那樣無恥的自負神氣在吹噓；第二，我們總相信他們不會寫出那樣瑣碎無聊的東西。

正如他們在自然哲學裡忘記了概念，並且以完全非精神性的態度去對待它一樣。他們也完全忘記了精神。他們走入了歧途，雖說按照原則，概念和直觀是有統一性的，但是事實上這個統一性，這個精神果然直接地出現了，但出現在直觀裡，而不是出現在概念裡。

謝林對自然哲學，特別對有機體發揮得較多。他利用了因次這一形式；這個術語他是從

256 這是一八〇五—一八〇六年的講演。

埃申邁爾那裡採取來的。哲學必須不要從另外的科學（如數學）那裡藉用形式。精神的方面，謝林曾經在先驗唯心主義裡加以闡述。他停留在康德的思想裡（在康德的法哲學和永久和平裡）。謝林曾寫過一本關於自由的論著，爲人所熟知，這是一本有較深刻的思辨方式的書。但這書只是單獨孤立地在那裡，而在哲學裡是沒有單獨孤立的事物可以被發展出來的。

謝林的哲學可以說是我們需要考察的最後的、有趣的、眞正的哲學形態了。在謝林那裡著重提出來的是理念本身，即眞理是具體的，是客觀和主觀的統一。每一階段在體系裡都有自己的形式；最後的階段就是各個形式的全體。謝林的第二個優點就是在自然哲學裡，他曾經指出了自然裡的精神形式：電、磁都被他看成只是理念、概念的外在方式。謝林哲學的主要之點在於它所涉及的是內容是眞理，而眞理是被了解爲具體的。謝林哲學具有一個深刻的思辨的內容，這內容，作爲內容來說，也是整個哲學史所從事探討的內容。思維本身是自由的，但不是抽象的，而是本身具體的：思維把握住自己在自身內作爲一個世界，但不是作爲理智的世界，而是作爲既是理智的，又是現實的世界。自然的眞理性、自在的自然是理智的世界。謝林曾經抓住了這個具體的內容。

缺點在於這個理念一般以及這個理念的規定和這些規定的全體（這些是理想的和自然的世界所給予的）並沒有透過概念自身予以必然性的揭示和發展。它缺乏邏輯發展的形式和進展的必然性。理念就是眞理，一切眞的事物都是理念。這必須予以證明，而且理念之系統化爲世界，或者世界作爲理念的揭示和啟示，必須得到證明。由於謝林沒有掌握住這一方面，所以就丟掉了邏輯的事物和思維。因此理智的直觀、想像力、藝術品便被理解爲表達理念的方式：「藝術品是最高的和唯一的方式，在其中理念成爲精神的對象。」但是理念的最高的方式乃是它自己的因素；思維被概念把握著的理念是高於藝術品的。而謝林的形式較多地成爲一個外在的圖式；他的方法成爲附屬於這個圖式的外在的對象。因而自然哲學就爲形式主義所浸透。而在奧肯那裡幾乎瀕於發狂的程度。這樣，哲學研究就成爲單純的類比式的反思；這乃是最壞的〔思維〕方式。謝林已經部分地輕用了這種方式，而別的人更是完全濫用了這種方式。

伍、結論

一、哲學到**現在**爲止達到的**觀點**就在於：認識到理念在它的必然性裡，認識到理念分裂出來的兩個方面，自然和精神，每一方面都表現理念的全體，不僅本身是同一的，而且從自身內產生出這唯一的同一性，並從而認識到這個同一性是必然的。哲學的**最後的目的**和**興趣**就在於使思想、概念與現實得到和解。哲學是眞正的神正論，不同於藝術和宗教以及兩者所喚起的感情，它是一種精神的和解，並且是這樣一種精神的和解，這精神在它的自由裡和在它的豐富內容裡把握住了自己的現實性。在別的較低級的觀點那裡，在直觀的方式或感情的方式那裡去尋求滿足，是很容易的。精神愈是深入自身，就愈會發生強烈的對立：精神的深度是以對立和需要的大小來衡量的。精神在自然內愈深，則它向外面探索和發現自己的需要也就愈深，它向外面尋求它自己的財富也就愈廣。

作爲現實的自然而存在著的事物，乃是神聖理性的肖像。自覺的理性的形式，也就是自然的形式。自然與精神世界、歷史是兩個現實性。我們看見那自己理解自己的思想出現了；它努力使自己在自身內成爲具體的。它的最初活動是形式的；亞里斯多德第一次說出，*νοῦς*是思維的思維。其成果就是思想，它是在自身內的，它又同時包括宇宙於其中，並把它轉變成理智的世界。在概念式的思維裡，精神宇宙與自然宇宙互相浸透成爲一個諧和的宇宙，這宇宙深入於自身之內，絕對在它的各方面發展成爲全體，正是這樣，絕對才在各個方面的統一裡、在思想裡被意識到了。

到了現在，世界精神到達了。那最後的哲學是一切較早的哲學的成果；沒有任何事物失掉，一切原則都是保存著的。這個具體的理念是差不多二千五百年來（泰勒斯生於公元前六四〇年）精神的勞動的成果，它是精神爲了使自己客觀化、爲了認識自己而做的最嚴肅認眞的勞動的成果。

Tantae molis erat, se ipsam cognoscere mentem.[22]

685

---

[22]「認識自己的心靈是那樣費力的事。」

所以我們時代的哲學的產生也費了如此長的時間。精神工作得如此遲鈍、如此緩慢地達到這個目標。我們在記憶中可以在短時間內概觀一遍的事物，在現實界裡卻需要這樣長的時間來展開。因爲在這段長時間裡，精神的概念自身配備著自己整個具體的發展，財富和外在的持續存在，努力完成自己、發展自己並且由自身中前進。它永遠向前邁進，因爲只有精神是前進的。精神似乎常常忘記了自己，失掉了自己；但是它在內部自相對立，也就是它在內部向前工作，像哈姆雷特對他父親的鬼魂所說的那樣，「你工作得很好，勇敢的老田鼠」[23]，直到它自身開始變得堅強，它就會打破那個把它和它的太陽、它的概念分隔開的地殼，使得地球分裂。在這樣的時代，它就會穿上七里靴快速前進，這時那舊軀殼就像一個沒有靈魂的腐朽了的建築物，整個崩塌，它將以新的青年的姿態出現。精神的這種認識自己，尋求自己的工作，這種活動，就是精神自身，就是精神生活。它的成果就是它認識到自己的概念；哲學的歷史就是精神在它的歷史中。所要達到的目的之明白的啟示。人類精神在內心思維裡的這種工作，是和現實世界的一切階段相平行的。沒有一種哲學能夠超出它的時代。哲學的歷史是世界的歷史的最內在的核心。至於思想的規定所具有重要性，這乃是不屬於哲學史的另一種知識。這些概念乃是世界精神最簡單的啟示：它們表現在它們的較具體的

[23] 見莎士比亞著，《哈姆雷特》第一幕，第五場。黑格爾引用時略有改變。照莎士比亞原文譯出，應爲「你說得好，老田鼠！你怎能在地下工作那樣快？」

形態裡，就是歷史。

因此第一，絕不要低估精神迄今所贏得的收穫。對於古代的哲學必須尊重它（發生）的必然性，尊重它是這個神聖鏈條中的一個環節，但也只是一個環節。現在才是最高的階段。其次，各種特定的哲學並不是時髦的哲學或類似的事物，它們不是偶然的產物，不是一根草燃燒起來的火所發出來的閃光，也不是這裡那裡隨意冒出來的事物，而是精神的、理性的向前進展，是唯一的哲學按照必然性在發展，是上帝的顯示，像上帝知道他自身那樣。當幾種哲學同時出現時，它們乃是以一個全體爲根據，並構成這個全體的不同的方面或片面性的原則；（由於它們的片面性）[24]，我們看到一種哲學被另一種哲學所推翻。第三，這裡也沒有微小的、薄弱的努力去建立或者去批評這一個或那一個個別的論點，（反之，每一哲學都必有其自己的新的原則，而）這個原則是必須予以承認的。

二、試概觀整個哲學史的主要時代，把握主要環節的必然發展階段，就可以看見，在東方的主觀性的思想起伏——這些思想既沒達到（科學的）理解，因而也沒有持久性——此後，思想之光在希臘人那裡拂曉了。哲學史上的諸階段代表著不同的理念。古代的哲學就曾對絕對理念加以思考，而絕對理念的實現或實在，就在於把握那當前現在的世界，並且把這世界如它本身那樣加以考察。

---

[24] 第二七九頁。

1. 這個哲學不從理念本身出發，而從客觀的、作爲給予的事物出發，並把這客觀的事物轉變成理念；這是〔巴門尼德的〕**有或存在**。

2. 抽象的思想，νοῦς，被認作普遍的**本質**，不把思想當作主觀的思維；這是柏拉圖的**共相**。

3. 在亞里斯多德那裡**概念**出現了，自由的樸素的、概念式的思想浸透著、精神化著宇宙內的一切形態。

4. 概念被認作**主體**，強調主體的獨立性，自在存在，**抽象的**分離，代表者爲斯多噶學派、伊比鳩魯派和懷疑主義：這裡還沒有自由的、具體的形式，而只有抽象的、純屬形式的普遍性。

5. **全體**性的思想、靈明的世界、作爲思想世界的世界，就是我們在新柏拉圖學派那裡所看見的**具體的理念**。這個原則是一般地內在於一切實在性中的理想性，是作爲全體性的理念，但不是自己知道自己的理念，這樣的理念直到主觀性、個體性的原則在理念中有其地位、上帝作爲精神在自我意識裡成爲現實時才達到了。

6. 但是把這個理念理解爲精神，理解爲自己知道自己的理念，乃是近代的工作。爲了從能知的理念進展到**自知的理念**，必須有無限的對立，即理念達到了意識到它自身的絕對的分裂（Entzweiung）。由於精神以客觀的本質爲思維的對象，於是哲學便完成了世界的可理解性，並且創造出這個精神性的世界，作爲一個存在於當前的現實世界之彼岸的對象，像自然界——精神的第一個產物——那樣。精神的勞作即在於把這個彼岸導回到現實、導回到自我意識。要做到這一點，就在於自我意識自身在思維，並且把絕對本質認作自身思維著的自我意識。在笛卡兒那裡純粹思維曾經做出了這種分裂或分而爲二（Entgweiung）。自我意識首先把自己想成意識；在意識裡面包含著一切客觀的現實和它的現實性與它的對方的肯定的、直觀著的關係。思維與現在在斯賓諾莎那裡既是相反的又是同一的；他對於實體有一種直觀的認識，不過他這種認識是外在的。其次我們就有了從思維本身開始的和解原則，揚棄了思維的主觀性，這就是萊布尼茲具有表象力的單子。

7.其次，自我意識意識到自己是自我意識，由於意識到自己，它就是獨立自爲的，但還只是對於對方採取否定態度的獨立自爲。這就是（無限的）[25]主觀性最初（在康德那裡）作爲思維的批判；另外（在費希特那裡）作爲尋求具體者的傾向或衝動。那絕對的純粹無限的形式被表達出來了——這就是自我意識、自我。

8.這個閃光照耀到精神的實體裡，導致了這樣的看法：絕對的內容和絕對的形式是同一的，實體本身與認識是同一的。第三，自我意識認識到它的肯定關係就是它的否定關係，它的否定關係就是它的肯定關係。換言之，這些相反的活動是相同的，這就是說，它認識到純粹思維或存在是自我等同性的，而自我等同性又是（自我的）分而爲二。這就是理智的直觀。但是如果理智的直觀眞正是理智的，那就要求它不僅僅是像人們所說的那種對永恆

[25] 第二八〇—二八一頁。

事物和神聖事物的直接的直觀，而應是絕對的知識。這種還不能認識自身的直觀〔只〕是一個開端，但卻被當作據以出發的絕對前提。它本身只是直觀著的直接的認識，而不是自我意識。或者也可以說，它什麼也沒有認識，它所直觀到的事物並不是一個被認識的對象，而乃是——最多可以說——美的思想，但不是知識。

而理智的直觀是被認識到的，首先由於對立的事物，儘管每一面是從另一面分離開的，一切外部的現實是被認識到作爲內在的。如果每一個〔外在對立中的〕事物是按照它的本質像它本身那樣被認識到，那就會表明它是沒有持久存在的，它的本質就是向對方過渡的運動，這一認無物靜止的赫拉克利特或懷疑論的原則應該表明爲對每一事物都是適用的。所以在這一意識裡——即認每一事物的本質是爲它的對立面所規定，就出現了一物與它的對立面的概念式的統一了。其次，這個統一眞正同樣可以在它的本質內認識到；它的本質作爲這個統一性，同樣過渡到它的反面或者實現其自身於它的反面裡。自身成爲他物，從而它裡面所包含的對立就透過自身而出現了。第三，當然又可以說，這對立是不在絕對之中；絕對是本質、永恆的等等。不過這本身就是一種抽象看法，只是片面地去看絕對，而對立也只被看成觀念性的〔抽象的〕事物。眞正講來，對立是絕對的形式，是絕對運動的本質環節。絕對並不是在靜止中，對立也不是不安息的概念；而是在它的不安息中，卻又是靜止的、自身滿足的。純粹思維已經進展到主觀與客觀的對立；對立的眞正和解在於達到這樣一個見解，即見到對立推到極端，就會消解其自身，正像謝林所說那樣，對立的事物是同一的，而永恆的生命即是永恆地產生對立並且永恆地調解對立的生命。在統一中認識對立，在對立中認識統一，這就是絕對知識，而科學就是在它的整個發展中透過它自身認識這統一。

三、這就是一切時代和一切哲學的要求。一個新的時代在世界裡產生了。看來世界精神現在已經成功地排除了一切異己的、對象性的本質，最後把自己理解為絕對精神，並且任何對於它是對象性的事物都是從自身創造出來，從而以安靜的態度把它保持在自身權力支配之下。有限的自我意識同絕對的自我意識的鬥爭，即由於後者好像是在前者之外而引起鬥爭就停止了。於是那有限的自我意識也不再是有限的了，而另一方面絕對意識也獲得它前此所沒有的現實性了。一般講來，這就是前此的整個世界歷史所達到的目標，特殊講來，這就是整個哲學史所達到的目標，而歷史的唯一工作就在於闡述這個鬥爭。現在看來它似乎達到它的目標了，因為絕對自我意識（歷史具有絕對自我意識的觀念）已不再是異己的事物，而精神也成為現實的精神了。因為只有當精神知道自身是絕對精神時，它才是現實的精神，並且在科學裡知道自己是絕對精神。精神實現其自身為自然、國家。自然乃是精神的不自覺的行動的產物，在自然中，精神是它自身的他物，而不是作為精神而出現。但是〔在國家裡〕，在歷史上的行為和生活裡，以及在藝術裡，精神以自覺的方式實現自己，在多樣性的形態下知道它的現實性，但也只是知道它的現實性的諸形態。但是只有在科學裡，它才知道自己是絕對精神，而且也只有這種知識或者精神，才是它的真正存在。

這就是當前的時代所達到的觀點，而這一系列的精神形態就現在說來就算告一段落。至此這部哲學史也宣告結束。我希望，你們可以由此看到，哲學的歷史不是一些偶然幻想的盲目聚集，也不是一個偶然的進程。我毋寧曾試圖指出它們一個接著一個地必然出現，因而一種哲學必然以先行的哲學爲前提。哲學史一般的結論是：(1)在所有時代裡只存在著一個哲學，它的同時代的不同表現構成一個原則的諸必然方面。(2)哲學體系的遞相接連的次序不是偶然的，而是表明了這門科學發展階段的次序。(3)一個時代的最後一種哲學是哲學發展的成果，是精神的自我意識可以提供的最高形態的眞理。因此那最後的哲學包含著前此的哲學、包括所有前此各階段在自身內，是一切先行的哲學的產物和成果。我們現在已不復做柏拉圖主義者了。我們必須首先超出瑣碎的個別意見、思想、反對意見和困難，其次超出自己的虛驕之氣，好像我們作爲個人曾經想出了什麼了不起的事物似的。因爲把握住內在的實體性的精神，這乃是**個人的觀點**；作爲全體中的部分，個人就像瞎子一樣，他乃是各全體的內在精神驅使著前進的。

因此我們現在的觀點是對於理念的認識、認識到理念就是精神，就是絕對精神，於是這個絕對精神就與另一種精神、有限的精神相對立，而有限精神的原則便在於認識絕對精神，使絕對精神可以成爲有限精神的對象。我曾經試圖發展出一系列的哲學精神形態的進展過程，並指出它們之間的聯繫，提供你們思索參考。這個系列是眞正的**精神王國**——存在著的唯一的精神王國。這一系列並不是紛然雜陳，也不是停留在一系列只按時間次序的外在羅列，而是正由於在自我認識的過程中使其成爲一個精神的不同環節，成爲同一的現在的精神。這一長系列的精神形態乃是在精神的生命過程中跳動著的個別的脈搏。它們是我們的實體的有機體。我們必須聽取它向前推進的呼聲，就像那內心中的老田鼠不斷向前衝，並且使它得到實現。它們純粹是必然性的前進系列，這個前進過程所表達的不是別的事物，只是那在我們全體中生活著的精神自身的本性。我希望這部哲學史對於你們意味著一個號召，號召你們去把握那自然地存在於我們之中的時代精神，並且把時代精神從它的自然狀態，亦即從它的閉塞境況和缺乏生命力中帶到光天化日之下，並且每個人從自己的地位出發，把它提到意識的光天化日之下。

我必須感謝你們對於我在作這個嘗試的過程中所表現的注意和關心，同樣，我的努力之所以獲得較大的滿足，也應當歸功於你們。並且，曾經同你們一起度過的這一段精神上的共同生活，對我來說，也是一種極大的愉快。我必須說這不是已經過去的事，因爲我希望我們彼此之間所結上的精神紐帶是有持久性的。祝願諸君身體健康。

（這一系列的哲學史講演的最末一講的日期是：一八一七年三月二十四日；一八一八年三月十四日；一八一九年八月十二日；一八二一年三月二十三日；一八二四年三月三十日；一八二八年三月二十八日；一八三〇年三月二十六日。）

譯者後記

這一卷是根據格洛克納一九二八年重新刊行的德文本《黑格爾全集》第十九卷譯出的。格洛克納本這一卷是根據一八三三年出版的米希勒本第十五卷重印的。

本卷是由賀麟、王太慶合譯的。賀麟共翻譯：第一篇；第二篇，第一章，第二階段；第二章，二；第三篇。王太慶翻譯：引言；第二篇，第一章，第一階段和第三階段；第二章，三。此外，第二篇，第二章，一，是賀麟根據薛華的譯稿修改而成。

翻譯過程中，我們參考了霍爾丹根據德文第二版譯的英譯本，兩種版本有出入的地方，有助於了解第一版德文本原意的地方，我們都斟酌摘譯過來並做了補充，用〔 〕號標出。爲了便於查對德文本，本卷一如前例，於書頁外側注明所據格洛克納本第十九卷頁碼。

本卷「最近德國哲學：一、雅各比，二、康德」，最初由賀麟譯出，曾於一九六二年由商務印書館以《康德哲學論述》書名出版過單行本。原稿曾由王玖興校閱一遍，後來收入本書，譯者做了修訂。

全部譯稿於一九六六年時，我們曾互相校閱過；王太慶後於一九七七年將全稿再校了一遍。對其中許多疑難之處，當時由賀麟和商務印書館編輯部多次商酌定稿。

術語（部分）主題索引[1]

[1] 請注意：條目開頭所附列外文，有德文和英文，以斜線隔開。條目所列的出處頁碼，指格洛克納本第十九卷頁碼，即本書邊碼。

一畫

二畫

三畫

四畫

五畫

六畫

七畫

八畫

九畫

十畫

十一畫

十二畫

十三畫

十四畫

十五畫

十六畫

十七畫

十八畫

十九畫

二十一畫

二十二畫

二十三畫

二十四畫

二十五畫

其他

人名對照與簡介

三畫

大衛（David，前十、十一世紀之際）：以色列國王。猶太部落軍事首領，協助國王掃羅奮戰費理斯提人，後叛變投敵，使掃羅大敗，趁亂登基，定都耶路撒冷。有關傳說，見於《舊約．撒母耳記》。

*《世界通史》1：673。

四畫

切恩豪斯（Ehrenfride Walther Tschirnhausen〔應為 Tschirnhaus〕，*Graf* von：荷蘭萊頓一六五一—一七〇八）把哲學德國化：德國數學家，哲學家，物理學家。在萊頓上學，遊法、意、瑞士，服軍役於荷蘭（一六七二—一六七三），在格爾利次〔東德東南邊境〕經營玻璃廠。寫有數學論文——關於求積分和方程，哲學著作《思維的醫術——純正邏輯探討》（一六八七）。斯賓諾莎、萊布尼茲（一六七五年冬，於巴黎）友人。

*《世界通史》5：568；《化學元素的發現》35；《邏輯史選譯》〔王憲鈞、吳允曾等譯〕83

尤迪特（Judith）：猶太教傳說人物，女英雄。平民貝休利亞的寡妻。面臨尼布甲尼撒攻城，奮起率領同胞抗擊，直蹈敵穴，取下敵將霍羅費奈（Holofernes）首級。

巴伐利亞選帝侯（Kurfürst von Bayern/the Elector of Bavaria）封沃爾夫為男爵：沃爾夫於一七四五年受封為男爵（Freiherr）。這一年，巴伐利亞選帝侯阿爾貝特（Charles Albert，一七二六—一七四五在位）逝世，其子馬克西米連三世（Maximilian III Josephe，一七四五—一七七七在位）繼位。

巴門尼德（Parmenides of Elea，希 Παρμενίδης，義大利南部卡尼亞的西部海岸城市埃利亞〔今皮肖塔附近）前五一五或前五三九左右？）：希臘埃利亞派唯心主義哲學家。

巴德爾/弗蘭茨・巴德爾/巴德爾的弗蘭茨（Benedikt Franz Xaver von Baader，1765—1841）：德國哲學家。明興大學哲學、神學名譽教授。

比埃爾・保爾・羅伊爾—柯拉爾德（Pierre Paul Royer-Collard，1763—1845）：法國政治家，哲學家，君主立憲制擁護者，反對拿破崙政府，一八〇九年後，任法蘭西大學哲學教授。

*《馬克思恩格斯全集》8：122。

以斯帖（Esther）：波斯王薛西斯（亞哈隨魯〔Ahasuerus〕）的王后，猶太人。反對宰相哈曼（Haman）對猶太人的歧視，《聖經》描述爲巾幗英雄。

五畫

加爾韋（Christian Garve，1742—1798）翻譯蘇格蘭哲學家著作爲德文：德國哲學家。初反對康德，後成爲康德友人。

包坡（Ernst Friedrich Poppo，1749—1866）：德國翻譯家。編訂多卷本《修昔提底斯》。

卡爾・路德維希（Karl Ludwig，英 Carl Ludwig，十七世紀下半葉）敦請斯賓諾莎講學：德國巴拉丁〔原中古建制，後取消〕選帝侯，基督教徒。境內有路易三世（一三七八—一四三六）時選帝侯魯佩特一世創辦的海德堡大學（一三八六）。十七十八世紀之交，宗教爭端頻繁反復，該校屢受天主教派系干擾。

尼古拉（Christoph Friedrich Nicolai，柏林一七三三—一八一一）對美術做哲學討論，包辦和萊辛的友誼：德國啟蒙思想家，通俗文學家。和萊辛、孟德爾頌組成柏林文學小組（一七五四），發行《德國大眾文叢》雜誌（一七五七），反對康德、費希特，著《腓特烈二世逸話》（一七八八—一七九二）等。

尼古拉斯·培根（Sir Nicholas Bacon，1509—1579）：英國法律家，政治家。哲學家培根的父親。

尼祿（Nero Claudius Caesar Augustus Germanicus，義大利安提烏姆〔羅馬西南海岸〕三十七—六十八羅馬附近，五十四—六十八在位）：羅馬優里烏斯·克勞狄烏斯朝（十四—六十八）皇帝。執政官多米圖·安諾巴布（Domi-tius Ahenobarbus）和小阿格里披娜的兒子。隨後父、皇帝克勞狄烏斯（四十一—五十四在位），改名尼祿，得母之助（毒死克）登基。後殺母以取悅於寵姬波巴（Poppaea Sabina）。史書描述爲血腥殘酷鎭壓基督教的典型人物。

布特維克（Friedrich Bouterweck，1766—1828）自詡偉大，雜湊的事物：德國哲學家，美學家。初服膺康德哲學，後追隨雅各比。在哥廷根大學教書。黑格爾有專文評論他。

布勞恩斯魏克—呂南柏格公爵（Herzog von Braunschweig-Lüneburg，本名：John Frederick，?—1679）：一六七三年任命萊布尼茲爲漢諾威圖書館長、公爵府參議。

伯里克利（Perikles，雅典，前四九五—前四二九）：希臘雅典城邦民主派政治家。

布魯諾（Giordano Bruno，義大利那不勒斯的諾拉一五四八—一六〇〇。2.17羅馬宗教裁判所火刑堆）其思想屬於中世紀，對立面統一，發表獨特世界觀，企圖建立形式體系：義大利哲學家，唯物主義者。早年參加多明尼克教團，後被革除教籍，一生熱情宣傳哥白尼學說。

*何仙槎譯：《天文學、天體照相學》，一九五五年，第四十七頁。

弗里斯（Jakob Friedrich Fries，薩克森的巴比一七七三—一八四三東德·耶拿）寫關於上帝著作，快樂主義者，自詡偉大，雜湊的哲學，把範疇理解爲意識的事實：德國哲學家。在海德堡（一八〇六—一八一六）耶拿（一八一六後）教哲學。積極參加德國大學生協會領導的統一運動。

弗里德里希·封·希（史）雷格爾（Friedrich von Schlegel，1772—1829）德國哲學家，批評家，語文學家。耶拿、柏林等大學教授。

*《費爾巴哈哲學著作選集》下：885。

弗蘭西斯．培根（Francis Bacon，*Baron* Verulam 維魯拉姆男爵；一五六一—一六二六），休謨的出發點：英國哲學家，近代唯物主義開創者，思想家，散文家。

弗蘭克（August Hermann Francke，1663—1727）：德國教育家，博愛主義者，布道者。和托瑪修斯、萊布尼茲、施彭納（Spener）等一樣，一度受到腓特烈一世（一六五七—一七一三）的優渥款待。大半輩子在哈勒辦學，成績卓著。

*海涅著，海安譯：《論德國宗教和哲學的歷史》，一九七四年，第八十頁。

六畫

伊莉莎白女王一世（Königin Elisabeth I，1533—1603，1558—1603 在位）：英國都鐸王朝（一四八五—一六〇三）末代女王。亨利八世和安娜．博林之女。英國國教派，支持蘇格蘭喀爾文教派。專制政治的代表人物。

伊比鳩魯（Epikur，英 Epicurus，希 'Επίκουρος；前三四二？—？前二七〇）空洞原子：希臘哲學家，原子論者，「古代眞正激進的啟蒙者」。

伍斯特主教（Bischof von Worcester，英 the Bishop of Worsester〔英國．伯明罕之西南〕本名：Edward Stillingfleet 愛德華．斯蒂林弗利特；多塞特郡．克蘭博恩一六三五—一六九九）：英國國教主教（一六八八）。著《基督新教基礎的理論闡述》（一六六四）《古羅馬教會理論和實際之眞釋》（一六八六）。因爲托蘭在《基督教並無神祕》（一六九六）發揮洛克的觀點，當即加予洛克、托蘭

兩人以索西尼〔Sozzini，拉 Socinus〕異端的帽子。溫特（Wendt）

伏愛特（Gisbert Voet，拉 Gysbertus Voetius，霍伊施登一五八八——一六七六）：荷蘭神學家。在烏特勒支大學（一六三四）教神學、東方語言〔希伯來語〕，反對阿爾明尼派，攻擊笛卡兒哲學。

伏爾泰（Voltaire，眞名：François-Marie Arouet，1694—1778）諷刺萊布尼茲，關於孟德斯鳩：法國啟蒙思想家，自然神論者，文學家。

休謨（David Hume，愛丁堡一七一一——一七七六愛丁堡）全盤否定普遍的事物，德國哲學的出發點 532，受到康德反對英國蘇格蘭哲學家，歷史學家，散文家。懷疑主義者。

安東尼·阿什利·庫珀（Anthony Ashley Cooper，1621—1683）：英國政治家。斯圖亞特復辟王朝（一六六〇——一七一四）查理二世政府大法官，一六七二年受封爲沙夫茨伯里伯爵。後領導反對派，組織輝格黨。一六七九年後，擁戴蒙第斯公爵未成，流亡荷蘭。

安東尼·阿爾諾（Antoine Arnauld，1612—1694）：批評笛卡兒《沉思集》。法國哲學家，冉森教派神學家。巴斯噶、萊布尼茲友人，和友人堅決反對耶穌會士，在巴黎附近波羅雅爾〔王港〕修道院從事教育，著書撰文抨擊耶穌會。後被迫逃亡。

安瑟倫（Anselm von Canterbury：英 Anselm of Canterbury，1033—1109）：義大利神學家、僧侶。蘭弗雷克（Lanfranc，1005?—1089）的學生，晚年訪英，英王威廉一世（一〇八七——一一〇〇在位）任命爲坎特伯雷大主教。基督教史稱「聖·安瑟倫」。

*黑格爾著，賀麟譯：《小邏輯》，一九五九年，第三七七頁。

米拉波（Mirabaud，法 Mirabeau，?—1760）：法國文人，法蘭西學院常任祕書。霍爾巴赫把自己的《自然體系》〔關於自然的學說〕假託爲其遺著，於其死後十年出版於阿姆斯特丹。

色諾芬尼（Xenophanes，希 Ξενοφάνης；科洛封，前五六五？—前四七三）：希臘詩人，哲學家，無神論者。亞里斯多德所引用的話是他說的。

艾伯哈特（Johann August Eberhard，1739—1809）：德國哲學家，神學家，萊布尼茲主義者。哈勒大學教授（一七七八）。編輯《哲學雜誌》（一七八八—一七九二）和《哲學叢書》（一七九三—一七九四）。著《蘇格拉底新辯》（*Neue Apologie des Sokrates*，一七七二—一七七八，兩卷），反對康德哲學；《美學手冊》（一八〇三—一八〇五，四卷），音樂論文等。

艾薩克·牛頓（Isaac Newton，1642—1727）卓越哲學家，從經驗引出理智命題，牛頓哲學：英國數學家，物理學家，建立古典力學體系。

西塞羅（Marcus Tullius Cicero〔簡稱 Tully〕：義大利中部阿爾披奴姆城〔阿韋察諾之南〕前一〇六—前四十三羅馬）形容蘇格拉底，談問題的特殊作風：義大利散文家，政治家。

*盧森貝著，翟松年譯：《政治經濟學史》，三聯書店，一九五九年，第三十三頁。

西奧多·西蒙·若弗魯瓦（Thécdore Simon Jouffroy，1796—1842）：法國哲學家。在巴黎從古桑學習，晚年任巴黎大學圖書館長。翻譯李特、斯圖爾特的著作，反對孔狄亞克。

西蒙·封·伏里斯（Simon von Vries，荷 Simon de Vries，1633?—1667）以遺產贈斯賓諾莎：荷蘭人，斯賓諾莎友人。阿姆斯特丹的哲學學習小組成員（六十年代）。

七畫

伽利略（Galileo Galilei，比薩一五六四—一六四二佛羅倫斯）：義大利物理學家，天文學家。晚年被羅馬宗教裁判所軟禁。

伽桑地（狄）（Petrus Gassendi，法 Pierre Gassend，1592—1655）對笛卡兒公式的巧妙駁斥：法國哲學家，唯物主義者。與笛卡兒、霍布士相識。

克拉克（Samuel Clarke，1675—1729）：英國神學家。牛頓的學生，以其觀點批判笛卡兒（見所譯羅豪爾特〔Jacques Rohault〕《物理學》注文）；反對自然神論；反對霍布斯、斯賓諾莎、托蘭；與萊布尼茲通信討論時空問題。

克莉絲汀娜（Alexandra Christina，1626—1689，1632—1654 在位）邀請笛卡兒，格老秀斯：瑞典女王。其父古斯塔夫斯二世．阿道耳法斯王（一六一一—一六三二在位）死於呂岑後，由大臣阿克賽耳．奧克森斯提爾那（Oxenstierna）輔佐，得以執政。親政後，私心信奉天主教，與眾不合，終於遜位。

克魯克（Wilhelm Traugott Krug，1770—1842）觀點膚淺，說空話：德國哲學家。從萊因哈德（Reinhard）耶尼興（Jehnichen）萊因霍爾德（Reinhold）學習，在美茵河法蘭克福、哥尼斯堡（接康德的教席）、萊比錫教書，參加輕騎兵投入一八一三—一八一四年戰爭。哲學上企圖調和唯心主義和唯物主義，反對自然哲學。

克魯修斯（Christian August Crusius，1715—1775）沃爾夫哲學加工者：德國神學家。反對沃爾夫哲學。

克羅採爾（Georg Friedrich Creuzer，1771—1858）：德國語言學家，歷史學家。海得爾堡希臘語、古代史教授（一八〇〇）。

李特（Thomas Reid，1710—1796）：英國蘇格蘭常識學派首領。接受巴克萊唯心主義，並爲抵消休謨（兩人有通訊往還）經驗論的影響，創立常識學派；繼亞當．史密斯在格拉斯哥大學教道德哲學（一七六三—一七八一）；晚年家居著述；遺著文集由斯圖爾特附以所寫傳記編輯出版（一八〇四）。

＊《哲學辭典》（1926/1935）910；吳念慈、柯柏年、王愼名編：《新術語辭典續編》，上海南強書局，一九三三年，第七七八頁。

沃拉斯頓（William Wollaston，1659—1724）：英國倫理學家。思想受克拉克的影響。

沃爾夫（Christian Wolf，1679—1754）形上學，對具體表象的看法，受到康德反對，上帝是最眞實本質，德國啟蒙思想抹掉沃爾夫哲學的方式，保留其內容：德國哲學家，德國哲學術語創造者。

＊樊炳清編《哲學辭典》714；《資本論》〔郭大力、王亞南譯本〕1：860。

狄德羅（Denis Diderot，1713—1784）指導雅各比：法國思想家，《百科全書》編者。爲了『對眞理和正義的熱誠』而獻出了整個生命。

＊《資本論》〔郭大力、王亞南譯本〕1：865，一九六三年。

貝克爾（Balthasar Bekker，1634—1698）：荷蘭新教神學家，牧師（一六七九—一六九二，在阿姆斯特丹）。笛卡兒哲學擁護者，反對巫術，不信天使魔鬼之類迷信。

貝爾（Pierre Bayle，一六四七—一七〇六）：嘲笑斯賓諾莎，其哲學無玄思氣味，敏銳的辯證法家、法國思想家、批評家。編輯《文學共和國新聞》雜誌（一六八四—一六八七，鹿特丹），廣泛聯絡各國文人，交流反封建觀點，爲啟蒙運動開路；編寫《歷史批判辭典》，在字典式辭書中，開創思想批判之先例。

里克斯納（Thaddeus Anselm Rixner，1766—1838）：德國哲學史家，謝林哲學的服膺者。和西爾伯（Silber）合作研究。

＊《費爾巴哈哲學著作選集》下：881。

亞里斯多德（Aristoteles，希 Ἀριστοτέλης，英 Aristotle，前三八四—前三二二）人們不再以他爲權威，已知歸納是推論，εξηρτητα，和近代形上學對比，論阿那克薩哥拉：希臘哲學家。

亞哈（Ahab，?—前八五四，前八七六—前八五四在位）：以色列北部國家暗利朝〔前九二五年，南北分裂後建立〕第二代國王。前王暗利，又譯烏利、曷默黎〔Amri，前八世紀〕。事見《舊約．列王紀》16：29

亞當．史密斯（Adam Smith，1723—1790）：英國經濟學家，哲學家。休謨友人。六十年代開始和法國重農主義經濟學家魁奈等往還，從哲學轉入經濟學研究。

八畫

坦納曼（Tenneman）

孟德斯鳩（Charles de Secondat Montesquieu，*Baron de la Brède et de*，1689—1755），霍爾巴赫集團成員，偉大思想家，把權威推了一把：法國政治思想家，散文家，百科全書派。

孟德爾頌（Moses Mendelssohn，本名Moses Ben Menachem Mendel，1729—1786）沃爾夫哲學加工者，討論哲學，最偉大哲學家：德國猶太教思想家，啟蒙運動思想家。高利貸者。萊辛友人，但與之貌合神離，曲解萊辛思想，頑固堅持猶太教的落後思想，貶抑斯賓諾莎爲「死狗」。

*《世界通史》5：574；《資本論》〔郭大力、王亞南譯本〕1：862。

岱梅索（Pierre Des-Maiseaux，十八世紀）編輯出版萊布尼茲著作：法國文人。阿姆斯特丹出版的刊物《歐洲學者著述分類書目》通訊員。和休謨等當時一些著作家有往來。

帕拉切爾斯（Theophrastus Paracelsus Bombastus von Hohenheim〔Para，希Παρα超越＋Celsus（公元前三十—公元四十五）羅馬醫學家，名醫〕，一四九三—一五四一）波墨型哲學家：瑞士化學家，醫生。

*韋克思著，黃素封譯：《化學元素的發現》，一九六五年，第二十頁；阿尼克斯特著，戴鎦齡等譯：《英國文學史綱》第四九八頁

彼得．拉梅（拉 Petrus Ramus，法 Pierre de la Ramée，1515—1572）：法國人文主義者，數學家，哲學家。苦學而成，信仰新教，反對中世紀亞里斯多德主義。對後世影響不小，其追隨者史稱拉梅派。

*波波夫著，馬兵等譯：《近代邏輯史》，上海人民出版社，一九六四年，第四一三頁。

彼得一世/大帝（Peter I，俄 Петр Алексей，莫斯科一六七二—一七二五，一六八九—一七二五在位）：俄國沙皇。先與其兄伊凡共治（一六八二—一六八九），其姊索菲亞攝政，後單獨統治，大事整頓，改國名爲俄羅斯帝國，建彼得堡城，支持籌備科學院，廣招外國優秀學者，發展本國科學、工業、學術文化。

所羅門（Soloman，？—前九三二，前九七一—九三二在位）：猶太教傳說人物，以色列第三代國王。大衛和拔示巴的兒子，登基後，大力整頓內部，對外聯絡埃及、推羅，國力強盛。歐洲文學上傳爲有智慧的典型人物。

拉．梅特里（Julien Offroy de La Mettrié，1709—1751）：法國唯物主義哲學家，醫生，荷蘭醫學家波爾哈夫的學生，不見容於法國和荷蘭，晚年在腓特烈大帝宮廷。

*瑪律文著，傅子東譯：《歐洲哲學史》，一九三五年，第三九〇頁。

拉斯普（R. E. Raspe，十八世紀）：文物研究者。德國黑森、卡塞爾公國路德維希二世任命爲所組織的文物館館長，一七六三年出版《漢諾威雜誌》，一七六五年於漢諾威宮廷檔案中發現萊布尼茲存稿，陸續公之於世。

波涅（Charles Bonnet，1720—1793）雅各比的老師：瑞士博物學家，哲學家。巴黎科學院成員。學法律，

後研究博物學、哲學。

阿爾韋斯勒本（Alversleben）聰明紳士。萊布尼茲友人。一六九六年，萊布尼茲和索菲亞母女在漢諾威城北赫倫豪森花園散步，討論上帝的意匠和人的地位問題，他適逢其會。

九畫

保盧斯（Heinrich Eberhard Gottlieb Paulus，俄 Паулус，1761—1851）：德國基督教神學家，唯理論者。耶拿大學東方〔地中海東部〕語言（一七八九）、神學（一七九三）教授、海得爾堡大學教會史（一八一一—一八四四）教授，教過費爾巴哈。編訂《斯賓諾莎全集》時，黑格爾是助手。

*《馬克思恩格斯全集》8：346；《普列漢諾夫哲學著作選集》1：938

保羅（Paulus，英 Paul，希 Παυλος，原名：Σαουλος 掃羅，生於小亞細亞的塔索斯〔愛琴海北〕？—？64/67 羅馬）：基督教福音文學故事人物，早期基督教布道者（使徒）。反對基督教，後改名，並極力傳播基督教於希臘羅馬地區〔巴勒斯坦之外的所謂外邦〕，受到羅馬尼祿皇帝迫害。

哈奇森（Francis Hutcheson，1694—1746）：英國蘇格蘭哲學家。格拉斯哥大學教授（一七二九—一七四六）。

*汲自信、孟式鈞譯：《近代美學思想史論叢》，一九六六年，第一八三頁。

哈姆雷特（Hamlet）：英國莎士比亞詩劇《哈姆雷特》〔俗名：王子復仇記〕主角，丹麥王子。他的父親以陰魂顯靈，把受毒害眞相向他透露。顯靈時，行動十分迅速，對此，他表示讚歎。

哈威（William Harvey，1578—1657）：英國生理學家，醫生。發現血液循環。

施萊艾爾馬赫（Friedrich Ernst Daniel Schleiermacher，1768—1834）：德國新教神學家。柏林大學神學

教授（一八〇九），影響巨大。譯《柏拉圖對話集》。

柏拉圖（Platon，英 Plato，希 Πλάτων；雅典，前四二八？—？前三四八雅典）：希臘客觀唯心主義哲學家。撰寫大量《對話》，建立龐大哲學體系。

查理一世（Karls I，英 Charles I，1600—1649，1625—1649 在位）：英國斯圖亞特王朝國王。詹姆士一世之子。對抗國會，壓迫清教徒，打擊新興工商業，發動內戰，被國會處死。

柯勒魯斯（John Colerus；德 Johann Köhler，1647—1707）第一部斯賓諾莎傳記作者：路德新教牧師。一六七九在阿姆斯特丹；一六九三在海牙，住在斯賓諾莎故居（一六七〇—一六七一），不遠還住著斯賓諾莎晚年的房東、畫家思璧克夫婦，柯勒魯斯得以向他們採訪，寫成《論耶穌基督眞正復活，斥斯賓諾莎之流。附該著名哲學家略傳，據其著作與本書作者採訪所得編寫》（一七〇五），他不知盧凱西（一六三六—一六九七）留下有斯賓諾莎傳記手稿。

洛克（John Locke，1632—1704）經驗方法，主觀唯心論從洛克出發，其經驗主義是觀念的形上學，和休謨相反，謝林妄自誇大，不同於洛克：英國哲學家，政治思想家，唯物主義者。

科采布（August Friedrich Ferdinand von Kotzebue，1761—1819）費希特晚期通俗哲學的對象：德國戲劇家。早年投效俄國，後得到沙皇保羅一世賞識，回德活動，在德國統一運動中成爲眾矢之的。

*《古典文藝理論譯叢》6（一九六三）：111；《歌德自傳》下：433。

約翰．凡．奧登巴恩維爾德（Jan van Olden Barneveldt，1547—1619）：荷蘭政治家，荷蘭省省長。代表商業資產階級，領導「地方派」，反對奧蘭治的摩里斯，主張信教自由，反對戈馬爾派（喀爾義派），維護人文主義。一六一九年領導暴動，失敗後被處死。

美茵茲選帝侯（Kurfürsten von Mainz，英 Elector-Archibishop of Mainz，本名 John Philip von

Schönborn，?—1673）：維爾茨堡〔西德〕和沃爾姆斯〔西德〕主教。一六四七年起是選帝侯。一六七二年派萊布尼茲出使路易十四宮廷，萊布尼茲在此四年餘結交許多法國友人，並走一趟倫敦。

耶洗別（Jesabel）：以色列北部王國國王亞哈妻。推羅國王的女兒。廢猶太教，改奉阿斯塔爾塔女神，受到猶太教勢力頑抗。猶太教徒把她描述爲瀆神、淫亂的化身。見《列王紀》上76：31，《啟示錄》2：20。

胡果・格老秀斯（拉 Hugo Grotius，德 Hugo van Groot，荷 Huigh de Groot 胡果・凡・格老秀斯；一五八三—一六四五）把人的衝動當原則：荷蘭政治思想家，政治家。一六一九年參加奧登巴恩維爾德領導的暴動被捕，後逃法。

*《小邏輯》58。

若古爾爵士（Chevalier de Jaucourt）：《萊布尼茲傳》作者。

修昔提底斯（Thukydides，英 Thucydides；希 Θουκυδίδης，前四六〇？—？前四〇〇）：希臘歷史家。雅典人，色雷斯金礦主，雅典將軍（四二四），戰敗流亡；著《伯羅奔尼撒戰史》（商務印書館，一九六二），記述前四三一—前四〇四年雅典喪失海上霸權經過。

十畫

倫茨（Karl Christian Renz，1770—1829：德國宗教人士。黑格爾同班同學，圖賓根、魏爾海姆〔西德〕等城市教區主持人。

哥白尼（Kopernikus，波 Mikotaj Kopernik，拉 Nicolaus Copernicus，1473—1543）：波蘭天文學家，教士，近代太陽中心說首倡者。

哥倫布（意 Christoforo Colombo，1446/1451？—1506）：義大利航海家。在西班牙國王斐迪南和伊薩培拉資助下航海發現美洲，後遭排斥，死於窮困潦倒。

哥德（Johann Wolfgang von Goethe，1749—1832）關於驅逐費希特的辯解：德國思想家，文學家。著《歌德自傳》（思慕譯，生活書店，一九三七）。

埃申邁爾（Adam Karl August Eschenmayer，1768—1852）：德國哲學家，支持謝林，反對黑格爾。

席勒（Johann Christoph Friedrich von Schiller，西德．符騰堡．瑪律巴赫一七五九—一八〇五）429：德國詩人劇作家。

拿破崙．波拿巴（Napoleon，法 Napoléon Bonaparte，1769—1821，1804—1814、1815 在位）：法國第一帝國皇帝。

朗格/朗蓋（Joachim J.Lange，1670—1744）：德國神學家，哈勒大學教授，控告沃爾夫。

*《馬克思恩格斯全集》1：128。

格勒特（Christian Fürchtegott Gellert，薩克森的海尼興〔東德南部〕一七一五—一七六九萊比錫）貧乏的詩 309，受腓特烈二世賞識：德國詩人。學神學，倫理學。仿英國理查生寫小說，後寫寓言。

格雷斯（Joseph von Görres，1776—1848）輝煌的想像力：德國記者，文人。創辦《萊茵水星》雜誌（一八一四—一八一六），反對拿破崙，反對沙俄，後任慕尼黑大學歷史學教授（一八二七）。

泰勒斯（Thales von Milet，希 Θαλῆς，前六四〇/六二四？—前五四七）：希臘哲學家，唯物主義者。米利都〔薩莫斯島之東南古代港口城市，今土耳其西端〕學派創始人。

*《新術語辭典續編》第 524 頁。

海拉斯（Hylas，希 ὕλη 木、物質）：英國哲學家巴克萊《海拉斯和菲洛諾斯對話集》中反面人物，作者安排他以常識觀點表示唯物論看法，經不起三句問，折服於菲洛諾斯的乖巧論辯。

祖爾策（Johann Georg Sulzer，瑞士．溫特圖爾〔蘇黎世之北〕一七二〇—一七七九）：瑞士哲學家，美學家。和歐拉、穆伯杜依等一些法國學者成爲普王座上客，任柏林科學院哲學部祕書。支持萊布尼茲、沃爾夫學說，反對康德。

＊汲自信、孟式鈞譯：《近代美學思想史論叢》，一九六六年，第三十頁。

索菲亞．夏洛特（Sophie Charlotte，1668—1705）：普魯士國王腓特烈一世（一六五七—一七一三）王后（一七〇一—〇五）。第一代漢諾威選帝侯奧古斯都（Ernest Augustus）的夫人索菲亞（Sophie，1630—1714）的女兒，英王喬治一世之妹，腓特烈的第二個妻子（一六八四）。托蘭的《致塞倫娜信札》（一七〇四）是寫給她的。萊布尼茲的友人。柏林西郊的夏洛滕堡（Charlotteuburg）即以其名所命者。

馬丁．路德（Martin Luther，1483—1546）宗教改革，法國人攻擊的不是路德改革過的宗教，法國人以另一形式實行路德的改革：德國基督教改革家。維滕貝格〔柏林、哈勒之間〕大學聖經教授，一五一二—一五四六年。基督教路德教派創立者。

馬勒伯朗士（Nicolas/Nicole Malebranche，1638—1715），笛卡兒主義者，巴克萊與之相近，法國哲學與之不一致：法國哲學家。與萊布尼茲相識（一六七二）。

十一畫

基督（Christus，英 Christ，希 Χριστ□ς，塗有神聖油膏者、救世主），代替魔鬼的地位，說必須有犯罪存在：基督教福音文學故事人物，猶太神話指救世主，後專指公元初基督教教主、一個確定的耶穌（Jesus von Nazareth），相傳被羅馬官吏本丟．彼拉圖判處死刑，釘死於十字架上。十五、十六世紀無名氏著的《三大騙子》把他當作歷史人物，宣判爲大騙子。現代史學確定爲虛構人物。

基爾邁爾（Karl Friedrich Kielmeyer，1765—1844）：德國比較解剖學家。

康德（Immanuel Kant，1724—1804），斥責洛克，從休謨經驗論出發思考，給哲學新生機，幾個抄襲者，和謝林哲學相反，《論永久和平》和謝林，無限主觀性和思維的批判：德國古典唯心主義哲學家。

掃羅（Saul，公元前十一世紀）：猶太教傳說人物，以色列國王。便雅憫部落出身，指揮以色列、猶太部落聯盟軍隊，戰勝費理斯提城市聯盟。後因部下大衛叛變投敵，兵敗身死。事見《舊約．撒母耳記》。

畢達哥拉斯（Pythagoras von Samos，希 Πυθαγόρας，愛琴海東薩莫斯島〔屬希臘〕前五八四？—？四九七義大利梅達彭提翁）單子這個術語：希臘哲學家，數學家，神祕主義者。

笛卡兒（René Descartes，1596—1650）開始抽象思維，形上學時期代表人物，以歐幾里得方法講哲學，把廣延和思維對立，由概念過渡到存在，從神講到自然，馬勒伯朗士讀《論人》，爲沃爾夫所採納，抽象形上學觀點，上帝把廣延和思維聯合起來，純思維在他這裡開始分裂：法國哲學家，數學家，二元論者。他的《沉思集》（一六四一）遭到唯物主義、唯心主義、哲學界、神學界、數學家不同方面的批評，諸如安特衛普神學家卡德魯（Caterus），數學家，霍布士，阿爾諾，伽桑地，神學家，耶穌會士（Bourdin）等。

*《世界通史》4：324。

第一代白金漢公爵（Ist Duke of Buckingham，本名：George Villiers 喬治．維利爾斯，一五九二—一六二八被暗殺）：英王詹姆士一世、查理一世寵臣。薩默塞特伯爵失寵後，維利爾斯由子爵晉爲白金漢伯爵，娶拉特蘭郡（累斯特郡東最小郡）的天主教伯爵的女兒凱瑟林．曼納斯（一六二〇），轉而得寵於查理一世而成爲公爵。得志猖狂，貪得無厭，自招滅亡。

*《培根哲學思想》，商務印書館，一九六一年，第三頁。

第一代沙夫茨伯里（Ist Earl of Shaftesbury，一六二一—一六八五）：英國貴族。斯圖亞特王朝（一六〇三—一六四九，一六六〇—一七一四）查理二世（一六三〇—一六八五，一六六〇—一六八五在位）復辟後，授予大臣安東尼·阿什利·庫珀的貴族封號。

第一代赫伯特勛爵（Ist.Baron Herbert of Cherbury，本名：Edward Herbert 愛德華·赫伯特，威爾士境內塞弗恩河上的艾頓〔羅色特附近〕一五八三—一六四八倫敦）：英國自然神論者，歷史家，外交家。史稱英國第一位自然神論者。在詹姆士一世（一六〇三—一六二五）查理一世（一六二五—一六四九）朝受封爲騎士、勛爵。兩度泛遊歐陸，任駐法大使（一六一九—一六二四），內戰期間（一六四〇—一六六〇）由議會派轉爲保王派。

第二代（羅伯特·德弗羅·）艾塞克斯（Graf Essex，英 Robert Devereux Essex，2nd Earl of：赫爾德福郡、內瑟伍德一五六七—一六〇一被斬首）：英國女王伊莉莎白寵臣。一五九九年率軍鎮壓愛爾蘭天主教徒起義，遭到失敗，轉而陰謀奪權推翻政府未成，澈底破產。

莎士比亞（William Shakespeare，1564—1614）《暴風雨》、《哈姆雷特》：英國詩人，劇作家。著有詩、詩劇，我國有朱生豪譯《莎士比亞全集》，另有曹未風、曹禺、卞之琳等散譯本。

十二畫

博因堡男爵（Baron John Christian von Boineburg）：德國美茵茲公國相國。一六七二年，萊布尼茲受雇爲其家庭教師，後得以薦於美茵茲選帝侯宮廷。

惠更斯（Christiaan Huygens，海牙一六二九—一六九五海牙）：荷蘭數學家，物理學家，天文學家。提出光的波動理論。

提騰斯（Johann Nicolas Tetens，1736—1807）：德國哲學家，心理學家。基爾〔西德北部港口城市〕大學教授。著《哲學論文：論人性》（一七七六—一七七七），接近康德觀點，兩人互有影響。

斯圖爾特（Dugald Stewart，1753—1828）：英國蘇格蘭哲學家。在愛丁堡教書（一七七二）二十五年。編訂他的老師李特的文集，並附一篇傳記。他自己的文集由漢密頓編訂爲十卷（一八五四—一八五九）。

＊樊炳清編《哲學辭典》680。

斯賓諾莎（Baruch de Spinoza，拉 Benedictus de Spinoza，1632—1677）孤芳自賞，詮釋笛卡兒：荷蘭唯物主義哲學家。

普法夫（Pfaff）責問萊布尼茲：德國符騰堡神學家、僧侶。

普芬多夫（Samuel von Pufendorf，1632—1694）以合群欲作法學體系基礎：德國法學家，史學家。在海德堡大學開設自然法課（一六六一），擔任瑞典御史（一六七七），應勃蘭登堡大選帝侯之召回柏林（一六八六）。擁護王權，反對教權高於世俗政權。

普羅克洛（Proklos Diadochos，拉 Prcclus Diadochus，410?—485）神是單純本體：拜占庭〔東羅馬帝國〕哲學家，新柏拉圖主義者。

普羅斯珀羅（Prospero）：英國文學作品人物，莎士比亞戲劇《暴風雨》中義大利米蘭國君。君位爲弟安東尼奧所篡，流落荒島，利用愛麗兒施展法術，重返故土。

腓特烈·威廉一世（Friedrich Wilhelm I，英 Frederick William I，一六八八—一七四〇波茨坦宮，一七一三—一七四〇在位）：普魯士霍亨索倫王朝（一七〇一—一七九七）第二代國王。娶漢諾威的索菲亞·多羅特婭（Sophia Dorothea，1687—1757，母〔一六六六—一七二六〕女同名）公主（一七〇六）。

腓特烈一世（Friedrich I，1657—1713，1701—1713 在位）：普魯士第一代國王，原勃蘭登堡選帝侯。腓特烈・威廉一世之父。一六八八年繼其父腓特烈・威廉爲勃蘭登堡選帝侯。其妻索菲亞・夏洛特（一六六八—一七〇五）。

腓特烈二世（Friedrich II.，der Grosse 大帝，英 Frederick the Great，柏林一七一二—一七八六，一七四〇—一七八六在位），追隨法國文化：普魯士霍亨索倫王朝第三代國王。腓特烈・威廉一世和索菲亞・多羅特婭（英王喬治一世之女）的兒子。娶布勞恩斯魏克的腓迪南・阿爾伯特二世的女兒伊莉莎白・克莉絲汀（一七三三）。擴軍掠土，屢屢進行武裝掠土戰爭，帝國疆域空前擴大。

腓特烈五世（Friedrich V，1596—1632）失去波希米亞王位：巴拉丁選帝侯（一六一〇—一六二三）。腓特烈四世（一五七四—一六一〇）之子。巴拉丁是中世紀德國兩個小國家，在今西德東部，與捷克、東德爲鄰。選帝侯於一六一九年成爲波希米亞王〔今捷克〕，參加三十年戰爭失敗，一九二三年失掉王位，死於流放。其妻伊莉莎白（英王詹姆士一世之女），其女索菲亞（喬治一世之母）。

舒爾茲（Gottlob Ernst Schulze，又名 Änesidem-Schulze 埃奈西德穆—舒爾茲，一七六一—一八三三）：德國哲學家，懷疑論者。赫爾姆施泰特（布勞恩斯魏克公國境內）大學（一七八八）哥廷根大學哲學教授（一八一〇—一八三三）。反對康德、萊因霍爾德。

*《列寧全集》14：140；樊炳清編《哲學辭典》478；《普列漢諾夫哲學著作選集》2：478。

菲洛諾斯（Philonous）：英國唯心主義哲學著作、巴克萊《海拉斯和菲洛諾斯對話集》（一七一三）中正面人物，巧言善辯，強詞奪理，反對唯物主義、攻擊無神論。

萊布尼茲（Gottfried Wilhelm Leibniz，英 Leibnitz，1646—1716）單子說，把個體性當原則，和斯賓諾莎相反，和巴克萊一樣，封閉存在和精神兩方面於其自身，以神爲最高事物 532，有表象力的單子：

德國數學家，哲學家，科學家，唯心主義者。

*《人民日報》1973.9.15。

萊因霍爾德（Karl Leonhard Reinhold，1758—1823）：德國哲學家，觀點膚淺。在魏蘭德（後成爲其婿）所編雜誌《德國水星》發表《康德哲學通訊》，宣傳康德哲學，卒致耶拿大學解去已定之聘約。後支持費希特，繼而又調和費希特和雅各比，落腳於巴爾迪利（Bardili），爲其《邏輯學》所折服。哲學觀點一生多變。

*《普列漢諾夫哲學著作選集》2：947。

萊辛（Gotthold Ephraim Lessing，1729—1781）斯賓諾莎主義者：德國啟蒙運動思想家。孟德爾頌摯友，兩人對斯賓諾莎評價相反；晚年發表無神論者、友人賴馬魯斯遺著，擴大宣傳斯賓諾莎思想，引起軒然大波，長久反響。

費希特（Johann Gottlieb Fichte，德國拉梅諾一七六二—一八一四柏林）：從絕對確定的我出發，從我發展出一切規定，開始概念自由獨立發展，謝林從其哲學出發，後又拋棄之，作爲自在存在著的主體：德國古典哲學家，主觀唯心主義者。

*《資本論》〔郭大力、王亞南譯本〕，1：866，一九六三年。

費格森（Adam Ferguson，1723—1816）：英國蘇格蘭哲學家。在愛丁堡大學教授自然哲學（一七五九）靈魂學〔心理學〕倫理學（一七六四—一七八五）數學（一七八五）。

開普勒（Johannes Keples，1571—1630）〔西德東南〕定律：德國天文學家，近代天文學創始者。

雅各·波墨（Jacob Boehme/Böhme，1575—1624）：德國神祕主義哲學家，所謂神智學家。

*《列寧全集》38：678

雅各比（Friedrich Heinrich Jacobi，1743—1819慕尼黑）：德國哲學家，唯心主義者，形上學者，有神論者。狄德羅的學生，和謝林、黑格爾（晚年交誼尤深）有私交。

*《列寧全集》38：692；《普列漢諾夫哲學著作選集》1：946；《小邏輯》165。

湯馬斯．斯坦利（Thomas Stanley，1625—1678）：英國翻譯家，哲學史家。英國國內戰爭時期（一六四二—一六四八）遊大陸，回國後從事翻譯希臘文學著作爲拉丁文工作，編寫《哲學史》（一六五五—一六六二，四卷；第四版，一七四三，北京圖書館藏）。

湯瑪修斯（Christian Thomasius，萊比錫一六五五—一七二八）：德國哲學家，法學家，哲學家。雅各．托瑪修斯（一六二二—一六八四）的兒子。以形成中的德語教學，而不是用拉丁語（一六八七）；創辦科學雜誌，抨擊華而不實學風；遭驅逐，離開萊比錫，籌建哈勒大學（一六九〇），任法學教授。

湯瑪斯（Antoine-Léonard Thomas）：《笛卡兒贊》（一七六五）作者。

十三畫

塔克（Abraham Tucker，倫敦一七〇五—一七七四）：英國倫理學家。化名塞奇發表著作。

塞奇（Edward Search〔意義：尋求〕，一七〇五—一七七四）：英國倫理學家。臨終前數年，雙目失明。

奧古斯丁（Augustin，拉 Aurelius Augustinus，354—430）：基督教教父，希波主教（通稱：希波的奧古斯丁）。本爲摩尼教徒，後經安布洛斯施洗，成爲基督教徒。

奧列斯特（Orest，拉 Orestes，希 Ορέστης）：希臘神話故事人物，邁錫尼國王亞加米農和王后克麗達妮斯特拉的兒子。亞被克暗殺後，奧得姊厄勒克特拉之助，殺死克及其情夫，爲父報仇。

奧肯（Lorenz Oken，本名：Ockenfuss，1779—1851）把木頭纖維叫做植物的神經和腦髓：德國自然哲學家。在耶拿大學教授醫學（一八〇七）自然科學（一八一二），主編科學雜誌《愛西斯》（Isis，一八一六年起），雜誌觸犯當局，轉到慕尼黑、蘇黎世。主張以數字表示動物界一切異同。

奧斯瓦德（James Oswald，約一七九三年死）：英國蘇格蘭哲學家，常識學派。

奧斯維德（August Oswald，1790—1839）：德國出版商。在海得爾堡經營出版業務。出版《哲學全書綱要》黑格爾著，一八一七）《海得爾堡文獻年刊》

奧爾斯納（Konrad Engelbert Oelsner，1764—1828）：外交家、出版家。從巴黎，以 C.I.O. 筆名介紹法國革命情況。

奧爾登堡（Heinrich Oldenbury，1615?—1677）：德國自然哲學家，文人。一六四〇年到英，克倫威爾時期，擔任不來梅駐英的外交代表，與英國知識界熟悉，與牛頓、波義爾、密爾頓等往還，與萊布尼茲（一六七二，在倫敦；一六七五年冬，在巴黎）、斯賓諾莎（一六六一，在荷蘭來因堡）相識，並與後者通信頻繁。一六六三年任英國皇家學會祕書，編輯會刊。

奧蘭治〔家族〕的威廉三世（Wilhelm von Oranien，英 William of Orange，1650—1702，1689—1702在位）：英國斯圖亞特復辟王朝（一六六〇—一七一四）國王。奧蘭治·威廉二世和瑪麗（查理一世大女兒）的遺腹子。一六八八年攜妻瑪麗（詹姆士二世女兒）回國登基，實現所謂光榮革命，擺脫天主教教皇、法國勢力，確立資本主義君主立憲制度。

愛爾維修（Claude Adrien Helvétius，1715—1771）：法國哲學家，倫理學家。

愛麗爾（Ariel）：英國文學作品人物，莎士比亞戲劇《暴風雨》中縹緲的精靈。受主人、女巫昔考拉克斯幽禁於松樹夾縫中十二年，得到普羅斯珀羅解救，甘受驅使，以謝救命之恩。

聖母瑪麗亞（Mutter Gottes，英 the Mother of God）：基督教神話人物，巴勒斯坦的伯利恆地方一個木匠約瑟的妻子。經過宗教上所謂無媾懷孕，童貞產子，生下耶穌。事見《馬太福音》1：22。

蒂利（Johann Tserclaes von Tilly，1559—1632）：比利時（佛來梅）軍人。受巴伐利亞公爵馬克西米連之命練軍，三十年戰爭（一六一八—一六四八）起，擔任天主教聯盟軍司令，一六三二年在奧地利的萊希一役受傷。

*《世界通史》4：1016。

詹姆士·柏阿蒂（James Beattie，1735—1803）：英國蘇格蘭詩人、哲學家。研究哲學，反對休謨懷疑論，影響一時，後致力詩的研究。和約翰生有私交。

詹姆士一世〔英格蘭〕六世〔蘇格蘭〕（Jakob I，英 James I Stuart，1566—1625，一五六七—一六二五在位〔蘇格蘭〕，一六○三—一六二五在位〔英格蘭〕）：英國斯圖亞特王朝國王。蘇格蘭女王瑪麗和亨利·斯圖亞特的兒子，娶丹麥的安娜。

詹姆士二世（Jakob II，英 James II，1633—1701，1685—1688 在位）搜捕洛克：英國斯圖亞特朝（一六○三—一六四九，一六六○—一七一四）國王。查理一世和亨利埃塔·瑪利亞的兒子。

路德維希·邁爾（Ludwig Mayer，荷 Lodewijk Meyer，1630—1681）：荷蘭醫生，戲劇家，斯賓諾莎友人。在阿姆斯特丹參加斯賓諾莎所指導的哲學小組，出版《斯賓諾莎遺著集》，並寫序文。

達朗貝爾（Jean le Rond d’ Alembert，1717—1783）無神論，霍爾巴赫集團成員：法國數學家，啟蒙思想家，百科全書派思想家。主持《百科全書》前七卷編輯工作多年。

雷蒙·魯路斯（Raimundus Lullus，英 Raymond Lully，西 Raimundo Lulio，1235?—1315）企圖建立形式體系。

*《邏輯史選譯》，一九六一年，第五十六頁；梅森著：《自然科學史》，上海人民出版社，一九七七年，第一七○頁。

十四畫

漢斯·薩克斯（Hans Sachs，1494—1576）：德國詩人，戲劇家。因反對教皇，受到迫害。

福斯（Heinrich Voss，1779—1822）：德國翻譯家。前者之子，父子合作翻譯古希臘作品。

福斯（Johann Heinrich Voss，東德·梅克倫堡·薩默斯多夫一七五一—一八二六）：德國詩人，古典作品翻譯家。譯荷馬、維吉爾、賀拉斯、赫西俄特、莎士比亞（與其子合作）等作品。在耶拿大學教書時，黑格爾正在那裡任編外講師。

維克多·古桑（Victor Cousin，1792—1867）出版笛卡兒全集：法國哲學家，折中主義者。羅伊爾—柯拉爾德的學生，遊學德國，與黑格爾、雅各比、謝林相識，宣揚謝林哲學，撰寫哲學史著作多種。

*梅林著，樊集譯：《馬克思傳》，人民出版社，一九六五／一九七二，第七七七頁。

維格爾（Erhard Wiegel，1625—1699）：德國神智學家，數學家。萊布尼茲的老師（在耶拿）。萊在給老師雅各·托瑪修斯信（一六六九年四月）中提到維。

赫拉克利特（Heraklitos aus Ephesos，希 Ηράκλειτος；伊奧尼亞的埃費蘇斯／以弗所〔今土耳其西海岸，西南與薩莫斯島相對〕前五四〇／五三五？—？四八〇／四七五埃費蘇斯）：希臘哲學家，辯證法家。

*《小邏輯》65。

赫德爾（Johann Gottfried von Herder，1744—1803）對謝林的影響：德國思想家，歷史學家。康德的學生、友人。

*《世界通史》5：576；《馬克思傳》771；《費爾巴哈哲學著作選集》下：879。

十五畫

摩西（Herr Moses）：德國文學作品人物，萊辛作品中的角色。

摩西（Mosais，英 Moses，希 Μωυσῆς）教皇敕令的根據，摩西五經：猶太歷史傳說人物，先知，立法者。公元前十三世紀，以色列游牧部落進入巴勒斯坦地區。《舊約》記述摩西率領以色列游牧部落掙脫埃及法老的控制和壓迫，立下誓約，制定法律。有關記述，構成《舊約》前五篇，通稱《摩西五經》〔音譯：托拉／討拉特〕。

撒母耳（Samuel）：猶太教傳說人物，先知。公元前十一世紀，先後爲掃羅、大衛主持塗油膏儀式，宣布上帝耶和華給人們的啟示，宣布他們是以色列人民的救世主。傳說見《新舊約全書·撒母耳記》。

歐幾里得（Euklides，英 Euclid，希 Εὐκλείδης：前三三〇？—？前二七五）笛卡兒、斯賓諾莎哲學的表達方法：希臘數學家，《幾何原本》作者。埃及托勒密一世（前三〇六—前二八五）時期在亞歷山大城從事學術活動。

歐根親王（Prinzen Eugen von Savoyen，法 François Eugène de Savoie-Carignan，1663—1736）萊布尼茲把論文獻給他：法國籍奧地利軍人。

十六畫

盧西利歐·瓦尼尼（Lucilio Vanini，義大利陶里薩諾一五八四—一六一九法國南部圖盧茲／土魯斯宗教裁判所火刑場）義大利思想家。先後在日內瓦、巴黎教書，一六一五年，因持泛神論觀點，從里昂逃英，巴黎索爾朋神學院將其《對話集》公開焚毀；後又因不信上帝，被捕並施以火刑。

盧梭（Jean-Jacques Rousseau，1712—1778）誤解休謨，副主教的表白，德國哲學一個出發點，意志本身是自由的：瑞士、法國啟蒙思想家，文學家。

*《資本論》〔郭大力、王亞南譯本〕1：823。

諾瓦利斯（Novalis，本名：*Freiherr* Friedrich von Hardenberg 弗里德里希·封·哈登貝格男爵，一七七二—一八〇一）：德國詩人，德國浪漫運動早期領導人。

霍布斯（Thomas Hobbes，1588—1679）首先提出國家學說：英國哲學家，政治思想家，唯物主義者。

霍托（Heinrich Gustuv Hotho，柏林一八〇二—一八七三）：德國美學史家。柏林大學教授（一八二九）。《黑格爾全集》編印者，編輯《美學講演錄》。著《藝術哲學》（四卷）。

霍爾巴赫男爵（Baron d'Hclbach，全名：Paul Henri Dietrich d'Holbach，1723—1789）思想膚淺 513，《自然體系》缺乏生動性：法國唯物主義哲學家，百科全書派思想家，無神論者。

鮑姆加登（敦）/龐伽爾丹（Alexandero Gottlieb Baumgarten，柏林一七一四—一七六二奧得河上法蘭克福）沃爾夫哲學的加工者：德國哲學家，美學家。在哈勒學習、教書，一七四〇年後到法蘭克福任教授。所著《形上學》（一七三九），康德在大學教書時，採用爲課本；一七八九年，由埃貝哈德再版。其《美學》（一七五〇—一七五八，兩卷），通常認爲德國古典美學主要著作。

*唐敬杲編：《新文化辭書》，一九二三/一九三一，商務印書館，第三十八頁。

謝林（Friedrich Wilhelm Joseph von Schilling，1775—1854）：德國古典哲學家，客觀唯心主義者，藝術理論家。

十八畫

薩伏依副主教／薩瓦牧師（Vikars von Savoyard，法 vicaire savoyard，英 Savoyard Vicard）：法國教育小說人物，盧梭《愛彌兒》中基督教神職人員。作者透過這個人物，表白自然神論觀點，引起日內瓦當局（基督教喀爾文派）法國（天主教）各方攻擊，把作品公開焚毀，禁止流傳。

魏瑟（Felix Weisse，1726—1804）詩貧乏：德國詩人。一七六〇年接辦尼古拉的雜誌於萊比錫，初仿莎士比亞，後獨立創作，有不少兒童文學作品。

十九畫

羅比內（Jean Baptiste Robinet，1735—1820）：法國哲學家。

羅勃斯庇爾（Robespierre，法國北部阿臘斯，一七五八—一七九四）：法國資產階級革命時期革命的雅各賓派領袖。領導雅各賓派反對吉倫特派，力主處死國王，領導雅各賓派政府平定反革命吉倫特派叛亂，粉碎外國武裝干涉。

二十畫

蘇格拉底（Sokrates，希 Σωκράτης；前四九〇／四六九？—三九九）：希臘哲學家，唯心主義者。柏拉圖的老師。

魔鬼〔撒旦〕（Luzifer，英 Lucifer，希 Φωσφόρος 發光者）317，319

——基督教神話故事人物，天使，犯罪後叫撒旦，從天上墜落（見《舊約．以賽亞書》14：12）。

黑格爾年表

Georg Wilhelm Friedrich Hegel, 1770-1831

年分	生平記事
一七七〇	八月二十七日，生於德國西南部符騰堡公國斯圖加特城。
一七七五	母親啟蒙。
一七七七	進拉丁學校學習古典語文。
一七八〇	進文科中學，愛好希臘悲劇，喜歡植物學、物理學。
一七八一	母親病故。
一七八五	讀《伊利亞特》、亞里斯多德《倫理學》。
一七八七	八月撰寫《論希臘人和羅馬人的宗教》。 寫〈古代詩人的某些特徵〉、〈論希臘、羅馬古典作家的著作給我們的若干效益〉。
一七八八	夏季，中學畢業。 十月二十七日考取圖賓根新教神學院。
一七八九	爆發法國大革命，積極參加活動。
一七九〇	九月，進行哲學學士論文答辯。 十月，謝林與黑格爾、荷爾德林同住一個寢室。
一七九一	春末仲夏，病假返家，期間讀林奈著作，萌發對植物學的興趣。
一七九二	開始撰寫〈人民宗教與基督教〉至一七九四年止，未終篇。

一七九三	六月，進行神學論文答辯。 九月二十日，神學院畢業。 十月，前往瑞士伯恩，在施泰格爾家當家庭教師。
一七九四	暫停寫〈人民宗教與基督教〉。 十二月，在書信中批評雅各賓專政。
一七九五	五月，日內瓦一遊、寫〈耶穌傳〉。 十一月，寫〈基督教的實證性〉（一七九六年四月二十九日完稿）。
一七九六	夏季，寫〈德國觀念論最早的系統綱領〉。 秋季，辭去施泰格爾家庭教師工作，返鄉小住。
一七九七	一月，在美國法蘭克福商人戈格爾家任家庭教師。
一七九八	春季，出版從法文翻譯、評注法國吉倫特黨人、律師卡特（一七四八—一八一三）〈關於瓦德邦（貝德福）和伯爾尼城先前國法關係的密信〉（匿名）。 秋季，撰寫〈基督教精神及其命運〉和〈論符騰堡公國內政情況，特別是關於市議會之缺陷〉。
一七九九	一月十四日，父親去世。 二、三月，評述詹姆斯．斯圖亞特《政治經濟學原理》。 夏秋，撰寫〈基督教及其命運〉。
一八〇〇	九月，撰寫〈體系札記〉、〈基督教的權威性〉。 春、夏開始寫〈德國法制〉。

一八〇一	一月，辭去戈格爾家庭教師工作，離開法蘭克福到耶拿。 七月，發表〈費希特哲學體系與謝林哲學體系的差異〉。 八月二十七日擔任耶拿大學編外講師。 九月，在《愛爾蘭根文獻報》上，發表〈論布特維克哲學〉。 十月二十一日在耶拿第一次會見歌德。
一八〇二	一月和謝林合辦《哲學評論雜誌》出版，第一期刊出〈論哲學批判的本質及其與哲學現狀的關係〉與〈普通人類理智如何理解哲學——對克魯格先生的著作的分析〉。 三月，〈懷疑論和哲學的關係〉刊於《雜誌》第一卷第二期。 七月，〈論信仰與知識，或主體性的反思哲學〉刊於《雜誌》第二卷第一期。 冬季撰寫《倫理體系》。 十二月，〈論自然法的科學研究方法〉刊於《雜誌》第二卷第二期。
一八〇三	十二月，接歌德從威瑪送來徵求意見的文稿。
一八〇四	一月，應耶拿礦物學會聘為鑑定員。 八月，加入威斯特伐倫自然研究會成為正式會員。 夏、秋季撰寫《哲學全書》。
一八〇五	三月，得到歌德力薦，晉升為副教授。 五月，撰寫《精神現象學》。 獲符騰堡當局批准：可在外邦正式領受職務。

一八○六	二月，《精神現象學》第一部分稿件完成。 十月十三日，拿破崙軍隊進占耶拿，十四日夜，《精神現象學》全部完稿。
一八○七	一月，擔任海德堡物理學會名譽會員。 二月五日，非婚生子路德維希（一八○七－一八三一）誕生。 三月，《精神現象學》出版。 應《班堡日報》之聘，擔任編輯，直到一八○八年十一月。發表〈誰在抽象思維？〉
一八○八	十一月初，在紐倫堡任文科中學校長（直到一八一六年十月），為高年級講哲學，為中年級講邏輯，兼教古典文學和高等數學。
一八○九	撰寫《哲學入門》（一八一一年完稿）。 九月九日，發表學年年終演講。
一八一○	為中年級講邏輯，為低年級講法律、倫理、宗教。 為中高年級講宗教學。
一八一一	四月，紐倫堡元老院議員卡爾．馮．圖赫爾之女瑪麗（一七九一－一八五五）允婚。 九月十六日結婚，撰寫《邏輯學》（即《大邏輯》）。
一八一二	春季，《邏輯學》第一部分出版。 八月，女兒誕生後夭折。 十月，謝林來訪，不談哲學。 秋季，起草關於中學哲學教學的意見書。

一八一三	六月九日，長子卡爾誕生。 《邏輯學》第一卷第二部分出版。
一八一三	十二月十五日，任紐倫堡市學校事務委員會督導。
一八一四	次子伊曼努爾誕生。
一八一五	秋季遊慕尼黑，會見謝林。
一八一六	秋初，《邏輯學》第二卷出版。 八月，辭去文科中學校長職務，到奧地利、法國、荷蘭度假。 冬季，《邏輯學》第二卷出版。 十月，遷居海德堡，任教海德堡大學。
一八一七	一月，〈評雅可比著作第三卷〉發表。 六月，《哲學全書》出版。 十一、十二月，〈評（一八一五—一八一六）符騰堡王國等級議會的辯論〉刊於 《海德堡文獻年鑑》第六十七—六十八、七十三—七十七期。
一八一八	三月十二日，普魯士國王任命黑格爾為柏林大學教授。 九月十八日辭去海德堡大學教職，去柏林大學任教。 九月二十三日在威瑪歌德處作客。 十月二十二日在柏林大學發表就職演說。
一八一九	三月，撰寫《法哲學原理》。

一八二〇	與叔本華展開動物行為是否有意識的爭論。 七月十四日任布蘭登堡科學考試委員會委員。 八月至九月初，至德勒斯登旅行。 十月，《法哲學原理》出版。
一八二三	九月，荷蘭學者組織「和睦社」吸收其為社員。
一八二六	一月，發表〈論宗教改革者〉，刊於《柏林快郵報》第八至九期。 七月，在家和友人聚會商議開展學術活動，籌備出版《科學評論年鑑》雜誌。
一八二七	一月，黑格爾主編《科學評論年鑑》創刊。第一期發表評洪堡〈論摩訶羅多著名詩篇〈薄伽梵歌〉〉一文。 七月，《哲學全書》第二版出版。
一八二八	三月至六月，於《年鑑》（第五十一—五十四期、第一〇五—一一〇期）發表〈關於佐爾格的遺著和書信〉文章。 四月至六月，於《年鑑》（第七十七—八十期、第一〇九—一一四期）發表評哈曼著作的文章。
一八二九	一月、二月、六月於《年鑑》（第十—十一期、第十三—十四期、第三十七—四十期、第一一七—一二〇期）發表評匿名作者〈論黑格爾學說，或絕對知識與現代泛神論〉和評匿名作者〈泛論哲學並專論黑格爾《哲學全書》〉兩篇論文。 五月、六月，於《年鑑》（第九十九—一〇二期、第一〇五—一〇六期）發表評論舍爾〈與基督信仰認識相似的絕對「知」與「無知」泛論〉一文。 八至九月，遊布拉格和卡爾斯巴德，最後一次會見謝林。 十月當選為柏林大學校長，十月十八日用拉丁文發表就職演說。

一八三〇	夏季，普魯士科學院通過院士時，由於物理學家、數學家的反對，黑格爾未能進入普魯士科學院。 十月，《哲學全書》第三版出版。 柏林大學改選校長，黑格爾發表演說。
一八三一	威廉三世授予三級紅鷹勛章。 四月，發表〈論英國改革法案〉部分章節，刊於《普魯士國家總匯報》第一一五、一一六、一一八期，後被迫未能全文發表。 夏季，在克蘭茨貝格修訂《邏輯學》。 六月，評A．奧勒特《理想實在論》的第一部分刊於《年鑑》（第一〇六—第一〇八期）。 九月，於《年鑑》（第五十五—五十八期）發表評J．格雷斯〈論世界歷史分期與編年之基礎〉一文。 十一月七日，寫《邏輯學》第二版序言。 修訂《精神現象學》三十餘頁，並寫第二版序言。 十一月十三日，感染霍亂，終止修訂《精神現象學》。 十一月十四日，病逝於柏林寓所，葬於柏林市中央區。 十一月十七日，馬海奈克、舒爾茨等七人組成故友遺著編委，蒐集著作手稿、學生聽講筆記、來往信札，編輯出版《黑格爾全集》。

經典名著文庫 200

哲學史講演錄　第四卷

Vorlesungen über die Geschichte der Philosophie：Vier Band

作　　者 —— 黑格爾（Georg Wilhelm Friedrich Hegel）
譯　　者 —— 賀麟、王太慶等
導　　讀 —— 楊植勝
發 行 人 —— 楊榮川
總 經 理 —— 楊士清
總 編 輯 —— 楊秀麗
文庫策劃 —— 楊榮川
本書主編 —— 蔡宗沂
特約編輯 —— 張碧娟
封面設計 —— 姚孝慈
著者繪像 —— 莊河源
出 版 者 —— **五南圖書出版股份有限公司**
地　　址 —— 106 臺北市大安區和平東路二段 339 號 4 樓
電　　話 —— 02-27055066（代表號）
傳　　眞 —— 02-27066100
劃撥帳號 —— 01068953
戶　　名 —— 五南圖書出版股份有限公司
網　　址 —— https://www.wunan.com.tw
電子郵件 —— wunan@wunan.com.tw
法律顧問 —— 林勝安律師
出版日期 —— 2023 年 10 月初版一刷
定　　價 —— 650 元

國家圖書館出版品預行編目資料

哲學史講演錄 / 黑格爾 (Georg Wilhelm Friedrich Hegel) 著；賀麟，王太慶等譯．-- 初版．-- 臺北市：五南圖書出版股份有限公司, 2023.10-
冊；　公分．--（經典名著文庫；200-）
譯自：Vorlesungen über die Geschichte der Philosophie.
ISBN 978-626-366-591-0(第 4 冊：平裝)

1.CST: 黑格爾 (Hegel, Georg Wilhelm Friedrich, 1770-1831)
2.CST: 學術思想　3.CST: 哲學史

109　　112015017